MOZART, L'OPÉRA RÉENCHANTÉ

DANS LA MÊME COLLECTION

Gilles de Van : *Verdi, un théâtre en musique*

À paraître
Bernard Banoun : *Richard Strauss dramaturge*

Annie Paradis

MOZART
L'OPÉRA RÉENCHANTÉ

Préface de
H. C. Robbins Landon

Fayard

Nos divertissements sont finis. Ces acteurs,
J'eus soin de vous le dire, étaient tous des esprits :
Ils sont dissipés dans l'air, dans l'air subtil.
Tout de même que ce fantasme sans assise,
Les tours ennuagées, les palais somptueux,
Les temples solennels, et ce grand globe même
Avec tous ceux qui l'habitent, se dissoudront,
S'évanouiront tel ce spectacle incorporel
Sans laisser derrière eux ne fût-ce qu'un brouillard.
Nous sommes de la même étoffe que les songes
Et notre vie infime est cernée de sommeil...

SHAKESPEARE, *La Tempête*

Préface

Il y a cent ans, Mozart n'était en rien considéré comme un dieu.

Dans le journal d'une jeune et célèbre musicienne de Vienne en date du dimanche 5 novembre 1899, on peut lire :

> À la Philharmonie :
> Ouverture : *Euryanthe*
> Mozart : *Symphonie Jupiter*
> Beethoven : *Symphonie n° 5 en ut mineur*
>
> Je dois dire que pendant la *Symphonie* de Mozart je me suis terriblement ennuyée. Je l'ai non seulement pas trouvée intéressante mais pleine de longueurs. Les temps ont changé. Personne de nos jours ne veut plus entendre ces œuvres hyper-naïves. Nos oreilles sont comblées par la musique de Wagner, Liszt, etc. Beethoven attira ma sympathie car sa musique est totalement moderne et compréhensible mais chez Mozart toutes les qualités nécessaires à la personnalité et à l'œuvre d'un artiste manquent… amour, compréhension, intérêt. Absolument tout.

Quelques mois plus tard, la même personne assistait pour la première fois aux *Noces de Figaro* et voici ce qu'elle en disait :

> J'ai beaucoup aimé cette œuvre bien qu'elle soit vieille de 116 ans. Elle est pleine de jeunesse et de modernité. Il n'y a rien d'exaltant ni de tourmenté dans cette musique à l'encontre de celle de Wagner. Elle est calme, douce et singulièrement neutre, et par là-même la plus équilibrée des deux. Je dois admettre que Wagner m'émeut beaucoup plus que Mozart. Mais cela est dû à l'époque dans laquelle nous vivons. Notre siècle, notre race, notre regard sur la vie, notre sang, notre cœur, tout est décadent !
>
> C'est pour cela que nous préférons les opéras dont la musique exalte nos sentiments et nous bouleverse profondément. Nous avons besoin de folie, pas de gentilles pastorales, pour rafraîchir notre cœur et notre esprit.

> Mais sincèrement j'ai aujourd'hui appris à respecter Mozart, ce que je n'avais jamais fait auparavant... Respecter, oui. Maintenant, j'aime sa musique[1].

Bien qu'Alma Schindler, future femme de Gustav Mahler, ait appris à aimer *Figaro*, son attitude en avril 1900 est typique de celle de sa génération, de même que sa critique de la *Symphonie Jupiter*. Mozart n'était en rien adulé, cela étant plutôt réservé à Beethoven, et à Wagner pour l'opéra. Cinquante ans plus tard, un mouvement allait s'amorcer qui ne s'arrêterait plus.

Après la Seconde Guerre mondiale, alors que je faisais mon service militaire à Vienne dans l'armée d'occupation américaine, l'une de nos préoccupations majeures fut d'aider les Autrichiens à restaurer leurs deux Opéras, le Staatsoper (transféré dans le Theater an der Wien depuis son bombardement) et le Volksoper. Nous reçûmes des listes de répertoire et mon attention fut tout particulièrement attirée par le fait que l'opéra le plus populaire était alors *La Flûte enchantée*. Non seulement chaque représentation faisait salle comble, mais le public se composait de nombreux jeunes gens et même d'enfants. Néanmoins les autres opéras de Mozart ne connaissaient pas la même popularité. *Così fan tutte*, auquel Annie Paradis a consacré un très éclairant chapitre dans son ouvrage, fut représenté pour la première fois aux États-Unis au Metropolitan Opera de New York le 24 mai 1922, tandis qu'*Idomeneo* (objet également d'une très intéressante analyse dans ce même ouvrage) fut donné à Tanglewood le 4 août 1947 et ne fut entièrement enregistré qu'en 1950 par la Haydn Society.

Mais toutes ces excentricités, si on peut les nommer ainsi, furent déjouées par l'histoire. *La Flûte enchantée* est devenue encore plus populaire qu'elle ne l'était après la guerre. *Idomeneo* est maintenant l'un des opéras les plus estimés même si, après la première à Munich en 1781, il ne fut repris qu'une seule fois au cours de la vie de Mozart lors d'une représentation semi-privée à Vienne en 1786. Quant à *Cosi fan tutte*, il est maintenant non seulement représenté partout, mais fait l'objet de nombreux commentaires et analyses. Après avoir provoqué méfiance et incompréhension, il est maintenant l'un des opéras favoris d'un très grand nombre d'amateurs.

Annie Paradis nous a rendu un grand service avec ce remarquable livre. Pour celui qui cherche à approfondir sa connaissance de Mozart, outre l'étude des partitions, la seconde possibilité réside dans les lettres de ce dernier qui sont certainement le plus important document d'information jamais écrit par un compositeur. Annie Paradis l'a exploré avec minutie et précision. Elle s'est également immergée dans la littérature écrite sur Mozart, immense de nos jours ; le résultat de ses recherches et travaux a donné cet excellent et passionnant ouvrage qui représente un apport indispensable à la littérature mozartienne.

H.C. Robbins LANDON

CHAPITRE PREMIER

La diagonale du fou

Sur l'échiquier, les pièces se déploient en bon ordre : le roi, la reine, le fou, la tour, les cavaliers, les pions. Chacun se déplace selon son rôle dans le jeu, selon les règles fixées d'avance. On avance, le plus souvent droit, parfois avec quelques petits pas de côté, d'une ou plusieurs cases, parcourant l'espace du damier, de carré blanc en carré noir. Le fou – le plus proche du roi et de la reine en position initiale – est le seul à ignorer complètement la ligne droite ; il progresse, en diagonale seulement. Son chemin est noir ou blanc mais jamais noir et blanc. À la fois partie prenante de la partie en train de se jouer et dans la marge de par sa marche particulière, il avance, prisonnier de sa diagonale, sa force et sa faiblesse.

Petite annonce parue dans un journal de Vienne, le *Wiener Zeitung*, en 1798 :

> Cherche valet de chambre musicien.
> On demande un musicien qui joue bien du piano et qui sache aussi chanter et puisse donner des leçons de l'un et l'autre. Ce musicien devra en même temps remplir les fonctions de valet de chambre[1].

Sur l'échiquier social de son époque, Mozart occupe une place singulière. Intégré à la société de cour qui le fait vivre, il demeure pourtant dans sa marge. Son statut, il est vrai, le place en retrait, dans cette frange de la société aristocratique où les musiciens, issus pour la plupart, comme lui, de la petite bourgeoisie, ne sont rien d'autre que des serviteurs, des amuseurs, dépendant uniquement du bon vouloir d'un illustre « patron ».

Trouver un protecteur, pour un musicien, était vital; cette recherche nécessitait de la pugnacité et surtout les « qualités » indispensables pour être introduit, accepté : de l'entregent, l'esprit courtisan, une échine souple, un sens de l'opportunisme allié à une bonne dose d'agressivité. Le talent? Bien sûr. Quoique... Une fois en place il fallait batailler pour la conserver et conquérir, si possible avec l'art mais aussi avec la manière, la faveur du prince et de sa cour. Nuançons cependant. Un talent exceptionnel pouvait ouvrir toutes les portes, faire accéder aux plus grands honneurs. Gluck ou Joseph Haydn parvinrent ainsi, sans faire trop de concessions, à gagner – et à conserver – l'estime, la considération et même l'amitié de leurs princes[2].

Ce talent hors pair, Mozart le possède et il en est conscient; mais, pas assez combatif, pas assez arriviste, totalement dépourvu de ces « qualités » courtisanes qui pourraient faire reconnaître et fructifier ce talent, il est sans armes dans un milieu dont il supporte mal les artifices et les manières contraintes.

Pourvu d'un poste à Salzbourg, puis dans les dernières années viennoises, Wolfgang renâcle, ne marche pas droit, conteste même les règles du jeu; comment vivre en harmonie avec un monde qui sonne faux? La musique, seule, est vraie; mais la musique est un service qu'il faut monnayer; servir est une contrainte, non un honneur. Alors il fait ce qui ne se fait pas. Il sort de la case qui lui était assignée, il se décrète, au nom de son génie, au nom de la musique qui anoblit, l'égal du cavalier, et pourquoi pas celui du roi? Position intenable. Renvoyé sans cesse à la place subalterne qui est la sienne, incapable de s'adapter, d'accepter le monde qui l'entoure tel qu'il est, Mozart trouve la tangente; il se positionne – à moins qu'on ne le fasse pour lui – sur une autre case de l'échiquier que personne ne songera à lui disputer. Tout près du roi et de la reine, le fou batifole, en habit multicolore, les grelots tintinnabulant à son bonnet. Le « fol », le déraisonnable, c'est-à-dire, pour l'époque, un extravagant, celui qui extravague, qui parle, agit, sans raison ni sens. Entendons-nous sur les termes. La « raison » pour le siècle des Lumières est la capacité qui permet à l'individu de s'adapter à la structure sociale dans laquelle il évolue. Au nom de la raison, on se doit donc de maîtriser ses passions, de dominer ses réactions affectives, de ne faire paraître dans ses rapports avec autrui rien qui soit de l'ordre d'un fonctionnement intime[3]. Le contrevenant à l'usage est assigné à résidence en un lieu où sa « déraison » peut être reconnue, acceptée dans les limites fixées par les règles du jeu social. Sur sa case, noire ou blanche, le fou, désigné comme tel, rentre dans son personnage, joue son rôle. Ce rôle n'est pas moindre ; la « folie » d'un seul ne vérifie-t-elle pas la raison de tous les autres ? L'exception dit la norme.

Mozart le « dissonant »... Mais quel plaisir de jouir de l'accord parfait lorsqu'il est précédé de sa dissonance ! Précieuse dissonance ! N'est-ce pas elle qui en exalte l'harmonie, lui donne toute sa « perfection », sa plénitude ?

En 1762 – Mozart a huit ans –, Diderot écrit *Le Neveu de Rameau*. Le fol Neveu n'est pas si loin de celui qui sera bientôt le turbulent Mozart. La figure littéraire du « Neveu » – dit Michel Foucault – consacre la résurgence, en plein siècle des Lumières, du personnage médiéval du bouffon de cour, nouvelle manière de penser la différence, de l'exposer en la maintenant dans la marge[4]. Presque au même moment, en Allemagne, sous l'influence de Gottsched, théoricien et réformateur du théâtre allemand promu éducateur de mœurs, on tente, au nom du bon goût et de la bienséance, d'expurger la scène de son personnage principal Hanswurst, « Jean Saucisse », le bouffon bien-aimé de la tradition populaire allemande[5]. Entre le retour du bouffon et son éviction, Mozart, sur la scène du théâtre social, joue à la fois le rôle du Hanswurst qui revient et du Hanswurst que l'on fait glisser, peu à peu, dans la coulisse, hors de l'échiquier, hors jeu.

Si bien hors jeu qu'aussitôt après sa mort le personnage s'efface. Seule, sublime, sa musique demeure ; Mozart devient le « divin Mozart ». Salzbourg, la maison natale, touristes à tous les étages ; un petit violon, un clavecin à jamais muets, une mèche de cheveux, trois tabatières et un raton-laveur... Galerie de portraits, petite visite guidée : Mozart enfant, Mozart adolescent, Mozart adulte, Mozart en famille, profils, gravures, papiers découpés huiles et pastels. Étrange... S'ils ont tous quelque chose de commun, aucune de ces images n'est semblable à l'autre. Nannerl, la sœur de Mozart, sollicitée par un éditeur de musique qui avait souhaité se procurer un portrait du musicien, se fait, en son temps, l'écho de cette singularité : « Je dois toutefois avouer avoir rarement vu tant de portraits d'une même personne qui diffèrent à ce point les uns des autres, bien qu'ils se ressemblent tous[6]. »

Parmi ces multiples reflets, lequel est le « vrai » Mozart ? L'image, on le sait, ne renvoie que les interprétations, les manipulations dont elle est l'objet. Cette identité fuyante trouble, dérange.

Le 6 octobre 1901, un bien curieux objet échoue, après un long et compliqué parcours, à la Fondation du Mozarteum de Salzbourg :

un crâne supposé être celui de Mozart ! On s'empresse d'oublier cette suspecte relique au fond d'un placard... Bien des années après, le crâne réapparaît ! On s'intéresse de nouveau à lui. Quelques péripéties plus tard un chercheur préhistorien et mozartophile entreprend de « l'ausculter » scientifiquement. Déployant toutes les ressources ultramodernes et sophistiquées des techniques de l'identité judiciaire, il reconstitue, à partir de cet auguste crâne, « l'authentique » visage du musicien[7]...

Si l'on peut contester les résultats de cette – après tout – passionnante « enquête », l'histoire en elle-même est signifiante. Cette quête du « vrai » Mozart reflète bien la difficulté à cerner le personnage d'autant que les témoignages, les biographies, renvoient au même flou, à une image curieusement dédoublée. Le créateur magnifique va de pair avec celui qui traverse sa vie et la société de son temps à cloche-pied, à la recherche incessante d'un équilibre personnel et social.

Retour sur l'échiquier. Roi, reine, tour, cavalier, pion et le fou sur sa diagonale. Pour comprendre Mozart, le personnage et sa musique, pour en redessiner les contours, peut-être convient-il d'abord de revenir sur les conditions du jeu social, sur les règles qui commandent le bon déroulement de la partie, sur la position et la trajectoire des pièces sur le damier.

Dans son ouvrage *Mozart, sociologie d'un génie,* Norbert Elias décrit et analyse avec minutie la condition de l'artiste de cour dans l'Allemagne du XVIIIe siècle, montrant d'une manière exemplaire comment, à l'égal des autres artistes – mais peut-être plus difficilement que tout autre –, Mozart a dû composer avec un statut qui le plaçait dans une position délicate. À la charnière de deux univers sociaux, entre la petite bourgeoisie dont il est issu et la société de cour où, de par ses fonctions, il évolue, Mozart vit en permanence dans l'instabilité sociale, il ne s'en accommodera jamais.

Pourtant il n'en a pas été toujours ainsi. Jusqu'à l'âge de dix-sept ans, Wolfgang est sans cesse sur les routes ; entre deux périples, les brefs séjours à Salzbourg sont bienvenus. Le 15 décembre 1771, tout change. Les Mozart, père et fils, rentrent définitivement à la maison après un dernier voyage en Italie. L'horizon se rétrécit brutalement ; Wolfgang, la tête toute pleine encore du succès et des honneurs du séjour italien, déchante. Il occupe désormais une fonction officielle à la cour de l'archevêque Colloredo, celle de *Konzertmeister.* Une tâche, un salaire, des obligations et, désormais, une vie sédentaire. Contrairement à son prédécesseur, l'archevêque n'entend pas laisser à son serviteur la bride sur le cou. Plus question de voyages, Mozart est assigné à résidence. Par faveur exceptionnelle, il est autorisé à se rendre à Milan début 1773, en compagnie de son père, pour son *Lucio Silla*; retour définitif à Salzbourg le 1er février. Une guerre d'usure s'installe alors entre Colloredo et son *Konzertmeister*. Demandes de congé, prétextes divers, tout est bon pour essayer de s'échapper. En vain. Wolfgang s'étiole, ronge son frein et s'ennuie ferme... Ouvrons une page du journal de Nannerl :

> Le 15, à 9 heures à la cathédrale. À 11 heures chez Hagenauer, mangé là-bas, parce que papa et mon frère ont mangé ailleurs. À 5 heures et demie, Hansel me ramène à la maison. À 7 heures, promenade avec mon papa aux jardins Mirabell. Beau temps. Un orage l'après-midi et de la pluie. Le 18, à 6 heures, petit-déjeuner chez Mlle von Mayer, puis allée avec elle à l'hôpital. Messe, puis retour à 9 heures et demie. Après-midi chez Lodron. À 7 heures, promenade. Beau temps. Le soir, le ciel s'est couvert. Pluie.

À cet endroit, Wolfgang prend la relève ; d'une plume facétieuse et quelque peu exaspérée, il parodie avec délectation le style plat de sa sœur :

> Le 62 apud di contessine de Lodron. Alle dieci e demie, je suis allé in templo. Postea chés le signore von Mayern. Post grandium la signora Catherine chès nous. Nous habemus joué colle carte di tarock. À sept heur, siami andati spatzieren in den horto aulico. Faceva la plus pulchra tempestas von der welt. Le 72, à 10 heures à la cathédrale. Entendu les messes de 10 heures à 10 heures et demie. Ensuite rendu visite aux Robinischen. Joué aux tarots. À 6 heures, promenade avec papa et Pimperl. Beau temps. Un peu de pluie l'après-midi. Mais retour au beau aussitôt. Musique aujourd'hui au Mirabell. À 10 heures, Pinzker nous fait une musique de nuit avec deux altos[8].

En 1777, après avoir en vain tenté de négocier son voyage à Paris, il démissionne. Colloredo tempête, voue aux gémonies le fils mais aussi le père : Léopold sera à deux doigts de perdre sa situation.

Soumis à une pression intense, englué dans un quotidien monotone et surtout ne trouvant pas, dans la musique que l'on exige de lui, matière à donner la pleine mesure de son talent, Mozart est, plus que tout autre, sensible à ce qui est pourtant le lot commun des musiciens de son temps. Pris en tenaille entre deux milieux sociaux également étouffants, n'ayant plus l'échappatoire des voyages – cette errance heureuse où le mouvement faisait oublier l'instabilité –, le jeune homme ne sait plus où se situer. Ailleurs. Il sera toujours ailleurs. Dans la musique. Et la musique a besoin de voyages :

> Mais la seule chose qui me dégoûte à Salzbourg, je vous le dis comme je l'ai sur le cœur, c'est que les relations avec les gens n'ont aucun niveau – que la musique ne jouit que d'une piètre considération – et que l'archevêque ne croie pas sensés les gens qui ont voyagé. – Mais je vous assure qu'on est vraiment une pauvre créature si on ne voyage pas (tout au moins en ce qui concerne ceux qui se consacrent aux arts et aux sciences). Jc vous affirme que si l'archevêque ne m'autorise pas à faire un voyage tous les deux ans, je ne peux absolument pas accepter l'engagement. Un homme de talent moyen restera toujours médiocre qu'il voyage ou non – mais un homme de talent supérieur (ce que, sans renier Dieu, je ne puis me dénier) deviendra – mauvais s'il reste toujours au même endroit[9].

Mal à l'aise dans son milieu d'origine dont Salzbourg devient vite le symbole honni :

> Je vous jure sur mon honneur que je ne peux souffrir Salzbourg et ses habitants [...] – je ne peux supporter leur langage – leur manière de vivre[10].

Mozart s'avère tout aussi mal à l'aise dans le monde de l'aristocratie qui attend de lui une conformité absolue au rôle qui lui est assigné. Bien qu'il remplisse toujours parfaitement ses tâches, Mozart, nous l'avons dit, possède pleinement l'art mais pas du tout la manière. Depuis sa plus tendre enfance pourtant, la fréquentation des cours européennes, sous la conduite d'un père vigilant, l'avait rompu aux codes et aux usages, à la pratique de ce monde aristocratique ; mais il y a loin de l'enfant prodige adulé par les princes au serviteur courtisan. Toute sa vie, Wolfgang le sensible souffrira de ce changement de statut.

Le voyage à Paris achève de dissiper ses illusions ; oublié l'enfant prodige, oublié le bambin charmant qui faisait les délices de la cour et des salons quinze ans auparavant ; la bonne société parisienne boude le jeune homme et sa musique :

> Je dus donc jouer pour les fauteuils, les tables et les murs. [...] Paris a beaucoup changé. Les Français sont loin d'avoir autant de politesse qu'il y a quinze ans. Ils sont désormais bien près de la grossièreté et affreusement orgueilleux[11].

À Paris, le baron Melchior Grimm a accueilli le jeune musicien; il assiste, sans faire grand-chose, à sa débâcle professionnelle puis, jugeant que celui-ci devient par trop encombrant, il décide de le renvoyer au plus vite à son père; une lettre motive cette décision :

> Il est trop confiant, peu actif, trop aisé à attraper, trop peu occupé des moyens qui peuvent conduire à la fortune. Ici, pour percer, il faut être retors, entreprenant, audacieux. Je lui voudrais pour sa fortune la moitié de son talent et le double plus d'entregent, et je n'en serais pas embarrassé. [...] Vous voyez, mon cher maître, que dans un pays où tant de musiciens médiocres et détestables même ont fait des fortunes immenses, je crains fort que M. Votre Fils ne se tire pas seulement d'affaire. [...] Je vous ai fait cet exposé fidèle non pour vous affliger, mais pour prendre ensemble le meilleur parti possible*.

Peu indulgente, assez cynique, mais peut-être lucide missive...

Malgré ses déboires, Wolfgang n'a pas la moindre envie de revenir au bercail. Le père, de loin, supplie, menace; le fils résiste puis, de guerre lasse, prend le chemin du retour. Plus la ville natale se rapproche, plus sa hargne contre Colloredo augmente :

> L'archevêque ne me paiera jamais assez pour l'esclavage à Salzbourg! [...] Qu'il ne recommence pas à jouer le grand seigneur, comme il avait l'habitude de le faire – il ne serait pas impossible que je lui fasse un pied de nez! – très facilement[12].

Le pied de nez viendra plus tard... Salzbourg se referme sur Mozart. Un long moment. La commande d'un opéra, *Idoménée,* pour le carnaval de Munich donne enfin le signal tant espéré de l'évasion. À Munich, puis à Vienne où il a suivi le prince-archevêque, Wolfgang s'accommode de plus en plus mal de son « esclavage » :

> À 12 heures – malheureusement un peu tôt pour moi – nous nous mettons à table. Là mangent les deux valets de corps et d'âme, M. le contrôleur, M. Zetti, le pâtissier, deux cuisiniers, Ceccarelli, Brunetti et ma modeste personne. N.B. : les deux valets de corps tiennent le haut de la table. J'ai toutefois quand même l'honneur d'être placé avant les cuisiniers. Ma foi, je pense que je suis à Salzbourg[13].

* Cette lettre du 27 juillet 1778 adressée à Léopold Mozart revient très vite vers Wolfgang, puisque son père recopie les « amabilités » de Grimm dans une lettre et s'empresse de les expédier à son fils (lettre de Léopold à Wolfgang, 13 août 1778, W. A. Mozart, *Correspondance,* t. III, p. 54-55).

La tension monte entre le prince et son turbulent musicien puis tout se dénoue avec fracas dans une véritable scène d'*opera buffa* :

> Je suis encore tout plein de colère ! – et vous, mon excellent et très cher père, vous le serez certainement autant que moi. On a si longtemps mis ma patience à l'épreuve qu'à la fin, elle s'est effondrée. Je n'ai plus le malheur d'être au service de la cour de Salzbourg – ce jour fut pour moi un jour de bonheur ; écoutez plutôt. [...]
>
> Alors, il* poursuit d'un trait que je suis le plus grand polisson qu'il connaisse, que personne ne le sert si mal que moi [...]. Il me mentit en face en me disant que j'avais 500 florins de solde – il me traita de gueux, de gredin, de crétin – oh, je ne veux pas tout vous écrire. – Finalement, alors que mon sang bouillonnait par trop, je dis – Votre Honneur n'est donc pas satisfait de moi ? – Quoi, on me menace, crétin, oh crétin ! Voilà la porte, la voilà, je ne veux plus rien avoir à faire avec un si misérable gamin. Enfin je dis – et moi non plus avec vous ! – Alors qu'il parte ! – Et moi, en sortant – qu'il en soit ainsi ; demain, vous recevrez ma démission par écrit. – Dites-moi donc, mon excellent père, si je n'ai pas dit cela trop tard plutôt que trop tôt ? – Écoutez encore : mon honneur est la chose qui m'est la plus chère [...]. Par ailleurs, je vous prie d'être gai – car mon bonheur commence maintenant [...], je ne veux plus rien entendre de Salzbourg – je hais l'archevêque jusqu'à la frénésie. – Adieu – je vous baise 1 000 fois les mains, embrasse ma chère sœur de tout cœur et suis à jamais votre fils obéissant[13].

Libre ! Libre enfin ! Affranchi de sa servitude, Mozart se sent pousser des ailes... Le voici cependant dans une situation fort incommode. La notion d'artiste indépendant ne fait pas encore sens ; pourtant une évolution se dessine ; tout bouge : l'ascension de la bourgeoisie ébranle la structure sociale ; atteinte par ce lent mouvement de fond, la musique se démocratise ; réservée jusque-là à la seule aristocratie, elle s'ouvre à un nouveau public de bourgeois aisés : les concerts publics – Académies – se multiplient, grands bourgeois et aristocrates se côtoient désormais à l'opéra. L'ordre ancien se fissure ; sous la pression de ce nouveau public – assez fortuné parfois pour commanditer lui-même des spectacles lyriques –, les goûts évoluent : l'*opera seria,* fortement rattaché au pouvoir de l'aristocratie, tombe peu à peu en disgrâce tandis que l'*opera buffa* – où s'expriment les valeurs de la bourgeoisie – commence à occuper le devant de la scène.

Même sans protecteur, Mozart aurait donc pu trouver sa place dans cette société en mouvement ; au carrefour de l'Europe, com-

* Le prince-archevêque.

binant harmonieusement les influences germaniques, françaises et italiennes, sa musique entrait parfaitement en résonance avec cette nouvelle musique sociale dont s'ébauchait, sous ses yeux, la partition. Las ! Solitaire sur sa diagonale, Wolfgang n'a la tête pleine que de ses propres notes ; davantage spectateur qu'acteur du monde qui l'entoure, il ne possède ni l'esprit d'entreprise, ni la combativité nécessaires pour profiter de cette conjoncture favorable. Lui manquent sans doute également quelques-unes de ces fameuses « qualités » dont le baron Grimm dressait obligeamment la liste à Léopold. À Vienne, Wolfgang rêve… Son « talent supérieur » – c'est certain – lui ouvrira toutes les portes. Chimères. Pour la bonne société, il demeurera toujours, à Salzbourg, à Paris comme à Vienne, un *musikus*, et, circonstance aggravante, après son altercation avec Colloredo, un musicien en rupture de ban.

Pourtant, tout avait si bien commencé… *L'Enlèvement au sérail* est applaudi par l'empereur et toute la bonne société viennoise ; dans les salons, on se dispute le jeune compositeur ; certes, ses manières sont un peu inattendues… mais si amusantes et sa musique si gracieuse, si légère… Mozart est à la mode. Les florins tombent en tintant gaiement dans son escarcelle et se métamorphosent aussitôt en luxueux appartement, en cheval, en billard ; Constanze s'achète de nouveaux rubans, se fait coiffer par sa servante ; charmante dans ses atours de princesse, elle parade dans sa grande salle de bal illuminée. Mais le conte s'achève ; le carrosse redevient citrouille, les chandelles s'éteignent, Cendrillon et son prince dansent dans la grande salle désertée…

Vite enthousiasmés, vite lassés, les Viennois se sont détournés de ce personnage par trop singulier, compositeur d'une musique qui, finalement, les déconcerte ; en janvier 1787, le *Wiener Zeitung* commente les *Quatuors* dédiés à Haydn :

> Il est regrettable que la phrase de M. Mozart, si inspirée et d'une beauté réelle, s'égare à trop vouloir à tout prix faire du neuf. L'émotivité et son œuvre n'y gagnent rien. Ses nouveaux Quatuors sont trop épicés. Quel est le palais qui, à la longue, puisse les supporter[15] ?

L'année suivante, Vienne accueille le *Don Giovanni* sans enthousiasme. Trop « épicé », cet opéra ? On raconte que l'empereur Joseph II aurait dit à Mozart : « L'opéra est divin, et peut-être aussi beau que *Figaro*, mais ce n'est pas un plat pour les dents de mes Viennois… » La répartie fuse, impertinente : « Laissons-leur le temps de le mâcher... » Histoire vraie ? En tout cas vraisemblable ; dans cette manière d'entretenir avec le prince un rapport d'égal à égal, on reconnaît bien là Mozart, sa spontanéité et son peu de souci des convenances.

Mais ce qui est toléré dans l'espace privé ne l'est pas dans l'espace public, surtout à la cour où la notion même d'espace privé n'a guère de signification. Transportant son univers ludique, personnel, en un lieu où il n'a pas droit de cité, incapable de se domestiquer, Mozart le déraisonnable déroge une fois encore à la règle. Singulièrement, cette « déraison » mozartienne va de pair avec un mode de vie et des valeurs empruntés à l'aristocratie : argent dépensé sans compter, fêtes et bals au temps de la splendeur viennoise, le souci exacerbé de l'apparence... Ah ! ce passage de la lettre du 28 septembre 1782 adressée à une amie :

> Au sujet du beau frac rouge qui me chatouille si douloureusement le cœur, je voudrais vous prier de me faire dire où on peut l'obtenir, et à quel prix ; cela, je l'avais totalement oublié car je n'ai considéré que sa beauté, et non pas son prix. Un tel frac, il faut bien que je l'aie pour que cela vaille la peine d'y mettre les boutons dont mes pensées sont grosses depuis longtemps [...]. Ils sont en nacre, sertis de quelques pierres blanches et avec au centre une belle pierre jaune. Je voudrais avoir tout ce qui est bon, véritable et beau[16] !

« Parole d'honneur ! » aurait pu ajouter Wolfgang car ce mot d'« honneur » revient souvent sous sa plume :

> Le cœur ennoblit l'homme, et même si je ne suis pas comte, j'ai peut-être plus d'honneur au corps que bien des comtes ; et valet ou comte, du moment qu'il m'insulte, c'est une canaille. [...] Si quelqu'un m'outrage, je dois me venger*.

L'honneur. Cette valeur aristocratique par excellence, Mozart l'avait faite sienne. Mais comment l'honneur vient-il aux jeunes gens qui ne sont pas « nés » ? À quelle source s'alimente cette conviction profonde, inébranlable, d'appartenir à l'élite ? Cherchez le père. Depuis son enfance, Léopold, conscient du génie de son fils, lui répète qu'il est promis à un destin exceptionnel ; sûr que son art fait

---

* Lettre du 20 juin 1781, W. A. Mozart, *Correspondance*, t. III, p. 237. Mozart relate à son père les circonstances cuisantes de sa rupture avec l'archevêque. Le comte Arco, excédé par l'insolence de Wolfgang, lui expédie ce qui est devenu le coup de pied au derrière le plus célèbre de l'histoire de la musique...

de lui un homme hors du commun, Wolfgang s'estime donc à tout le moins l'égal des nobles qu'il côtoie et affirme souvent ouvertement cette conviction intime. Suprême maladresse. Dans la société fortement hiérarchisée où il évolue, identité et fonction en effet se confondent, un *musikus*, aussi talentueux soit-il, reste un serviteur ; d'où, pour Mozart, un véritable problème identitaire. Faisant siennes les valeurs de l'aristocratie mais renvoyé sans cesse à sa condition subalterne, Wolfgang l'irrégulier, le frondeur, devra composer toute sa vie avec ce conflit à la fois intime et social.

Irrégulier, frondeur, Wolfgang l'est depuis longtemps ; toutes les formes de pouvoir, à vrai dire, l'insupportent. À Salzbourg, il entame la résistance contre son père dont il secoue, en douce, le joug, puis contre l'archevêque, puis, lors du séjour à Paris, contre la noblesse qui l'humilie. La rupture avec Colloredo consacre la séparation avec sa ville natale et l'émancipation de la tutelle paternelle. À Vienne, de 1781 à 1787, Wolfgang est comme l'oiseau sur la branche ; pas de revenus fixes puisque pas de « patron » ; la liberté, chèrement conquise, a son prix. Il retrouve finalement une fonction officielle, celle de compositeur de la chambre impériale et royale, mais il continue à faire des siennes... Critiquant acerbement et à voix haute non seulement ses collègues – qu'il méprise le plus souvent pour leur médiocrité – mais aussi les princes qui le font vivre, il refuse de se conformer aux usages les plus quotidiens, sans souci aucun de sauver les apparences. À Vienne comme à Paris ou à Salzbourg, *sottovoce* ou *forte*, on jase. En 1781, de bonnes âmes alertent Léopold : Wolfgang, une fois de plus, a dépassé les bornes. Le père prend la plume et, une énième fois, tance le fils. La réponse ne se fait pas attendre :

> Vous croyez peut-être des choses fausses à mon sujet ; mon principal défaut est de ne pas agir, selon les apparences, comme je le devrais. Il est faux que je me sois vanté de manger de la viande presque tous les jours maigres, mais j'ai dit que cela ne me soucie pas et que je ne tiens pas cela pour un péché[17].

Mozart contribue ainsi à s'exclure peu à peu de la société dont il avait rêvé d'être le musicien-roi et dont il n'est plus bientôt que le bouffon. Dans ce lent processus de désagrégation sociale, deux lieux de stabilité sociale et affective pourtant demeurent, jusqu'à sa mort, comme d'ultimes garde-fous.

En 1781, Wolfgang épouse, contre l'avis de son père, Constanze Weber. En 1784, il adhère à la franc-maçonnerie et devient membre de la loge *Wohltätigkeit* – « la bienfaisance ». Le rapprochement de ces deux événements, qui peut sembler fortuit, prend tout son sens si l'on considère que dans ces deux espaces seulement, relevant à la fois de la sphère du public et de celle du privé, Mozart trouve sa place, en tant que compositeur et en tant qu'homme.

En se mariant, Wolfgang retrouve un point d'ancrage à la fois personnel et social. « Un célibataire ne vit qu'à moitié », écrit-il à son père pour lui annoncer son intention d'épouser Constanze. Juste remarque ; souvenons-nous qu'à l'époque le mariage, « fil d'or qui ne se rompt qu'à la mort » comme le dit le proverbe, est une nécessité. Wolfgang donc, pour une fois, se conforme à la règle commune, mais trouve tout de même là encore le moyen de se distinguer : les circonstances rocambolesques de son union se chargent de mettre un bémol à ce conformisme tout neuf.

Mariage. Doux cocon pour se mettre à l'abri du monde méchant, délices, amour et points d'orgue : malgré quelques anicroches, quelques inévitables fausses notes, le couple Mozart est un couple harmonieux : « Je l'aime et elle m'aime de tout son cœur », écrivait en 1781 le jeune fiancé ; cet axiome ne sera jamais remis en question ; dix ans encore avant que le fil d'or ne se rompe, trop tôt, une nuit de décembre 1791... Arrêt sur image ; Mozart vient de s'éteindre, Constanze se couche à ses côtés, l'enlace. Encore un peu de chaleur, un peu d'amour. Un geste si simple.

Elle n'ira sur la tombe de son mari que dix-sept ans plus tard, trop tard*. Constanze ? Une mozartienne musique, grave et légère à la fois. Déchiffrons-en quelques notes[18].

La vie avec un homme comme Mozart n'est pas tous les jours facile. Constanze s'essouffle parfois à suivre le rythme de vie trépidant, irrégulier de son époux – il travaille la nuit, s'agite le jour en démarches, visites, leçons, académies diverses – elle n'est cependant pas en reste : elle tient la maison, gère les comptes fluctuants du ménage, s'accommode des dettes, des déménagements multiples, d'une santé mise à mal par des grossesses fréquentes. *Presto,* la vie court... Six petits naissent au foyer des Mozart, il faut en enterrer

---

* En Autriche, le manque de place dans les cimetières nécessitait un nettoyage de la fosse commune tous les dix ans. Lorsque Constanze, dix-sept ans plus tard, se rend sur les lieux, c'est effectivement trop tard, le corps a été enlevé ; nul ne sait plus où il repose.

quatre. La mort, à cette époque, emporte si vite les nourrissons... Constanze pleure, Constanze rit, Constanze chante même le redoutable solo de soprano de la *Messe en ut* et danse avec une égale humeur dans la salle de bal illuminée de sa maison ou devant l'âtre sans feu pour se réchauffer, lorsque l'argent se fait si rare qu'il n'y a plus de quoi acheter du bois.

Cependant, que ne lui a-t-on pas reproché ! Sotte, dépensière et frivole, mauvaise épouse et mauvaise mère, incapable de tenir son ménage, et – défaut suprême – plus incapable encore de comprendre le génie de son grand homme, elle n'aurait été pour celui-ci qu'un pis-aller, une épouse de remplacement en quelque sorte*. Cette mauvaise réputation, due en grande partie à la sœur de Mozart qui ne l'aimait pas, a fait long feu aujourd'hui. Constanze ? Une femme qui, toujours, à sa manière à elle, légère et peut-être insouciante, a fait face aux difficultés et aux aléas de la vie. Pour Wolfgang, elle était le port d'attache, le refuge, celle qui, sur son chemin difficile, l'obligeait, comme la musique, à rester vivant. On ne peut relire sans émotion les lettres qu'il lui envoie lorsqu'il s'absente de Vienne ou qu'elle se rend en cure à Baden :

> Petite femme chérie, que n'ai-je déjà une lettre de toi ! Si je voulais te raconter tout ce que je fais avec ton cher portrait, tu rirais bien souvent. Par exemple lorsque je le tire de sa prison, je dis : Dieu te bénisse, Stanzerl** ! Dieu te bénisse, Dieu te bénisse, coquine ; petit pétard ; nez pointu, charmante petite bagatelle [...]. Je crois avoir écrit ici quelque chose de bien bête (pour tout le monde, du moins), mais pour nous, qui nous aimons si ardemment, ce n'est sûrement pas si sot ; c'est aujourd'hui le 6e jour que je t'ai quittée et, par Dieu, j'ai l'impression qu'il y a déjà un an[19].

Ou encore :

> Je me réjouis comme un enfant de te retrouver ; si les gens pouvaient voir dans mon cœur, je devrais presque avoir honte. Tout me semble froid – glacé – oui, si seulement tu étais près de moi, je trouverais peut-être plus de plaisir à l'attitude des gens à mon égard – mais ainsi, tout est si vide – adieu chérie[20].

Quelques mois avant sa mort, en mars 1791, Mozart, dans ses dernières variations pour piano, brode sur les paroles extraites d'un

* Wolfgang avait été violemment épris de la sœur de Constanze, Aloysia, jeune cantatrice de talent, qui l'avait repoussé.

** Diminutif de Constanze.

Singspiel, Le Jardinier niais : « *Ein Weib ist das herrlichste Ding,* Une femme est ce qu'il y a de plus beau ». En septembre de la même année a lieu la première représentation de *La Flûte enchantée.* Au cœur de l'opéra, une jeune fille tout amour guide son prince vers l'épreuve ultime de l'initiation. À travers l'eau et le feu, en dépit de la mort même c'est elle qui montre la voie, ouvre le passage :

> C'est moi-même qui te conduirai, et l'amour me guidera [...]. Par la force de la musique, nous avancerons joyeux au travers de la sombre nuit de la mort [...] (acte II, n° 21, finale).

Plus que tout autre opéra mozartien, *La Flûte enchantée* met en lumière ces deux pôles stables qui permettent à Mozart de survivre dans une société qui l'abandonne peu à peu. L'amour réchauffe quand tout est vide et glacial, l'amitié, la fraternité aussi. La « signification maçonnique » de l'opéra a fait l'objet de maintes exégèses*. Bel hommage rendu par Mozart à ses frères maçons, *La Flûte enchantée* utilise sans nul doute les idées, les symboles, les rituels de cette petite société dans laquelle il avait trouvé amitié et reconnaissance de son art. À l'intérieur de la loge, Wolfgang oublie le monde extérieur, la tension sociale et intime et, pour cette âme inquiète et meurtrie, les beaux mots de fraternité, de tolérance, résonnaient sans nul doute doux et fort.

Vingt jours avant sa mort, Mozart termine une cantate, *Das Lob der Freundschaft,* « Éloge de l'amitié », destinée à l'inauguration d'un nouveau lieu de réunion pour sa loge. Ce sera la dernière. Peu après il s'alite, il ne se relèvera plus. La cantate exalte avec magnificence tous les idéaux chers aux maçons :

> Ce qu'éprouve le Maçon est doux en un tel jour de fête, qui soude une étroite et nouvelle chaîne fraternelle ; douce la pensée que l'humanité a gagné une place parmi les hommes ; doux le souvenir du lieu où chaque cœur fraternel lui affirme si fortement ce qu'il était, et ce qu'il est, et ce qu'il peut devenir... [...]. Équilibrons chaque fardeau avec le poids entier de l'amour ; alors nous recevrons dignement la vraie lumière qui vient de l'Orient. Pour obtenir ce bien précieux, que joyeux commence le travail. Et de même, ce qui est déjà entrepris, poursuivons-le aujourd'hui de nouveau.

* Il n'est donc pas utile d'y revenir ici si ce n'est pour déplorer que cette lecture maçonnique ait contribué parfois, comme l'arbre cache la forêt, à ne donner qu'une interprétation univoque de cette œuvre complexe et foisonnante.

La fraternité, l'amour, le travail, puis l'accès à la lumière au terme d'un cheminement où l'homme, « ce cœur fraternel, affirme si fortement ce qu'il était, ce qu'il est, et ce qu'il pourra devenir ». L'idéologie maçonnique place en son centre le parcours initiatique, formateur, qui accomplit l'homme. Les rituels de l'Ordre mettent en scène, au sens théâtral du terme – toutes les étapes qui jalonnent le chemin de celui qui va être initié. Le néophyte est soumis à des épreuves qui marquent à la fois concrètement et symboliquement son avancée dans la voie de l'accomplissement. On comprend alors comment cette conception de la formation de l'individu, de l'accession à une maturité à la fois individuelle et sociale, ne pouvait qu'entrer profondément en résonance avec la question qui est au cœur de la vie et de l'œuvre de Mozart, celle de l'apprentissage, de l'initiation, au sens que l'anthropologie donne à ces termes. Wolfgang Mozart, l'éternel apprenti de la vie, parcourant sur la diagonale du fou son chemin d'apprentissage, trouve en un autre lieu son accomplissement ; la musique médiatrice prend en charge l'initiation.

Au même moment naît sous la plume d'un autre génie une œuvre fondatrice : Goethe écrit *Les Années d'apprentissage de Wilhelm Meister*, inaugurant ainsi le roman de formation.

Reproduction en plâtre d'un moule à pain d'épices
(Österreichisches Museum für Volkskunde, Vienne).

CHAPITRE II

Le mot, la note, variations mozartiennes

> Je vous en prie, écrivez-moi un bel Abc avec les majuscules et les minuscules ; et envoyez-le moi.
>
> Mozart à son père[1].

L'ENFANT MUSICAL

Silencieux, concentrés, le regard fixé sur le chef d'orchestre, les enfants attendent le signal... La baguette se lève, musique. Les voix fraîches des écoliers s'envolent. Les petits, visiblement, prennent plaisir à vocaliser l'alphabet mis en musique par Mozart*. A, B, C, D, les lettres cascadent gaiement, tournent, rebondissent sous la voûte de l'église romane. E, F, G, H, c'est joli Mozart chanté par ces voix légères, ingénument, sans manières. Pépiement d'oiseaux, volière enchantée. I, J, K, L, M, c'est ainsi que le petit Wolfgang apprit les rudiments de sa deuxième langue, car sa première langue, la musique, il en connaissait déjà les codes et les usages avant de savoir lire et écrire. N, O, P, Q, R, S, T, sur un moule à pain d'épice daté de 1792**, trois motifs se partagent la surface de l'objet : un ange, un abécédaire et Papageno, le garçon-oiseau de *La Flûte enchantée.* U, V, W, X, Y, Z, les écoliers, la musique, Mozart, l'alphabet. Entre les quatre, n'y aurait-il pas comme une connivence, une harmonie secrète ?

* Solfèges vocaux, K. 393, 1782.

** Cet objet se trouve au Österreichisches Museum für Volkskunde de Vienne.

A comme Alphabet, A comme Apprentissage. Appeler les sons, épeler : le son d'abord, sans le sens. Dans la salle de classe, le chœur des écoliers ânonne ; les lettres se suivent et se ressemblent. Unisson monocorde, bourdonnement un peu hypnotique des voix. Mais une fenêtre s'ouvre, un oiseau vocalise, la mélodie enchante l'Alphabet et les lettres caracolent, chatoient, rutilent, chacune dans sa couleur, sa tonalité, l'Alphabet s'envole avec l'oiseau. L'écolier apprend ainsi en chantant que s'il faut prendre l'alphabet au pied de la lettre, respecter son ordre, on peut aussi l'apprivoiser, le moduler en le chansonnant, en s'en allant batifoler* dans sa marge. Plus tard, les lettres se séparent, se mêlent et se réorganisent *ad libitum* en syllabes, en mots, en phrases, en préceptes. Pas très loin mais à bonne distance, la musique suit son propre chemin, sa propre loi. Musique buissonnière. En son temps, l'enfant Mozart en fait la découverte.

Petits tableaux

• Scène 1

Le bambin de trois ans s'est hissé jusqu'au clavecin abandonné par sa sœur. Effleurant les touches, les doigts enfantins parcourent l'espace du clavier. Les sons tintent, légers, puis – surprise ! – se combinent harmonieusement. L'enfant, enchanté, répète le jeu, cherchant encore et encore « les notes qui s'aiment ».

> L'enfant montra tout de suite que Dieu lui avait donné un talent remarquable. Il s'amusait souvent au clavier à chercher longuement des tierces qu'il jouait, et manifestait alors sa joie que cela sonne bien[2].

• Scène 2

Wolfgang maintenant a un *magister*, son père. L'école, c'est la maison. Dans la grande pièce où se trouve le clavecin, Léopold enseigne au petit, toujours aussi enthousiaste, les rudiments de son art. Répéter d'abord. Reproduire les sons, les phrases de la musique, en respecter la forme et la syntaxe, se couler dans le temps musical, épouser son rythme, sa mesure.

> Lorsqu'il eut quatre ans, son père commença, presque en jouant, à lui enseigner au clavier quelques menuets et autres morceaux. Cela coûtait si peu de peine tant au père qu'à l'enfant que celui-ci apprenait un

* De *batifolle*, mot italien du XVe siècle : boulevard où les jeunes gens s'amusaient.

morceau en une heure de temps, et un menuet en une demi-heure, et cela si facilement qu'il les jouait ensuite sans faire de fautes, avec un charme parfait, et très exactement en mesure[3].

• Scène 3

Bientôt, il ne s'agit plus d'imiter mais de construire. Au clocher de l'église voisine les heures sonnent. Rythme régulier du temps qui s'écoule au dehors. Tintement du clavecin sur lequel, inlassablement, les petites mains virevoltent, parole enfantine sans mots, sans écriture, mais si élaborée déjà.

> Il fit de tels progrès qu'il composait dés l'âge de cinq ans de petites pièces qu'il jouait à son père qui les notait sur le papier[4].

Sur des cahiers d'écolier, le père trace les signes qui appartiennent maintenant à son fils. La plume crisse sur le papier, autre musique qui deviendra vite familière. Du clavier au cahier, la musique prend forme. Peu à peu l'enfant apprivoise la grammaire compliquée de l'écriture musicale. Il ne sait encore ni A ni B, ni lire ni écrire.

• Scène 4

Le canari s'égosille dans sa cage. La chienne Pimperl dort, roulé en boule dans son coin. Nannerl, au clavecin, fait des gammes. Wolfgang lit. Sur les feuillets du petit recueil posé sur ses genoux, la musique toujours. Des pages de notes. Quelquefois apparaissent, rédigés par Léopold sous la portée, de petits textes au contenu moralisateur et édifiant. La pédagogie paternelle porte ses fruits. Wolfgang, en épelant les notes, apprend à lire. Apprentissage en second. Sous la musique, les mots, comme dans l'opéra, inscrivent un ordre, en mineur seulement.

• Scène 5

> Un jour, alors que Wolfgang se trouvait à peu près dans sa sixième année, son père, au retour de l'orchestre, rentra à la maison en compagnie d'un ami; ils trouvèrent le jeune musicien au travail, la plume à la main. Son père lui demanda ce qu'il faisait :
> *Wolfgang :* Un concerto pour le clavecin.
> *Le père :* Fais voir, ce doit être du propre!
> *Wolfgang :* Ce n'est pas encore fini.
> Le père prit alors le papier et y trouva un barbouillage de mots et de pâtés étalés; car le petit compositeur ne savait pas encore très bien se

> servir de la plume ; il la trempait trop profondément dans l'encre et faisait constamment sur le papier des taches qu'il essuyait du revers de la main avant de continuer à écrire. Mais lorsque le père observa la composition plus attentivement, une agréable surprise et une émotion indescriptible tinrent son regard fixé sur elle et des larmes de joie emplirent ses yeux. Voyez, mon ami ! dit-il en souriant, comme tout est exact et conforme aux règles ; seulement on ne peut rien en faire, parce que cela est si difficile qu'il est impossible de le jouer[5].

L'œuvre, bien que malhabilement transcrite, marque la fin du premier apprentissage. À travers la musique, jeu fondateur, l'enfant épelle le monde devenu sonore, lisible. Désormais la musique l'imprègne tout entier.

Le royaume de Rücken

> Dès qu'il eut commencé à apprendre la musique, il n'eut plus aucun goût pour les jeux et les distractions habituels de l'enfance, et pour que ces passe-temps pussent encore lui plaire, il fallait qu'ils fussent accompagnés de musique. Ainsi, quand lui-même et un ami de la maison qui s'occupait beaucoup de lui transportaient des jouets d'une pièce à l'autre, celui qui avait les mains vides devait à chaque fois chanter une marche ou la jouer au violon. [...] Mais de tout ce qui s'offrait à lui, c'était pourtant la musique qui emplissait son âme et occupait incessamment ses pensées[6].

Vient le temps des voyages à travers l'Europe. Il s'agit de compléter la formation de Wolfgang, mais aussi d'exhiber – selon la coutume de l'époque – le petit prodige *.

> Comme les voyages que nous entreprenions le conduisaient dans divers pays, il imagina, pendant que nous nous rendions d'un endroit à l'autre, un royaume qu'il nomma royaume de Rücken**, il affirma en être le roi, et notre domestique qui savait un peu dessiner dut lui en dresser une carte dont il lui dicta les noms de ville, marchés et villages[7].

De longues heures de voiture, un temps rythmé par le seul galop des chevaux ; le paysage défile, Wolfgang s'ennuie et se proclame roi d'un monde de fantaisie. Le geste du serviteur trace l'espace imagi-

---

* Nannerl, la sœur aînée de Mozart, était, elle aussi, une enfant prodige. Excellente claveciniste, elle aurait pu sans doute faire une belle carrière d'instrumentiste virtuose, mais dès que Léopold prit conscience du talent exceptionnel de son fils, celui de Nannerl passa au second plan...

** Que l'on peut traduire par « à l'envers ».

naire, contours et mots, que le garçonnet organise à sa manière. Le royaume de Rücken, royaume « à l'envers », serait-il celui de la musique ? Un monde inversé. Or, la toute première composition de l'enfant, le *Menuet en fa majeur,* commence par le renversement inattendu à l'octave inférieure de ses troisièmes et quatrièmes notes : « Tout Mozart est présent dans cette première mesure », s'exclame Philippe Autexier qui a relevé et analysé ces jeux de renversement dans l'œuvre et la correspondance mozartiennes[8]. La prédilection du compositeur mais aussi de l'épistolier pour ces jeux de renversement ne se démentira jamais. Un garçonnet s'invente à dix ans un royaume à l'envers pour s'essayer à remettre, tout au long de son cheminement d'adulte, la vie à l'endroit. L'ordre inversé de l'apprentissage a-t-il été déterminant ? Venant avant la lettre, la musique modèle l'enfant à sa norme, elle l'inscrit dans son ordre, le place définitivement en marge de l'abécédaire, de la loi commune, elle tisse à Mozart un destin.

A, B, C... Dans l'ombre fraîche de l'église, dans la lumière colorée, arlequinée des vitraux, les écoliers vocalisent. Ils n'apprennent pas l'alphabet, ils apprennent la musique. Cet exercice s'appelle *solfeggio :*

> Il dit clairement A et b. Ainsi je lui apprends à prononcer les lettres en jouant, non pas dans l'ordre mais en essayant celles qu'il prononce plus facilement... Pour les *Solfeggi,* on les chante d'après le nom des lettres*.

Le solfège, la musique. Des années d'apprentissage.

---

* Cette lettre de Léopold Mozart ne concerne pas Wolfgang. Elle date de 1787. Léopold s'adresse à sa fille qui lui avait confié un de ses enfants, le petit Léopold. W.A. Mozart, *Correspondance,* t. V, p. 153.

Rappelons que depuis l'Antiquité on utilise des lettres de l'alphabet pour nommer, chanter les notes. Cette pratique perdure dans les pays anglo-saxons. Sur l'histoire de la musique et de son signe, lire notamment le livre de Jacques Chailley : *La musique et le signe.*

« Bildung »

> Salut à toi jeune homme ! Tes années d'apprentissage sont terminées. La nature t'a libéré.
>
> Goethe,
> *Les Années d'apprentissage de Wilhelm Meister.*

Dans les années 1780 fleurissent sur les tréteaux de foire et sur la scène des théâtres viennois des comédies dont le sujet est l'école : *Polichinelle maître d'école, L'École des jaloux, L'École des veuves,* etc. Même si, au siècle précédent, les comédies de caractère, et notamment celles de Molière, mettaient en scène, parfois sur le mode satirique, cette volonté pédagogique, le projet ici est différent[9]. Le motif resurgit, en effet, avec force dans la deuxième moitié du XVIIIe siècle, particulièrement en Allemagne. Pour quelle raison ?

Dominée par l'aristocratie, fortement hiérarchisée, la société est verrouillée. Contre cet immobilisme, cette rigidité du système qui ne leur laisse aucune place, les jeunes poètes du *Sturm und Drang,* issus de la bourgeoisie cultivée, lèvent l'étendard de la révolte, organisent la rébellion à partir de leur bastion : l'art, la littérature. Puisque la société de cour déclare l'affect hors la loi, exige de l'individu un comportement gouverné par la « raison », les « rebelles » revendiquent haut et fort le droit à dire, écrire, chanter, peindre les tempêtes du cœur et de l'âme. « Levez-vous, orages désirés... ». On entre alors en poésie comme on entre dans la bataille ; on célèbre l'amour – dans l'acception la plus large du terme – et, bien loin des artifices de la vie de cour, on rêve d'une vie différente, gouvernée par la Nature. De ce bouillonnement intellectuel, de cette effervescence poétique et juvénile qui annoncent un nouveau printemps de la littérature allemande naît un peu plus tard l'idée de *Bildung.*

En 1777, Goethe commence à rédiger *La Vocation théâtrale de Wilhelm Meister.* Il poursuit la rédaction de son roman jusqu'en 1785 mais ne l'achève pas. On retrouve le personnage en 1794 avec la parution des *Années d'apprentissage de Wilhelm Meister* qui marque la naissance du *Bildungsroman,* « roman de formation[10] ». Ce parcours d'apprentissage – celui qui mène de l'inexpérience de la jeunesse à l'épanouissement individuel et social – passe par une rupture nécessaire. Il faut sortir de l'enfance, s'affranchir des liens familiaux, partir vers l'inconnu, à l'aventure. Le monde est un théâtre, une école qui délivre des leçons. Dans l'espace bien clos de la maison, caché dans son grenier sombre et mystérieux, Wilhelm s'invente des histoires merveilleuses dont il joue, sur son petit théâtre de marionnettes, tous les rôles. Le temps passe, l'enfant grandit ; les marionnettes, délaissées, dorment dans le grenier. Wilhelm s'en est allé, au hasard des routes, réaliser son rêve : il est devenu comédien. Apprentissages. Du métier, de soi, des autres ; voyages, rencontres, erreurs, joies et déceptions. Au bout du chemin, l'homme est « fait », rendu à la place qu'il est désormais apte à occuper parmi ses semblables. Enfin, lorsque le roman s'achève, Wilhelm, guidé par les mystérieux gardiens de la Tour, prend connaissance de la lettre d'apprentissage * qui lui était destinée ; le passage est franchi, un petit enfant court vers lui : son fils, un nouveau cycle commence. Parcours inversé : d'abord père, Wilhelm épouse ensuite Nathalie – qui n'est pas la mère de son enfant –, la belle cavalière en rouge, aperçue un jour fugitivement et que le hasard place à nouveau sur sa route. De la guirlande des jeunes filles aimées tour à tour par Wilhelm, Nathalie est la fleur la plus belle, ultime preuve du parcours réussi. Wilhelm repart alors pour un nouveau voyage, pour une nouvelle fonction : interprète. Ayant égrené toutes les lettres de son alphabet social, le maîtrisant parfaitement, il en devient le traducteur.

Dans ce roman la place de l'amour est prépondérante. Avant de faire de Nathalie sa « Demoiselle élue », Wilhelm, comme le Chérubin des *Noces*, papillonne. L'amour en sa fleur a aussi ses épines et Wilhelm, souvent, s'y pique. Mais si douloureuse soit-elle la piqûre est nécessaire. Ce sont ces piquantes expériences qui, de l'une à l'autre, transforment l'amoureux juvénile en homme puis en époux ; elles donnent accès à la connaissance, l'autonomie ; plus, elles sont le gage d'une intégration sociale réussie. Goethe pose ainsi un air nouveau sur une chanson déjà ancienne ; l'expression du sentiment était, on s'en souvient, le moyen pour les jeunes artistes du *Sturm und Drang* de contester le pouvoir de la noblesse. Le *Wilhelm Meister* trouve une autre voie ; au lieu de s'opposer contre ce pouvoir, il compose avec. L'amour, ce maître naturel, impose les épreuves indispensables à ses apprentis ; il les forme et fina-

* Ce document se présente sous la forme d'un petit rouleau appelé effectivement par Goethe « lettre d'apprentissage ». Cette lettre est constituée d'une suite d'aphorismes portant sur l'art et l'artiste. En voici la fin : « L'enseignement de l'artiste authentique ouvre l'esprit ; car où les paroles font défaut, l'action parle. L'élève authentique apprend à développer l'inconnu à partir du connu et se rapproche du maître » (p. 440).

lement les libère, il apparaît surtout comme la garantie de l'accomplissement individuel au sein d'une société dont l'ordre n'est plus contesté. Par là, n'est-ce pas le roman, lui-même qui, sur la scène sociale, se fait médiateur, initiateur ? *Meister*, maître et modèle, instrument d'éducation.

L'École du théâtre

Ce détour par Goethe et son *Wilhelm Meister* permet peut-être de mieux comprendre cette idée d'« école » qui irrigue les comédies allemandes des années 1780. Refuge des valeurs bourgeoises, ce théâtre, plus que jamais, est le lieu privilégié d'une expérience sociale. Il s'agit bien, en effet, d'éduquer une classe d'âge, la jeunesse. La leçon est qu'on ne devient véritablement autonome, adulte, qu'après avoir été préalablement soumis aux épreuves d'un apprentissage dont la société des pères détient les règles et les modalités. Au cœur de ce dispositif, l'amour.

> En ce qui concerne Mlle Weber, tu ne dois pas croire que j'ai quelque chose contre cette relation. Les jeunes gens doivent faire l'expérience de cette folie*.

Dans la société de l'époque, amour et mariage sont séparés. L'amour est du côté du printemps de la vie, du temps de la jeunesse que l'on doit « faire » selon la coutume. Il est cette « folie » permise juste le temps nécessaire pour faire, à travers les jeux du courtisement, l'expérience de l'erreur, de l'errance. Fugues, variations, arabesques et tarentelles, l'amour ensauvage ses adeptes, les confond avec la nature exubérante, printanière, dont il est l'image. Danger de débordement, rappel à l'ordre. La saison est éphémère, celle des amours folles doit l'être aussi. Le printemps frondeur et gai laisse la place à l'été des récoltes. Désormais tout est joué, chacun a trouvé sa chacune, s'est trouvé lui-même. Le temps du courtisement prend fin, le mariage – point d'orgue – marque le passage d'un âge à un autre. Il rend à la société des êtres raisonnables, adaptés. L'amour fou n'est plus de saison. Assagi, domestiqué, il ne vagabonde plus

---

* Léopold à Wolfgang, lettre du 3 septembre 1778, W.A. Mozart, *Correspondance*, t. III, p. 74. Sur le chemin de Paris, Wolfgang est tombé amoureux fou d'Aloysia Weber, jeune et talentueuse cantatrice. Il élabore toute une stratégie pour persuader son père que le voyage à Paris est inutile. Afin de promouvoir le talent d'Aloysia, Wolfgang a décidé d'aller en Italie. Léopold s'insurge.

dans les prairies mais se replie à l'intérieur, dans la maison où reposent les biens et les enfants. Le cœur ne s'agite plus *allegro,* il a appris la mesure, la pulsation lente et régulière du temps social qui doit s'écouler, pour le bien de tous, sans anicroches.

Lieu où s'inscrit ce cheminement coutumier, le théâtre demeure cependant suspect. La mise en scène, fût-ce pour la bonne cause, de comportements amoureux désordonnés, de ces « passions individuelles qui font la ruine des familles », ainsi que l'écrit Carlo Gozzi, présente un risque, d'autant qu'à l'intérieur même de la comédie, un personnage met en échec le processus formateur. Ne se pliant pas à la loi commune, la déniant par ses facéties continuelles, le bouffon – Arlequin, Hanswurst, Kasperl ou Lipperl – parvient rarement au terme de l'apprentissage. Emblème du dérèglement amoureux, figure de l'inaccomplissement, il exalte une liberté individuelle qui va à l'encontre de la raison sociale. Ferment de désordre, inéducable, l'extravagant personnage occupe fermement l'espace théâtral. Péril en la demeure. Les rénovateurs du théâtre allemand dont Gottsched est le porte-parole excluent la *lustige Person* de la scène, au grand dam du public qui se voit privé de ce personnage, si populaire qu'à Vienne, un théâtre portait son nom*. Au même moment, en France, intégré dans une comédie, un ballet intitulé *L'Homme instruit par le spectacle ou le Théâtre changé en école de vertu* s'achève par l'expulsion de Momus le bouffon. Jeté dehors à grand fracas par l'aristocratie intellectuelle, le turbulent personnage, par la grâce de Mozart, va rentrer par la fenêtre, réapparaître en tapinois dans un genre lyrique en pleine expansion, l'*opera buffa,* le bien nommé, issu des *intermezzi* burlesques du *seria.*

En cette deuxième moitié du XVIIIe siècle, l'*opera buffa,* en Allemagne, supplante presque complètement l'*opera seria.* Bien que timide encore, l'essor de la bourgeoisie va de pair avec l'engouement pour ce genre qui reprend tous les thèmes des comédies à la mode. Les dieux, désormais muets, se sont repliés dans leurs nuages roses ; ils ne président plus au destin des hommes. De cet effacement de la pensée mythique, la musique porte témoignage. « Tout se passe comme si la musique avait changé sa forme traditionnelle pour se charger d'une fonction à la fois intellectuelle et émotionnelle », écrit Claude Lévi-Strauss**. Le genre

* Ce nom servait aussi à désigner la pièce de monnaie nécessaire pour obtenir une place au parterre de ce théâtre.

** Claude Lévi-Strauss, « Mythe et musique », *Magazine littéraire,* n° 311, juin 1993, p. 41-42. Cet « effacement » de la pensée mythique au XVIIIe siècle n'est

du *seria* a vécu*. Dans la place vacante, dans ce creux, se forge un nouveau modèle. Les temps changent, les dieux, déchus, quittent la scène, le rideau se lève sur l'avènement des pères :

> Grand Dieu, les moments de bonheur sont passés où, lorsque tu étais enfant et petit garçon, tu n'allais jamais te coucher sans me chanter, debout sur une chaise, *oragnia figatafa,* ni m'embrasser, très souvent, sur le bout du nez et me dire que lorsque je serais vieux, tu me mettrais sous un globe de verre fermé, pour me protéger de l'air et me garder toujours avec toi et me rendre honneur[11].

> Après Dieu vient tout de suite papa, c'était, lorsque j'étais enfant, ma devise ou mon axiome, et le demeure toujours[12].

Le personnage du père – ou ses substituts – dans la littérature, le théâtre, l'*opéra buffa,* est central. Figure de la loi, il incarne les valeurs sociales des Lumières, vérité, raison, savoir. Maître pour cela du processus d'éducation, il met en place les épreuves et suit, intervenant au besoin, la progression des jeunes en apprentissage. Le père détient le pouvoir, mais ce pouvoir est loin d'être olympien. La partie est difficile, les jeunes regimbent avant de se soumettre ; le « mauvais fils » par sa rébellion ouverte met en échec la loi dont le père est le garant**.

Une jeunesse à éduquer, à « adapter », à soumettre ?

Apprentissage. Cette préoccupation centrale de la société des Lumières trouve une singulière résonance dans l'opéra mozartien.

---

que l'aboutissement d'un processus qu'analyse Lévi-Strauss et qui a commencé à la Renaissance, « quand les premiers romans commencent à prendre la place de récits toujours étayés par des modèles mythologiques ». La pertinence de cette démonstration, qui ne traite cependant pas de l'opéra, a nourri notre propre réflexion. Sur les rapports du mythe et de la musique, lire également C. Lévi-Strauss, *Le Cru et le Cuit,* « Ouverture », p. 1-40.

* Mozart composera l'ultime *opera seria, La Clémence de Titus,* peu de temps avant de mourir. L'œuvre n'aura aucun succès. Toute une époque disparaît ainsi en même temps que Mozart.

** Le thème de l'insoumission du fils est présent également dans la peinture de l'époque. La toile de Greuze, *La Malédiction paternelle,* en est un bel exemple.

Le mot, la note, thèmes et variations

> N'oubliez pas mon désir d'écrire des opéras. J'envie quiconque en compose. J'aimerais pleurer de dépit lorsque j'entends ou vois un air[13].

Hiver 1786. Maria-Christina, sœur de l'empereur Joseph II, et son époux, le duc Albert de Saxe-Taschen, sont de passage à Vienne. En leur honneur, l'empereur organise, en sa résidence de Schönnbrunn le 7 février, « une fête de printemps pour un jour d'hiver ». Dans l'exotique orangerie du palais une centaine d'illustres invités attendent, s'agitent, commentant à mi-voix l'événement : une joute insolite va avoir lieu. Deux opéras, écrits pour la circonstance, vont s'affronter en combat singulier. À chacune des extrémités de l'orangerie, deux petits théâtres se font face ; au milieu, dans l'espace vacant, ont pris place les « arbitres » : les invités de l'empereur. Présentons maintenant les adversaires : l'opéra italien sera opposé à l'opéra allemand.

Champions de la musique italienne, prédominante dans les cours européennes à cette époque, voici Salieri, compositeur à la mode, et son opéra intitulé *Prima la musica e poi le parole.* Casti, autre Italien, a signé le livret. Le camp adverse, celui de la musique allemande, est représenté par un *Singspiel**, *Der Schauspieldirektor***, qui conte avec verve et humour les déboires d'un directeur de théâtre aux prises avec ses insupportables divas. La musique est du jeune compositeur Wolfgang Mozart assisté de Stephanie le Jeune pour le livret.

En attendant le début des hostilités, les conversations vont bon train. On s'interroge : Mozart l'Allemand ou Salieri l'Italien ? Ce fut Salieri[14].

Si l'histoire est plaisante elle soulève cependant une question essentielle, celle qui est au cœur même de l'opéra et qui le fonde en tant que genre. L'opéra ? Un texte et une musique : une union problématique. Le titre de l'œuvre de Salieri, *Prima la musica e poi le parole* claque comme un étendard ; il proclame le primat de la

---

* Littéralement « jeu de chant ». En Allemagne, à l'origine, le *Singspiel* est une pièce de théâtre agrémentée de morceaux musicaux. Version opéra, il est l'équivalent germanique de l'*opera buffa.* Les récitatifs sont remplacés par des dialogues parlés.

** K. 486.

musique sur les mots, sur le sens. Mais cette théâtrale proclamation s'inscrit dans un contexte plus large, celui du débat qui traverse l'histoire de l'opéra depuis ses origines.

Faut-il privilégier le « poème » donc l'intelligibilité du discours ? Faire de la musique la « servante » des paroles ? Ou, au contraire, faut-il laisser la musique dominer les mots au prix de l'effacement partiel ou total du sens ? Faut-il parler en chantant ou chanter en parlant ? « C'est un grand et beau problème à résoudre de déterminer jusqu'à quel point on peut faire chanter la langue et parler la musique », écrit J.-J. Rousseau. Selon les époques on a accordé la prééminence soit à la musique, soit au texte. Entre ces deux pôles l'opéra balance sans cesse[15] et au moment de l'élaboration de l'œuvre ce conflit se réactive, trouve même, parfois, matière à s'incarner si le compositeur et le librettiste sont amenés à travailler, à écrire ensemble.

1780. Heureuse diversion pour Mozart qui s'étiole à Salzbourg, la commande d'un *opera seria* pour le carnaval de Munich. *Idoménée* est bientôt mis en chantier par l'abbé Varesco qui devra adapter en italien le livret français d'Antoine Danchet. Ayant obtenu, non sans difficulté, un congé de six semaines de son prince-archevêque, Wolfgang s'installe à Munich tandis que l'auteur du *libretto* reste à Salzbourg. Curieusement, ils ne correspondront jamais directement. Le père de Mozart jouera les intermédiaires.

Les rapports entre le compositeur et son poète se tendent très vite car Wolfgang contrôle jusqu'au moindre mot du texte, exige des coupures, argumente :

> Il faudra faire, ici et là, quelques petites modifications, raccourcir un peu les récitatifs [...]. Je n'ai qu'une prière à adresser à M. l'*Abate* : l'air d'Ilia, dans la deuxième scène du deuxième acte, je voudrais le modifier un peu en vertu de ce dont j'ai besoin : « *Se il padre perdei in te lo retrovo* » ; cette strophe ne pourrait être meilleure. Mais un *a parte* dans un air, voilà qui me semble peu naturel. Dans un dialogue, ces choses le sont tout à fait – on dit rapidement quelques mots à part – mais dans un air où l'on doit répéter les mots, cela fait mauvais effet, et quand même il en serait autrement, j'aimerais avoir un air à cet endroit[16].

Varesco obtempère mais se bat pied à pied, parfois sur un minuscule et savant détail linguistique. Léopold transmet fidèlement à son fils les exigences de l'abbé :

Au début, il y a un changement [acte I scène 1], où Ilia, dans son récitatif, doit dire *Achiva* au lieu de *Argiva*. Et cela se reproduit à [l'acte II scène 2], comme tu le verras en haut, sur l'autre côté de la page de Varesco. La raison : *Achivo* est un mot que l'on peut employer pour tous les Grecs. Mais le mot *Argivo* ne s'applique qu'aux Grecs d'Argos. Mais ne te tracasse pas si tu trouves ailleurs le mot a*rgivo,* il est exact. Ce n'est qu'en ces deux endroits qu'il faut lire *Achivo,* car on y parle de la Grèce en général[17].

Entre le lettré abbé et le compositeur exigeant, les escarmouches se poursuivent ainsi, par personne interposée, à longueur de lettres :

L'air que vous m'avez envoyé pour Raaff* ne me plaît pas, et à lui non plus; sans même parler du mot *era,* qui est toujours une erreur dans un tel air[18].

Bientôt, l'opéra est mis en répétition, mais les accrochages se poursuivent :

La scène entre le père et le fils au premier acte et la première du deuxième acte, entre Idomeneo et Arbace, sont toutes deux trop longues, elles ennuient à coup sûr. [...] Je voudrais seulement que M. l'*Abate* me dise comment les raccourcir – le plus possible – car sinon, je devrai le faire moi-même. Les deux scènes ne peuvent en effet rester ainsi, en musique, cela s'entend[19].

Finalement, le livret définitif, largement remanié, est recopié puis envoyé à Mozart, non sans un dernier éclat du bon *abate,* dont Léopold se fait l'écho :

Je me rendis à 10 heures et demie chez Varesco. Celui-ci était affreusement mécontent et me dit les choses les plus folles [...], qu'il espérait recevoir quelques ducats de plus en remerciement, eu égard au fait qu'il avait copié le texte quatre fois et qu'il avait dû faire tant de modifications l'une après l'autre, que s'il l'avait su auparavant, il n'aurait pas accepté ce travail pour 20 ducats, un honoraire si minime, etc. [...] Tu peux constater par toi-même ses dires et l'état de son humeur en lisant ce qu'il a écrit en marge de l'air[20].

La querelle se déplace sur le terrain de l'argent, le ton monte. Le patient, le diplomate Léopold sort de ses gonds :

---

* Interprète du rôle d'Idoménée.

> M. Varesco vient de me quitter; ce fou avare et affamé ne peut attendre son argent. [...] *Varesco mi ha seccato i cuglioni* *.

Mais l'ouvrage est achevé. De la belle ouvrage. Premier grand opéra mozartien, *Idoménée* en effaçant l'enfant prodige consacre l'avènement du compositeur.

Cette résistance acharnée au librettiste, partant à l'ordre du mot, Mozart la met en scène ailleurs d'une manière tout à fait singulière. À l'écriture socialisante de la musique, celle de la scène publique, de la « représentation », s'oppose le théâtre intime, l'écriture privée des lettres. Entre ces deux activités intensément pratiquées, Wolfgang a partagé sa vie. Des centaines de pages de partitions, des centaines de pages adressées à son père, sa sœur, sa femme, ses amis, un immense corpus[21] parcouru et reparcouru par les spécialistes mais où il reste encore tant à découvrir ! De nombreuse études le mettent heureusement à profit[22] ; cependant aucun réflexion approfondie n'a été entreprise sur une question particulière, celle du rapport structurel qui unit entre elles les deux écritures – épistolaire et musicale – et l'opéra.

« *Chevalier de la Queue de Truie** »

> J'ai par nature une vilaine écriture, vous le savez, car je n'ai jamais appris à écrire [...].
>
> Wolfgang à son père[23]

Les deux formes d'écriture chez Mozart semblent d'abord antagonistes. Les lettres sont la plupart du temps brouillonnes. Écriture illisible et désordonnée, ratures, taches d'encre. Wolfgang s'en excusera sans cesse auprès de ses correspondants tout en s'en justifiant : « Ma plume est mal taillée et je ne suis pas poli », « Je vous prie d'excuser mon écriture affreuse, mais l'encre, la hâte, le sommeil, le rêve et tout et tout... », « Si seulement je pouvais m'empêcher d'écrire de travers... » et, justification ultime, « Excusez ma mauvaise écriture, vous savez que je n'ai jamais appris à écrire... » Léopold, souvent, se plaint de cette écriture hâtive et confuse : « Tu aurais dû consacrer quelques heures de calme à ton père qui est si soucieux, ne pas lui écrire à toute vitesse un charabia gribouillé... »

Mais que met en scène ce « charabia gribouillé » à toute allure ? Tout un monde, toute sa musique. Inutile cependant d'y chercher une théo-

* Ce qui signifie « Varesco m'a cassé les couilles ». Lettre de Léopold à Wolfgang, Salzbourg, 22 janvier 1781, W. A. Mozart, *Correspondance,* t. III, p. 201-202.

rie de Mozart sur son art, il n'y en a pas. Seules quelques réflexions glanées çà et là et les quelques précieuses lettres à propos d'*Idoménée* et de *l'Enlèvement au sérail* nous éclairent sur les idées du compositeur ; mais dans ce flux irrépressible, continu de l'écriture épistolaire, c'est toute une époque, toute une société qui s'agite, vit, nous enchante. Pas de grande théorie sur la musique mais de la musique à toutes les pages ; une relation alerte, minutieuse, souvent drôle de tout ce qui tisse la trame d'une vie : péripéties de voyages, petits et grands événements – musicaux ou pas –, rencontres, projets, espoirs et déceptions. L'amour, la mort et la vie qui galope, *allegro assai,* en triples croches. À intervalles réguliers revient pourtant une formule, toujours la même : « Je n'ai rien de neuf à écrire », « Je ne sais trop qu'écrire », leitmotiv enfantin de l'ennui qui laisse la porte ouverte à un autre registre de l'écriture, celui du jeu, de la dérision, de la farce, de la scatologie même. À une écriture de cochon correspond un registre cochon* :

> Oui, c'est vrai, bienheureux celui qui y croit, et celui qui n'y croit pas ira au ciel ; mais tout droit, et non pas comme j'écris. Vous voyez que j'écris comme je le veux, bien et mal, droit et tordu. Récemment, j'étais de mauvaise humeur et écrivais bien, droit, sérieusement ; aujourd'hui, je suis bien disposé et écris mal, de travers et joyeusement. [...] Il faut que vous choisissiez entre ces deux solutions, car je ne connais pas le milieu : bien ou mal, droit ou de travers, sérieusement ou joyeusement[24] [...].

> Faites à tous nos bons amis et amies des compliments de nous deux, plein le cul. Pour vos parents, c'est écrit pag. 3 ligne 12. Je ne sais plus rien de neuf, sinon qu'une vieille vache a fait une bouse toute neuve ; là-dessus, adieu Anna Maria Schlosserin née Schlüsselmacherin. Portez-vous bien et aimez-moi toujours ; écrivez-moi bientôt car il fait froid. Tenez votre promesse, sinon il faut que je vomisse. Adieu mon Dieu, je vous embrasse mille fois et suis, sans autre forme de procès
> Mannheim
> sans bave
> le 3 décembre
> aujourd'hui, ce n'est pas Quatre temps
> 1777 en pleine nuit
> maintenant et toujours
> Amen.
> W. A. Mozart
> ch. chier c'est dur[25].

---

* Roland de Lassus a précédé Mozart dans cette manière burlesque d'user du langage. Dans la correspondance de ce musicien de la Renaissance, on trouve tous les procédés stylistiques que Wolfgang utilise dans la sienne : assonances, onomatopées, mots inventés, bouts rimés, rébus, citations parodiques, inversions, renversements, etc. Lire *Con bien fou tu serais Orlando,* correspondance de Roland de Lassus avec le prince de Bavière.

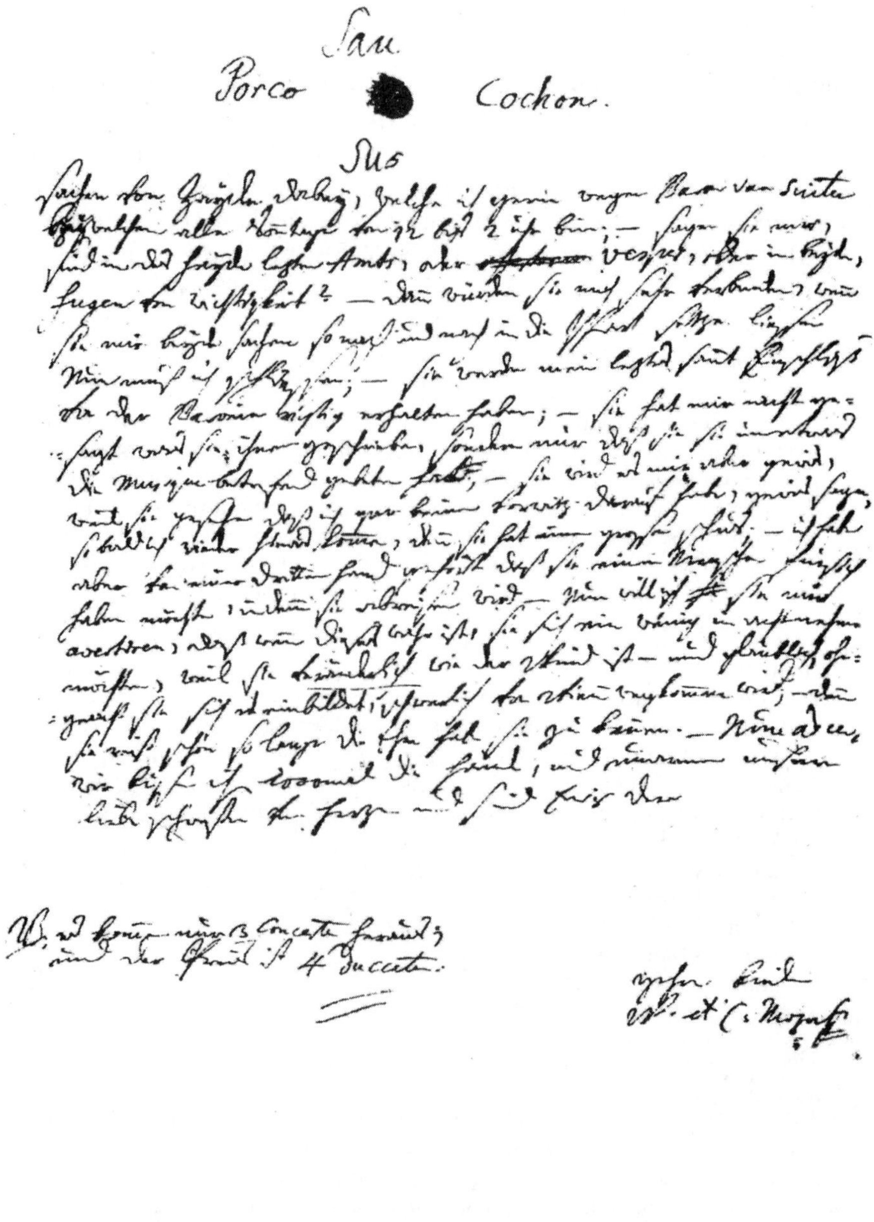

Sau.
Porco Cochon.
Sus

Lettre de Mozart à son père, 4 janvier 1783
(Preussischestaatbibliothek, Berlin).

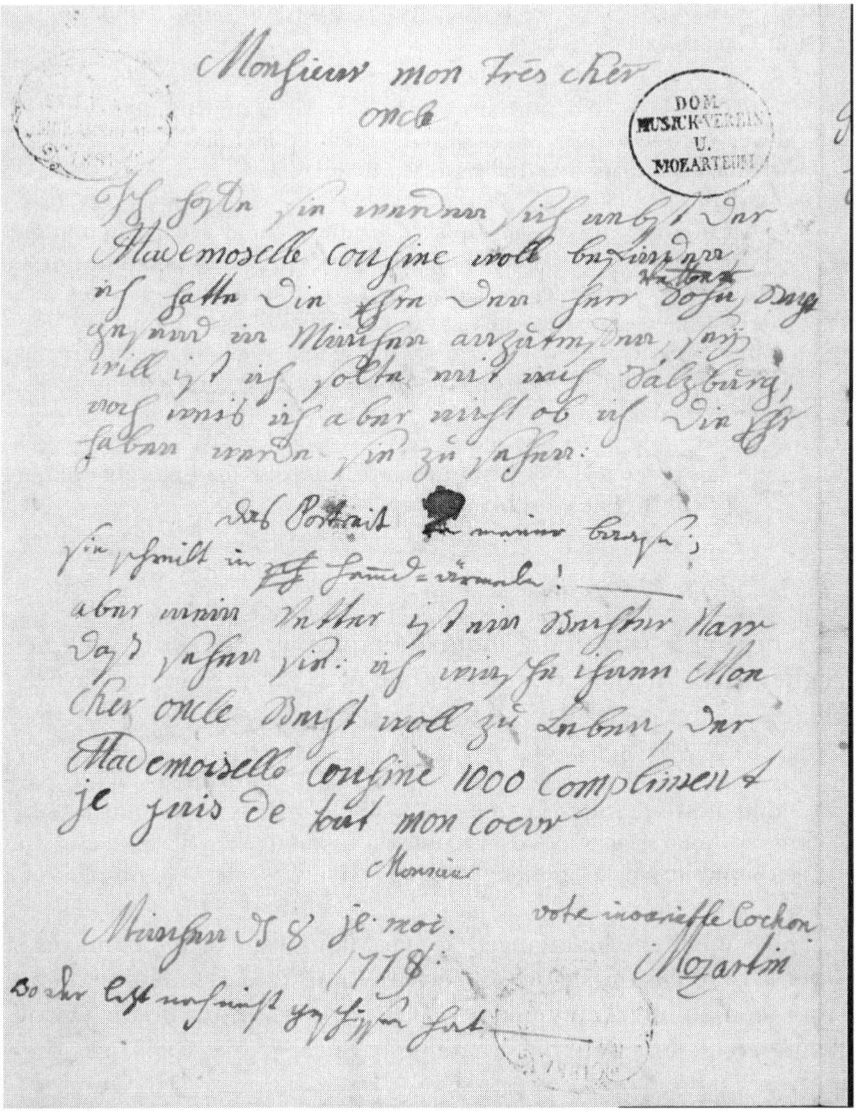

Lettre de Mozart à son père,
et post-scriptum de Maria Anna Thekla Mozart
corrigé par Mozart, 8 janvier 1779
(Mozarteum de Salzbourg).

Ce plaisir ludique du langage, savamment orchestré, fondé en grande partie sur l'inversion, va de pair avec le jeu de celui qui, pour finir, trouve à se nommer – à l'envers le plus souvent – : « Gnagflow* », « Trazom** », « Romatz*** », « Ritter von Sauschwanz**** », « don Cacarella***** » :

> Je baise la main de maman, envoie à ma sœur un baiser grassouillet, et demeure le même... mais qui ? Le même polichinelle, Wolfgang en Allemagne, Amadeo en Italie De Mozartini[26].

> À 6 heures je me suis rendu avec le comte Canal à ce qu'on nomme le bal de Bretfeld, où la fine fleur des beautés pragoises a coutume de se réunir. – C'eût été quelque chose pour vous, mon ami ! – Je crois vous voir courir, croyez-vous – après toutes ces jolies filles et femmes ? – Non, clopiner derrière elles ! – Je n'ai pas dansé ni mangé. – La première abstinence parce que j'étais trop fatigué, et la seconde du fait de ma sottise innée[27] [...].

> Je suis grâce à Dieu en bonne santé ainsi que ma misérable plume [...]. Je suis un fou, c'est bien connu[28] [...].

La mesure de l'Irrégulier

Ouvrons le roman de Thomas Mann, *Doktor Faustus*. Quelques lignes, au début du livre, évoquent un plaisir d'une essence particulière :

> Il nous décrivit la jouissance exquise que la figure optique d'une partition de Mozart offrait à l'œil exercé, la clarté de la disposition, la belle répartition des groupes d'instruments, la conduite spirituelle et riche en sinuosités de la ligne mélodique [...].

Fin mélomane lui-même, Thomas Mann a su parfaitement restituer la beauté formelle de cette écriture musicale, la sensation d'harmonie, d'équilibre qui émane d'une partition mozartienne et que l'on perçoit, en effet, immédiatement. Sur le papier réglé, les notes

---

* Wolfgang écrit à l'envers.

** Mozart écrit à l'envers.

*** Anagramme de Mozart.

**** « Chevalier de la Queue de Truie ».

***** Traduit par P. A. Autexier par « don Chiasse ».

s'envolent, tracées vivement d'un seul trait de plume. L'écriture court, *presto*, sûre, précise, sans repentirs* ni pause ; la pensée musicale irait-elle plus vite que la plume ? Le 20 avril 1782, Wolfgang écrit à sa sœur :

> Je t'envoie ici un *Præludio* et une fugue à trois voix, – et c'est la raison pour laquelle je ne t'ai pas répondu tout de suite, car – la copie pénible de petites notes m'a empêché de terminer plus tôt. – C'est maladroitement écrit. – Le *Præludio* vient tout d'abord, puis la fugue suit. – La raison est que j'avais déjà composé la fugue et l'avais copiée pendant que je réfléchissais au *Præludium*[29].

Ainsi « composer » et « écrire », d'évidence, ne sont pas pour Mozart des termes équivalents. « Écrire », ne serait-ce que fixer sur le papier de la musique déjà composée ? « L'œuvre était déjà achevée dans son esprit avant qu'il vînt s'asseoir à sa table de travail », confirme Franz Xaver Niemetschek, l'un des premiers biographes mozartiens. Le rituel de l'écriture devient alors simple opération de copie, un exercice obligé qui laisse l'esprit libre, disponible, pour penser la musique à venir[30]. D'où l'envol léger, alerte comme une volée de moineaux, des notes sur la partition, et, çà et là, les petites ponctuations de quelques taches d'encre : la manche de l'habit s'égare sur le papier ou, trempée trop hâtivement dans l'encrier, la plume crache !

Les mots de la musique, indications de tempos, d'instruments, de voix, gravitent autour de l'espace réglé de la page, ni trop loin, ni trop près. Lorsqu'il s'agit d'opéra, ils se tiennent sagement sous la portée, bien tracés, assujettis au rythme de l'écriture musicale. Pas ou peu de corrections. En haut ou en bas du manuscrit, la signature, si elle figure, est tracée vivement mais fermement, toujours parfaitement lisible, bien loin du gribouillis et des patronymes burlesques de la correspondance.

Entre la lettre et la partition, l'écart est flagrant. Comment comprendre cette distance entre deux écritures dont l'une renvoie au « joyeux fol » des lettres et l'autre au musicien dans la plénitude de son art ?

* Une exception cependant : les six quatuors à Haydn portent la marque – nombreuses ratures, écriture irrégulière – d'*una longa e laboriosa fatica* ainsi que l'écrit Mozart dans son épître dédicatoire.

Don Giovanni, acte I, scène 9, duettino (BnF)

La plume, donc l'oiseau

Dans la correspondance, l'outil de l'écriture est rattaché le plus souvent à la mauvaise écriture de Wolfgang, à celle du bouffon : « Je n'ai pas le temps d'écrire beaucoup ; la plume ne vaut pas un clou, pas plus que celui qui la tient... » ou encore : « Excusez ma vilaine écriture, la plume est déjà vieille, il y a près de 22 ans que je chie par le même trou qui n'est pas encore déchiré... » Entre la partition et la lettre, la plume trace symboliquement la frontière, délimite nettement la part de la musique et celle des mots. Plus encore, le choix même de l'outil inscrit les deux écritures dans deux registres différents et bien séparés. « Je ne peux pas écrire mieux car ma plume est une plume pour écrire la musique et non les lettres... » Dans une autre missive, quelques lignes écrites par Anna Maria, la mère de Mozart, nous laissent supposer que – peut-être – Wolfgang utilisait une plume spéciale pour la notation musicale : « Je salue aussi les oiseaux et ne peut en écrire plus. La plume est misérable mais je ne peux écrire avec celle en or... » Tout comme la flûte magique de son opéra, la plume « en or » est-elle, pour Mozart, l'instrument qui permet de franchir un seuil, d'accomplir un passage ?

Si le partage semble strict entre écriture épistolaire et écriture musicale, la correspondance laisse cependant entendre un incessant babillage, tout particulièrement dans les lettres que Wolfgang envoie à Constanze, lors de leurs nombreuses séparations ; des oiseaux y passent, légers, petits porteurs du chant amoureux :

> Adieu – ma chérie, mon unique ! – attrape-toi aussi en l'air – 2 999 de mes baisers et un 1/2 volent vers toi, et attendent d'être saisis. – Maintenant, je te dis quelque chose à l'oreille. – et toi à la mienne. – Maintenant, nous ouvrons et fermons le bec – de plus en plus – et plus – finalement nous disons : – c'est à cause de Plumpi – Stumpi – tu peux interpréter cela comme tu veux. C'est justement la commodité. – Adieu – 1 000 tendres baisers[31] [...].

Ce caquetage tendre qui sera celui du Papageno de *La Flûte enchantée* initie pour Mozart – il a vingt-six ans quand il se marie – un parcours, un apprentissage de soi à travers l'amour où l'oiseau sert de modèle et de référence. L'anthropologue Daniel Fabre a montré comment, pour les jeunes garçons, l'oiseau sert à penser les transformations physiques et psychiques de la puberté. L'accession à l'identité sexuelle passe par ce chemin des oiseaux, par leur voix qui – dit D. Fabre – « détient et ressasse la totalité de la connaissance amoureuse[32] ». La saison des oiseaux, comme le printemps de la vie, est éphémère. Pourtant, en Mozart, la jeunesse s'attarde, ne cède pas la place. Jusqu'à la fin de sa vie l'oiseau chante dans sa musique, pépie, tendrement, joyeusement, dans sa correspondance :

> Portez-vous bien donc, très cher ami, excellent Hinkiti-Honky ! C'est votre nom, sachez-le. Nous en avons inventé pour chacun d'entre nous, pendant notre voyage, les voici. Moi : Pùnki-tititi – Ma femme : Schabla-Pumfa. Hofer : Rozka-Pumpa. Stadler : Nàtschibinìtschibi. [...] Mon chien : Shamanuzky[33].

Chanter oiseau, écrire cochon. Verbiage amoureux ou « écriture sauvage », ces deux pôles de l'écriture qui perdurent, bien au-delà de l'adolescence, renvoient à un Mozart oscillant, jusqu'à la fin de sa vie, entre l'enfant et le tout jeune homme, tel qu'il apparaît dans les témoignages de ses contemporains :

> Car si cet être d'exception, en tant qu'artiste, fut de bonne heure un homme, l'impartialité oblige à dire que sous tous les autres rapports, ou presque, il resta toujours un enfant. Il n'apprit jamais à se gouverner lui-même ; il ne savait ni tenir une maison, ni faire un usage convenable de l'argent, ni se tempérer et faire preuve de discernement et de raison dans les plaisirs[34].

> Alors que j'étais assise au piano et jouais le *Non più andrai* de *Figaro*, Mozart, qui se trouvait justement chez nous, vint derrière moi, et mon jeu dut lui convenir car il fredonna la mélodie et battit la mesure sur mes épaules ; mais soudain il approcha une chaise, s'assit, me demanda de continuer à jouer dans la partie basse et se mit à improviser des variations. [...] Puis, subitement lassé, il se leva d'un bond et, d'humeur bouffonne, se mit, comme il le faisait parfois, à sauter par-dessus les tables et les sièges, à miauler comme un chat et à cabrioler comme un enfant turbulent[35].

Léopold, qui connaît son fils sur le bout des doigts, s'efforce de lui inculquer le b.a.-ba de la bonne conduite sociale, en vain. Wolfgang a vingt-deux ans à l'époque de cette lettre :

> Mon fils ! tu es trop fougueux et trop irréfléchi ! Ton caractère s'est complètement modifié depuis ton enfance. Étant enfant et adolescent, tu étais plus sérieux que puéril et lorsque tu étais au piano ou occupé par la musique, personne n'osait te faire la moindre plaisanterie. Oui, tes traits eux-mêmes étaient si sérieux que dans plusieurs pays nombre de personnes sensées redoutaient que tu ne vives pas longtemps du fait

> de ton talent trop vite éclos et de ton expression toujours sérieuse. Maintenant, j'ai l'impression que tu es trop vite prêt à répondre à quiconque sur un ton plaisantin, dès la première provocation [...]. Le plus grand art consiste à apprendre à se connaître soi-même et ensuite, mon fils, fais comme moi et efforce-toi d'apprendre à connaître à fond les autres[36].

Ainsi, le sérieux de l'adulte est du côté de l'enfance, tandis que la conduite puérile est celle de l'homme fait. Ce renversement pose problème. Comment « l'enfant turbulent » de la biographie, de la correspondance, compose-t-il avec l'homme de musique ? Penser ensemble écriture épistolaire et écriture musicale permet peut-être d'approcher cette énigme, de résoudre cette dissonance.

Les mots, donc la musique

Le va-et-vient entre les deux modes de l'écriture, l'observation minutieuse et concomitante des lettres, des partitions, nous réserve une surprise. Au-delà de leur dichotomie apparente, on découvre des analogies entre les deux écritures. Si l'espace de l'écriture musicale est structuré, de par sa nature même, de façon rigoureuse, mathématique, il est aussi, comme celui de la correspondance, un espace ludique : créer une œuvre n'est-ce pas jouer avec les formes de la musique tout en respectant ses règles, sa loi ? Espace de contrainte, certes, mais aussi de liberté. Sur la partition comme dans les lettres l'imagination et l'invention sont au pouvoir. Mais si le compositeur Mozart se soumet de bonne grâce aux lois de la musique, Wolfgang l'épistolier se rebelle contre l'ordre du mot, le subvertit sans cesse.

Il existe deux lettres exceptionnelles dans la correspondance mozartienne ; deux lettres qui semblent avoir été recopiées car elles comportent peu de ratures, et surtout rien de cette écriture brouillonne, bouffonne ou « oiseau » dont Wolfgang est coutumier. Bien au contraire, par leur manière appliquée, mesurée, elles évoquent les phrases de l'opéra que le compositeur, sous la portée, calligraphie soigneusement. Rédigées en italien, ces missives jumelles s'adressent à Aloysia Weber*, la jeune cantatrice dont Mozart, en son printemps, fut follement épris :

---

* Qui était la sœur de Constanze, rappelons-le.

> *Carissima Amica!*
> *La prego di pardonarmi che manco questa volta d'inviare le variazioni per l'aria mandatami – ma stimai tanto necessario il rispondere al più presto alla lettera del suo signore Padre...* Je vous prie de me pardonner si je ne peux vous envoyer cette fois-ci les variations sur l'air que vous m'avez donné – mais j'ai estimé nécessaire de répondre le plus rapidement possible à le lettre de M. votre père [...]. Vous me ferez grand plaisir si vous voulez bien vous mettre avec grande application à l'étude de ma scène d'Andromeda (*Ah lo previdi*), car je vous assure qu'elle vous siéra très bien – et vous fera grand honneur[37].

Cette épître respectueuse qui ne parle que de musique, sous-entendu d'amour, se déploie comme une aria, en une longue vocalise délicatement déroulée. Aussi nette qu'une partition, elle met en scène non plus la « mauvaise plume » du Guignol inéduqué, mais la plume en or, enchantée, du musicien. Ces deux lettres sont précieuses car elles dévoilent l'arcane majeur de la correspondance : Mozart organise ses lettres exactement comme des partitions, ramenant sans cesse le langage vers la musique, le mot vers la note, et les procédures de l'écriture épistolaire semblent calquées sur celles de l'écriture musicale. La structure de l'épître emprunte souvent à la musique l'une ou l'autre de ses formes traditionnelles; W. Hildesheimer note que la lettre du 28 février 1778, adressée par Wolfgang à son père, semble composée comme une toccata; celle qu'il envoie à sa sœur depuis Naples s'inspire de la forme du rondeau[38]. Ce mécanisme quasi musical du flux verbal a sa pulsation propre. L'espace épistolaire subit des changements de tempo, comporte des crescendos, des decrescendos, des silences, des points d'orgue et même des résolutions d'accords. Mozart, dans sa correspondance comme dans sa musique, ne peut terminer sur ce qu'il considère comme une dissonance, alors il écrit : « Passons à autre chose. » Cette phrase, qui intervient souvent après la relation d'un événement fâcheux – voire dramatique, comme la mort de sa mère – rétablit l'accord, restitue l'équilibre un instant perturbé. Formes, rythmes mais aussi couleurs. Les lettres comme la musique déploient toute une riche palette de tonalités. L'écriture façon oiseau, celle de l'amoureux, fait chatoyer les voyelles, supports du chant lyrique* :

* La technique, notamment italienne, du chant lyrique s'appuie sur les voyelles qui permettent à la voix de s'épanouir librement, tandis que les consonnes servent à « former le moule » du son, à placer correctement la voix de manière à « profiter » au maximum des voyelles. On peut rappeler aussi les voyelles colorées chères à Rimbaud, expression de son chant intime.

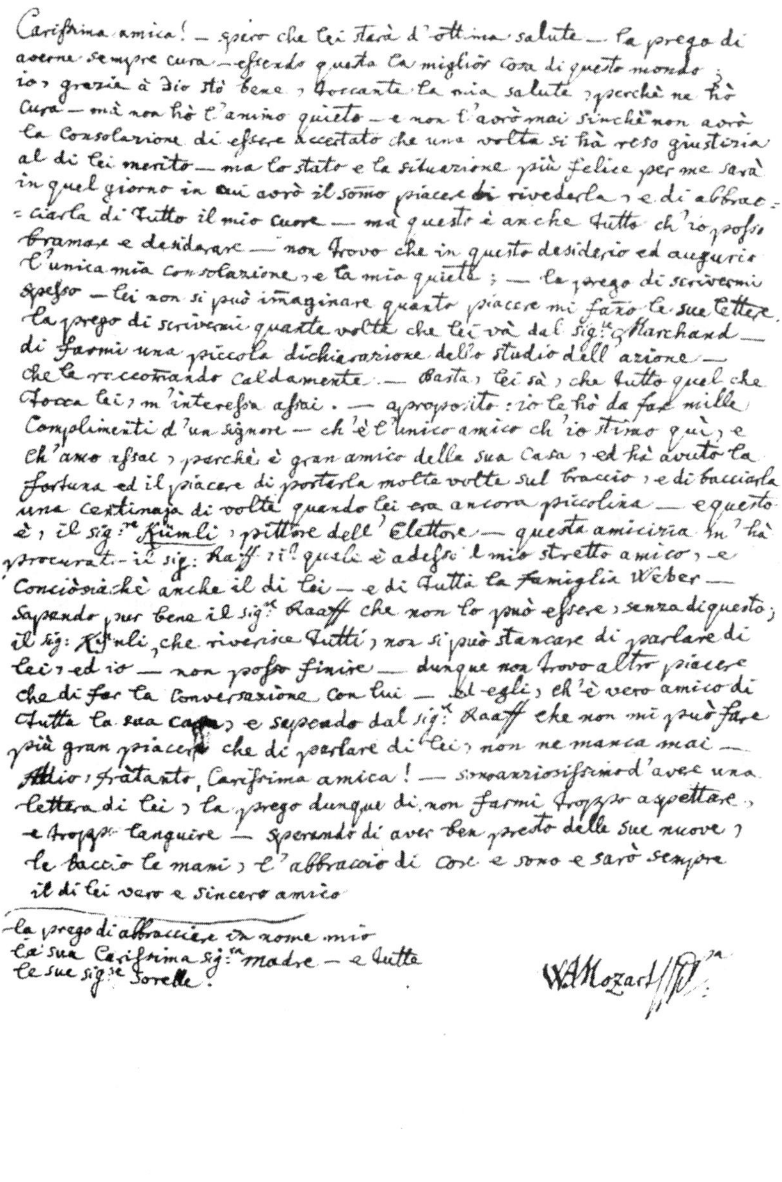

Carissima amica! — spero che Lei starà d'ottima salute — La prego di averne sempre cura — essendo questa la miglior cosa di questo mondo; io, grazie à Dio stò bene, toccante la mia salute, perchè ne hò cura — mà non hò l'animo quieto — e non l'averò mai sinchè non averò la consolazione di essere accertato che una volta si hà reso giustizia al di Lei merito — ma lo stato e la situazione più felice per me sarà in quel giorno in cui averò il sommo piacere di rivederla, e di abbracciarla di tutto il mio cuore — mà questo è anche tutto ch'io posso bramare e desiderare — non trovo che in questo desiderio ed augurio l'unica mia consolazione, e la mia quiete; — la prego di scrivermi spesso — lei non si può imaginare quanto piacere mi fanno le sue lettere. la prego di scrivermi quante volte che Lei và dal sig:re Marchand — di farmi una piccola dichiarazione dello studio dell'azione — che le raccomando caldamente. — Basta, Lei sà, che tutto quel che tocca Lei, m'interessa assai. — a proposito: io le hò da far mille complimenti d'un signore — ch'è l'unico amico ch'io stimo quì, e ch'amo assai, perchè è gran amico della sua casa, ed hà avuto la fortuna ed il piacere di portarla molte volte sul braccio, e di bacciarla una centinaja di volte quando lei era ancora piccolina — e questo è, il sig:re Kümli, pittore dell'Elettore — questa amicizia m'hà procurato il sig: Raaff, il quale è adesso il mio stretto amico, e conciòsiachè anche il di Lei — e di tutta la famiglia Weber — sapendo pur bene il sig:r Raaff che non lo può essere, senza di questo; il sig: Kümli, che riverisce tutti, non si può stancare di parlare di Lei, ed io — non posso finire — dunque non trovo altro piacere che di far la conversazione con lui — ed egli, ch'è vero amico di tutta la sua casa, e sapendo dal sig:r Raaff che non mi può fare più gran piacere che di parlare di Lei, non ne manca mai — Addio, frattanto, Carissima amica! — sono ansiosissimo d'avere una lettera di Lei, la prego dunque di non farmi troppo aspettare, e troppo languire — sperando di aver ben presto delle sue nuove, le baccio le mani, l'abbraccio di core e sono e sarò sempre il di Lei vero e sincero amico

la prego di abbracciare in nome mio la sua Carissima sig:ra madre — e tutte le sue sig:re sorelle.

WAMozart mpria

Lettre de Mozart à Aloysia Weber, 30 juillet 1778 (AKG).

Aime-moi à jamais comme je t'aime, et sois toujours ma Stanzi Marini comme je serai toujours ton

Str ! – Knaller baller* –
Schnip – schnap – schnur
Schnepeperl.
Snai !

[...] – adieu – attrape – attrape – bi – bi – bi – trois baisers, tout sucrés, prennent leur envol[39].

L'écriture bouffe, qui n'est jamais bien loin, joue de toutes les nuances, privilégiant parfois une seule tonalité :

de Vienne / à Monsieur/ Monsieur Anton de Stoll / Monsieur le Maître d'école et / chef des chœurs à / Baaden

Très cher Stoll !
Excellent fol !
Très grand drôle !
Tu es soûl ! –
N'est-ce pas que le bémol
Te colle ? –

J'ai une demande à vous faire. C'est que vous ayez la bonté de m'envoyer demain par la première voiture ma messe en *si* bémol que nous avons jouée dimanche dernier, ainsi que le graduel en *si* bémol de Michael Haydn *Pax vobis* – que nous avons également interprété[40].

L'en-tête, rédigé en vers de mirliton, fait rimer le nom de Stoll avec Knoll, Schroll, Sternvoll, Moll, Wohl[41]. Le *si* bémol des œuvres évoquées par Mozart ne donne-t-il pas finalement le ton de cette missive ? Au dos de la lettre, Wolfgang ajoute un *post scriptum* dans lequel il déguise son écriture, empruntant la signature de son élève Süssmayr** :

* Petit pétard.

** Franz Süssmayr avait accompagné Constanze à Baden. Mozart, semble-t-il, n'était que médiocrement satisfait de la présence du jeune homme auprès de sa femme, ce qui a donné lieu à maints commentaires sur la fidélité de celle-ci. Dans une autre circonstance, dramatique celle-là, Süssmayer rendra à Wolfgang la pareille ; c'est lui en effet qui, après la mort de Mozart, imite sa signature sur la partition terminée du *Requiem*.

> Excellent Monsieur v Schroll * !
> Ne nous mettez pas en boîte, sinon nous sommes dans le pétrin. Ma douce et sincère écriture témoigne de la véracité de ce que M. v. Mozart vous a demandé, donc – par ici la messe et le graduel de Mich.
> Je suis votre
>
> sincère ami
> Franz Süssmayr
> Crotte
>
> Aux cabinets, le 12 juillet[42].

Nouveau changement de nuance... dû à la suppression du « *si* bémol » ? La scatologie fait irruption sous couvert de l'écriture masquée. Le support privilégié de ces variations de coloris demeure cependant le mélange des langues dans lequel Mozart excelle. Allemand, italien, français, latin, l'écriture arlequinée organise la parade sonore, haute en couleurs, du langage :

> 62**.8. 1780
> apud die conteßine de Lodron.
> alla dieci e demie war ich in templo.
> Posteà chés le signore von Mayern.
> post prandium la si : ra Catherine chés uns.
> wir habemus joués colle carte di Tarock.
> à sept heur siamo andanti spazieren
> in den horto aulico.
> faceva la plus pulchra tempestas von der Welt.
>
> 26 août 1780
> Chez les petites comtesses de Lodron. À dix heures trente, je fus à l'église. Ensuite chez les dames von Mayern. Après le déjeuner, Mme Catherine chez nous. Nous avons joué au tarot. À sept heures, nous sommes allés nous promener dans le jardin de la cour. Il faisait le meilleur temps du monde[43].

Mais le point culminant, jubilatoire, de ces débordements épistolaires est sans doute la « vocalise » :

> Tonnerre du ciel, mille sacristies, Croates de malheur, diables, sorcières, sorciers, bataillons de croisés à n'en plus finir, morbleu, éléments, air, eau, terre et feu, Europe, Asie, Afrique et Amérique, jésuites, augustins, bénédictins, capucins, minorites, franciscains, dominicains,

---

* « Schroll » signifie « chenapan ».

** Wolfgang a écrit 26 à l'envers.

> chartreux et chevaliers de la Sainte-Croix, chanoines réguliers et irréguliers, et tous les fainéants, garnements, misérables, couillons et corniauds mélangés, ânes, buffles, bœufs, fous, idiots et polichinelles ! Quelles sont ces manières, 4 soldats et 3 baudriers ? – Un tel paquet et pas de portrait[44] ?

Quelle est la dynamique d'une vocalise ? Une note en entraîne une autre, jusqu'à la pointe extrême de la voix ; le texte disparaît : comment articuler dans l'aigu ? Plénitude du son mais silence du sens. Que l'on songe, par exemple, au deuxième air de la Reine de la nuit qui atteint les hauteurs célestes, glaciales, du contre-*fa**. Ici, dans la lettre, la dynamique n'est-elle pas semblable ? *Allegro assai,* le mot, irrésistiblement en fait accourir un autre, puis un autre, jusqu'à atteindre l'extrême aigu de l'écriture, s'il est possible d'employer ce terme. Plus de sens, du son, rien que du son, organisé d'une manière non seulement musicale mais aussi dramaturgique puisque la « vocalise » virtuose trouve enfin son issue – qui aurait pu être un commencement et un support – sur une phrase intelligible.

Tous les procédés linguistiques mis en œuvre dans l'écriture amoureuse ou bouffonne visent donc à produire un effet musical ; utilisés pour leur pâte sonore, les mots passent du côté des notes. Cette proximité avec la musique est si grande, que, souvent, elle apparaît, de fait, dans les lettres. Ouvrons celle du 4 janvier 1783. Wolfgang demande à son père de lui envoyer des symphonies dont il a besoin et, au lieu de les énumérer, il en écrit les premières mesures. Les notes s'enchaînent sans rupture avec le texte, puis s'effacent pour laisser à nouveau la place à l'écriture épistolaire, comme si la musique, toujours en attente sous les mots avait besoin d'affirmer, de temps à autre, sa présence, sa souveraineté. En 1777, Wolfgang adresse à son père pour sa fête un petit compliment :

> Je ne peux écrire poétiquement, je ne suis pas poète. Je ne saurais manier les formules assez artistement pour qu'elles fassent jouer les ombres et les lumières, je ne suis pas peintre. Je ne peux non plus exprimer mes sentiments et mes pensées par des gestes et par la pantomime, je ne suis pas danseur. Mais je le peux grâce aux sons, je suis *Musikus*[45].

Musikus, Mozart le demeure donc jusque dans la façon de jouer du langage ; la pâte sonore des mots est maniée avec un si grand art, accords, harmonies, discordances semblent si bien calculés, ordon-

* *La Flûte enchantée,* acte II, scène 8, aria n° 14, « *Der Hölle Rache* ».

nés, que l'on peut s'interroger... La musique chante-t-elle si haut en Mozart, qu'en écrivant des mots, il reste soumis à son ordre ? Faudra-t-il revenir alors à l'enfant musical, à cet apprentissage à rebours où la musique est première ? Façonnant complètement l'enfant à sa mesure, le langage musical a-t-il structuré l'adulte de la même manière ? Pourquoi a-t-on l'impression que la musique est pour Mozart comme une langue maternelle ? Qu'il ne peut penser, dire ce qu'il est, qu'à travers elle ?

> Crois-tu que Wolfgang saura mener ses affaires ? J'espère qu'il s'y habituera et n'aura pas la tête remplie uniquement de notes[46].

Léopold s'inquiétait, non sans raison. Mener ses affaires ? Wolfgang jamais n'y est parvenu ; jamais il n'a su calculer l'avenir, épargner le temps, l'argent, s'épargner lui-même mais il a traversé la vie sans en perdre une note et la vie, en une mystérieuse alchimie, se confond avec la musique :

> Mon très cher Père !
> Félicitations, vous êtes grand-papa ! – Hier matin, le 17 à 6 heures et demie, ma chère femme a heureusement accouché d'un gros garçon, fort et rond comme une boule[47].

Le 17 mars 1783. Constanze – elle a dix-neuf ans – accouche de son premier enfant. Wolfgang, dans la pièce à côté, compose, ou plutôt achève de coucher sur le papier le second* de ses six quatuors dédiés à Haydn. Une légende a couru longtemps. Mozart aurait mêlé aux accents de sa musique les « vocalises » douloureuses de sa femme. La réalité n'est-elle pas ô combien plus émouvante ? Un petit être pousse son premier cri tandis que, dans la chambre voisine, naît sur le papier une magnifique et sombre musique. L'enfant, le quatuor, la musique et la vie résonnent ensemble.

---

* K. 421.

Les mots, la musique, donc l'opéra

> J'ai encore 14 morceaux à écrire, et puis j'aurai fini [...]. Je ne peux vraiment pas écrire beaucoup car je n'ai rien de neuf à dire, et deuxièmement, je ne sais pas ce que j'écris : toutes mes pensées sont absorbées par l'opéra et je risque fort de t'écrire tout un air à la place des mots[48].

Écrire des lettres comme de la musique. Composer avec les mots, c'est-à-dire les ramener à l'ordre de la note. En majeur ou en mineur, *forte* ou *piano,* la vie va ; la plume court. Un flot continu. Pourtant le texte, comme la musique, respire. La ponctuation joue son rôle – a-t-on remarqué la fréquence des tirets dans la prose mozartienne ? Ils contiennent et régularisent le flux de l'écriture. Les tirets : signes symboliques, ébauches de portée ? Sur l'autographe du 4 janvier 1783, les tirets aboutissent à la portée elle-même, à l'écriture musicale. Résumons-nous : un texte « musiqué », un espace épistolaire réglé comme du papier à musique, voici l'opéra. Sur la scène de son théâtre intime, à la jonction du mot et de la musique, la correspondance trouve sa véritable voix : « Avant tout pour moi est l'opéra », écrit Mozart.

Les lettres sont l'écho de l'opéra. Investi par le théâtre lyrique, l'épître en laisse apparaître aussi toutes la procédure de composition :

> Par pur ennui, j'ai composé aujourd'hui un air pour l'opéra* – je me suis levé dès 4 heures et demie. Miracle, j'ai réussi à ouvrir ma montre ; – mais – comme je n'avais pas de clé, je n'ai pas pu la remonter, n'est-ce pas triste ? Schlumbla ! Voici encore un mot pour réfléchir. Par contre, j'ai remonté la grande pendule. Adieu – chérie ! [...] Je t'embrasse 1 000 fois et dis, en pensée avec toi, la mort et le désespoir étaient son salaire ! –
> Ton mari qui t'aime à jamais
> W. A. Mozart
>
> Que Carl** se tienne bien,
> embrasse-le pour moi.
> (Prends de l'électuaire si tu es constipée, mais seulement dans ce cas.)
> (Fais attention à toi le matin et le soir, lorsqu'il fait frais[49].)

* *La Flûte enchantée*.
** Carl Thomas Mozart, le fils aîné de Mozart.

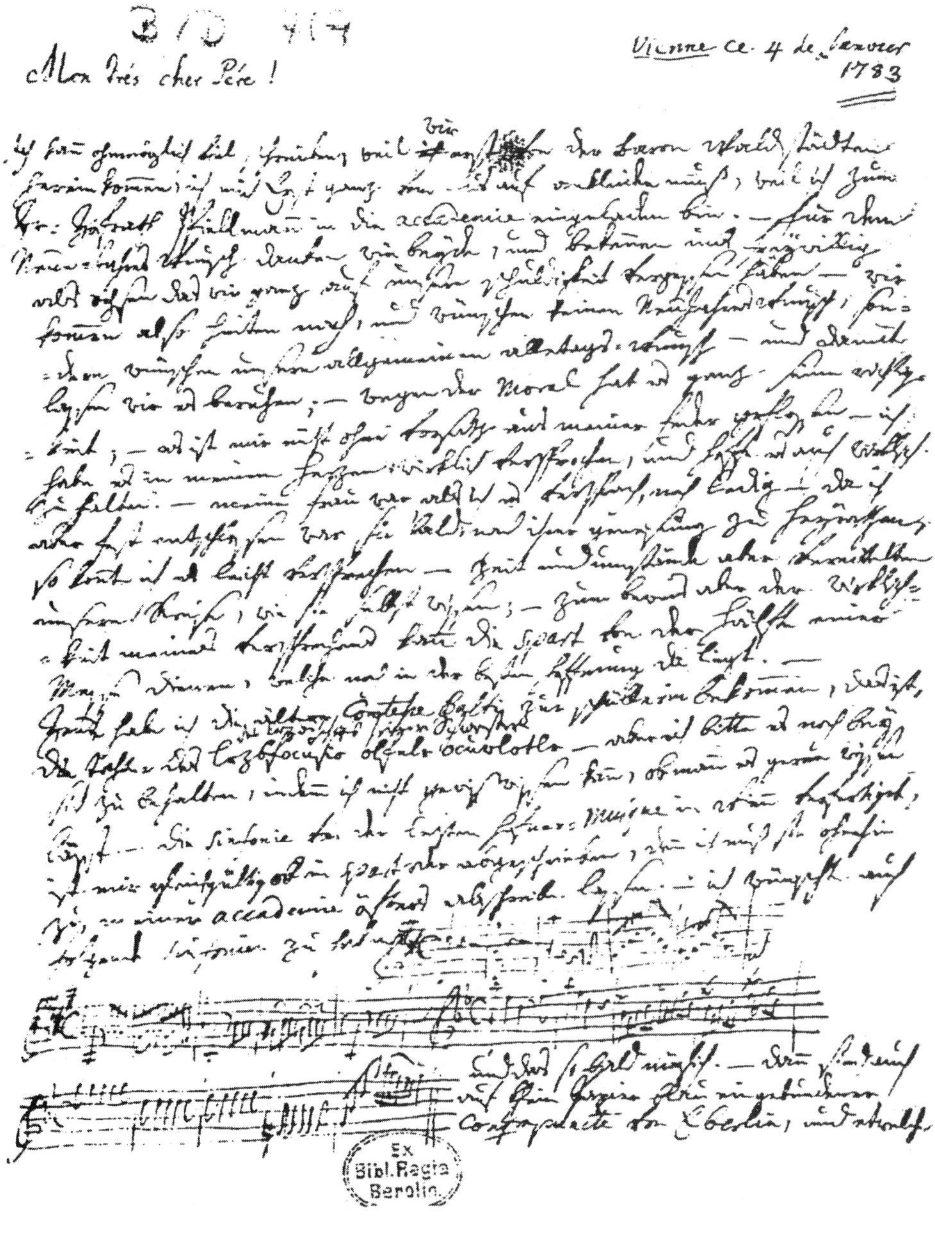

Vienne ce 4 de Janvier 1783

Mon très cher Père !

Lettre de Mozart à son père, 4 janvier 1783
(Mozarteum de Salzbourg).

« La mort et le désespoir étaient son salaire* » ; littéralement empruntée à *La Flûte enchantée* la phrase se glisse naturellement dans la conversation. Rien ne va, la vie boite et Mozart remonte la grande pendule pour remettre le temps en mouvement.

Une autre lettre. Une tirade pleine de juvénile panache adressée au père :

> Le cœur ennoblit l'homme, et même si je ne suis pas comte, j'ai peut-être plus d'honneur au corps que bien des comtes ; et valet ou comte, du moment qu'il m'insulte, c'est une canaille[50].

On imagine sans peine cette réplique dans la bouche du Figaro des *Noces,* en préambule, par exemple, à l'air *Se vuol ballare, Signor Contino.* Quelquefois, la missive devient dramatique ; l'argent manque, les dettes s'accumulent, vers qui se tourner, sinon vers l'amitié ? Du plus profond de sa détresse Wolfgang appelle au secours et dans cet appel qu'il lance à son ami Puchberg, il s'exprime – spontanément – sur le mode le plus approprié à la situation, celui de l'*opera seria :*

> Ah Dieu ! – je n'arrive pas à me décider à expédier cette lettre ! – et pourtant, cela doit être ! – Si je n'avais été atteint par cette maladie, je n'aurais pas à être si impudent à l'égard de mon unique ami ; – et pourtant, j'espère que vous me pardonnez puisque vous connaissez le bon et le mauvais côté de ma position. Le mauvais côté n'existe que pour l'instant, mais le bon sera sûrement plus durable, lorsque le mal du moment sera oublié. – Adieu ! – Pardonnez-moi, pour l'amour de Dieu, pardonnez-moi seulement – et – Adieu[51] !

La lettre est datée du 14 juillet 1789...

Les menus incidents de la vie quotidienne peuvent aussi subir la métamorphose, se muer en petites scènes d'*opera buffa.* Constanze a perdu un ruban : « Cher petit mari, où est le ruban ? » Un ami arrive, s'interroge : « Que cherchent-ils, un morceau de pain ou un gâteau ? » Wolfgang à Constanze : « L'as-tu ? » Constanze : « Oui, dans la crotte ! » Wolfgang, façon oiseau : « Nu, nu, nu, nu, nu, nu, nu, nu, nu... » L'ami, décontenancé : « Voilà qui est hardi ! Chères bonnes gens, oserais-je vous demander ce que vous cherchez ? » Wolfgang et Constanze : « Parbleu nous cherchons le joli ruban. » L'ami : « Le

---

* *« Tod und Verzweiflung war sein Lohn ». La Flûte enchantée,* acte II, scène 3 n° 11, duo.

ruban ? Pardi, je l'ai dans mon commerce. » Soulagement, congratulations, trio final : « Quel plaisir, quelles pures délices que de vivre dans la *caritatis camera,* et le beau ruban nous l'avons, oui, nous l'avons, oui-da ! » Paroles et musique de Mozart, le trio *Liebes Mandel, wo is's Bandel ?** fixe à jamais l'instant fugace, celui d'un éclat de rire, d'un jeu enfantin autour d'un ruban perdu. Sur la scène d'opéra, une jeune fille et un page se poursuivent gaiement autour d'un grand fauteuil. Chérubin a chipé à Suzanne le ruban de nuit de la Comtesse, Suzanne veut le reprendre : « Vite, ce ruban » ; Chérubin : « Oh cher, oh beau, oh bienheureux ruban ! Je ne te le rendrai qu'avec ma vie**. » Autre variation sur le thème, sans Mozart, mais pas très loin de lui cependant : sur les tréteaux viennois du temps, le public applaudit une farce : *Polichinelle ou la Tragédie douloureuse dans une société de bouffons amoureux.* Alternant avec les textes plus ou moins improvisés, des airs, parodiant ceux du grand opéra, accompagnent les pitreries de Polichinelle et de ses acolytes : « Mon trésor, marmousette, ma petite femme, n'entends-tu pas crier ton petit homme ? Réponds enfin et appelle-moi : "Polichinelle, Gou ! Gou ! Gou[52] !" » Le dernier couplet de « l'aria » se termine dans une réjouissante cacophonie de cris animaux : gloussements, aboiements, bêlements... Mais revenons justement à nos moutons. Très souvent, le contenu des lettres est construit de façon à ménager, comme dans l'opéra, des effets dramaturgiques. Ce talent de metteur en scène du langage, Mozart l'exploite en particulier dans les petits récits abracadabrants dont il émaille sa correspondance. En témoigne cette hilarante histoire... de moutons, contée en détail à la « cousinette » :

> Maintenant, avant de clore, car je dois bientôt terminer, parce que je suis pressé n'ayant justement vraiment rien à faire, et puis, parce que je n'ai plus de place, comme vous le voyez ; le papier tire à sa fin ; et aussi, je suis fatigué, les doigts me brûlent à force d'écrire ; et finalement, même si j'avais assez de place, je ne saurais que vous écrire encore si ce n'est l'*historie* que j'ai l'intention de vous raconter. Écoutez donc. Il n'y a pas longtemps que cela s'est passé, ici, dans ce pays. Cela a d'ailleurs fait beaucoup de bruit, car cela semble impossible ; on ignore d'ailleurs – ceci entre nous – l'issue de l'affaire. Donc, en bref, il y avait, à environ 4 heures d'ici, je ne sais plus l'endroit, – il y avait un village ou quelque chose de ce genre ; d'ailleurs, c'est la même chose, que cela se soit passé à Trippstrill, où la fange coule dans la mer, ou à Wurmanns-

* K. 441.

** *Les Noces de Figaro,* acte I, scène 5.

quick, où les trous du cul sont de travers. En un mot, il était une fois un lieu. Il s'y trouvait un berger, ou un pastoureau, qui était déjà assez vieux mais semblait encore robuste et fort; il n'était pas marié, avait du bien et jouissait de la vie. Ah oui! avant de finir de raconter l'histoire, je dois tout d'abord vous dire qu'il avait une voix effrayante; on avait toujours peur en l'entendant parler. Alors, pour en venir brièvement au sujet, il faut que vous sachiez qu'il avait un chien, qu'il nommait Bellot, un très beau grand chien, blanc avec des taches noires. Bien! Un jour, il se promenait avec ses moutons, il en avait 11 000. Il tenait à la main un bâton avec un joli ruban de couleur rose. Car il n'allait jamais sans bâton, c'était une sorte de coutume; continuons. Alors qu'il marchait depuis une bonne heure, il se sentit fatigué et s'assit auprès d'un fleuve. Finalement il s'endormit et rêva qu'il avait perdu ses moutons; effrayé, il se réveilla mais vit, à sa grande joie, tous ses moutons. Enfin, il se leva et continua son chemin, mais pas longtemps; car à peine une demi-heure s'était-elle écoulée qu'il arriva à un pont très long mais bien protégé sur les deux côtés, de sorte qu'on ne pouvait pas en tomber. Alors il regarda son troupeau et, comme il devait passer de l'autre côté, il commença à y pousser ses 11 000 moutons.

Ayez maintenant la bienveillance d'attendre que les 11 000 moutons soient de l'autre côté et je finirai de vous raconter toute l'*historie.* Je vous ai déjà dit plus haut qu'on n'en connaît pas l'issue. J'espère toutefois que d'ici ma prochaine lettre ils seront passés; sinon, cela m'est égal, car pour ma part, ils auraient pu rester de ce côté-ci. Pour l'instant, cela doit vous suffire, je vous ai écrit tout ce que j'en sais. Et il vaut mieux que je m'arrête plutôt que de vous mentir. Vous n'auriez pas cru un mot de toute cette satanée histoire, alors qu'ainsi – vous n'en croyez que la moitié. Je dois maintenant clore bien que cela m'attriste, mais quand on commence, on doit aussi s'arrêter, sinon on dérange les gens. Mon compliment à tous mes amis, et celui qui ne le croit pas devra me lécher infiniment, jusqu'à l'éternité, jusqu'à ce que je redevienne intelligent. Il lui faudra sûrement lécher longtemps, mais moi, j'ai bien peur, je crains de ne pas avoir assez de crasse et qu'il n'ait pas assez à savourer. Adieu, couousine. Je suis, j'étais, je serais, j'ai été, j'avais été, j'aurais été, oh si j'étais, oh que je sois, plût à Dieu que je fusse, je serais, je serai, si je pouvais être, oh que je fusse, j'eusse été, j'aurai été, oh si j'avais été, oh que j'eusse été, plût à Dieu que j'eusse été, qui? – une morue salée*.

Addieu ma chère Cousine, où? – Je suis vraiment votre véritable cousin.

Wolfgang Amadé Mozart[53].

Cette pastorale burlesque ne sort pas de l'imagination de Wolfgang; il l'a vraisemblablement empruntée à Goldoni; mais il la fait

* La traduction en français ne peut rendre, bien évidemment, toute la richesse linguistique de ce texte. « Morue salée » : Mozart a écrit *Stockfish*, qui a également le sens de nigaud.

sienne et la transforme, avec maestria, en *opera buffa* miniature. Tout y est. Tout y est. L'ouverture – un début qui commence par une fin – la cascade de scènes à tiroirs, les rebondissements indispensables et le dénouement qu'il faut, patiemment, longuement attendre comme ces 11 000 placides, énervants moutons qui n'en finissent pas de passer... Et, enfin ! le Final ! Un feu d'artifice de mots-fusées qui jaillissent puis éclatent en gerbes sonores et multicolores. Une bien folle *historie*... Revient alors en mémoire une « Folle journée », celle des *Noces de Figaro* : Chérubin découvert par le Comte dans le fauteuil, Suzanne sortant inopinément du placard, l'apparition de la Comtesse dans la nuit magique, le *finale* endiablé...

Cette écriture « opératique » Mozart la met en œuvre en dehors de la correspondance, dans sa musique instrumentale et vocale. Certains lieds, les airs de concert en particulier, s'apparentent souvent à des opéras miniatures*. La musique religieuse n'échappe pas à la règle. Au *Kyrie en ré mineur* qui met en scène de façon grandiose l'Homme en face de son Dieu, fait écho *Idoménée, opera seria* composé peu de temps auparavant dans lequel un roi et son peuple s'affrontent à Neptune. La *Messe des moineaux*** est conçue presque comme un final d'opéra buffa***, Le *Dona* de la *Messe en Si bémol majeur*[81] ressemble étrangement au vaudeville de la dernière scène de *L'Enlèvement au sérail.* Parfois, le chant sacré passe directement à l'opéra : le solo de soprano de l'*Agnus Dei* de *La messe du couronnement***** préfigure l'air de la Comtesse *Dove sono* dans *Les Noces de Figaro.* Le décor théâtral des églises baroques se prêtait admirablement, il est vrai, à cette mise en scène de la musique ; en Allemagne à cette époque, théâtre et religion font bon ménage *****.

D'autres formes musicales semblent prédestinées au jeu « opératique », notamment les concertos qui reposent sur le principe du dia-

* J.-V. Hocquard, avec justesse, considère les airs de concert comme une sorte de laboratoire où Mozart met au point « les mécanismes musicaux de son art scénique ».

** K. 275.

*** K. 220. Appelée ainsi en raison de la musique « pépiante » des violons dans le *Credo*.

**** K. 317.

***** Sous l'impulsion des Jésuites en effet, dans l'esprit de la Contre-Réforme, on assiste à une véritable théâtralisation de la religion ; non seulement dans la conception de l'architecture, mais aussi dans la manière de faire passer le message divin auprès des fidèles. À Vienne, le Collège de l'Université, dirigé par les Jésuites, possédait un théâtre de 3 000 places ; à Vienne également étaient organisées des processions à grand spectacle où le théâtre et la musique jouaient un rôle prépondérant.

logue dramaturgique entre un soliste et l'orchestre. Traités par Mozart comme des personnages, soliste et instruments s'affrontent en petites scènes successives où le premier doit s'efforcer, par sa virtuosité, de convaincre les seconds. Ainsi que l'a noté Brigitte Massin, le concerto, fondé sur la dialectique du singulier et du collectif, peut apparaître comme une « image symbolique de l'individu face à la société[54] » ; mais l'opéra, et en particulier l'*opera buffa,* ne répond-il pas aussi à cette définition ?

À l'époque de Mozart, les dieux de l'*opera seria* quittent la scène, l'homme est seul désormais ; la construction de son destin ne repose que sur lui-même, sur son aptitude ou son inaptitude à suivre le chemin coutumier, la loi commune. Cette idée de l'apprentissage – mais aussi de l'initiation – qui traverse le roman, le théâtre et l'opéra de l'Allemagne des Lumières tisse la trame de la biographie mozartienne, fonde l'œuvre. La tension entre ordre social et liberté individuelle qui sous-tend les deux écritures mozartiennes se révèle et se résout dans l'opéra car c'est bien au plus profond du genre opéra – mots et notes, texte et musique – que Mozart le musicien inscrit au plus profond de l'œuvre Wolfgang le Fol, le garçon-oiseau de la correspondance.

Tout se passe comme si l'homme, le musicien, avec ses deux écritures, était à la fois le lieu du conflit mais aussi sa résolution. L'œuvre lyrique ne se situe-t-elle pas en effet, dans l'intervalle, à la charnière de ces deux écritures ? L'alchimie propre à l'opéra – œuvre, au sens littéral du terme – Mozart la fait sienne. L'opéra mozartien porte à la fois la marque de *l'Hanswurst* turbulent, éternel apprenti de la vie, et celle du musicien dans sa plénitude. Il détermine pour Mozart un parcours d'apprentissage par où s'effectue le passage. De même que le rite, il expose à la fois le discontinu de la vie, ses accidents, ses élans brisés, son rythme instable et, sur le fil de sa mélodie, le continu, l'univers ordonnancé, stable, sécurisant de la musique. L'opéra prend en charge le « fol » de la biographie, l'épistolier rebelle et exalte, en splendeur, la souveraineté du musicien. Il chante doucement l'alphabet qui permet à un homme hors du commun de retrouver sa place parmi les siens.

Un opéra d'apprentissage

Si l'on envisage la totalité du théâtre lyrique mozartien, on est frappé par la cohérence de son univers. D'une œuvre à l'autre se tisse un réseau de relations, de correspondances, d'échos, qui font dialoguer sans cesse un opéra avec l'autre. Comment rendre compte de cette unité profonde ? Des pièces de jeunesse aux grands opéras de la maturité, depuis *Bastien et Bastienne* jusqu'à *La Flûte enchantée*, une unique thématique structure le théâtre lyrique mozartien, lui donnant sa force et son extraordinaire homogénéité : celle de l'apprentissage, de la mise en scène ritualisée, d'un itinéraire social. Depuis l'âge de douze ans et jusqu'à la fin de sa vie, Mozart, sans se lasser, brode, en de subtiles et riches variations, sur un motif immuable : le cheminement vers la maturité de très jeunes couples. Mozart saisit ses personnages, les « musique », à ce point précis de l'existence où s'enclenche le mouvement, où commence le parcours coutumier qui mène, d'épreuve en épreuve, du courtisement au mariage, à l'insertion dans l'ordre social.

Parcourir le chemin, certes, mais selon le procédé bien mozartien de l'inversion, dont nous avons dégagé quelques modalités. En effet, les couples ne se constituent pas au fil de l'action, ils se reconstituent. Au début de chaque opéra, les jeux semblent faits. Anna est promise à Ottavio, Constanze à Belmonte, Bastienne à Bastien, Dorabella et Fiordiligi à Ferrando et Guglielmo, Pamina à Tamino, Ilia à Idamante. Plus encore, *Les Noces de Figaro* s'ouvrent sur les préparatifs du mariage entre Suzanne et son promis, et dans *Don Giovanni,* le *dissoluto* fait irruption dans la noce de Zerline et de Masetto. Or, les anthropologues ont mis en lumière le cheminement coutumier qui, dans nos sociétés, dès l'enfance, ordonne la progression des âges en autant d'étapes et d'épreuves formatrices. Ces moments scandent des passages eux-mêmes gouvernés par des figures masculines et féminines qui font office de « passeurs », d'initiateurs. Pour être « invisible », l'initiation n'en est pas moins profonde, réelle[55]. Comme dans les sociétés exotiques, son aboutissement logique, celui qui vient apporter la preuve qu'elle a été conduite selon les règles, c'est l'aptitude au mariage. Au temps rituel du courtisement où les erreurs, l'errance amoureuse sont permises, doit succéder celui du choix définitif du partenaire. Lorsque les étapes n'ont pas été suivies dans leur ordre, respectées, lorsqu'une infraction à la coutume introduit une dissonance, tout est remis en question. Yvonne Verdier a admirablement montré en quoi ces manquements à la coutume font le destin des êtres dans la vie et des personnages dans le roman et le théâtre[56]. Nous pourrions ajouter sur la scène de l'opéra. Le meurtre du Commandeur – *Don Giovanni* –, l'amour du Comte pour Suzanne – *Les Noces de Figaro* –, un voyage imprévu – *L'Enlèvement au sérail* –, l'infidélité du fiancé – *Bastien et Bastienne* –, un vœu inconsidéré, celui du roi de Crète dans *Idoménée*, et tout bascule…

Così fan tutte et *La Flûte enchantée* exposent même clairement la raison profonde des « accidents » qui, dans les autres opéras, sont le point de départ d'un nouveau parcours : les jeunes couples n'ont pas fait leur jeunesse dans les règles, donc ils ne sont pas prêts pour le mariage. Dûment séparés, les amoureux vont devoir, avant d'être réunis définitivement, affronter les épreuves qui feront d'eux, enfin, des êtres autonomes, des hommes, des femmes*. Il faudra, puisque la coutume le veut ainsi, laisser sa jeunesse sur le chemin, passer du printemps des amours folles à l'été des amours raisonnables. Mais Mozart ne l'entend pas ainsi. À côté de la ligne droite qui mène à l'intégration sociale, il existe la diagonale, le chemin buissonnier qu'empruntent ceux qui ne se résignent pas, justement, à marcher droit : les bouffons, les fols, dont l'archétype est Papageno, le garçon-oiseau de *La Flûte enchantée*. La rébellion contre l'ordre de la coutume a son prix ; elle rejette les fauteurs de troubles dans la marge, dans le monde juvénile des oiseaux, leur interdit l'accès au Temple – Papageno –, ou même, cas extrême, les conduit à un destin tragique : la folie ou la mort – Osmin, Monostatos, don Giovanni, et Électre aussi.

Mais, objectera-t-on, Mozart n'était pas l'auteur de ses livrets. Le commanditaire imposait au musicien et le sujet et le librettiste. De plus, le véritable auteur de l'opéra, selon la coutume du temps, est bel et bien celui du « poème » et non celui de la musique. Les affiches des théâtres sont fort explicites à ce sujet : le plus souvent, sous le titre de l'opéra apparaît le nom du librettiste, celui du musicien étant relégué au second plan. Ainsi, sur une affiche de 1791, on peut lire : « *La Flûte enchantée,* un grand opéra d'Emanuel Schikaneder. » Vient ensuite, au-dessous, séparé par un espace, le nom du compositeur : « La musique est de Monsieur Wolfgang Amadé Mozart, *Kapellmeister.* »

L'opéra serait donc d'abord un texte. Ce postulat a été repris par quelques commentateurs qui, laissant aux musicologues le soin de commenter la musique, ont considéré que, tout comme le roman, le conte ou le mythe, l'opéra était un genre littéraire, donc déchiffrable, analysable en tant que texte. L'œuvre lyrique mozartienne

* Deux personnages cependant échappent à cette règle : Chérubin et Barberine dans *Les Noces de Figaro,* qui effectuent le parcours, inachevé d'ailleurs, à l'endroit, en raison de leur jeune âge.

n'est cependant pas réductible à une telle approche car l'apport du compositeur aux livrets de ses opéras est loin d'être négligeable[57]. Mozart ne se conforme pas à l'usage qui veut que le musicien s'accommode au mieux du texte qu'on lui fournit :

> J'espère que vous aurez bien reçu ma dernière lettre jubilante. Ma femme a, Dieu merci, bien supporté les 2 journées critiques d'hier et avant-hier, et va maintenant très bien, vu son état ; – nous espérons que tout continuera à bien aller. – L'enfant est également tout frais et dispos, et est terriblement occupé à boire, crier, péter, chier et cracher, etc.
>
> Il baise les mains de son grand-papa et de sa tante. Venons-en à Varesco. Le plan me plaît bien ; je dois maintenant parler au comte Rosenberg pour assurer un salaire au poète. Mais je trouve vexant pour moi que M. Varesco doute de l'*incontro** de l'opéra. La musique est l'essentiel dans tout opéra ; et si donc il doit plaire [...], il faut qu'il me modifie la chose et la refonde autant et aussi souvent que je le veux, et n'en fasse pas à sa tête qui n'a pas la moindre pratique ni connaissance du théâtre. Vous pouvez toujours lui faire remarquer qu'il m'importe guère au fond qu'il écrive ou non le livret. Je connais le plan ; et par suite, un autre peut me le réaliser aussi bien que lui[58].

Wolfgang porte une attention extrême au texte de ses opéras :

> J'ai étudié au moins 100 livrets – et même plus - mais – je n'en ai pratiquement pas trouvé un seul qui puisse me satisfaire ; – du moins, sans apporter ici et là bien des modifications[59].

Pour composer *Bastien et Bastienne,* le jeune Mozart de douze ans utilise trois traductions allemandes du *Devin du village* de J.-J. Rousseau et écrit lui-même les paroles « magiques » de l'air principal de sa pastorale, celui du berger Colas. On a assisté aux démêlés de Wolfgang et de Varesco à propos d'*Idoménée.* La collaboration avec Stephanie, auteur du livret de *L'Enlèvement au sérail,* ne pose par contre aucun problème :

> Tout le monde gronde contre Stephanie – il est possible qu'il ne soit pas aussi aimable à mon égard qu'en ma présence – mais il m'arrange le livret comme je l'exige – à un cheveu près – et mon Dieu, je ne lui en demande pas plus[60] !

Puis vint Lorenzo Da Ponte... Da Ponte/Mozart. Le couple parfait, celui qui donna les plus beaux fruits. *Les Noces de Figaro, Don Gio-*

---

* Accueil.

vanni, Così fan tutte, des opéras au goût d'Italie, à la maturité somptueuse. Da Ponte et Mozart étaient faits pour s'entendre ; le Musicien avait enfin trouvé le Poète, Lorenzo, ce « phénix » qui possédait non seulement l'art et la manière d'écrire avec précision et élégance mais surtout, comme Wolfgang, le sens du théâtre, de la mise en scène des mots. Avec un tel compagnon de fortune l'ouvrage, *allegro con spirito,* avance vite et bien. Le texte et la musique, une fois n'est pas coutume, vont d'une même allure : « À mesure que j'écrivais les paroles, il en écrivait la musique. En six semaines tout fut terminé » écrit Lorenzo Da Ponte, dans ses *Mémoires,* à propos des *Noces de Figaro.*

Les *libretti,* en maints endroits, portent la marque de Mozart : scènes remaniées ou ajoutées, humour et facéties qui renvoient à la plume légère, espiègle du « joyeux fou » de la correspondance ; ainsi dans le *Così :*

Dorabella à Fiordiligi :

Tieni, settantamile baci : tu il biondino, io 'l brunetto, eccoci entrambe spose !
Tiens ! soixante-dix mille baisers : le petit blond pour toi, le petit brun pour moi, et nous voici toutes deux mariées ! (acte II, scène 10).

En écho résonnent les milliers de baisers envoyés par Wolfgang à sa mère ou à sa sœur :

Baise pour moi la main de maman 1 000 000 000 000 de fois, fais mes compliments à tous mes bons amis et reçois, toi, mille compliments de *Wanstenderwischtsohastenschon* et de don Cacarella, surtout par-derrière[61] [...].

On retrouve aussi la « patte » de Wolfgang dans le livret de *La Flûte enchantée* dû à l'ami de longue date, l'acteur Schikaneder ; ainsi cette scène burlesque où Papageno est confronté, dans le Temple des épreuves, à une étrange vieille femme :

Papageno : « Allez, ma vieille, assieds-toi près de moi, le temps me semble sacrément long. Dis-moi un peu, quel âge as-tu ? »
La femme : « Dix-huit ans et deux minutes » (acte III, scène 15).

Ce chiffre biscornu, inattendu, fondé sur le renversement, peut être mis au compte de Mozart tant il est aussi dans l'esprit de ses lettres facétieuses ; ouvrons celle du 11 septembre 1782, adressée à son père, un petit *post scriptum* rapproche singulièrement la chère

Constanze de la Vieille de *La Flûte enchantée,* celle qui a « dix-huit ans et deux minutes », Papagena :

> Ma femme va sur sa 91e année[62].

Bien sûr, c'est 19 qu'il faut lire...

Au-delà des modulations personnelles qu'introduit Mozart dans le *libretto* de ses œuvres lyriques, c'est la musique posée sur le texte qui, selon qu'elle s'éloigne ou se rapproche du mot, du langage, définit la catégorie et le rôle attribué à chacun des personnages, trace pour eux le parcours qui détermine leur devenir. Si la correspondance peut se lire comme une musique, inversement, la musique de Mozart peut aussi se déchiffrer comme un texte. Le découpage musical et dramatique de l'opéra induit déjà toute une gradation qui va de la parole vers le chant. Au plus près du texte, le récitatif *secco,* accompagné seulement au clavecin, où tout est déterminé – rythme, phrasé – par le mot, le vers, le sens. Le récitatif *accompagnato* marque une nette démarcation d'avec le texte car la musique y prend une plus grande part : le récitatif cette fois est soutenu tantôt par les cordes seules, plus souvent par tout l'orchestre. Enfin l'aria, apothéose de la mélodie, se sépare tout à fait du récitatif; elle consacre, au plus loin du texte, l'émergence du « beau chant ». Chez Mozart, bien que ces catégories soient respectées, on constate – tout comme les mots dans la correspondance passent du côté de la musique – une tendance du récitatif, surtout *accompagnato,* à glisser sans rupture vers l'aria. On constate surtout dans l'ensemble de l'œuvre lyrique mozartienne que le nombre des récitatifs accompagnés* est bien supérieur à celui des arias. Juste équilibre entre le mot et la note, le singulier de la voix soliste et le collectif orchestral, conciliant harmonieusement les deux, l'*accompagnato* ne rend-il pas compte à sa manière de la logique symbolique à l'œuvre dans le théâtre mozartien ? Dans ce système parfaitement agencé, la manipulation des genres musicaux inhérents à l'opéra va de pair avec celle des formes musicales que le musicien affecte à ses personnages. Se jouant des catégories vocales traditionnelles *seria/ buffa,* Mozart construit pour chacun de ses personnages une manière de chant spécifique qui correspond non seulement à leur rôle dans

* Ainsi que celui des ensembles vocaux, duos, trios, quatuors, quintettes, sextuors.

l'opéra mais aussi à leur parcours. Là encore, la distance entre texte et musique produit du sens.

La voix de l'amour

Aux couples d'amoureux nobles – voix aiguës, sopranos, ténors – Mozart dédie le « beau chant », le lyrisme, les arias à vocalises, au plus loin de la parole, du sens. Ces couples « lyriques » font un parcours d'apprentissage sans faute. À l'issue des épreuves, ils sont initiés, c'est-à-dire qu'ils rentrent dans la maturité avec plus ou moins de sérénité selon les circonstances. Belmonte et Constanze, mûris par les épreuves, s'en retournent, unis, en Occident; Tamino et Pamina font une entrée glorieuse dans le Temple de Sarastro; le couple Anna-Ottavio boite encore un peu au dénouement de *Don Giovanni*. Parfois, Mozart brouille les cartes. Suzanne, la servante de la Comtesse dans *Les Noces de Figaro*, est traitée musicalement à l'égal de sa noble patronne. Il est vrai que ce rôle – superbe – était interprété par la belle, la talentueuse Nancy Storace dont Wolfgang, semble-t-il, était fort épris... Dans le *Così*, les deux couples ne fonctionnent pas de la même manière. Celui, éphémère, de Ferrando et Fiordiligi, apparié par le lyrisme, se défait au final de l'œuvre, tout comme celui de Guglielmo et Dorabella qui, eux, n'ont pas accès au « beau chant ». On constate que Mozart, dans la musique attribuée à Guglielmo, fait glisser son personnage vers le burlesque, de même que Dorabella se situe musicalement plutôt du côté de Despina, la servante. Ces déplacements donnent à l'opéra son atmosphère particulière. Même si les quatre jeunes gens parviennent au terme de l'apprentissage imposé par don Alfonso, même si tout est bien qui finit bien, il flotte dans cette œuvre comme un parfum de profonde mélancolie. Adieu à la folle jeunesse, regret de ce qui n'a pu s'accomplir... La configuration – y compris musicale – des deux couples réconciliés laisse planer un doute sur leur devenir. L'école de la vie rend ces êtres à la société, certes, mais sans illusions, à l'image du vieux philosophe cynique qui a manigancé l'intrigue.

La voix du père

Comment Mozart met-il en scène ces adultes – pères, souverains ou assimilés – ces représentants de la loi, garants de son ordre ? Détenteurs du savoir social, de l'expérience de la vie, ils sont chargés d'en décliner l'alphabet aux néophytes. Ils imposent, à ce titre, les épreuves qui fondent l'itinéraire d'apprentissage, séparent les jeunes couples trop tôt constitués et agissent, selon leur rôle, en médiateurs. Sarastro, d'une main ferme et sûre, guide Tamino et Pamina vers leur accomplissement, Don Alfonso fait la leçon aux quatre jeunes gens du *Così fan tutte.* A eux les tessitures graves, le chant un peu sentencieux, qui énonce la loi, au plus près pour cela du texte, du sens. Cette logique trouve son aboutissement dans le personnage de Selim, le pacha despotique de *L'Enlèvement au sérail.* Le personnage n'a même plus droit au chant, le rôle est entièrement parlé *. Cependant – car tout bouge en permanence chez Mozart – il arrive que ces personnages un peu monolithiques se voient dotés tout à coup du lyrisme amoureux. Que s'est-il passé ? Entraînés malgré eux dans le tourbillon qu'ils ont suscité ces hommes mûrs reviennent un instant, tout comme leurs jeunes écoliers, en arrière, vers la saison des amours juvéniles. Afin de pouvoir jouer leur rôle d'adulte, de passeur, ils devront renoncer à une passion qui n'est plus de leur âge. Ce moment de la prise de conscience puis du renoncement, s'inscrit le plus souvent dans une superbe aria où, loin du sens littéral du texte, la musique, seule, évoque le cheminement secret du personnage. Ainsi l'air de Sarastro au IIe acte de *La Flûte enchantée,* celui du vieux Roi à l'acte II d'*Idoménée,* du Comte à l'acte III des *Noces de Figaro,* et même le bel *Accompagnato* de Don Alfonso à l'acte I de *Così.*

Il était tentant de ranger dans cette catégorie la *Voce* d'*Idoménée,* et, bien sûr, celle du Commandeur. Or, ce n'est guère pertinent. Les représentants du surnaturel, en effet, ne sont pas des « super-pères » ; leur grande voix, lente, profonde, édicte une loi à laquelle la loi des pères est soumise ; celle qui règle la marche du monde, qui dit ce qui doit être : la Voix unique, puissante de la Divinité. Dans un contexte mythologique – *Idoménée* – c'est la grande Voix de la Nature qui entérine simplement, avec solennité, l'œuvre secrète de la jeune fille Ilia, la Voix de l'amour. Dans le *Don Giovanni,* nous sommes dans un temps chrétien – on ne saurait oublier que l'œuvre fondatrice de Tirso de Molina prend son origine dans un sermon de Carême. La Statue qui demande avec insistance la repentance – *Pèntiti !* – n'est plus seulement celle du Commandeur qui énonce la loi

* Michel Poizat dans son livre *L'Opéra ou le cri de l'Ange,* explique très clairement pourquoi ce personnage est privé de chant ; il met en place également une analyse des catégories vocales qui m'a permis de pousser plus loin ma réflexion sur cette question.

des hommes mais la Voix même du Ciel, de Dieu, qui offre une dernière fois au Rebelle, au pécheur, la possibilité du salut éternel.

La voix du fol

Entre le chant solennel de la Divinité, le chant déclamatoire des pères et le lyrisme des jeunes amoureux, une quatrième manière de chant fait communiquer ces univers. Mozart la réserve à une autre catégorie de personnages dont la fonction est d'établir la médiation entre les vieux et les jeunes, entre la loi – le mot – et le lyrisme – l'amour –. Qui sont-ils ? Les Fols, les bouffons, tous ceux qui, à des niveaux divers, portent la marque de l'*Hanswurst,* du Mozart de la correspondance : Papageno, Pedrillo, Leporello, Figaro, Osmin, Monostatos, Don Giovanni, Guglielmo, Chérubin, Basile. Si les deux premières catégories – les pères, les amoureux nobles – présentent un ensemble homogène, il n'en va pas de même pour ce troisième groupe qui se caractérise par le mélange : celui des classes sociales, des âges, des tessitures aussi : ténors – Monostatos, Basile –, soprano – Chérubin –, voisinent avec les tessitures graves, les plus nombreuses. Cependant, tous ces personnages aux sonorités différentes, ont en commun une expression musicale particulière que Mozart fait jouer souplement au cas par cas. On s'aperçoit qu'aux Fols est attribuée une musique répétitive, giratoire, dont l'air de Don Giovanni dit « du champagne » est l'exemple le plus achevé. Cette musique privilégie la ligne mélodique simple qui prend sa source dans la tradition populaire : lieds de Papageno, romances d'Osmin, de Pedrillo, de Chérubin, cavatine de Figaro, sérénade de Don Giovanni. Moyen terme entre le mot et la note, ni trop près ni trop loin du texte, la mélodie, qui ne nécessite aucune virtuosité vocale, préserve l'intelligibilité des paroles tout en permettant la manifestation mesurée du sentiment.

Cavatine

La mélodie ? Un « entre-chant », un entre-deux, un espace riche de tous les possibles, un intervalle qui contient toutes les paroles, toutes les musiques mais où ne se fait aucun choix. Suspendu au fil sinueux de sa mélodie le Fol s'agite, joyeusement et gravement, fait résonner ses clochettes, tourne en rond. Il attend le bon vouloir de son musical marionnettiste, celui qui a noté la pièce, qui en sait la partition. Le fol s'agite en vain, n'aboutit à rien, mais cette agitation a un sens. Depuis sa marge, dans son intervalle, il offre aux autres, ceux qui sont dans la progression, dans le droit fil du temps, la possibilité du choix. Il est la sève vive de l'opéra ; il fait bouger la structure, la dynamise en permanence. Sur le chemin tout tracé de la coutume, il est l'ouverture, l'accident nécessaire, le rythme, c'est-à-dire l'événement qui vient morceler le temps et atteste, sur son inégale arabesque, de sa continuité.

En termes de grammaire musicale, la mélodie, au sens général du terme, est constituée « d'une succession de sons différents, liés par des rapports qui leur permettent d'être perçus par l'auditeur comme constituant un ensemble cohérent[63]. De par sa forme accompagnée, elle évoque le processus qui a donné naissance au théâtre lyrique* ; dans le système de l'opéra mozartien, à partir du modèle musical associé aux Fols, elle définit finalement la totalité du chant, renvoie à tous les rôles, à toutes les situations, donc à aucun puisque tous les choix sont possibles ; « La mélodie n'est rien par elle-même », écrit J.-J. Rousseau. Pièce maîtresse de ce système, elle en est aussi le mystère, celui des combinaisons qui vont s'effectuer, de leur choix, de leur sens. La mélodie ? Une forme organique, la matrice de l'opéra, son devenir.

Si la mélodie se rapproche ou s'éloigne soit du lyrisme, soit de la déclamation, elle définit non seulement le personnage mais aussi son parcours. Elle s'élargit jusqu'à l'aria ? Elle chatoie alors en tendres vocalises, du côté de la jeunesse, de l'amour fou ; elle annonce l'heureux aboutissement de l'apprentissage ou, bien sûr, son contraire. L'échec, chez Mozart, est toujours magnifique, en particulier lorsqu'il s'agit des femmes. Electra, la princesse des ténèbres, l'amoureuse sans amour, emportée par la tempête de deux arias splendides, plonge dans les abîmes de la folie et du néant tout comme la Reine de la Nuit, cette mère mal aimante. Les « folles », registre burlesque en moins, mais lyrisme en plus, rejoignent les Fols quand leur chanson simple et charmante se met à tournoyer sur elle-même, s'emballe en une mécanique folle de mots et de sons – babil léger, pétillement du champagne ou vacarme – dans tous les cas, le silence**. S'agit-il de proclamer la Loi suprême, celle de Dieu ou de la Nature ? La pierre alors s'anime, les statues s'ébranlent et

* « L'opéra représente bien la concrétisation la plus éclatante de la forme "mélodie accompagnée" », écrit le musicologue Guy Maneveau dans *Musique et éducation.*

** Notamment dans *L'Enlèvement au sérail,* n° 19 aria d'Osmin, *« Ha, wie will ich triumphieren »* (acte III, scène 5), n° 13, aria de Pedrillo, *« Frisch zum Kampfe »* (acte II, scène 6) ; dans *Don Giovanni,* n° 4 aria de Leporello, *« Madamina »* (acte I, scène 5) ;

parlent; elles disent la loi, lentement, presque *recto tono,* pour bien se faire comprendre. La mélodie se dépouille de son habit somptueux et adopte la coupe sobre, austère, sévère de l'habit cérémoniel. Enfin, lorsque la mélodie est chargée d'énoncer la loi des pères, elle quitte l'habit de cérémonie tout en gardant l'austérité, l'autorité mais aussi la bienveillance qui sied au rôle. Léopold Mozart :

> Par ailleurs, j'aurais oublié cent choses que je veux vous écrire et si je n'avais pas préparé une feuille de papier où je note en quelques mots ce que je veux vous écrire dès que quelque chose me vient en tête. Lorsque que je rédige ma lettre, je prends cette feuille et écris ce qu'il y a de neuf. Puis je relis votre dernière lettre et y réponds. Vous pouvez vraiment en faire autant. Je raye sur la feuille ce que je vous ai écrit afin de ne noter, une prochaine fois, que ce qui reste. Et toi, ma chère épouse, tu dois écrire les lignes bien près les unes des autres, tu vois bien comme je le fais[64].

La ligne mélodique du père… « Tout un programme » aurait sans doute dit en souriant Wolfgang.

La mélodie n'est-elle pas ce que Mozart rajoute aux lettres de l'Alphabet pour en faire *son* Alphabet? En allant jouer dans leur intervalle, en effaçant leur écart, Mozart restitue aux lettres leur densité, leur couleur, leur vibration singulière; il leur offre ce cadeau suprême, le Chant.

La mélodie, « L'essence de la musique » dit Mozart. La musique, « Le suprême mystère des Sciences de l'Homme », écrit Lévi-Strauss.

En 1784, Wolfgang achète deux cahiers. Sur le premier – la couverture est ornée d'un semis de fleurettes – il note désormais chacune de ses compositions. Une date, celle de leur achèvement et quelques notes, les premières mesures de l'œuvre. Sur le second cahier, des chiffres, des comptes. L'argent de la musique et celui du ménage. Le résultat sonnant et trébuchant du temps passé en marches et en démarches, concerts, leçons. La plume s'attarde à noter les menues dépenses; « Deux branches de muguet, 7 kreutzers », annonce le cahier en mai 1784.

Entre le temps de la musique et celui de la vie, juste dans l'intervalle de leurs pages jaunies, les modestes cahiers d'écolier apprivoisent la destinée.

---

dans *Les Noces de Figaro,* n° 25 aria de Basile, *« In quegli anni in cui val poco »* (acte IV, scène 7), n° 26, aria de Figaro, *« Aprite »* (acte IV, scène 8) ; dans *Così fan tutte,* n° 15 et 26, arias de Guglielmo, *« Non siate ritrosi »* et *« Donne mie, la fate a tanti »*; dans *La Flûte enchantée,* n° 13, aria de Monostatos, *« Alles fühlt »*.

CHAPITRE III

L'enfance de l'art

Autour de trois pastorales mozartiennes

Bastien und Bastienne, Il Re pastore, Ascanio in Alba

1767 – Fleury sur Meudon

Automne d'une vie. Mélancolique saison. Un vieil homme fredonne une romance qui vient de loin, du fond de l'enfance, une ariette toute simple qui parle au cœur. Alors, la chanson efface le temps, la vieillesse qui courbe le dos et crispe les doigts sur la harpe. Elle efface aussi les désillusions de la vie.

> L'amour ne sait guère ce qu'il permet, ce qu'il défend, c'est un enfant, c'est un enfant[1].

La musique triomphe du temps, comme l'écriture. « M. Jacques » – il se fait appeler ainsi – fredonne et se souvient... Tante Suzon, l'enfance, le bonheur familial loin des regards du monde méchant. Par moments, la voix faiblit ; trop de souvenirs, trop d'émotions ; ultime rempart, l'humour :

> Dirait-on que moi, vieux radoteur, rongé de soucis et de peines, je me surprends à pleurer comme un enfant en marmottant ces petits airs d'une voix cassée et tremblante[2].

« L'amour ne sait guère ce qu'il permet, ce qu'il défend, c'est un enfant. » Le refrain se déroule, s'étire mollement, léger, berceur. La harpe soutient la voix hésitante, module le rêve. Il y a si longtemps...

Il était une fois un village heureux empli de rires et de fontaines. Colette la bergère et Colin le berger s'aiment. Ils sont très jeunes, très innocents, le cœur aussi vert que leur campagne. Las ! Colin se laisse embobeliner par la dame du château. Colette est au désespoir.

Le devin du village, homme sage, expert en magie, intervient fort à propos pour mettre fin au désordre amoureux. Colette retrouve son Colin, tout finit par des chansons :

> Allons danser sous les ormeaux, animez-vous jeunes fillettes, allons danser sous les ormeaux, galants prenez vos chalumeaux [3].

Le vieil homme est perdu dans sa rêverie. Les doigts glissent peu à peu, se détachent de la harpe, retombent. La voix s'éteint, Jean-Jacques Rousseau s'est endormi.

1767 – Olmütz en Moravie

À Olmütz, non loin de Vienne, un garçonnet de onze ans lutte contre la mort. Depuis huit jours il délire, il n'y voit plus. Son visage, son corps sont rouges, gonflés, déformés : la variole. À son chevet, le père, la mère, la sœur attendent et prient. Et le miracle a lieu. L'enfant fragile s'accroche, résiste. La fièvre s'apaise, les yeux s'ouvrent à nouveau sur le monde, Wolfgang Mozart est sauvé. Seconde naissance dont Léopold, le père, prend acte : « Car ici commence en quelque sorte une nouvelle ère de sa vie. » L'enfant entre en convalescence, retrouve son espièglerie et sa joie de vivre :

> Le 30 et le 31, jour de sa fête, l'éruption eut lieu [...]. Dès que les pustules furent sorties, il n'eut plus de fièvre et, Dieu soit loué, il alla de mieux en mieux. Il en était couvert, et comme il était étonnamment enflé et avait un gros nez, il dit, lorsqu'il se regarda dans un miroir : « Je ressemble maintenant à Mayrl », et entendait par là monsieur le musicien Mayr. Depuis hier, les croûtes tombent par endroits. Et les enflures ont disparu depuis 2 jours déjà [4].

Puis c'est au tour de Nannerl de tomber malade, heureusement sans gravité. La vie reprend son cours au château du comte Podstatsky qui a accueilli la famille Mozart. Retour à Vienne en décembre : l'épidémie de variole a abandonné la place. Le 27 janvier on fête l'anniversaire de Wolfgang, il a douze ans. Encore convalescent, le garçonnet cependant travaille dur ; il met la dernière main à *La Finta Semplice** – 500 pages de partition ! –, opéra qui, pense son père, marquera un tournant décisif dans sa jeune car-

---

* K. 51, livret de Marco Coltellini d'après une comédie de Goldoni.

rière. Il se trompe. Si l'enfant prodige virtuose est reconnu, accepté, le compositeur de douze ans ne suscite que méfiance et sarcasmes. Intrigues, démêlés avec les musiciens et la cour – l'œuvre ne sera jamais représentée à Vienne. La déception est à la mesure de l'espoir, immense.

Mais voici que le docteur Anton Mesmer – celui-là même qui deviendra célèbre pour sa théorie du magnétisme – commande à Mozart la musique d'un petit *Singspiel,* dont le livret est largement inspiré du *Devin du village* de Jean-Jacques Rousseau. La représentation de *Bastien und Bastienne* a lieu en octobre 1768, sans doute dans le théâtre de verdure du docteur Mesmer.

Bastien et Bastienne, un jeu d'enfant, une école buissonnière toute bruissante d'une musique qui coule de source, libre et joyeuse. Dans une campagne verdoyante où s'ébattent agneaux et pastoureaux, un berger joue de la cornemuse et fait des tours de magie.

À Vienne, un garçonnet joue avec la musique ; en France, un vieil homme fredonne la sienne et se souvient... Du vieux Rousseau au jeune Mozart, par-delà l'âge et l'espace, la pastorale tisse le lien. Si le souvenir chez Rousseau permet d'oublier la vieillesse, de retrouver l'enfance lointaine, chez Mozart c'est la jeunesse elle-même qui produit une œuvre qui lui ressemble. L'un trouve dans la réminiscence musicale l'ultime exutoire au temps qui s'achève, l'autre expérimente son art en train d'advenir. Vieillir, envisager sa propre fin ou grandir, passer le seuil par où l'on change d'âge ne sont-ils pas les deux versants d'un même cheminement ? Dans un cas comme dans l'autre, l'échec, la maladie, la mort à regarder en face. Sur la scène du théâtre, en miroir, deux pastoureaux découvrent l'amour et le monde, un berger musicien et magicien leur sert de guide.

L'École des amoureux

Petit prélude... Hautbois, cordes et cors s'envolent, *allegro,* pour une *entrada* légère comme un air à danser. L'air est doux, printanier, les agneaux dans la prairie broutent l'herbe tendre. Au loin, le clocher du village veille sur ses maisons. Tout est en ordre, paisible, gai. *Sol* majeur, le ciel est bleu au-dessus des toits et des champs. Brusquement, changement de tonalité. Les violons, en mineur, apportent l'orage. Le ciel s'obscurcit. L'espace d'un instant, tout devient sombre, angoissant. Un instant seulement. Bien vite les nuages s'éloignent. Les cordes, *piano,* reprennent le petit air allègre qui ouvrait l'opéra. La mélodie tourne, rebondit d'un instrument à l'autre, cascade comme l'eau vive sur les rochers. Point d'orgue. Le rideau se lève...

Décor champêtre, toiles peintes, couleurs fraîches et naïves, verdures. À l'orée du pré, solitaire, une petite bergère se lamente. Ne nous y trompons pas, la peine n'est pas légère : « Si grandes sont mon affliction et ma douleur que mon cœur se fige », chante Bastienne. La chanson s'arrête sur le mot *Tod*, « Mort ». La tonalité de *ré* mineur introduite à ce moment dans l'aria par le jeune Mozart rappelle avec insistance qu'il faut prendre au sérieux le désespoir de la petite et que ce paysage riant, si tranquille, n'est peut-être qu'un décor en trompe-l'œil.

Dans le monde des bergers et des bergères, en effet, rien ne va plus, le désordre est à son comble. Le fauteur de troubles, c'est Bastien, le pastoureau frivole. Tournant le dos au village et à sa fiancée, il mène la vie de château auprès de la dame qui trouve le garçon plaisant et offre de riches cadeaux. La promise sanglote, le village jase en sourdine car Bastien a manqué à la loi commune ; non seulement il oublie son engagement envers Bastienne, scellé par le don qu'elle lui a fait de son troupeau et de sa métairie, mais encore il est traître à son groupe social. Du clocher au château, la distance qui se compte en lieues de chemin prend aussi la mesure de l'écart social. Le manquement d'un seul compromet l'équilibre de tous. Situation bloquée. Le pastoureau fait le joli cœur auprès de la châtelaine, la pastourelle délaissée n'ose plus se montrer au village et pleure son amour envolé.

Soudain la montagne s'anime, devient sonore. Un homme au loin s'avance. Les accents de sa cornemuse le précèdent, rythment sa marche. Rupture, changement de tonalité ; la musique, affirmée, éclatante, résonne, occupant tout l'espace, dissipant les nuages et la tristesse. Le son puissant de l'instrument porte loin ; Bastienne sèche ses larmes ; là-bas, au village, on sait aussi que Colas, l'homme sage, le magicien, est de retour parmi les siens.

Arrêtons-nous un instant sur l'entrée en fanfare de Colas dans l'action de l'opéra, car le jeune Mozart lui accorde une importance particulière. Sur la partition, l'entrée du personnage est notée comme « prélude » et constitue à elle seule un air séparé. La tonalité de *ré* majeur évoque, par son éclat, l'allégresse d'une danse villageoise rythmée gaiement en 6/8. Colas est d'abord caractérisé musicalement par son instrument : *Dudelsack*, la cornemuse, ainsi que le précise le livret*. La cornemuse, instrument populaire, dans

* Scène 2 : « Colas descend d'une colline en jouant de la cornemuse. »

un opéra ? Impossible*. À la cornemuse, Mozart substitue les violons. De l'un à l'autre instrument, la distance n'est pas si grande...

La cornemuse est l'instrument pastoral par excellence ; attribut du berger, elle accompagne les longs séjours solitaires de l'homme et de son troupeau dans la montagne. La musique, lancinante, forte, remplit l'espace, brise le silence et l'isolement. Lorsque le berger revient parmi les siens, la cornemuse sauvage se civilise, retrouve la fonction festive qui est la sienne traditionnellement au sein de la communauté. Autour du berger, mais aussi autour du violoneux, le village se retrouve et danse. Figure centrale de la fête, le musicien préside au bal. Cornemuse ou violon, l'instrument rythme la danse, détermine les figures qui rapprochent et éloignent tour à tour garçons et filles. Les idylles s'esquissent ou se confirment. L'instrument suscite et suggère l'ivresse du transport amoureux, en mesure les premiers élans. Celui qui joue regarde... Rien n'échappe à son œil acéré, c'est lui qui mène la danse, règle la cadence. Le musicien, à ce moment-là, est le maître. Il prend en charge l'exaltation amoureuse, l'encourage, l'ordonne. La musique invite à la transgression des limites, à la licence, agit comme une boisson enivrante, fait tourner les têtes, chavirer les cœurs et les corps. Musique diabolique car la cornemuse « ne respire pas » ; son souffle inépuisable dilate le temps à l'infini, ne permet aucune pause aux danseurs. Mais le violon ne produit-il pas le même effet ? Il emporte les participants à la fête dans une ronde effrénée qui pourrait bien ne jamais s'arrêter. Une légende québécoise raconte comment un violoneux – le Diable en personne – fait irruption dans une salle de bal, entraînant garçons et filles dans un tournoiement sans fin. On prétend qu'aujourd'hui encore ceux-ci dansent sans répit et que leurs jambes sont usées jusqu'aux cuisses**...

Instruments de la fête villageoise et de la danse qui prélude au rapprochement entre les sexes, violon et cornemuse consacrent aussi l'alliance. Joueur de cornemuse ou violoneux sont présents lors des fiançailles et du mariage ; la musique entérine l'accord offi-

---

* Mozart aurait pu utiliser la musette de cour, parente aristocratique de la cornemuse, mais il ne le fait pas. Sous l'influence de la Réforme, la lutherie profane avait été frappée d'interdit en Allemagne. Au XVIIIe siècle, les musettes commençaient juste à faire leur réapparition dans la musique profane.

** Le violon est aussi associé, dans la tradition populaire, à la danse de Saint-Guy. De même, en Italie du Sud, il joue un rôle central dans les rites thérapeutiques du tarentulisme.

ciel, accompagne le passage. Tous ces thèmes sont présents dans notre opéra. Bastien et Bastienne entrent dans la ronde des amours juvéniles et ne savent plus sur quel pied danser. « Prélude ». Aux accents d'une danse populaire – violons endiablés ou cornemuse –, Colas vient mener le bal, régler la cadence de l'apprentissage coutumier. Intervenant à propos dans le drame qui couve non seulement entre les amoureux mais aussi entre les amoureux et le village, il remet par ses conseils avisés et sa magie les cœurs à l'endroit et l'ordre dans la communauté. Don Alfonso, bien plus tard, tiendra un rôle analogue auprès des deux jeunes couples du *Così fan tutte.*

La pratique d'une musique qui lui est propre caractérise donc le personnage principal de l'opéra. Associé à cette représentation du musicien populaire apparaît, un peu plus loin dans l'œuvre, un motif inattendu, celui de l'écriture. Colas possède un livre « de magie » dont les mots mystérieux recèlent d'étranges pouvoirs. Ce motif – qui de même que la musique renvoie explicitement à une pratique réelle des bergers dans la société pastorale –, permet de restituer à Colas son instrument – la cornemuse mentionnée par la didascalie du livret – c'est-à-dire son identité de berger. Il permet aussi de comprendre le rôle de médiateur qui lui est dévolu.

Daniel Fabre a montré l'aspect méconnu de la « lettre de berger[5] » qui met en ordre le troupeau, la nature elle-même, et transcrit également un savoir particulier. Cette pratique de l'écrit, ces idéogrammes mystérieux gravés sur le bois désignent le berger comme un magicien capable de sonder les corps et les âmes, d'en guérir les maux. Dans son ouvrage *Figures de la sorcellerie languedocienne,* Jean-Pierre Piniès explicite la fonction de l'*endevinaire,* du devin, dans la collectivité pastorale. Traçant ces signes sur le bois mais aussi sur sa cornemuse*, l'homme fait de sa musique l'émanation sonore du pouvoir inquiétant qui est le sien, mais désigne aussi la musique pour ce qu'elle est, dangereuse, diablesse. S'adressant d'abord à la sensibilité, exprimant le bruissement interne des passions, la musique alanguit dangereusement l'âme, déniant à la raison son empire. Elle fait aussi vibrer le corps en déchaînant la danse, suscitant parfois la transe. En 1636, le Père Marin Marsenne dessine dans son *Harmonie universelle* la chalemie, ou cornemuse des bergers, et note à côté de l'instrument son ambitus. Autre langage crypté.

* Sur son troupeau, son calendrier et son bâton comme sur sa cornemuse, le berger appose sa marque. Les instruments ne sont pas signés, pourtant ils sont couverts de signes, tracés au poinçon ou au couteau.

Les notes sur la partition peuvent sembler au non-initié aussi mystérieuses que la « lettre de berger » gravée dans le bois.

Mais envisageons la suite de l'histoire. Nous avons laissé Bastienne, triste à mourir de l'abandon de son Bastien. Colas va changer le cours des événements. D'entrée, il se pose comme celui qui « sait » :

> Qu'une tendre enfant vienne à me questionner sur son bonheur futur, je lui lis sur-le-champ son sort dans son regard enflammé (scène 2, aria n° 4).

Bastienne demande donc à ce personnage tout-puissant un remède contre l'amour et offre en paiement son unique bijou de jeune fille, ses boucles d'oreilles. Mais Colas ne veut en échange de ses services que de « tendres baisers ». Refus indigné de la petite. Le berger n'insiste pas et accepte d'apporter son aide sans contrepartie. Ce minuscule épisode passe souvent inaperçu mais il a son importance ; il permet de saisir, déjà dans cette œuvre de jeunesse, tous les aspects de ce personnage de l'initiateur qui sera si important dans les opéras à venir. Or, cette fonction possède son revers. Pour que les jeunes puissent accéder à la maturité, il convient que les aînés cèdent la place. Dans cette scène où Bastienne, ingénument, propose ses boucles d'oreilles* à Colas, s'inscrit fugitivement ce moment où l'homme mûr quémande l'amour d'une jeune fille puis renonce pour n'être plus qu'un père bienveillant, un « homme sage » qui la guidera dans son cheminement.

« Parlons de mon mariage », dit Bastienne. Colas commence alors son enseignement : Bastien n'est pas infidèle, il est, comme tous les jeunes gens, seulement un peu volage :

> Il aime la parure, voilà tout, voilà pourquoi sous l'empire des cadeaux qu'on lui fit il devint volage.

La petite se désole, ne comprend pas :

---

* L'offre de ses boucles d'oreilles prouve bien que Bastienne ne maîtrise pas encore l'usage du langage amoureux ; ce bijou bien particulier met l'échange sur le terrain de l'érotisme, ce que Colas, en homme d'expérience, saisit parfaitement et exploite sur l'heure. Lire sur ce sujet l'article de Patrizia Ciambelli, « La boucle et la marque », *Terrain,* 27 septembre 1996, p. 115-130.

> La parure ? Ne l'ai-je pas moi-même suffisamment équipé ? Qui donc lui a offert pour son chapeau et pour sa canne les rubans brochés d'or ? Et qui d'autre que moi l'a décoré de fleurs, de sorte qu'aucun berger ne lui ressemblât ? [...] Métairies, champs et troupeau, je les lui ai offerts avec joie.

D'amoureuse à amoureux s'échangent rituellement fleurs et rubans qui transforment les jeunes gens en fiancés. Circulent également les biens qui scellent l'engagement. Don sans contre-don ici car la promise, seule, offre, tandis que le promis se détourne lorsque des cadeaux plus tentants se présentent. Ces mauvaises manières permettent peut-être de penser le désordre qui, dès le départ, s'inscrit dans la relation amoureuse, fausse le déroulement de son rituel, met en péril son aboutissement. Non seulement Bastien n'offre rien en échange à Bastienne mais « en guise de badinage », il vient lui arracher « une fleurette » ; plus, il « ressent de l'allégresse en la lui dérobant » (air de Bastienne n° 5). Bien plus tard, faisant fi, comme Bastien, des règles du courtisement et de l'alliance, un « grand seigneur méchant homme » aura envers ses belles une attitude semblable. Mais pour l'instant, Mozart a douze ans et son pastoureau n'est qu'un Don Giovanni en herbe...

Face au jeune évaporé, Colas, l'homme d'expérience, use donc d'un stratagème pour le ramener à la raison et rétablir l'ordre dans la communauté. Tout comme dans *Così fan tutte* Don Alfonso utilise Fiordiligi et Dorabella, le berger se sert de Bastienne pour donner une leçon à Bastien. À travers l'épreuve infligée au promis infidèle, la pastourelle fera sa propre éducation :

> Il te faut user de ruse, il te faut faire semblant d'être frivole et comme toujours en pareil cas simuler l'inconstance, car le badinage et l'infidélité feinte te seront du meilleur secours pour retrouver ton bien-aimé. [...] En bref il faut que tu sembles volage, plus tu le fuiras, plus il t'attirera (scène 2, récitatif).

Élève modèle, Bastienne suit les conseils avisés de son mentor. Le *duetto* qui réunit les deux personnages à la scène suivante concrétise le nouvel état d'esprit de la jeune fille. À celui qui possède un savoir aussi grand du cœur des hommes, on doit s'adresser avec la déférence due aux plus hauts personnages. Au début du duo, Bastienne nommait le berger *Herr Colas*, « monsieur Colas » ; à la fin il devient *Mein Herr*, « Seigneur ». Mais ce « seigneur » ne dit pas tout à son apprentie. Il sait, au moment où il lui prodigue ses conseils, que Bastien, grâce à son intervention, est déjà revenu à de meilleurs sentiments.

Voici justement le fiancé. Colas lui annonce tout de go que Bastienne ne l'aime plus :

> Ta conversion vient trop tard, tu arrives alors que le repas est déjà terminé... Bastienne ne t'aimera plus jamais. Ta bien-aimée s'est choisi quelqu'un d'autre qui est à la fois riche, beau et galant, qui est bien plus poli et bien plus aimable que tu ne l'as été jusqu'ici.

La leçon ici prend une autre tournure. Les mauvaises manières de courtisement n'entraînent que des ennuis. Au désespoir – chacun son tour –, le pastoureau demande au berger d'utiliser sa magie pour rétablir la situation. Colas prononce alors la phrase-clé : « Je vais prendre mon livre de magie pour y étudier ton destin. » « Il sort un livre de sa besace et tout en le lisant fait toutes sortes de gesticulations, ce qui épouvante Bastien », dit la didascalie du livret. Sur ce rituel burlesque, le jeune Mozart pose de la musique ; il va même beaucoup s'amuser à inventer les paroles cabalistiques qui doivent conjurer le mauvais sort :

> Diggi, daggi, schurry, murry, horum, harum, lirum, larum, raudi, maudi, giri, gari posito, besti, basti, saron froh, fatto, matto, quid pro quo (aria n° 7, scène 4).

Mélange d'anglais, d'italien, de latin, d'allemand, la formule magique finit sur les mots-clés *quid pro quo*. Plaisante coïncidence, cette phrase rappelle celles qu'utilisaient effectivement les *endevinaires* dans leur office, ainsi cette incantation relevée dans l'ouvrage de J.-P. Piniès : *Rostin olasta aurana chesta custodia durannes*. Ce méli-mélo de sons tintinnabule sur une musique que Mozart emprunte à une autre de ses œuvres : le *Galimatias musicum*. Composé peu de temps auparavant, ce morceau se fonde sur la combinaison de genres musicaux et sur l'imitation du son de la cornemuse*. Cet *abracadabra*, ce jeu verbal et musical dans lequel excelle déjà le cher

* Dans cette œuvre, la pastorale figure en bonne place – il y en a cinq. Leur point commun est de s'inspirer des thèmes folkloriques de l'Allemagne du Sud – chansons enfantines, chants de Noël.

Wolfganggerl*, nous le retrouverons souvent dans la correspondance mais aussi dans une scène cruciale de *Così***.

Mozart accorde un soin tout particulier à cette aria qui s'avère, au dire des commentateurs, la plus riche de l'œuvre. Pour la première fois dans l'opéra, l'orchestre joue un rôle de premier plan, créant – *andante maestoso* – un climat plutôt sombre et solennel. L'utilisation du mode mineur, ton d'exception dans cette pastorale, signale que, malgré l'humour de la situation, il se joue quelque chose de l'ordre du surnaturel. La voix du devin, au plus près de la parole, psalmodie les mots de l'incantation. Pouvoir des mots, de la sentence, basse profonde des pères, des souverains mais surtout, déjà, préfiguration légère de la grande voix du Surnaturel, du Divin. La musique se théâtralise, s'entoure d'effets appuyés : sauts d'octave, trémolos, notes tenues accentuent en même temps que le côté grandiloquent du rituel l'aspect inquiétant du « mage » qui officie. À l'issue de ces pratiques magiques, Colas délivre sa prophétie à un Bastien, plus mort que vif :

> Viens donc ici, tu n'as rien à craindre ; au contraire, je peux te dire en réconfort un message bien propice ; tu vas revoir Bastienne.

Ayant accompli les gestes qu'il fallait, prononcé les mots qu'il convenait, il parachève son œuvre par les paroles qui « guérissent » le jeune homme. Le message salvateur s'accompagne aussi d'une dernière leçon :

> Tu ne devras plus, comme tu l'as fait, la plonger dans l'affliction. Tu devras être aimable, gentil et fin et point inconstant tel une girouette. Ainsi pourras-tu faire croître toujours plus l'amour et la fidélité qu'elle te destinera (scène 4).

---

* Pas seulement dans *Bastien et Bastienne*; Wolfgang à cinq ans avait inventé une comptine qu'il chantait tous les soirs à son père en montant sur ses genoux et dont les paroles étaient *oragna figata fa.* Léopold, dans ses lettres, appelle parfois son petit garçon *Wolfganggerl,* diminutif qui est aussi un des surnoms populaires du diable…

** Despina, la servante, double féminin de Don Alfonso, se présente déguisée en médecin à Fiordiligi et Dorabella en utilisant un latin de cuisine, ce qui convient parfaitement il est vrai à une soubrette ! *Così fan tutte,* acte I, scène 16.

Et Colas quitte la scène, ayant mis en place par son enseignement et sa magie tous les éléments qui permettront, après l'épreuve ultime, le dénouement heureux et le retour à l'ordre.

Voici les fiancés face à face, moment décisif où les amoureux s'éprouvent puis se choisissent définitivement. Cette situation se répétera presque systématiquement dans les opéras ultérieurs. *Duetto**. Chacun menace l'autre de partir et d'être infidèle. Mozart attribue à chaque partenaire une musique absolument identique. Rien dans la ligne mélodique ne distingue donc Bastien de Bastienne. Duo-duel léger où les réparties fusent, chamailleries d'oiseaux. Pourtant le récitatif accompagné (n° 14, scène 6) qui suit cette joute est d'une tout autre couleur. Bastien menace de se suicider. Le texte pourrait prêter à sourire – il veut se pendre, puis se noyer. Bastienne – elle a bien profité des leçons, la petite – l'y encourage. La musique, par contre, ne sourit pas. Mozart choisit, pour ce récitatif accompagné, une tonalité mineure. Il s'agit de mort – avec « amour », « mort » est le mot que Mozart prend toujours au sérieux. Revient alors en mémoire l'aria de Bastienne au début de l'opéra qui s'achevait sur *Tod,* et dont quelques mesures étaient en *ré* mineur. Mourir d'amour. Plus tard, le joyeux garçon-oiseau de *La Flûte enchantée,* Papageno, séparé de sa Papagena par les prêtres du Temple, voudra aussi se pendre.

L'ultime étape franchie, l'histoire s'achève. Le duo qui suit est celui de la réconciliation. C'est ensemble que Bastien et Bastienne chantent l'amour retrouvé.

> Allons, reprends donc possession de mon amour et de ma fidélité ; je bannis le changement pour t'aimer jusque dans la tombe. Nous voilà donc réconciliés et l'amour vient nous couronner, après l'angoisse de la querelle, de tendre fidélité (duo n° 15, scène 6).

Vingt-deux ans après, au finale de *Così fan tutte,* la même inspiration n'est-elle pas à l'œuvre ?

Fiordiligi et Dorabella

Mon idole, si tout cela est vrai,
Je saurai par ma fidélité et mon amour
Donner à ton cœur une compensation
Je saurai toujours t'adorer.

* Duo n° 13, scène 6. Dans les autres opéras, c'est le quatuor qui évoquera ce moment, si important, du choix définitif.

Guglielmo et Ferrando

Je te crois, mon amour,
Mais je ne demande aucune preuve
(acte II, scène 18).

Tout peut maintenant rentrer dans l'ordre. Le dénouement, *allegro, sol* majeur, réunit la communauté pastorale, présente effectivement sur scène pour la première fois depuis le début de l'opéra*. Le héros c'est naturellement Colas, que les fiancés célèbrent à l'envi :

Joie ! Joie ! Soyons gais ! Célébrez les tours de magie
De Colas, cet homme sage !
Pour nous délivrer du chagrin
Il a fait miracle aujourd'hui
Allons ! Entonnez ses louanges ! (scène 7).

Le berger a accompli son office, répondu à la demande de chacun et de tous. Au son de sa cornemuse il peut désormais, comme il se doit, présider aux noces des petits pâtres.

ITALIES

À côté de *Bastien et Bastienne,* deux autres pastorales, *Ascanio in Alba* et *Il Re pastore,* permettent d'approfondir encore la relation qui s'établit entre ce genre si particulier qui met en scène l'utopie arcadienne – un monde en ses commencements, en sa verte jeunesse – et les œuvres d'un jeune compositeur en train de faire à travers le théâtre lyrique l'expérience de son art et l'épreuve de la vie.

Les trois pastorales fonctionnent ainsi sur un même modèle, elles sont déjà de petits opéras d'apprentissage et en elles-mêmes elles constituent un seuil. Les jeunes couples mis en scène par un Mozart de douze, puis quinze, puis dix-neuf ans, laissent derrière eux leur prime naïveté ; l'amour complique les situations ; autour des amou-

* Hormis Bastien, Bastienne et Colas, il faut noter la participation de la communauté des bergers et des bergères au finale. Cette présence est mentionnée par le livret mais elle est muette. Mozart n'a pas introduit de chœur à cette occasion. Cette participation symbolique met ainsi en évidence l'aspect réconciliateur de ce dénouement en signifiant que le drame privé était aussi un drame social.

reux les adultes s'affairent. Nous venons d'évoquer le rôle de Colas dans *Bastien et Bastienne.* Alessandro, roi de Macédoine, et Agénor son ami et conseiller ont un rôle semblable dans *Il Re pastore,* « Le Roi berger ». Émanation du pouvoir royal, celui d'Alessandro, Agénor est chargé de « faire » le roi en révélant au petit berger Aminta ses nobles origines. Au terme du parcours, le jeune pâtre restera avec sa bergère et ses moutons, comme Papageno et sa Papagena demeureront dans le monde des oiseaux à la fin de *La Flûte enchantée.* Histoire d'une initiation incomplète ? Bien au contraire. C'est dans le renoncement au pouvoir, à la royauté, qu'Aminta est légitimé dans son aptitude à régner. C'est en choisissant en connaissance de cause son statut de berger qu'il accède à la maturité. Autre pastorale, autre prince-berger : Ascanio.

Amadeo in Alba

Septembre 1771. Milan est en effervescence. Dans la moiteur de ces chaudes journées où l'été s'attarde, on prépare activement les noces de l'archiduc Ferdinand d'Autriche avec la princesse Marie-Béatrice d'Este. Parmi les réjouissances projetées, deux opéras sont attendus avec impatience : celui du vieux Johann Adolf Hasse, *Ruggiero,* et un divertissement pastoral entrelacé de ballets, une « sérénade théâtrale » écrite pour l'occasion par un jeune compositeur allemand déjà célèbre en Italie : Wolfgang Amadeus Mozart.

> Aujourd'hui, après l'*Angélus,* nous aurons la première répétition instrumentale de l'opéra de M. Hasse [...]. À la fin de la semaine prochaine, on répétera la *Serenata,* et lundi, aura lieu la première répétition des récitatifs, suivie de celle des chœurs, les autres jours.
>
> Lundi ou mardi au plus tard, Wolfgang aura terminé toute l'œuvre. Sigr. Manzuoli vient souvent nous voir et nous lui avons rendu visite une fois. Sig. Tibaldi vient presque tous les jours pendant que Wolfgang compose. Ils sont tous incroyablement aimables et éprouvent le plus grand respect pour Wolfgang ; eh oui, nous n'avons pas le moindre ennui car ce sont tous de bons chanteurs célèbres qui sont pourvus de bon sens. Cette *Serenata* est en fait un petit opéra, et la musique de l'opéra à proprement parler n'est guère plus longue, car il sera rallongé par 2 ballets de 3 quarts d'heure chacun, intercalés après le 1er et 2e acte.
>
> Je n'ai pas la place de décrire tous les préparatifs des festivités. Tout Milan est en mouvement [...]. Tout le monde est maintenant au travail. Certains pour le théâtre, d'autres pour la réception de S. A. Impériale – pour les appartements, les chambres, etc., pour la décoration et l'éclairage de la cathédrale, pour l'habillement, les livrées des domestiques,

pour les carrosses, les chevaux, etc., les bals, la peinture et les réparations du théâtre, etc., etc. Bref, cent choses qui ne me reviennent pas à l'esprit. Tout, tout est en mouvement[6] !

Pendant ce temps, Wolfgang aligne *allegro,* page après page, les notes de ce petit opéra dont il vient à peine de recevoir le *libretto* signé de l'abbé Giuseppe Parini :

> Je me porte bien, grâce à Dieu, mais je ne peux écrire longuement. Premièrement, je ne sais que dire et, deuxièmement, les doigts me font mal à force de composer. Adieu, je baise la main de maman. [...] Il ne manque maintenant plus que deux airs de la *Serenata,* et elle sera finie[7].

Le 28 septembre, l'œuvre est achevée. *Ascanio in Alba* est mis en répétition, le père et le fils s'accordent enfin des vacances :

> Ce mois-ci a passé avec une rapidité incroyable du fait que nous avons tout d'abord attendu le livret et avons ensuite toujours eu quelque chose à faire. Nos vacances et notre délassement commencent maintenant ou, plus exactement, ont commencé mardi dernier ; Wolfgang a en effet tout terminé lundi et nous avons commencé nos promenades dès mardi. Aujourd'hui a eu lieu la première répétition avec tout l'orchestre, hier on a répété les chœurs seuls, sans instruments. [...] J'ai le plaisir de pouvoir te prédire le plus grand succès de la composition de Wolfgang, à ce que j'espère. Premièrement, parce que le Sigr. Manzuoli ainsi que tous les autres chanteurs sont extrêmement satisfaits de leurs airs et qu'ils ont hâte – plus encore que nous – d'entendre ce soir la *Serenata* avec tous les instruments. Deuxièmement, parce que je connais ce qu'il a écrit et l'effet que cela produira ; je sais également qu'il a fort bien composé, tant pour les chanteurs que pour l'orchestre[8].

17 octobre 1771. Le grand jour. La *Serenata* est représentée et, bien plus que le grave *Ruggiero* de Hasse, enthousiasme l'aristocratique public qui se presse dans le Teatro regio ducal.

> Le 16 a eu lieu la création de l'opéra, et le 17, celle de la *Serenata* qui a remporté un tel succès qu'on doit la reprendre aujourd'hui. L'archiduc en a commandé 2 nouvelles copies. Des gentilshommes et autres personnes de toutes conditions nous adressent sans cesse la parole dans la rue et félicitent Wolfgang. Bref ! je suis navré, mais la Serenata de Wolfgang a mis en pièces l'opéra de Hasse, à un point que je ne saurais décrire[9].

Wolfgang écrit aussi, joyeusement, inaugurant cette écriture de vent, prétexte à facéties et pirouettes, qu'il poursuivra jusqu'à la fin de sa vie :

> Ma sœur chérie !
> Je vais bien moi aussi, Dieu merci. Comme mon travail est terminé, j'ai maintenant plus de temps pour écrire ; seulement, je ne sais que dire, car papa a déjà tout raconté. Je ne sais rien de nouveau, sinon que 35, 59, 60, 61 et 62 sont sortis à la loterie, et que si nous avions misé sur ces numéros, nous aurions gagné. Mais n'ayant pas joué, nous n'avons ni gagné ni perdu ; nous nous sommes simplement moqués des gens.
>
> [...]
>
> P.-S. : Excuse l'écriture sauvage, je me dépêche[10].

Destinée à célébrer la formation du nouveau couple royal, *Ascanio in Alba* utilise toutes les conventions de la pastorale : la jeunesse, l'amour, la nature en son printemps. Nymphes, faunes, bergers et bergères évoluent joyeusement autour de deux adolescents dont le cœur s'éveille. Premier amour, premiers émois, premiers tourments :

> Ma sœur chérie !
> Depuis un mois, il n'a pas plu ici (à ce que disent les Milanais), aujourd'hui, il est tombé quelques gouttes, mais le soleil brille à nouveau maintenant et il fait très chaud. Tiens bien ce que tu m'as promis de faire (tu sais ce que je veux dire... ô ma chérie !), je t'en prie et je t'en serai sûrement très reconnaissant[11].

Car Wolfgang, tout comme les jeunes héros de son opéra, est, pour la première fois, amoureux. La belle est à Salzbourg, Nannerl sert d'intermédiaire. Hélas ! Il semble que l'histoire tourne court :

> Ma sœur chérie !
> Nous sommes toujours en bonne santé, Dieu soit loué. J'ai déjà mangé quantité de bonnes poires, pêches et melons à ton intention. Mon seul amusement consiste à m'entendre par signes avec le sourd-muet, et j'y parviens à la perfection. [...] Je te rappelle une fois encore ma demande pour l'autre chose, même s'il n'y a plus rien à faire ; tu me comprends[12].

Fruits sucrés à point, fondants, jeux de gamin mais plus d'amoureuse... La donzelle a-t-elle porté ailleurs son affection ? La plume court, légère, sur le papier. « Même s'il n'y a plus rien à faire », il reste à faire de la musique : celle d'*Ascanio in Alba*, charmeuse, sensuelle, compense-t-elle la désillusion d'un cœur de quinze printemps ?

Sur la scène d'opéra, Ascanio, le petit prince-berger, vit des amours innocentes et embrouillées avec la nymphe Silvia. Vénus, mère d'Ascanio, en a décidé ainsi. Le serviteur de la déesse, un charmant petit faune, fait le va-et-vient entre sa belle patronne et les amoureux, veillant au bon déroulement des événements. Tout finira comme il se doit dans le doux pays d'Arcadie, par des danses et des chants joyeux. Mais auparavant, que de péripéties ! En effet, Vénus interdit à Ascanio de révéler à Silvia son nom, sa noble origine et son amour pour elle. Silence et obéissance ! Ascanio se présentera donc à tous comme un étranger, et la jolie nymphe se trouble car elle a vu en rêve le fils de Vénus et en est tombée éperdument amoureuse. Amours contrariées, séparations, peines chantées longuement en arias tendres et gracieuses. Au terme du chemin, la déesse descend en majesté et réunit les amoureux. La saison de l'apprentissage est achevée, le nouveau couple pourra fonder un nouveau royaume.

Une déesse, une mère aimante mais sévère, impose à son fils l'épreuve nécessaire pour qu'il devienne un homme et un roi ; une jeune fille, enjeu de cette épreuve, fait, elle aussi, son chemin vers la maturité.

1771 : *Ascanio*, 1791 : *La Flûte enchantée*. Singulièrement, la pastorale présente certains traits communs avec l'ultime opéra. Dans ces deux œuvres apparaissent les seuls personnages de mère du théâtre lyrique mozartien*. Vénus, l'imposante déesse, ne préfigure-t-elle pas la Reine de la nuit ? Sa première aria déroule des vocalises que nous retrouverons vingt ans plus tard, magnifiées, terrifiantes cette fois. Ascanio, lui, doit se taire et obéir, tout comme Tamino dans le Temple de cette autre déesse, Isis. Silvia et Pamina, les amoureuses au cœur pur, se désespèrent du silence incompréhensible de l'aimé et deux êtres issus de la nature elle-même, le faune au chant léger, plein de tendresse et Papageno, le garçon-oiseau, mènent les amoureux au bout de leur quête, puis retournent dans leur monde tandis que les deux couples enfin réunis s'apprêtent à régner sur le leur. Ascanio et Silvia fondent Albe, Tamino et Pamina entrent en maîtres dans la lumière du Temple. Ainsi, aux deux extrémités du parcours se rejoignent et résonnent ensemble la modeste pastorale et le dernier grand opéra...

Mais pour l'heure, retournons à Milan, revenons à cette année bénie de 1771 où un tout jeune homme écrit à s'en faire mal aux

---

* Il y a aussi, il est vrai, la Marceline des *Noces de Figaro*, mais son rôle se situe sur un tout autre registre.

doigts une musique limpide, pleine de fougue et de grâce juvénile. *Ascanio in Alba* est l'œuvre de la jubilation, mais aussi du passage. Elle consacre les gaies retrouvailles avec ce pays qui fut déterminant dans le développement artistique de Mozart. Brigitte et Jean Massin évoquent en termes d'« années d'apprentissage » la période qui couvre les trois voyages italiens – début 1769 à fin 1773. Quatre années fécondes où Wolfgang dévore avec appétit et gourmandise – entre quelques poires, pêches ou melons délicieux – l'Italie et sa musique :

> Mozart a reçu en Italie, de l'Italie, la plus vive révélation de la joie de vivre et de créer. Également une certaine vivacité précise dans l'expression la plus sérieuse, une lumière des contours dont il doit éprouver plus que jamais le besoin pour ne pas laisser le pathétique s'embourber dans la confusion ou se délayer dans la complaisance. Cela il le gardera toujours de cette Italie soi-disant frivole : la concision ardente, le trait d'autant plus net qu'il vibre plus fort[13].

Joie de vivre, d'apprendre, de créer. L'Italie initiatrice transforme le garçonnet en adolescent, l'enfant prodige en compositeur reconnu. Trois opéras ponctuent et encadrent l'itinéraire italien. *Mithridate* pour le premier séjour, *Ascanio in Alba* pour le second et *Lucio Silla* pour le troisième. Trois opéras où se concrétisent les acquisitions musicales par lesquelles un tout jeune homme accède à une nouvelle étape de sa vie et de son art. Chemin de musique. Au cœur des ces œuvres, la voix agile et merveilleuse des castrats donne des ailes au chant mozartien. Lors du premier séjour italien, au moment où il compose pour ces voix ambiguës, de jeunesse éternelle, Wolfgang a quatorze ans, il perd sa voix d'enfant. Événement suffisamment important pour que Léopold en fasse part à sa femme :

> Sa voix ne lui permet absolument plus de chanter, elle a complètement disparu et n'a plus ni aigus ni basses ; il ne peut plus chanter cinq notes pures. Il en est très attristé car il ne peut plus chanter ses propres compositions, ce qu'il aimerait faire parfois[14].

Avec le corps qui se transforme, le chant se perd. Celui des castrats prend la relève ; à travers la musique qu'il écrit pour eux, Mozart retrouve avec Ascanio et Aminta le chant des commencements. Le castrat au nom évocateur – Primo Uomo – se tient sur le seuil, prend en charge le passage difficile, négocie, sur le fil de sa voix ailée, la rupture. Ténors et sopranos virevoltent autour, voix aiguës mêlées en un concert qui abolit le temps.

Le genre même de la pastorale ne nous ramène-t-il pas d'ailleurs aux temps idylliques d'une humanité à l'éternelle jeunesse, à l'amour en ses prémices ? À travers Wolfgang Mozart, toute une société, à l'occasion du mariage de son prince, se rêve en Arcadie et retrouve parmi les bergers, bergères, nymphes et faunes une image d'elle-même idéale et sans âge. Effets de miroir. De la jeunesse d'Amadeo, *Ascanio* révèle l'arcane ; parfaite adéquation entre le temps de la musique et le temps de la vie, le jeune Ascanio fondera au terme de l'opéra Albe la splendide. Amadeo en Italie dit adieu à sa voix d'enfant et pose les fondations de son royaume de musique : construire supposerait-il abandonner quelque chose de soi ? Dans le premier des grands opéras mozartiens, *Idoménée,* le roi de Crète déchu doit immoler son fils pour recouvrer son royaume, c'est-à-dire se retrouver lui-même.

Sur la toile de fond de ce double théâtre, un personnage se détache. Un rôle écrit par Mozart pour le castrat Adamo Solzi, celui du malicieux petit faune qui – à l'égal du Puck du *Songe d'une nuit d'été* – jette un moment le trouble dans le cœur des amoureux puis, finalement, les réunit. Le compositeur le dote de l'air le plus charmant de l'œuvre. *Allegro moderato* le faune dessine tendrement les traits de la demoiselle élue, de celle qui est destinée à Ascanio. Si la première partie de l'aria privilégie la virtuosité, la deuxième, tout en demi-teintes, chantonne les secrets de l'amour à venir. Exubérance ou plainte câline, chant de la nature en son printemps, du cœur qui s'éveille et s'émerveille, qui s'inquiète et languit. Sauvageon gracieux, le faune préfigure déjà tous ces personnages des opéras mozartiens à cloche-pied entre deux âges, tous ces garçons-oiseaux qui accompagnent de leur pépiement les couples en apprentissage de vie et d'amour : Chérubin, bien sûr, mais aussi Pedrillo, Papageno...

Un peu plus tard, lors du troisième et dernier voyage à Milan, trois jours avant la création d'un autre opéra, *Lucio Silla**, Wolfgang – il a seize ans maintenant – adresse à sa sœur restée à Salzbourg une lettre facétieuse rédigée en forme de rectangle où il est question de l'œuvre en répétition, puis :

> *A proposito,* sais-tu déjà l'histoire qui est arrivée ici ? Je veux maintenant te la raconter. Nous sommes partis de chez le comte Firmian, aujourd'hui, et lorsque nous sommes arrivés dans notre rue, nous avons ouvert notre porte et, que crois-tu qu'il se passa ? Nous sommes entrés.

---

* K. 135.

> Adieu mon petit poumon. Je t'embrasse, mon foie [...]. S'il te plaît, s'il te plaît, ma chère sœur, ça me démange, gratte-moi[15].

Au centre de ce cadre d'écriture, un dessin maladroit, presque enfantin. D'un cœur embrasé s'échappent en même temps que des volutes de fumée un oiseau, toutes ailes déployées. Dans son bec une bulle contient un petit texte quasi illisible. Quatre chiffres 3 flottent derrière l'oiseau, sur et au-dessus du cœur. Ce dessin ne révèle pas son mystère. Le texte qui l'encadre ne l'éclaire en aucune façon. S'agissait-il d'un message amoureux destiné, par l'entremise de sa sœur, à une jeune Salzbourgeoise ? Les lettres ou *post-scriptum* à Nannerl de la même époque contiennent, nous l'avons vu, des messages pour d'hypothétiques « fiancées ». La présence ici du cœur brûlant et de l'oiseau, porteur du chant amoureux, incline à cette interprétation. Mais au fond, qu'importe la teneur stricte du message. Entre l'écriture des mots et celle de la musique, le dessin, dans sa naïveté, trace les signes symboliques du passage. L'oiseau est au cœur du cheminement artistique et humain d'Amadeo en Italie, comme il le sera d'ailleurs tout au long de la vie et de l'œuvre du musicien ; il renvoie à la voix perdue et retrouvée. Le chant des castrats, relayé ensuite par celui des sopranos, assure la continuité ; le fil qui rattache au rêve d'Arcadie, à la voix d'enfance, ne sera jamais rompu.

En cet automne 1771, dans la lumière de l'Italie, l'oiseau prend son essor, joyeux et confiant en l'avenir... En image inversée se profile un autre automne, celui de 1767 où, à Vienne, un garçonnet de douze ans composait *Bastien et Bastienne.* La mise en relation du petit *Singspiel* avec la *Serenata* est riche de signification. Wolfgang, à Olmütz, a failli mourir. Le voyage à Vienne marque aussi pour les Mozart la fin d'une époque, celle où toute la famille se déplace. Désormais, Wolfgang voyagera sans sa mère et sans sa sœur, seul avec son père. Deuxième rupture : l'échec de la *Finta Semplice* marque la fin de l'enfant prodige mais ne permet pas au jeune Mozart de se faire reconnaître comme compositeur. Maladie, impasse professionnelle. Cette crise que traverse le garçonnet, cette dissonance qui affecte gravement son être tout entier, art et vie mêlés, trouve sa résolution dans *Bastien et Bastienne.*

Vienne 1767, Milan 1771. Au temps de l'épreuve, du doute – Vienne –, succède le temps de la jubilation, celui de la réussite et du passage accompli – Milan. Les deux pastorales, entre l'art et la vie, négocient la dissonance, compensent la perte, symbolisent un nouvel ordre des choses. En 1780, Wolfgang s'installe définitivement à Vienne, il ne reverra plus jamais l'Italie.

Les souffrances du jeune Wolfgang

Salzbourg, printemps 1775. Depuis son retour d'Italie, Mozart se sent à l'étroit dans sa ville natale. Salzbourg, qui avait été jusqu'à maintenant le port d'attache où il revenait se ressourcer entre chaque voyage, s'est transformée en prison. Le prince-archevêque Colloredo entend que ses gens, musiciens au même titre que valets ou cuisiniers, satisfassent à la tâche qui leur est impartie dans sa maison. Wolfgang ronge son frein. La vie étriquée de province n'arrange rien. Tout est étroit, trop étroit. La mentalité des salzbourgeois, l'esprit de l'archevêque, les maisons si hautes que le ciel en paraît lointain, les ruelles de la ville qui, toutes, butent contre la montagne... Accrochée à son rocher, Salzbourg freine tout élan, toute velléité de fuite. Après la courte échappée de Munich où Mozart, avec l'autorisation de Colloredo, se rend pour satisfaire à la commande de l'Électeur de Bavière, après le tourbillon du carnaval, les fêtes et le succès de la *Finta Giardiniera,* la cage se referme une nouvelle fois.

Moins d'un mois après les retrouvailles forcées avec Sazlbourg et son archevêque, la ville soudain se réveille, bruit : on annonce la venue de l'archiduc Maximilien-Franz. Afin d'honorer cet hôte illustre, Hyeronimus Colloredo demande à Mozart d'écrire dans les plus brefs délais une petite œuvre dont le livret s'inspire largement de l'*Aminta* du Tasse, modèle canonique de la pastorale. Ce sera *Il Re pastore,* « Le Roi Berger* ». Wolfgang se met au travail, trois semaines après, le 23 avril 1775, a lieu la première et... la dernière. Fin d'une époque. Pendant près de six ans, Wolfgang n'aura plus l'occasion de composer un opéra.

Il Re pastore marque également une rupture dans l'art de Mozart. Pendant les années 1770-1772, on assiste à Vienne à une évolution dans la manière de penser la musique. Les jeunes poètes du *Sturm*

* L'intrigue d'*Il Re pastore* rappelle aussi celle d'une comédie jouée en France par les acteurs du Théâtre-Italien en 1734 : *Arlequin Grand Mogol,* de Lisle de la Drevetière, musique de Jean Joseph Mouret. Enfant trouvé, Arlequin est élevé par un berger et devient donc berger lui-même. Il est amené à se substituer au Grand Mogol dont il devra épouser la fiancée. Mais Arlequin n'aime que sa bergère et renonce à régner. Il redevient berger, épouse sa pastourelle et le Grand Mogol le fait « chef des bergers ».

und Drang sont passés par là. Sous leur influence, la musique change de statut ; divertissement jusque-là, elle devient un « art très grand, très noble, très sérieux et capable d'être adapté aux fins poétiques les plus hautes[16] ». Il ne s'agit plus d'amuser mais d'émouvoir. À travers la musique, c'est l'âme qui résonne tout entière, l'âme en tourment de préférence… À cette musique de l'affect correspond un nouveau langage : le mode mineur semblera le plus approprié pour traduire les mouvements de l'âme, d'où son emploi quasi systématique dans les œuvres de cette époque ; il conviendra aussi, afin de bien transmettre le message, de se soucier de l'effet dramatique. De même que le concept de *Bildung* en littérature se révélera, on s'en souvient, particulièrement fécond, ce nouveau langage musical donne naissance à des formes nouvelles, en particulier le quatuor à cordes et la symphonie.

Comme à l'accoutumée, Mozart assimile immédiatement ce langage : la *29e Symphonie,* en *la* (K. 201), composée à Salzbourg pendant l'hiver 1773-1774 fait miroiter magnifiquement toutes les nuances de cette nouvelle langue musicale. Soudain, Wolfgang abandonne le *Sturm und Drang,* ses beaux orages musicaux, et se tourne résolument vers l'aimable style galant, très prisé par la société de cour, notamment salzbourgeoise. Concession à la mode du temps, à la facilité, souci de ménager son prince et son public aristocratique ? On s'est souvent interrogé sur cette volte-face qui semble nous ramener du côté d'un Mozart souriant et superficiel. Galanterie, frivolité, facilité, termes bien faits pour conforter la légende du « léger » Mozart. Regardons-y de plus près cependant.

Il Re pastore est un pur produit de ce style galant auquel, d'ailleurs, Mozart ne renoncera jamais. Délicieusement rococo, cette pastorale pourtant n'est dénuée ni de profondeur, ni même de gravité ; elle recèle bien des zones d'ombre… Les douceurs du pays d'Arcadie sont trompeuses et la musique, çà et là, discrètement, laisse entendre un chant désolé, peut-être celui du jeune Wolfgang ? Double langage, lumière et ombre, transparence et opacité. Tout comme Aminta, le héros de son opéra à la fois prince et berger, Mozart flotte entre deux conditions. Prince de musique, royauté dont il a pleine conscience, et domestique à la cour du seigneur archevêque. Sur la scène du théâtre, Aminta entonne sa première aria :

> J'entends, cher ruisseau ton doux murmure, tu parles dans ton langage, où est donc notre bonheur ?

La musique balance en 6/8, rythmant la chanson du berger, berçant la peine, apportant l'oubli. La nature immuable et sereine apaise, console. « Où est donc notre bonheur ? », chante Aminta. Où est l'Italie si douce au souvenir du musicien ? Cette Italie de musique que Wolfgang porte toujours dans son cœur. Ouvrons cette lettre du 4 septembre 1776 adressée à son maître italien, le *Padre* Martini :

> Oh, combien de fois n'ai-je pas désiré être plus près de vous, pour pouvoir parler et discuter avec Votre Révérendissime Paternité. Je vis dans un pays où la musique a bien peu de fortune [...]. Ah, comme nous sommes loin de vous, très cher *Padre Maestro*, et combien de choses aurais-je à vous dire ! [...] Je me recommande toujours à vos bonnes grâces et ne cesse de m'affliger d'être si loin de la personne que j'aime, vénère et estime le plus au monde[17].

Dans cette lettre touchante qu'il faudrait pouvoir citer en son entier, une phrase magnifique :

> Nous vivons en ce monde pour apprendre avec une ardeur toujours plus grande, pour nous éclairer les uns les autres au moyen d'entretiens et pour nous efforcer toujours de faire progresser davantage les sciences et les arts.

Wolfgang berce sa peine et Aminta chante longuement la vie paisible du berger au milieu de son troupeau et de la nature : « Un air tranquille, des jours sereins, de fraîches sources et de vertes prairies » (acte I, scène 2, aria n° 3). Le chant s'élève, s'enroule en vocalises, s'enivre de lui-même ; la voix plane, radieuse ; cependant une ombre passe... Dans la ligne mélodique, Mozart introduit le glissement du chromatisme, cette modulation tonale qui permet insensiblement de passer d'un ton à l'autre. De dièse en bémol, la mélodie se nuance, change de couleur. Les limites ne sont plus assurées. Qui est Aminta ? Prince ou berger ? Qui est Mozart ? Amadeo l'Italien ou Wolfgang le Salzbourgeois ? Entre pénombre et clarté, un jeune homme se cherche, retrouvant aussi à travers le chant du castrat virtuose la liberté perdue, la musique, la lumière de l'Italie.

La pastorale tout entière fonctionne sur ce double registre. La plainte d'Agénor à l'acte II prend alors un autre relief. Seul air en mineur de tout l'opéra, il porte peut-être la douleur de celui qui en écrit, avec fièvre, la musique :

> Le tourment que je ressens est plus cruel que tout autre tourment, c'est un tourment sans espoir que l'on ne saurait endurer.

Au-delà des paroles convenues, du désespoir amoureux qui est celui du personnage, l'*ut* mineur qui « à ses pointes extrêmes devient le ton de la rupture[18] » fonde l'aria. Double d'Agénor, personnage à part entière, l'orchestre, avec force, dramatise la situation, met à nu le tourment de l'âme : « Ces frissons qui courent dans l'art de Mozart sont l'expression de la crise psychique, le reflet de l'ébranlement intérieur qui va parfois jusqu'aux frontières de la dislocation[19]. » Ne retrouvons-nous pas ici, atténué, assourdi, comme un écho lointain du *Sturm und Drang*?

Roi et berger, roi ou berger? Où se situer? Comment gérer l'écart entre les deux? La plume court sur le papier. Note après note, la musique naît, médiatrice. « Écoute-moi et permets-moi de te révéler par mes paroles ta propre identité », dit Agénor à Aminta. « Tu es Abdolomino, l'unique héritier du trône de Sidon » (acte I, scène 7). Sur la partition, Mozart, d'une plume ferme, aligne les signes du passage, ceux de sa royauté.

Mais le langage qui fonde cette pastorale, ce style galant – si décrié – s'avère lui-même médiateur : « La galanterie manquait de consistance mais elle permit le passage entre deux mondes culturels opposés : l'ère baroque qui s'éteint au milieu du siècle et l'ère romantique dont le brasier s'allume », écrit Jean-Victor Hocquard[20]. Rattachée à la société de cour, à la vie des salons de l'Ancien Régime, symbole d'une manière de vivre, la « galanterie » se situe au point de bascule, entre deux états d'une société. Franchir une étape, n'est-ce pas aussi en récapituler les moments? *Il Re pastore* fait singulièrement la synthèse des influences musicales qui ont imprégné le jeune Mozart : clarté et précision françaises, vocalité italienne et fleur bleue germanique[21].

Une époque s'achève. Le rideau du théâtre lyrique mozartien se referme pour six longues années.

Cible de tir à carreaux reconstituée mettant en scène Schikaneder
(Musée Mozart de Salzbourg).

CHAPITRE IV

Intermezzo
Cœur de cible

> J'écris ceci à 3 heures et demie de l'après-midi. Je sais désormais que ma chère femme est au ciel. J'écris ces lignes les larmes aux yeux, mais en me soumettant totalement à la volonté divine ! Comme la fête de la consécration de l'église de la Trinité a eu lieu hier, notre séance de tir ordinaire a été repoussée à aujourd'hui. Je ne voulais pas la décommander à la dernière minute à cause de ta lettre inquiétante. Nous avons peu mangé, mais comme elle avait beaucoup pleuré avant de se mettre à table, Nannerl fut prise de vomissements, de violents maux de tête et se mit alors au lit. [...] Je pris sur moi pour reprendre contenance, pour me plier à la très sainte volonté divine ; nous terminâmes notre séance de tir[1].

Ainsi s'exprime Léopold Mozart le 13 juillet 1778 ; il vient d'apprendre d'un ami mandaté par son fils la mort de sa femme à Paris. Bien que très affecté par cette nouvelle, Léopold termine sa « séance de tir ».

Le jeu de tir est une pratique courante dans la Haute-Bavière de cette époque. Cette activité dont la petite société salzbourgeoise était friande revient comme un leitmotiv au fil de la correspondance échangée entre les Mozart et leurs amis. Pivot de la sociabilité, le tir est aussi un lien permanent entre ceux qui partent et ceux qui restent au pays. À travers les comptes rendus des séances de tir, toute une communauté se rappelle ainsi au bon souvenir des exilés temporaires.

En quoi consistait ce jeu ? Un petit tour au musée des Traditions populaires de Vienne nous en révèle l'arcane[2]. Il s'agissait de tirer avec une carabine à air comprimé – à l'origine certainement avec une arbalète* – dans une cible offerte par l'un ou l'autre des participants. Des sommes d'argent minimes étaient mises en jeu, des prix attribués. Singularité de cet exercice d'adresse, les joueurs pouvaient jouer en lieu et place des absents. Ainsi Nannerl écrit à son frère que, par l'intermédiaire d'une amie de la famille, Katherl Gilowski**, il a gagné deux kreutzers :

> Aujourd'hui, le 5, il y a eu tir chez nous. Papa avait offert le prix. J'ai tiré pour maman et maman a gagné 9 kreutzers. Pour toi, c'est Katherl qui a tiré et gagné le prix. Mais comme elle avait deux coups et que nous ne sommes que 11 tireurs en tout, tu n'as gagné que 2 kreutzers. La cible offerte récemment par monsieur l'Officier payeur venait d'une bonne idée : elle représentait Katherl avec un justaucorps et un homme en bottes, une cravache à la main. Au-dessus de sa tête était écrit : J'aime Katherl, et sur la cible le vers suivant :
> Ma chérie, puis-je t'embrasser une fois encore ?
> Aurai-je besoin de l'échelle[3] ?

Les tireurs étaient regroupés en compagnies de tir ; celles-ci se réunissaient non seulement régulièrement, chez l'un ou chez l'autre, pour pratiquer le jeu mais aussi pour des banquets saisonniers que l'on attendait avec impatience. Une partie de l'argent des mises et des prix était thésaurisée dans ce but.

En 1778, sur le chemin qui le ramène de Paris vers Salzbourg, Wolfgang traîne, retardant sans cesse le moment de retrouver la ville natale et son archevêque, redoutant aussi l'accueil du père après l'échec du voyage parisien. Léopold s'impatiente, use de toute sa persuasion pour récupérer l'enfant prodigue ; une séance de tir que l'on a reportée à son intention devient ainsi l'argument décisif, la preuve même de l'affection paternelle, de celle de la communauté salzbourgeoise tout entière :

> Tu n'as aucune raison ni de redouter que mon accueil ne soit pas affectueux, ni de craindre des jours sans plaisir auprès de ta sœur et de moi. N'avons-nous pas repoussé jusqu'à ton arrivée notre divertissement d'automne, organisé grâce à la cagnotte de nos séances de tir[4] ?

---

* D'où l'expression de « tir à carreaux » qu'emploie Geneviève Geffray, traductrice française de la correspondance.

** Fille du chirurgien-barbier de la cour, dont le nom revient souvent lorsqu'il est question du jeu de tir.

Peine perdue. Les festivités d'automne auront lieu à retardement et sans Wolfgang. Le temps de Salzbourg, donc du tir à la cible, est révolu ; une nouvelle vie, bientôt, commence à Vienne. Au début de son séjour viennois, Mozart évoque quelquefois le jeu qui le relie encore à sa famille, aux amis de sa jeunesse :

> Le dîner de la compagnie de tir va sans doute avoir bientôt lieu ? Je demande *solemniter* que l'on boive à la santé d'un fidèle tireur ; si c'est un jour à moi d'offrir le prix, je te demande de me l'écrire, je ferai peindre une cible[5].

« Faire peindre une cible. » Cette formule à elle seule résume la particularité de ce jeu. Œuvres d'art éphémères, les cibles représentent une petite scène, une anecdote soigneusement choisies par son donateur ; elles sont ensuite exécutées et peintes avec le plus grand soin. Un poème, un proverbe ou un commentaire humoristique accompagnent l'image. Si l'on se réfère à l'art populaire du temps, on constate que les saynètes représentées sur les cibles ressemblent beaucoup dans leur facture et leur traitement à celles qui ornent le mobilier et les objets profanes ou religieux, tels les *ex voto* : idylles, travaux domestiques, événements de la vie quotidienne. Tous ces sujets sont traités sur un mode assez réaliste. Un paysage n'est jamais peint pour lui-même, il constitue une toile de fond sur laquelle s'agitent des personnages colorés.

Petit théâtre de la société, la cible peut aussi se lire comme un journal illustré, une bande dessinée avant l'heure, où s'expose aux yeux de tous la vie publique ou privée de chacun. Quelquefois, le donateur utilise sa cible pour « épingler » joyeusement un autre joueur, dévoilant sur la place publique une confidence, ébruitant un secret.

> Entre-temps, nous avons eu deux cibles : sur l'une d'elles, il y avait une scène de théâtre et la danseuse Maresquelle dans un solo ; en bas, au noble parterre, on voyait des têtes avec des résilles, des tresses et aussi des perruques rondes à tonsure. De chaque tête partait un bandeau sur lequel était écrit : brave, bravissima, *oh, che prodigio,* etc., et autres choses de ce genre, etc. Sur l'autre cible, il y avait une histoire d'amour : la Maresquelle avait raconté une affaire de Schikaneder* à Linz. On voyait M. Schikaneder sur un pont qui enjambe le Danube, à Linz, avec une

---

* Directeur de théâtre, ami des Mozart qui s'était établi pour un temps à Salzbourg. Schikaneder sera plus tard le librettiste de *La Flûte enchantée* et créera le rôle de Papageno.

jeune fille de la ville, et de sa bouche sortait la phrase : «Je promets ce que je ne tiens envers aucune femme.» De l'autre côté, on voyait une jeune fille de Linz attablée dans un jardin devant un verre de vin; elle tenait un verre à la main et disait : «Il finira bien par venir.» Lorsque M. Schikaneder arriva pour la séance de tir, il vit la cible, la considéra longuement et rougit. Je lui demandai s'il savait qui offrait le prix aujourd'hui. Il répondit : «Mme Maresquelle, je le reconnais à la cible[6].»

Ramener Wolfgang à Salzbourg : cette idée obsède Léopold; il multiplie donc dans ses lettres tout ce qui est susceptible de rappeler à son fils les attaches avec le pays natal. Décrivant ainsi les cibles avec un luxe de détails, Léopold utilise à son profit une des fonctions sociales du jeu de tir, celle de réintégrer l'absent dans ce petit monde d'interconnaissance, dans la petite société familiale et familière dont il s'est éloigné. Jeu de correspondance, écriture ciblée; le projectile, si habilement tiré, atteindra-t-il son but? Non. La cible est bien trop lointaine, bien trop mouvante... À Munich, Wolfgang compose dans la fièvre *Idoménée* et ne se soucie de Salzbourg que par la crainte d'avoir à retomber, une fois l'opéra terminé, sous la tutelle du prince-archevêque Colloredo :

> À propos, où en est l'archevêque? Lundi prochain, il y aura six semaines que j'ai quitté Salzbourg; vous savez, mon père chéri, que je ne suis que par amour pour vous à...[7].

Léopold ne désarme pas. Revient encore et toujours dans les lettres le moment où surgit, comme un rappel, la cible peinte :

> Demain, nous n'avons pas de tir parce que le trésorier payeur et moi déjeunons au cloître de Sankt-Kajetan. Ce sera reporté à mardi ou mercredi, le comte Überacker offrira le prix. La cible représente Katherl culbutant sur l'échafaudage du comptoir de Kerschbaumer et montrant son cul nu. Le poème n'est pas encore écrit[8].

Wolfgang n'était sans doute pas insensible, malgré tout, à ces évocations d'un jeu qui le ramenait en arrière, au temps tout proche encore des premiers apprentissages amoureux.

Trois cibles et une cousinette

> Le 17 au matin, j'écris et affirme que notre petite cousine est belle, raisonnable, gentille, habile et gaie [...]. C'est vrai, nous allons bien ensemble, car elle est aussi un peu coquine. Nous nous moquons des gens ensemble, c'est très amusant. [...] Je baise 100 000 fois les mains de papa et embrasse ma sœur *canaglie* avec une tendresse d'ours[9].

Le 4 novembre 1777, Wolfgang commande, de Mannheim, une cible à son père. La demande est rédigée en *post-scriptum* sur l'enveloppe même de la lettre :

> À Katherl Gilowski, Mme v. Gerlichs, M. von Heffner, Mme v. Heffner, Mlle v. Schiedenhofen, M. Gschwendtner, M. Sandner et à tous ceux qui sont morts. S'il n'est pas trop tard, je voudrais que la cible soit ainsi : un petit homme aux cheveux rares se tient courbé et montre son derrière dénudé. De sa bouche sortent les paroles « Bon appétit pour le festin ». L'autre personnage doit porter des bottes avec des éperons, un costume rouge et une belle perruque à la mode ; il doit être de taille moyenne. Il est en train de lécher le cul de l'autre et de sa bouche sortent les paroles « Ah, qu'à cela ne tienne[10] ».

La liste des noms qui précède la description de la cible présente une singularité : Mozart y mélange les morts et les vivants. Plaisanterie certes, mais significative. Réunir autour de sa cible vivants et disparus, n'est-ce pas une manière de reconstituer l'unité de la collectivité, de mettre en évidence ce lien social que le tir à la cible instaure et réactive régulièrement ? Puisque l'on peut faire jouer les absents, pourquoi pas les morts ? Cette irruption facétieuse de l'au-delà suscite peut-être alors, dans l'imagination de Mozart, la scène burlesque qui suit immédiatement. La cible à peindre ne présente-t-elle pas tous les traits d'un monde à l'envers ? Deux personnages carnavalesques se prêtent à un « festin » scatologique dont l'un, vraisemblablement un aristocrate, est la victime consentante. Ce renversement de l'ordre établi va aussi de pair avec les lettres bouffonnes que Wolfgang, au même moment, envoie à la « cousinette » d'Augsbourg* :

---

* Maria Anna Thekla Mozart, fille du frère de Léopold, Franz Alois Mozart, relieur à Salzbourg. Il semble que ce soit avec la « petite cousine » que Wolfgang ait

> Je vous souhaite maintenant une bonne nuit, pétez au lit que cela craque ; dormez bien, étirez le cul jusqu'à la bouche, je m'en vais au lit dormir un peu. […] Portez-vous bien entre-temps, ah ! mon cul me brûle comme du feu ! Que signifie donc cela ? Peut-être une crotte veut-elle sortir ? Oui, oui, crotte, je te connais, je te vois, je te sens et qu'est-ce ? Est-ce possible ! Dieux ! Oreille ne me trompes-tu pas ? Non, c'est bien ça, quel son, long et triste[11] !

Tendresse d'ours à la fois mal et bien léché si l'on s'en rapporte à la cible… La farceuse et jubilatoire épître se termine par des salutations très distinguées : « Portez-vous bien, je vous embrasse 10 000 fois et suis comme toujours le vieux jeune *Sauschwanz* [queue de cochon]. » Le tout signé « Wolfgang Amadé *Rosenkrantz* ». Le terme *Rosenkrantz* (couronné de roses) rime comiquement avec *Sauschwanz*. Au-dessous de la signature, Mozart, décidément en verve, rajoute encore quelques mots :

> Des deux voyageurs que nous sommes, mille compliments à M. mon oncle et Mme ma tante, à tous mes bons amis aujourd'hui, mes salutations. Addio farceuse diseuse ♥ 333 jusqu'au tombeau, si je sauve ma peau.
>
> Miehnnam el 5 erbmevon 7771.

La date est écrite à l'envers, le cœur suivi de 333, épelé *drei-drei-drei*, peut être interprété « phonétiquement » comme *treu-treu-treu*, « fidèle-fidèle-fidèle[12] ».

La séparation avec la « cousinette » – Wolfgang a dû quitter Mannheim pour Munich – est douloureuse. L'écriture prend le relais. À la jouissance du corps se substitue celle du langage. Jouissance toute musicale car le traitement que Mozart impose au vocabulaire, à la syntaxe, transforme les lettres à la « cousine lapine » en véritables partitions où le mot – mais nous le savons déjà – n'a de valeur que par le son qu'il produit pour lui-même ou par son acoquinement fugitif avec d'autres mots. Cul par-dessus tête, le sens est allégrement jeté à bas*. Cette écriture jubilatoire du corps qui se découvre, s'ex-

goûté pour la première fois aux plaisirs de la chair. Cet apprentissage de la sexualité va de pair avec une écriture burlesque où la scatologie a la meilleure part. Ces lettres, longtemps censurées, sont reproduites intégralement pour la première fois dans l'édition française de la correspondance à laquelle nous nous référons.

* Une bonne partie de ces lettres, même lues dans la langue originale, restent insaisissables.

prime, la cible la met en scène sur un autre mode. Réduits au minimum, les mots laissent la place à l'image qui évoque un bouleversement intime s'élargissant à la société tout entière.

Mozart utilise peu après un autre registre de la cible, une tonalité plus tendre, plus délicate du jeu. En son absence, les séances de tir se poursuivent à Salzbourg ; Nannerl, sa sœur, lui propose de faire peindre une cible :

> Dimanche prochain, c'est maman qui offrira le prix. Et comme tu m'as demandé de te dire lorsque ce serait ton tour, j'aimerais que tu m'écrives ce que tu souhaites faire faire comme cible. Je pourrais ainsi la commander et offrir le prix à ta place dans 15 jours. Papa a gagné pour l'officier payeur et a tiré également pour toi. Il t'a gagné 9 kreutzers. J'ai tiré pour maman et lui ai perdu 5 kreutzers[13].

Nous ne possédons pas la lettre dans laquelle Wolfgang donne ses instructions pour la confection de cette cible mais elle est effectivement réalisée ; Léopold en donne une description précise dans une autre de ses épîtres :

> Hier, c'est M. Wolfgang Mozart qui a offert la cible de tir. Elle était charmante. À droite, se tenait une jeune Augsbourgeoise qui offrait un bâton de pèlerin fleuri à un jeune homme botté et en tenue de voyage. Dans l'autre main, elle avait un immense mouchoir, qui traînait curieusement par terre, et s'en essuyait les yeux. Le jeune homme en avait également un et faisait de même, tenant de l'autre main son chapeau sur lequel se trouvait la cible, car il était plus visible que le bâton de pèlerin. En haut, était écrit :
> Adieu ma jeune cousine ! – Adieu mon cher cousin !
> Je te souhaite en voyage bonheur, santé et beau temps.
> Nous avons passé 15 jours très joyeux,
> C'est ce qui rend si triste la séparation.
> Sort détestable ! – Ah ! – À peine la découvris-je ;
> Ils sont déjà repartis ! – Qui garderait l'œil sec[14] ?

Cette cible, il est vrai charmante, a été reconstituée d'après la description de Léopold Mozart ; elle est exposée sous le porche d'entrée de la salle du maître de danse à Salzbourg. Par sa naïveté et sa fraîcheur, la scène, qui évoque la séparation entre Wolfgang et la « cousinette », se place tout à fait du côté de la tradition populaire et de son iconographie. Un damoiseau et sa damoiselle se disent adieu, les larmes coulent avec tant d'abondance que les mouchoirs s'élargissent aux dimensions d'un drap, la jeune fille va faire don à son soupirant d'un bâton de pèlerin fleuri et enrubanné : tous ces éléments renvoient au conte mais aussi aux rites de courtisement. Le poème redouble exactement l'image. Mise ainsi « officiellement » au courant des amourettes du fils Mozart, la communauté salzbourgeoise pouvait ouvertement se gausser ou s'attendrir...

Sur le petit théâtre des cibles, en toile de fond, s'inscrit aussi en couleurs appuyées ou teintes pastel le cheminement d'un jeune homme de vingt-deux ans. Le motif carnavalesque de la première cible met en scène ce moment où, coutumièrement, les garçons, sur le mode de l'excès, font l'apprentissage de la virilité. Courir les filles, boire, ripailler ne sont-ils pas des comportements admis pour les garçons « ensauvagés » qui, en bandes, « font leur jeunesse » ? Pour Wolfgang, ces jeux n'ont jamais été de saison. L'espace social du tir à la cible devient donc le seul lieu possible de l'expérience commune. La cible exhibe l'ours mal léché ; elle dépeint crûment, sur un mode burlesque, un « festin » où le corps lui-même fournit la matière de singulières agapes. Mise en relation avec les lettres scatologiques à la cousine, la cible évoque, par analogie, le « festin » charnel dont Mozart est à la fois, joyeusement, consommateur et consommé. Entre individu et société, le jeu de tir, médiateur, réintègre à la communauté des jeunes Wolfgang le solitaire.

Dans la deuxième cible, le jeu s'infléchit, change de registre. Autre étape de l'apprentissage, il ne s'agit plus d'agresser mais de courtiser. Comme la bête du conte, l'ours se transforme en galant. Le motif de mai, de la *Liebelei,* est central dans cette deuxième scène peinte : le bâton fleuri et enrubanné de la « cousinette » évoque sans ambiguïté l'arbre de mai. Wolfgang, en tenue de voyage, se tient, respectueusement, chapeau bas, à bonne distance de sa belle.

Pastorale miniature, la scène peinte rappelle dans son esprit *Bastien et Bastienne.* Le texte dialogué du poème utilise des termes qui ne seraient pas déplacés dans un opéra : « Sort détestable ! Ah !... À peine la découvris-je... » « Adieu ma jeune cousine... Adieu mon cher cousin... », *Addio* chanteront plus tard sur tous les tons les jeunes amoureux de *Così.*

Se mettant lui-même en scène, Mozart retrouve ainsi le langage qui lui est, plus que tout autre, familier. Théâtre de cibles, théâtre lyrique se rejoignent, se répondent. Tout comme le tir, l'opéra ne peut-il être considéré comme un jeu de société ? À travers ces deux manières de se mettre en scène, la collectivité se retrouve, réassurant ainsi sa cohésion à intervalles réguliers. Les histoires proposées par l'opéra, l'*opera buffa* en particulier, ne sont pas si éloignées des scènes hautes en couleur des cibles salzbourgeoises. Théâtre peint ou théâtre chanté, une communauté se donne en spectacle, se prend elle-même pour cible. À l'intérieur d'un système codifié, valorisé par une classe de la société – la bourgeoisie pour le tir, l'aristocratie pour l'opéra –, Mozart trouve l'espace de liberté qui lui donne la latitude, tout en respectant les règles du jeu, de les manipuler à son profit, d'affirmer sa singularité.

Une troisième cible semble faire écho aux deux précédentes :

> Hier, il y a eu tir. C'est Wolfgang qui offrait*, la cible représentait un jeu de *brandl* à 4 personnages ; parmi elles, Katherl qui se ronge les ongles, dans ses véritables vêtements, était le personnage principal. Sur la table l'as de cœur était abaissé, et le cœur constituait la cible. Au-dessus, tant pis pour Wieland, la remarquable poésie griffonnée rapidement :
> Le cœur me brûle fort ! Cœur est ma couleur préférée :
> Et si fille encore longtemps je dois rester,
> Mes doigts en souffrent car mes ongles toujours je ronge.
> Si je ne trouve pas de mari – je dis merde au monde[15] !

Rien d'étonnant à ce que Katherl Gilowski soit la cible favorite de la petite société salzbourgeoise ; son statut de vieille fille la désigne comme victime toute désignée puisque le mariage constitue alors un impératif social. On peut donc considérer la cible offerte par Wolfgang comme un charivari bon enfant à celle qui se ronge les ongles en attendant un hypothétique époux. La dernière phrase du « poème » renverse ce postulat. Ne pas trouver de mari, s'en accommoder, et même « dire merde au monde », n'est-ce pas faire un magnifique pied de nez aux conventions ? Nous retrouvons là l'ours mal léché de la première cible, celui des lettres à la « cousinette ». Cependant, un élément de cette troisième scène peinte en infléchit la tonalité. Le cœur de la cible est constitué par l'as de cœur. Le « poème » reprend ce motif : « Le cœur me brûle fort », « Cœur est ma couleur préférée ». On peut d'abord penser que l'organe dont il est question ici se situe, en réalité, beaucoup plus bas… « Le cœur me brûle fort » renvoie sans nul doute à « Ah ! mon cul me brûle comme du feu ! » de la lettre burlesque citée plus haut. La deuxième formule, par contre, « Cœur est ma couleur préférée », évoque, par sa tournure gracieuse et poétique, l'amour tel qu'il est représenté dans la cible des adieux. Quel sens donner à ce petit « duo » de

---

* Il n'est pas présent à Salzbourg. La cible a dû être réalisée une fois encore d'après les instructions écrites de Mozart.

cœurs qui chantent la même partition mais sur des registres différents* ?

Sur les iconographies du temps, un personnage du théâtre populaire est généralement représenté avec le visage noirci. Chapeau enrubanné dans une main, l'autre posée sur la batte qui frôle le sexe, il pose en costume arlequiné. Détail singulier, brodé ou cousu sur la poitrine, un cœur s'affiche avec autant d'ostentation que, plus bas, le bâton. Hanswurst, car il s'agit de lui, offre ainsi à la vue de tous – et de toutes – ces attributs qui le désignent pour ce qu'il est : le garçon sauvage, l'amoureux burlesque, tendre et paillard à la fois. « Je suis toujours le même Hanswurst », écrit souvent Mozart dans ses lettres. Hanswurst sort de la cible, s'incarne. Le voici le « fol » bien-aimé, l'apprenti de l'amour, carnaval et mai confondus, le garçon à la rébellion joyeuse. « Cœur est ma couleur », dit Katherl Gilowski sur la cible. « Cœur est ma couleur », chante, *sotto voce*, Hanswurst-Wolfgang. Dans une épître à la cousinette, parmi quelques tendresses d'ours, quelques salutations farceuses, un petit cœur – « fidèle-fidèle-fidèle » – palpite tendrement.

« Poète de cibles couronné »

En 1783, Mozart décide, à contre-cœur, de faire le voyage à Salzbourg. Installé à Vienne depuis 1780, il a épousé, l'année suivante, contre l'avis de son père, Constanze Weber. Il vient d'avoir un petit garçon et ne manque pas d'informer Léopold, grand-père tout neuf, de la bonne forme du nourrisson :

> L'enfant est également tout frais et dispos, et est terriblement occupé à boire, crier, pisser, chier et cracher, etc.[16].

Bien que les liens se soient distendus entre Wolfgang, son père et Salzbourg, la correspondance continue à maintenir entre eux la conversation affectueuse et orageuse entamée il y a longtemps. Par l'intermédiaire de Léopold et de Nannerl, la ville natale se rappelle donc régulièrement au bon souvenir de Mozart. Les comptes rendus des séances de tir reviennent avec régularité sous la plume du père et de la sœur, motif discret mais obsédant, petite musique à

* Il existe dans *Così fan tutte* un autre charmant duo des cœurs, celui de Dorabella et de Guglielmo à la scène 5 de l'acte II.

laquelle Wolfgang est toujours sensible. Depuis trois ans donc, Mozart n'a revu ni son père, ni sa sœur. Le voyage est décidé. Il informe Léopold de cette décision :

> J'espère qu'il ne m'est pas nécessaire de dire combien je me soucie peu de Salzbourg et pas du tout de l'archevêque, et que j'emmerde l'un et l'autre, que de ma vie, il ne me viendrait l'idée d'y faire un voyage exprès, si vous n'y étiez pas, vous et ma sœur[17].

Sans cesse envisagées, toujours remises, les retrouvailles avec la famille et la ville natale ne se passent pas très bien. Léopold n'est guère chaleureux envers Constanze. Nannerl boude sa jeune et fraîche belle-sœur. Peut-on s'en étonner ? Nannerl a maintenant trente-deux ans et toujours pas de mari*. Sa jeunesse s'est enfuie au fil des années, grignotée par l'existence étriquée qu'elle mène : tenir le ménage de son père, les comptes – on compte toujours chez les Mozart – car le quotidien n'est pas facile, donner des leçons de musique pour améliorer l'ordinaire. Fini à jamais le temps heureux des voyages. La petite fille prodige habillée de dentelles, adulée, à l'égal de son frère, par toutes les cours européennes, n'est plus qu'un lointain souvenir. Les couleurs tendres de l'aquarelle de Carmontelle se sont fanées comme se sont fanés le rose de ses joues, l'éclair de son sourire ; tempo lent des jours qui s'étirent, tous semblables ; la vie va… en mineur seulement. Nannerl la sacrifiée…

En ce 31 juillet 1783, Wolfgang et Constanze arrivent donc à Salzbourg ; le petit Raimund Léopold a été confié aux bons soins d'une nourrice, dans les environs de Vienne. Toute la famille se retrouve autour d'un punch pour célébrer justement la fête de Nannerl**. À la hâte, Wolfgang improvise un petit compliment :

> Meilleurs vœux
> Dans le punch vieux !
> Je sortis aujourd'hui sans pourquoi t'avouer
> La raison, je peux bien te le dire,
> Était de te faire un tout petit plaisir.
> Sans veiller à la dépense, au labeur ou à la peine.
> J'ignore certes si mon punch sera en veine,

---

* Elle se mariera l'année suivante avec Johann Baptist Franz von Berchtold zu Sonnenburg, gouverneur administratif, plus âgé qu'elle de quinze ans, deux fois veuf et père de cinq enfants.

** Nannerl est le diminutif de Marie-Anne. On peut le traduire en français par « Nanette ».

Oh, ne dis pas – non – mon bouquet n'embaumerait ;
Je pensais : tu aimes les Anglais.
Si tu aimais Paris, des rubans te donnerais,
Un bouquet raffiné,
Des parfums embaumés.
Mais toi, sœur chérie, tu n'es pas une coquette.
Prends donc ce punch, fort et délicieux, sœurette,
Savoure-le, tel est mon seul souhait.

W. A. Mozart
poète de cibles couronné[18].

L'intention est évidente : Wolfgang, en douce, se moque, piquant là où ça fait mal ! Parures de jeune fille, rubans, fleurs et parfums ne sauraient convenir à une demoiselle prolongée ; le punch « fort et délicieux », par contre, semble tout indiqué ; les vieilles filles n'ont-elles pas la réputation de se laisser aller, en lieu et place des délices conjugales, à celles du petit alcool sucré ?

Cette épigramme fonctionne sur un registre plus secret ; elle renvoie incontestablement à l'esprit, sinon à la lettre, du jeu de tir : Nannerl rejoint ici la Katherl de la cible qui se ronge les ongles faute de mari*. Le poème explicite la signature facétieuse ; célébrant quasiment à rebours la fête de la sœur aînée, Wolfgang, « poète de cibles couronné », se réinscrit fugitivement dans l'ordre du jeu de tir, dans celui de la petite société dont pourtant il s'est exclu. Mais pourquoi « couronné » ? De quelle « royauté » s'agit-il ?

Petit garçon prodige puis jeune musicien talentueux, Mozart fut, pendant de longues années, le centre d'intérêt de la communauté salzbourgeoise. Cœur de cible. On suivait avec passion ses périples, ses succès, ses progrès. L'histoire d'amour avec la ville natale s'achève sur une scène tragi-comique qui aurait pu donner lieu à la confection d'une cible haute en couleur : le comte Arco, perruque en désordre, visage congestionné, expédie d'un magistral coup de pied au cul le petit jeune homme qui, dressé sur ses ergots, le traite de tous les noms d'oiseaux à sa disposition. Pour celui qui fut le petit roi de Salzbourg, les années de jeunesse s'achèvent en carnaval. En ce mois de juillet 1783, c'est un homme qui revient. Le temps d'une fête, d'un compliment à la « sœurette », Mozart retrouve, à vingt-sept ans, le jeune Salzbourgeois du tir à la cible, recouvre un instant sa royauté de jeunesse. « Poète de cibles couronné. » En Haute-Bavière,

* Katherl est le diminutif de Catherine, sainte patronne des filles qui n'ont pas trouvé de mari.

il existe, à l'époque, un autre jeu de tir pratiqué au printemps par les jeunes gens*. Au bout d'un haut mât est fixé un oiseau de bois coloré, un perroquet. Autour de cette cible couronnée de verdure s'affairent de jeunes archers, vêtus tous de la même manière. L'allure générale de leur costume rappelle fort celui du Hanswurst villageois. En volées de carreaux, les archers s'essaient à atteindre l'effigie. Peu à peu, sous les tirs croisés, l'oiseau chancelle. Ça y est ! Le coup décisif a été porté ! Sous les ovations, le volatile s'abat lourdement. Le vainqueur est immédiatement déclaré roi du « papegai » pour un an. Couronné de fleurs, porté en triomphe par ses compagnons, il reçoit un prix et préside aux libations, musique et danses données en son honneur.

Cette variante du tir à la cible ne concerne que le groupe des garçons célibataires. Tirer sur l'oiseau bariolé, exposer ainsi sa force et son adresse, n'est-ce pas revendiquer également un savoir amoureux ? À la batte d'Hanswurst se substituent l'arc et la flèche**, la couronne de verdure accrochée sous l'oiseau rappelle aussi que le jeu est placé sous le signe du mois de mai, du courtisement***. Loin des jeunes archers, loin du pré où l'oiseau, tout en haut d'une perche, se balance, un jeune homme signe un poème d'affectueuse raillerie : « Poète de cibles couronné. » Pas si loin. Car Wolfgang restera dans sa vie et dans son œuvre ce roi de jeunesse qui fait, sous les traits de Papageno, le garçon-perroquet, l'Hanswurst amoureux et farceur de *La Flûte enchantée*, une ultime et magnifique apparition.

De retour à Vienne, Mozart tire un trait définitif sur son existence salzbourgeoise. De cet adieu la correspondance porte témoignage. À partir de décembre 1783, le tir à la cible disparaît complètement

* Ce jeu est répandu dans toute l'Europe. Il perdure encore de nos jours. Non loin de Toulouse, à Rieux Volvestre, le premier dimanche de mai, la compagnie des archers tire rituellement au « papogay ». L'oiseau, en bois coloré, est fixé sur un mât de 43 mètres. Les archers tirent avec des flèches et des arcs qu'ils ont fabriqués eux-mêmes.

** Au début de *La Flûte enchantée* (acte I, scène 1), Tamino, dit la didascalie du livret, est « revêtu d'un splendide habit de chasseur japonais [...]. Il tient un arc mais n'a pas de flèche ». Jeune archer sans flèche, chasseur chassé. Tamino n'a pas encore franchi l'étape qui « fait » coutumièrement le garçon. Il s'évanouit devant le serpent qui le poursuit. Mort symbolique et renaissance, l'apprentissage peut commencer.

*** À Rieux Volvestre, les archers défilent avant de se rendre sur le champ de tir. Tous les arcs sont parés de bouquets de fleurs composés par les amies, les fiancées, les épouses. Au sommet du mât, le perroquet porte une pivoine dans son bec. La chute de la fleur qui précède souvent celle de l'oiseau est très attendue.

des lettres du père comme de celles du fils. Léopold, deux ans après, en 1785, effectue un long séjour auprès de son fils et de sa belle-fille. Wolfgang ne reverra jamais ni Salzbourg ni sa sœur.

À Vienne, un jeune compositeur écrit une musique immortelle et joue, avec passion, au billard.

CHAPITRE V

Idoménée
La traversée dangereuse

VOYAGES, NAUFRAGES

Munic ce 8 novembre 1780

Mon très cher Père,

Mon arrivée ici fut heureuse et joyeuse ! Heureuse parce que rien de néfaste ne nous est survenu au cours du voyage, et joyeuse parce que nous attendions avec grande impatience le moment où nous toucherions au but de ce voyage extrêmement pénible bien que fort court ; car je vous assure qu'aucun d'entre nous n'a pu dormir la nuit plus d'une minute d'affilée. Cette voiture vous arrache l'âme ! Et les sièges ! Durs comme pierre ! À partir de Wasserbourg, j'ai vraiment cru ne pas pouvoir apporter mon derrière tout entier jusqu'à Munich ! Il était tout endolori – et sans doute rouge feu – Pendant deux postes entières j'ai fait le voyage les mains appuyées sur les coussins, pour soutenir en l'air mon postérieur... Mais suffit, c'est maintenant du passé... [...] Au sujet du livret, le comte dit qu'il est inutile que *l'Abate* Varesco le recopie et l'envoie – car il sera imprimé ici – mais moi je pense qu'il devrait tout de suite l'écrire, sans oublier les petites notes, et nous l'envoyer dès que possible avec l'argument. [...] Il faudra ici et là faire quelques petites modifications – raccourcir un peu les récitatifs – mais tout sera imprimé. Je n'ai qu'une prière à adresser à M. l'*Abate*; l'air d'Ilia, dans la deuxième scène du deuxième acte, je voudrais le modifier un peu en vertu de ce dont j'ai besoin [...] Voici maintenant un tour de cochon ! Je n'ai certes pas l'honneur de connaître ce héros de Dal Prato*, mais d'après la description, Cecarrelli est presque meilleur, car son souffle le lâche souvent au beau milieu d'un air et N.B., il n'a jamais joué sur scène. Quant à Raaff**, c'est une statue... Imaginez maintenant la

* Interprète du rôle d'Idamante.

** Interprète du rôle d'Idoménée.

scène du premier acte ! Quelque chose de positif par contre. Mme Dorothea Wendling* est *arci-contentissima* de sa scène – elle a voulu l'entendre trois fois de suite. [...] Je n'ai rien d'autre à dire. [...] Neige-t-il à Salzbourg comme ici ? Mon compliment à M. Schikaneder, je le prie de m'excuser de ne pas avoir encore envoyé l'air, car je n'ai pu le terminer complètement.

Je vous baise mille fois les mains, embrasse ma sœur de tout cœur et suis, mon très cher Père,

votre fils très obéissant
Wolfgang Amadè Mozart[1]

Salzbourg, le 11 novembre 1780

Mon très cher Fils,

J'écris en hâte à 9 heures et demie du soir car je n'ai pas eu le temps de toute la journée ; Varesco ne m'a apporté que tard le livret. [...] Je te renvoie le livret et le plan afin que S. E. le comte Seeau voie que tout a été fait selon ses ordres. D'ici huit jours, la copie de tout le livret suivra par la diligence, puisque *l'Abate* Varesco souhaite que tout soit imprimé. Il y joindra également les remarques nécessaires. Voici aussi l'air : je trouve qu'il est bien ; sinon dis-le vite. Je joins ici un mandat de 15 florins à M. Pichler, dépositaire en quincaillerie, où se trouvaient jadis les réserves de sel ; si tu en as besoin, tu peux les toucher à l'occasion. Entre-temps conserve cet avis dans ton porte-feuille jusqu'à ce que tu aies besoin de l'argent. [...] J'ai fait une fois dans ma vie l'expérience des diligences qui maltraitent affreusement notre pauvre cul et on ne m'y reprendra pas non plus. Il faut toujours faire l'expérience de la différence. Ici il a non seulement neigé mais hier et avant-hier, le 9 et le 10, il soufflait un vent affreusement froid et toutes les rues étaient verglacées [...] Pour ce que tu me dis du personnel chantant, c'est triste. La meilleure partie sera donc la composition musicale. [...] J'espère pouvoir bientôt venir, mais je ne partirai sûrement pas par la diligence, je tiens trop à mes deux noyaux de quetsches. Je dois terminer, c'est l'heure – de dire le chapelet d'abord, puis d'aller dormir, ta sœur a les yeux pleins de sommeil. Elle t'embrasse. Pimperl ronfle et je suis ton père fidèle

Léopold Mozart[2]

Il neige sur Munich. À l'auberge du Soleil, dans la tiédeur de sa chambre, un jeune homme de vingt-quatre ans aligne dans l'allégresse les mots destinés au père resté au pays natal. Quelle joie, quel bonheur d'être loin de Salzbourg, de l'archevêque et, pourquoi ne

* Interprète du rôle d'Ilia. Sa fille, Lisel Wendling, interprétait le rôle d'Électre.

pas se l'avouer, loin du père... Ici, ce sera bientôt carnaval : musique partout, les bals, la déferlante joyeuse des masques dans les rues... Vite ! Il faut se hâter ! L'opéra inaugure la fête, il doit être prêt à temps ! L'opéra. Mot magique, enchanté. Le cœur aussi léger qu'un flocon, Mozart se met à l'œuvre, court à sa partition comme on va à un rendez-vous d'amour.

L'histoire d'Idoménée roi de Crète, sujet de l'opéra, a été adaptée par l'abbé Varesco à partir d'une tragédie lyrique française*. Varesco ? Un érudit, un fin lettré, certes, mais un poète pas toujours très inspiré. Wolfgang devra s'accommoder d'un texte ampoulé, tarabiscoté, parfois pesant. Or... Il ne s'en accommode pas, revoit sans cesse la copie, demande des changements, opère des coupures : trop long, toujours trop long ! Varesco est resté à Salzbourg, la communication entre le librettiste et le musicien s'établit par l'intermédiaire de Léopold. Le trio ainsi constitué fonctionne, *allegro ma non troppo,* tant bien que mal. Wolfgang discute sur tout, l'abbé fulmine, Léopold joue les bons offices ; tout en s'efforçant d'apaiser l'ire de Varesco, il se range sans ambiguïté du côté de son fils, de la musique. Plus jamais le père et le fils ne seront aussi proches, aussi complices... Sur la scène du théâtre un vieux roi, un jeune prince, un père et son fils, cherchent à tâtons les chemins de leur liberté.

Il neige sur Munich et Wolfgang largue les amarres vers une île antique pleine de soleil et de drame. Ouverture : *ré* majeur, *tutti* d'orchestre, accords puissants, tempête. Les vagues roulent, se brisent avec fracas sur le roc. Qui apaisera la colère de Neptune, ce dieu redoutable qui a le pouvoir de soulever la terre, de commander aux vents** ? Le peuple de Crète tremble et attend... Une accalmie soudaine, le temps s'arrête...

La mer. Elle prend, elle rejette. La traversée, chez Mozart, est toujours dangereuse. Entre celui qui part et celui qui revient, le passage par l'eau établit une distance irrémédiable***. Les bateaux.

---

* *Idoménée,* tragédie lyrique de Danchet, musique de Campra, représentée à Paris pour la première fois en 1712.

** Neptune était aussi le dieu des séismes.

*** La musique mozartienne entérine fortement cette fonction initiatique de la traversée, même lorsqu'il s'agit d'un départ fictif comme dans *Così fan tutte,* acte I, scène 6, n° 10 (trio), « *Soave sia il vento* ». Dans *L'Enlèvement au sérail,* la traversée détermine, pour Constanze, Belmonte, Blonde et Pedrillo, la rupture avec l'Occident. Ce faisant, elle inaugure le parcours d'apprentissage. *La Flûte enchantée* décline sur un autre mode ce thème de la traversée. Elle est l'étape ultime de l'initiation par où Tamino et Pamina accèdent à la maturité.

Coquilles fragiles qui emportent ceux qui vont à la guerre ou en reviennent, par elles s'accomplit la séparation, la rupture nécessaire. Premier moment du rite où l'on isole, loin de sa communauté d'origine, celui qui va être initié.

Acte I, scènes 7 et 8. Le bateau a le vent en poupe, bientôt il atteindra la côte. Idoménée, le héros, le vainqueur de Troie, revient dans son royaume après une longue absence. Il retrouvera son peuple et son fils, Idamante. Le bateau file, les marins s'affairent. Soudain, la tempête. Les vents se déchaînent, la mer se creuse en vagues monstrueuses, la nef craque de tous côtés, le naufrage est inévitable. Sur le navire en perdition les marins implorent les dieux : « *Pietà, Numi, pietà...* » Très loin, là-bas, sur la côte, les Crétois, épouvantés appellent : « *Pietà, Numi, pietà...* » Et Idoménée, le roi, le fier guerrier, tremble devant la colère divine, devant sa mort. Alors il convoque Neptune, négocie : si le dieu lui laisse la vie sauve, il lui sacrifiera la première personne rencontrée sur le rivage*.

L'ouragan faiblit, les flots s'apaisent, *piano, pianissimo.* Retour au calme. Idoménée, entouré des marins rescapés, débarque sur le sol natal : « *Eccoci salvi alfin...* Nous voici saufs à la fin... » La tempête l'a brisé. Une métamorphose s'est accomplie ; la mer a englouti un roi, elle rejette un homme.

Tout est fini, tout peut recommencer.

Munic, ce 13 novembre 1780

Mon très cher Père,

J'écris en grande hâte car je ne suis pas encore habillé et je dois aller chez le comte Seeau**. Cannabich, Quaglio*** et Le Grand, le maître de ballet, y déjeunent aussi, pour mettre au point ce qui est nécessaire à l'opéra. [...] Venons-en donc à la raison principale de cette lettre, qui est de vous souhaiter, mon excellent père chéri, tout ce que vous pouvez imaginer pour votre fête. Je me recommande ensuite à votre amour paternel et vous assure de mon obéissance éternelle. [...] Au premier acte, scène VIII, M. Quaglio a émis la même objection que nous avions faite dés le début, à savoir qu'il n'est pas d'usage que le roi soit tout seul sur le bateau. Si M. l'Abbé croit qu'on peut se le représenter raisonnablement abandonné de tous, dans une tempête affreuse, sans bateau, tout seul, nageant en grand danger, tout peut rester en l'état mais, N.B., sans bateau ; car sur le bateau, il est impossible qu'il soit seul. Dans le cas contraire, il faudrait que quelques généraux, des intimes descendent

* Tout ce passage du pacte avec le dieu a été supprimé par Mozart.

** Le représentant du prince électeur, commanditaire de l'opéra.

*** Le chef d'orchestre et le décorateur.

avec lui, mais alors il conviendrait que le roi dise quelques mots à ses gens, par exemple de le laisser seul, ce qui, dans la triste situation où il se trouve, serait bien naturel.

Wolfgang Amédé Mozart[3]

Salzbourg, le 18 novembre 1780

Mon cher Fils,

Mais qu'imagines-tu donc? Nous sommes extrêmement gênés vis à vis de Schikaneder*... [...]

Idomeneo doit descendre de bateau avec sa suite. Voici les paroles qu'il adresse à ses suivants, qui s'éloignent ensuite. Tu sais que j'avais fait cette réflexion à Munich : mais on m'a répondu que la tempête et la mer n'obéissent à aucune étiquette. Oui, c'est certain, si le bateau avait fait naufrage... Mais par suite du vœu, ils ont été délivrés. Et d'ailleurs cette arrivée sur terre fera un effet somptueux. [...] Je te demande maintenant de ne pas toujours tout repousser aux calendes grecques**. Lorsqu'on doit se hâter, on n'a plus le choix, on doit écrire n'importe quoi. On met alors tout en jeu, son honneur et son bonheur, son renom et tout. Et pourquoi? pour perdre son temps en peccadilles, à s'amuser et à rire au lieu de l'utiliser à faire croître le renom qu'on a acquis. [...] Je ne veux pas m'abîmer les yeux à écrire. Ta sœur t'embrasse, elle est indisposée et a été saignée hier. [...] Porte-toi bien, je suis ton vieux père et ami,

Léopold Mozart

Autre chose d'importance : s'il devait encore y avoir un changement, il faudrait le faire par le prochain courrier. Car Varesco ne peut pas toujours, comme il le fait maintenant, copier le livret pour l'imprimeur et devoir le jeter ensuite[4].

La Crète est en deuil. Dans le palais royal, Arbace vient d'annoncer à Idamante la triste nouvelle : le Roi, son père, a péri dans le naufrage (acte I, scène 5).

C'est un mort qui revient.

Idoménée est seul sur le rivage. Les vaguelettes viennent mourir à ses pieds, petit clapotis paisible; le soleil, à l'horizon, naufrage en splendeur. Mais Idoménée ne voit rien; ses yeux se sont fermés à la

* Mozart avait promis pour son prochain spectacle un air à Schikaneder qui résidait avec son théâtre à Salzbourg pour quelque temps. L'air n'arrivait pas... Trop plongé dans *Idoménée,* Wolfgang négligeait ses engagements au grand dam de son père qui avait obtenu en échange de cette musique des places gratuites au théâtre pour sa fille et pour lui.

** Il s'agit bien sûr du fameux air pour Schikaneder que Mozart n'a toujours pas envoyé.

beauté du monde. *« Oh ! voto insano, atroce... »* Comment a-t-il pu faire ce vœu insensé* ? Et peu à peu, s'impose à lui une vision de cauchemar, celle de la victime qu'il faudra immoler à Neptune : « *Vedromi intorno l'ombra dolente...* Je verrai alentour errer l'ombre dolente... *Nel sen trafitto, nel corpo esangue, il mio delitto, lo sparso sangue m'additerà... Qual spavento, qual dolore !* »

Le sang, la mort, l'horreur et le désespoir... Une superbe occasion d'écrire une flamboyante aria de *furore*, bien dans la tradition du *seria* ! Mozart n'en fait rien ; il plonge son personnage dans un songe mélancolique, dans une errance intérieure à la fois inquiète et étrangement apaisée. *Andantino sostenuto* puis *allegro*, portée par le pupitre des vents, la voix soupire, se plaint doucement dans la paix du soir. Mer étale du rêve, temps immobile[5] comme cet homme en désarroi, pétrifié par l'étendue de sa faute.

Une vie contre une vie. Un sacrifice humain. Un vœu irréfléchi qui détourne un rite collectif – le sacrifice – à des fins personnelles. Premier et grave manquement. Plus : Idoménée est le souverain de Crète, c'est-à-dire garant de l'ordre coutumier dans la cité ; ne respectant pas ses propres lois, pervertissant son propre code, il s'exclut lui-même. Le roi est mort.

Conséquence de ce désordre, la collectivité tout entière est engagée par le défaut de son roi, la faute individuelle devient la faute de tous[6] ; les Crétois devront payer en vies humaines le sacrilège.

[Munich], ce 19 décembre 1780

Mon très cher Père,

J'ai bien reçu la dernière aria pour Raaff (qui vous fait ses compliments), les deux sourdines de trompettes, votre dernière lettre du 15 et la paire de sous-bas. [...] À propos, le principal, seulement, car je suis pressé. J'espère recevoir par la prochaine malle de poste au moins le premier acte avec la traduction. La scène entre le père et le fils au premier acte et la première du deuxième acte entre Idomeneo et Arbace sont toutes deux trop longues, elles ennuient à coup sûr. Surtout que dans la première, les deux acteurs sont mauvais et que dans la deuxième l'un l'est aussi. [...] Je voudrais seulement que M. l'*Abate* me dise comment les raccourcir le plus possible car sinon je devrai le faire moi-même. Les deux scènes ne peuvent en effet rester ainsi, en musique,

* Le sacrifice humain, dans les mythes comme dans la réalité de la Grèce ancienne, reste l'exception. Il n'est jamais le résultat d'une décision personnelle mais répond à l'exigence d'un dieu. Ainsi Agamemnon sacrifie Iphigénie pour que les vents soient favorables à son armée et c'est la déesse Artémis, par l'intermédiaire du devin Calchas, qui signifie au roi l'arrêt de mort concernant sa fille.

cela s'entend. [...] À propos, je vous prie de me dire au moins huit jours à l'avance quand vous arrivez pour que je fasse installer dans l'autre pièce un poêle supplémentaire. Adieu. Quelle belle écriture ! Je vous baise cent fois les mains, embrasse ma sœur de tout cœur et suis à jamais votre fils très obéissant,

Wolfgang Amadé Mozart[7]

Salzbourg le 22 décembre 1780

Mon très cher Fils,

Je dois écrire rapidement car la malle de poste part demain matin donc un jour plus tôt que d'habitude. Voici les pilules. On en prend 5 le matin, N.B. : un jour après que la lune a commencé de décroître, puis on peut prendre son petit déjeuner une heure et demie plus tard. Le soir avant d'aller dormir, on en reprend 5. On continue ainsi jusqu'à ce que la lune ait fini de décroître. Il est toutefois ennuyeux pour les femmes qu'il y ait des périodes où elles doivent repousser ou interrompre ce traitement*. [...] Tu veux absolument raccourcir deux récitatifs. J'ai donc immédiatement envoyé chercher Varesco, car j'ai reçu ta lettre ce soir à 5 heures et la diligence part demain matin. Nous avons lu et relu et ne trouvons ni l'un ni l'autre de possibilité de couper. [...] Si on veut par force couper ici quelque chose, je crois, après réflexion, que cela pourrait être le récitatif d'Idamante *Che favelli ? Vive egli ancor ?* qui se termine par : *Dove quel dolce aspetto vita mi renderà* [...] On peut couper ici 1 page 1/2 de la copie ci-jointe de Varesco [...] cela peut gagner une minute, oui, *in puncto,* une minute complète. Quel gain ! Ou bien voulez-vous que le père et le fils se précipitent l'un vers l'autre comme Arlequin déguisé et Brighella en domestique qui se retrouvent en pays étranger, se reconnaissent et tombent dans les bras l'un de l'autre ? Pensez que c'est l'une des plus belles scènes de l'opéra, oui, la scène principale dont dépend toute la suite de l'histoire. [...] Nous te souhaitons bonne chance pour que l'opéra marche bien. *Addio.* J'ai écrit tout cela à la lumière des chandelles, avec mes lunettes. Nous faisons nos compliments à tous, t'embrassons des millions de fois et je suis ton vieux père fidèle,

Léopold Mozart[8]

Acte I, scène 9. Comme échappée du rêve, une silhouette se dessine dans le lointain ; elle avance, se précise ; un jeune homme vient. C'est lui, l'innocent, la victime. Qui est-ce ? *Recitativo secco,* voici l'instant fatal de la rencontre. Idoménée et Idamante, le père et le fils ne se reconnaissent pas immédiatement – cela fait si longtemps qu'ils ne se sont vus... Puis, le choc de la révélation, la joie immense

* Dans une lettre précédente Wolfgang avait demandé à son père, pour l'une de ses amies, un traitement contre le goitre.

d'un côté, l'épouvante de l'autre. « Pensez que c'est l'une des plus belles scènes de l'opéra, oui, la scène principale dont dépend toute la suite de l'histoire », écrit Léopold à Wolfgang. Mais Mozart coupe quand même. Trop long ; et puis le vieux ténor Raaff et le castrat Dal Prato sont décidément trop mauvais acteurs... La musique – le *recitativo secco* passe à l'*accompagnato* – marque l'instant le plus important, celui de la reconnaissance mutuelle.

Idoménée repousse avec violence ce fils qui veut l'étreindre et qui appelle, éperdu : *« Ah padre ! Ah Numi ! »* Sur ces mots, à l'orchestre, apparaît brièvement un motif qui préfigure le début du dramatique récitatif d'Anna dans *Don Giovanni**. Mozart est coutumier de ces « réminiscences motivées** » qui, d'un opéra à l'autre, tissent discrètement un lien entre des situations ou des personnages semblables. Mais que peut-il y avoir de commun entre le jeune prince crétois et la troublante Anna ? Anna la fille aimante, celle qui n'a qu'un seul but : retrouver l'assassin et venger son père le Commandeur. Trop fidèle au souvenir du mort, incapable d'en faire le deuil, elle diffère sans cesse son mariage avec Ottavio. Entravée par l'amour filial et la dette de sang, la jeune fille accomplit dans la douleur le chemin qui va du père à l'époux. Anna, Idamante... Peut-être un même parcours ?

Munic ce 24 novembre 1780

Mon très cher Père,

J'ai bien reçu le paquet et votre lettre du 20. [...] Ne vous faites pas de souci au sujet de mon opéra, mon père chéri. J'espère que tout ira bien. On tentera bien une petite cabale qui tournera sans doute au comique. Car j'ai pour moi, au sein de la noblesse, les maisons les plus en vue et les premiers parmi les musiciens sont tous pour moi. [...] J'espère que maintenant ma sœur est guérie. Je vous en prie, ne m'écrivez plus de lettres aussi tristes car j'ai besoin d'avoir l'esprit gai, une tête légère et du goût au travail, on n'en a pas lorsqu'on est triste. Je sais, je le sens bien, par Dieu, combien vous méritez des heures paisibles ! Mais en suis-je l'obstacle ? Je ne voudrais pas l'être, et je le suis pourtant ! Mais si j'atteins mon but, que je peux me faire ici une situation digne de

---

* Ce récitatif où Anna vient de reconnaître dans la voix de Don Giovanni celle de son agresseur d'une nuit. Ce souvenir ravivé, elle en fait le récit épouvanté à Ottavio. C'est J.-V. Hocquard qui établit le rapprochement entre le motif musical de cette scène de *Don Giovanni* et celui de la scène d'*Idoménée* dont il est question ici (*Idoménée,* p. 87).

** Selon l'expression de J. Chantavoine. La plus célèbre de ces « réminiscences motivées » est certainement la réutilisation dans *Don Giovanni* du *« Non più andrai »* des *Noces de Figaro.*

considération, alors vous devrez quitter Salzbourg. Cela ne se fait pas, direz-vous, la faute n'en sera toutefois pas à mon application ni à mes efforts. [...] Demandez à l'*Abate* Varesco si dans le chœur du 2e acte *Placido è il mar* etc., une fois que le chœur a repris après la première strophe d'Elettra, on ne pourrait pas arrêter ? Au moins après le deuxième – ce serait sinon vraiment trop long ! [...] Je viens de rester deux jours à la maison à cause de mon rhume et je n'avais pas beaucoup d'appétit. Heureusement, car à la longue, cela ne m'aurait pas arrangé d'avoir à payer pour la nourriture. [...] Adieu donc. Je vous baise 1 000 fois les mains, embrasse ma sœur de tout cœur, je lui souhaite une bonne santé et suis à jamais

votre fils très obéissant
Wolfgang Amadé Mozart[9]

Fondation

Le mythe. Celui qui raconte l'histoire d'Idoménée. Après avoir sacrifié son fils conformément à son engagement envers Poséidon, Idoménée, chassé par son peuple horrifié par ce crime, trouve l'apaisement et la sagesse en allant fonder Salente. De nombreux récits européens mettent en scène un maître d'œuvre chargé de bâtir un pont ou un monastère ; mais l'édifice appartient au diable. Pour que la construction tienne il faudra que le maître d'œuvre sacrifie la première personne qui viendra lui porter à manger. C'est la fille qui se présente, ou bien son épouse... La voici emmurée vivante et, selon le pacte, la construction tient. Pour pouvoir être bâtisseur à son tour, pour accomplir œuvre pérenne, l'homme doit-il sacrifier ce qu'il a de plus cher[10] ?

Le mythe, encore. L'histoire d'un rachat. Le vœu sacrilège, l'immolation du fils sont compensés, rachetés par l'exil et la fondation d'un nouveau royaume. Dans notre opéra, tout se complique car c'est l'impossibilité d'Idoménée à honorer sa dette envers Neptune, à sacrifier son fils qui tisse, jusqu'à la fin, la trame et les rebondissements de l'action dramatique. Nous connaissons le dénouement ; Idamante ne sera pas immolé, il régnera aux côtés d'Ilia et Idoménée abdiquera.

Ce renoncement final au pouvoir royal ne s'inscrit-il pas, en fait, dès le début de l'œuvre ? Le pacte passé avec Neptune ôte au roi sa souveraineté parce qu'il est impie. Mais quelle est, au fond, la nature exacte du sacrilège ? Idoménée prolonge sa vie aux dépens d'une autre vie. N'est-ce pas refuser d'admettre que son temps est accompli, qu'il faut céder la place, transmettre le pouvoir au successeur naturel, au fils ? Idamante, d'ailleurs, ne règne-t-il pas déjà ? Il veille sur le royaume avec bonté, avec noblesse ainsi que le ferait son père, son amour, son modèle.

Entre celui qui est parti et celui qui est resté, la mer et le temps. Emporté par le vent des batailles, Idoménée a vieilli sans s'en apercevoir mais il sait que ce jeune prince qu'il n'a pas vu grandir est un danger, tout aussi naturel que la tempête. Comment détourner le péril auquel on ne peut pourtant se soustraire sinon en en supprimant la cause ? Mais est-ce possible ? Oui, répond le mythe, et c'est la tragédie. Non, répond l'opéra doucement. Les saisons doivent continuer à se succéder sans heurts, l'hiver doit laisser la place au printemps, la vieillesse à la jeunesse ; ainsi tourne le monde, musicalement, coutumièrement.

Pour autant, le renoncement n'est pas facile ; comment, sans rébellion, accepter l'âge qui vient comme un voleur et s'installe, à pas de loup, dans la demeure ? Regardée en face, la jeunesse éblouit, elle occupe toute la place, s'agite, joyeuse ; rejeté dans l'ombre, immobile, celui qui la contemple n'est pas satisfait de son sort. Il faudra bien se soumettre cependant, faire le chemin qui va de la rébellion à l'acceptation. Accepter le face-à-face avec la souveraine jeunesse, celle qui fut sienne, pour mieux lui dire, noblement, adieu. Idoménée.

« Vedromi intorno l'ombra dolente... » La musique de l'aria, étrangement mélancolique, *andante sostenuto*, étrangement apaisée, l'annonce : après la tempête intérieure, après l'errance inquiète, dolente, le renoncement sera serein.

Dès le début on connaît donc l'issue de l'histoire : Idoménée est mort, Idamante est roi. Le commencement de l'opéra se heurte avec ce qui sera sa fin. Une boucle, un cercle. Tout est déjà dit. C'est le mouvement qui est important, la manière dont se fait le chemin, par étapes, petits pas par petits pas. L'opéra, c'est, comme le rite, ce mouvement qui prend le temps à rebours, le travaille, le musique, avec des mots, des gestes, simplement pour dire ce qui est, énoncer l'évidence. Un roi doit disparaître, un fils doit régner. Rien d'autre. Entre les deux, le jeu magnifique, léger et grave qui apprivoise le destin.

Père et fils

Idoménée s'est enfui sans mot dire ; en plein désarroi, Idamante, *allegro,* s'emporte en une aria fiévreuse toute en élans brisés, en questions angoissées ; quelle est sa faute ? « *M'uccide il dolor...* O dieux impitoyables, la douleur m'a tué » :

> *Ah qual gelido orror m'ingombra i sensi...* L'horreur me glace les sens... À peine l'ai-je reconnu qu'à mes tendres accents il fuit en un éclair. Malheureux ! En quoi ai-je pu l'offenser ? [...] *Il padre adorato ritrovo e lo perdo* (acte I, scène 10).

Excès propre à la jeunesse ? Certes ; mais ce débordement d'affection filiale semble un peu singulier car Idamante est épris d'Ilia, l'ennemie, la belle captive troyenne. Il lui en a fait, auparavant, l'aveu :

> Le fils de Cythérée a instillé dans mon cœur des tourments inconnus ; Mars t'a apporté larmes et confusion, l'Amour en moi cherchant vengeance de tes maux, s'est servi de tes yeux et de tes charmes... Mais à l'aveu de mon amour fureur et rougeur enflamment ton visage ? (acte I, scène 2).

Ce langage ampoulé, digne de l'*Astrée,* a-t-il dérouté Ilia qui pourtant aime aussi le jeune homme ? Là-dessus le voici qui chante, *adagio maestoso* puis *allegro con spirito,* son amour :

> *Non ho colpa, e mi condanni, Idol mio perchè t'adoro.* C'est votre faute, ô dieux tyrans, je meurs accablé de chagrin d'une erreur qui n'est pas la mienne. Si tu le veux, allons, ordonne, je me transpercerai le cœur... (acte I, scène 2, n° 2, aria).

Les mots de l'amour filial sont plus convaincants, surtout dans la première partie de l'opéra : « Hélas ! Le plus cher objet de mon affection gît, entraîné dans ces abîmes », « Où est ce doux visage qui me rendra la vie ? » Désir amoureux, affection filiale ; entre les deux Idamante – « celui qui a “aimer” dans son nom[11] » –, aurait-il de la peine à faire la différence ? Quelle est donc la nature du lien qui unit si fortement le fils à « ce père adoré » ?

Les retrouvailles ont permis de se reconnaître, de se nommer. Le roi, le père, le prince, le fils. À chacun son rôle, sa partition à jouer. Mais le jeu, plus d'un côté que de l'autre, est pipé. Idoménée le souverain sage, le père aimant, a usurpé un rôle, il porte le masque vindicatif du jeune homme qu'il fut autrefois, celui du prince qui fait ses armes, qui fait la guerre pour, selon la coutume, apprendre à vivre en affrontant la mort. Et puisque l'amour doit compléter l'apprentissage, le masque se tourne, ravi, empressé, émouvant, vers la jeune fille Ilia. Ilia est touchée mais – elles sont futées les jeunes filles – elle sait le masque et le retire doucement, avec tendresse, pour que, dans ses yeux, Idoménée contemple sans regrets celui qu'il est : un vieux roi plein de noblesse, un père aimant.

Idamante aussi sait tout du masque paternel; il sait que ce masque quand il se tourne vers lui, qu'il le dévisage, est partagé en deux moitiés : l'une sourit avec tendresse, l'autre grimace, menaçante, accusatrice. Pourtant la faute n'est pas sienne; s'il joue au roi sans permission, c'est innocemment : non sans noblesse mais avec application et maladresse comme jouent les garçons qui ne sont pas tout à fait des hommes, qui n'ont fait ni la guerre, ni l'amour. Il libère des captifs pour les beaux yeux de sa belle, mais ni de l'amour, ni du pouvoir il ne possède encore le langage, il imite seulement celui du père, du rival bien-aimé. Alors, sans cesse, il parle et à travers les paroles de l'amour il quémande les paroles de loi, celles qui, en le nommant, en le faisant exister, ruineront le conflit, refonderont le royaume qui lui revient comme lui revient la jeune fille.

Le masque grimace et sourit. Il se tait.

Idoménée. Le silence de la statue. Idamante : trop de mots, un bruissement confus, obsédant, qui finit par résonner comme un vacarme. Entre le père et le fils, le même silence.

Alors une voix s'élève dans ce silence; celle d'Ilia, la douce, l'amoureuse, la musicale jeune fille; et par ce chant si pur, si généreux s'accomplissent les passages et la refondation.

Munic ce 22 de novembre 1780

Mon très cher père,

Voici enfin l'air promis depuis longtemps à M. Schikaneder. Les premiers huit jours je n'ai pu le terminer à cause de mes autres affaires pour lesquelles je suis ici. [...] J'espère que ma sœur sera maintenant tout à fait remise. J'ai actuellement un catharre, ce qui est très à la mode par ce temps; je crois et j'espère qu'il disparaîtra bientôt, car les deux régiments de cuirassiers légers, morve et glaires, se retirent peu à peu. Dans votre dernière lettre vous écrivez à plusieurs reprises : « Oh, mes pauvres yeux, je ne veux pas me rendre aveugle à force d'écrire ». Le soir à 7 heures et demie et sans lunettes. Mais pourquoi écrivez-vous donc le soir? Et pourquoi sans lunettes? Je ne le comprends pas. [...]

Avant-hier, Dal Prato* a chanté à l'Académie, c'en était une honte. Je parierais bien qu'il ne tiendra pas le temps des répétitions, et encore moins celui de l'opéra. Le bonhomme dans son entier n'est pas sain. Je veux bien que vous m'écriviez de longues lettres, mais pas la nuit tombée, et encore moins sans lunettes. Vous devrez toutefois me pardonner de ne pas écrire beaucoup. Chaque minute est précieuse. [...] Lorsque le castrat** vient, je dois chanter avec lui, car il doit apprendre tout son rôle comme un enfant. Il n'a pas de méthode pour un *kreutzer.* [...] Mon compliment à tous mes bons amis et amies. Sans oublier le cul de Katherl Gilowsky. Donnez à Pimperl une prise de tabac d'Espagne, une bonne panade au vin et 3 bises. [...] Je vous baise 1 000 fois les mains, embrasse ma sœur de tout cœur et lui souhaite un prompt rétablissement. Adieu. Votre fils très obéissant,

Wolfgang Amadé Mozart[12]

La traversée d'Ilia

Le fil d'or de la voix d'Ilia, tout au long de l'opéra, recoud, répare à petits points de broderie les déchirures du tissu coutumier. Les dommages sont importants ; on ne distingue plus les motifs, les couleurs se sont confondues, il faut les séparer, puis les réunir à nouveau pour que chacune retrouve sa nuance, son éclat. Point après point, le fil rebâtit la trame, avec délicatesse et précision. Avec amour. Chaque brin du tissu, patiemment noué, agencé, fait avancer l'ouvrage, chaque motif retrouve sa place, sa netteté, son brillant. La tâche cependant n'est pas aisée et dans le temps de son ouvrage, la brodeuse apprend. Distraite un instant, troublée par des voix familières qui, très loin, l'appellent, elle lève les yeux, se pique avec son aiguille ; un peu de douleur, un peu de rouge sur le tissu. Ce n'est pas grave. Elle se remet à l'ouvrage, chante doucement pour qu'il avance plus vite. Le temps de trois tendres chansons le tissu, neuf comme au premier jour, expose en bon ordre tous ses motifs.

Le rideau se lève. Les appartements d'Ilia dans le palais d'Idoménée. Une jeune fille, seule... *Recitativo.* La voix douce chante sa peine, si fragile, si désolée : « Quand donc mes malheurs prendront-ils fin ? Malheureuse Ilia... » (acte I, scène 1). Une mesure de musique pendant laquelle la voix est nue, sans accompagnement. Ilia, la Voix. À la deuxième mesure, le clavecin fait une apparition

* Interprète du rôle d'Idamante, rappelons-le.

** Dal Prato.

discrète puis s'efface devant les cordes qui entrent en frissonnant; sur ce bruissement de musique, la voix prend son essor :

> *Padre, germani, addio*... Vous étiez, je vous ai perdus. [...] Et moi, j'adorerais un Grec? Ingrate au sang qui est le mien, je sais je me rendrais coupable... Mais ce visage, ô dieux, je ne puis le haïr encore... (acte I, scène 1).

Le chant est celui de l'adieu et de la peine, du déchirement secret de l'amour. Dans la deuxième partie de l'air, un motif passager sur les mots *« odiare ancor non so »* attire l'attention : « Deux fois, (sur *Non so*) le saut montant *fa* dièse-sol fait présager les sauts de la voix de donna Anna sur les mots *"Di me"* à la fin de l'air de l'Oratoire[13] ». Établie fugitivement par la musique, la relation d'équivalence entre Ilia et Anna, comme tout à l'heure entre Idamante et Anna, fait sens. Ilia et Idamante ne sont-ils pas confrontés au même dilemme que l'héroïne du *Don Giovanni*? Comment convertir l'amour filial en amour d'élection?

Ilia chante et ce chant monte, emplit tout l'espace; Ilia, la voix même de l'amour, celui qui peut tout, qui ose tout. Au nom de l'amour, Ilia va dénouer un à un les liens qui l'entravent, s'affranchir de la dette de vie, du droit des morts sur les vivants. Un parcours exemplaire, magnifique, dont la musique – somptueusement – chante les étapes.

Padre, germani, addio... Contrairement à Idamante, Ilia s'engage fermement dans le chemin, si difficile, si douloureux soit-il. Et si elle n'ose encore s'avouer qu'elle aime, l'adieu à ses disparus est définitif. Adieu donc. Adieu à la jeune fille qu'elle fut en Ilion, près de Priam son père, de ses frères. La mer a accompli la rupture, une autre Ilia est née le jour où Idamante l'a tirée des flots qui allaient l'engloutir; l'amour, enfant du naufrage, de la guerre, consacre cette seconde naissance, montre la voie, mais comment oublier le passé? *Addio*... *Sol* mineur, la voix s'enroule, monte, déferle en vagues de douleur, en creux profonds de désespoir. Et voici qu'en plein cœur de la tempête, du plus profond des ténèbres, monte une clarté. Tendrement porté par de fluides vocalises, le chant célèbre la certitude de l'aube.

L'adieu au passé est un véritable adieu; mais, longtemps on en percevra l'écho; si la décision est prise, prendre congé demande du temps. Il faudra encore un chant, puis un autre encore pour que la fleur fragile achève de déplier ses pétales, pour qu'elle prenne tout son parfum d'été.

Passages

Munic ce 1er décembre 1780

Mon très cher Père,

La répétition a remarquablement bien marché [...]. Il m'est impossible de vous dire combien tout le monde était ravi et rempli d'étonnement. Je ne m'attendais toutefois pas à autre chose et je vous assure que je me suis rendu à cette répétition le cœur aussi calme que si j'allais à une *collazione.* [...] Assez là-dessus. Pendant cette répétition, mon catharre a quelque peu empiré. On s'échauffe en effet lorsque l'honneur et le renom sont en jeu, quel que soit le sang froid dont on fait preuve au début. J'ai utilisé tous les remèdes que vous m'avez prescrits. [...] Aujourd'hui j'ai commencé à prendre du jus de violette avec un peu d'huile d'amande douce, je sens déjà une amélioration. [...] Hier matin, M. Raaff est à nouveau venu me voir pour entendre l'air du deuxième acte. Cet homme est amoureux de son air comme un jeune homme fougueux de sa belle. La nuit, avant de s'endormir, et le matin en s'éveillant, il le chante en effet. [...] Enfin, il est heureux comme un roi. [...] Adieu maintenant, je vous baise 1 000 fois les mains, embrasse ma sœur de tout cœur et suis éternellement votre fils très obéissant,

Wolfgang Amadé Mozart[14]

Salzbourg, le 2 décembre 1780

Mon très cher Fils,

Si aujourd'hui était jour de courrier, cette lettre serait, parmi d'autres, une des premières à faire connaître à Munich la mort de l'impératrice. [...] Encore une nouvelle. Un jeune marié de 61 ans (mais pas moi) et une épousée de 19 ans. Et qui donc ? Le gros maréchal de la cour, le comte Lodron va épouser la comtesse Louise Lodron, celle qui habite chez le comte Arco. [...] J'ai grand souci au sujet de l'opéra à Munich*. Basta ! Le hasard est le hasard ! J'attends avec impatience de savoir ce qui se passera. [...] Nous t'embrassons des millions de fois, et dans l'espoir consolateur que tu vas mieux, je suis ton père sincère,

Mozart

Pimperl te fait ses compliments [...] Chaque fois que le chien entendait la porte d'entrée, il croyait que c'était toi, courait à la porte, dressait les oreilles et te cherchait souvent dans ta chambre [...] M. Schikaneder te remercie de l'aria. [...] C'est tout ! Maintenant, une fois encore, porte-toi bien[15] !

---

* La mort de l'impératrice risquait en effet de retarder la première de l'opéra.

Acte II, scène 2. « Idoménée, Ilia » dit le livret. *Recitativo secco.* Varesco pour ce face-à-face entre Idoménée et sa jeune captive avait écrit un dialogue de soixante-six mesures. Mozart tranche. Vingt mesures disent l'essentiel. Ilia accueille le vieux roi affectueusement et Idoménée, sous le masque du jeune homme, fait sa cour : « Dispose, Ilia, de moi-même, de mes trésors, mon soin sera de te donner les claires preuves de mon amitié. » *Andante ma sostenuto, mi* bémol majeur. Prélude à l'orchestre ; petit chant tendre, discret des cordes ; un par un les vents s'allument puis la flûte s'envole un instant, entraînant dans son sillage léger le hautbois, le basson et le cor. Sur ce froissement d'ailes, le chant :

> *Se il padre perdei...* Si j'ai perdu mon père, la patrie, le repos, tu deviendras mon père et la Crète me sera un séjour amoureux. Il ne me souvient plus des angoisses, des peines, joie et contentement me sont venus du ciel pour compenser mes maux (acte II, scène 2).

Comment dire la musique ? Comment, avec de pauvres mots, évoquer sans la trahir cette aria magique... Écoutons seulement ; reviendra sans doute à notre mémoire cet autre moment de grâce : l'*« Incarnatus est »* de la *Messe en ut mineur,* écrite trois ans plus tard... Musique d'apaisement, d'espoir de réconciliation et d'amour, musique des mozartiennes jeunes filles : Ilia, Constanze, Fiordiligi, Pamina...

Ilia a choisi Idamante, Idoménée sera donc son père. En lui laissant entendre discrètement l'amour qu'elle porte à son fils, que fait Ilia ? Elle se place en situation de fille et d'épouse du fils. Elle fait tomber le masque, elle renvoie Idoménée à son âge, elle le remet – au pied de la lettre – à sa place, celle de roi, de père. Au nom de l'amour et avec amour, Ilia impose l'épreuve qui permet le passage, ouvre la voie. La musique le chante si haut, si clair et si doux, avec une telle ferveur qu'il est impossible de s'y soustraire.

Accompagnato, cordes en sourdine : « Pourquoi ces paroles ambiguës me troublent-elles ? » Une brusque modulation des cordes, les sourdines disparaissent, le masque gît à terre, un peu ridicule, inutile désormais. Idoménée a compris :

> Les tendres sentiments qu'elle exprime pour le prince seraient-ils... hélas ! Sentiments d'amour, joie d'un nouvel espoir ?... *Non m'inganno, reciproco è l'amore...* Idamante, tu fus trop prompt à desserrer ces liens... Voici donc le crime qu'en toi punit le ciel... Oui, oui, à Neptune le fils, le père et Ilia, tous trois seront victimes sur un même autel... (acte II, scène 3).

Reste à se résigner, à faire le deuil; non sans révolte. À qui l'on retire l'amour, toujours on retire la vie; et s'il faut disparaître dans la tempête, autant emporter avec soi ceux qui ont causé le naufrage. Mais n'est-ce pas au plus fort de la tourmente que l'on trouve, souvent, sa propre vérité ?

Allegro maestoso, la voici *l'aria di tempesta* : « la plus somptueuse de l'opéra », écrit Mozart[16], et il ajoute : « L'air est composé exactement sur le sens des paroles. » Une tempête majestueuse bien conforme au genre *seria*. Cette fois, Mozart joue à fond le jeu de la convention.

> *Fuor del mar ho un mar in seno...* Hors des flots, en moi d'autres flots s'agitent, plus funestes encore. Et Neptune toujours présent ne cesse de me menacer. Féroce dieu ! Dis-moi au moins : si de ce naufrage mon cœur est si près...

Ré majeur royal, orchestre au complet – pas tout à fait, les clarinettes ont déserté –, le cœur chavire – somptueusement – en *ré* majeur, *maestoso*. Le « dieu féroce », est-ce vraiment Neptune ? Ou est-ce l'amour ? Celui qui a permis l'instant d'un rêve de renouer avec une jeunesse depuis longtemps enfuie ? Comment abandonner le rêve sans se débattre, sans combattre ? Le combat sera singulier, grandiose et sans merci, à la mesure de l'enjeu. Dans le grand vent de la tempête, dans son mouvement puissant, Idoménée, l'homme partagé, retrouve son unité, redevient, en majesté, le souverain de Crète, le père d'Idamante. Le sacrifice a eu lieu ; les amoureuses clarinettes n'étaient, en effet, plus de saison. Tout comme Sarastro dans *La Flûte enchantée**, Idoménée a franchi l'étape décisive de son chemin d'apprentissage, celle qui passe nécessairement par le renoncement à l'amour.

> Un jeune marié de 61 ans (mais pas moi) et une épousée de 19 ans...

écrit Léopold rapportant à son fils les dernières et croustillantes anecdotes de Salzbourg. Wolfgang réagit vivement à cette nouvelle :

---

* On peut aussi à ce propos évoquer encore Colas, le berger de *Bastien, Bastienne*, Selim, le Bassa de *L'Enlèvement au sérail*, le Comte des *Noces de Figaro* renonçant finalement à Suzanne, et même l'Alfonso de *Così* qui substitue, en ce qui concerne Despina, l'argent à l'amour.

> Au sujet de la chère, jeune, belle, douée, intelligente Mlle Louise Lodron, cela me peine qu'elle soit destinée à un tel barbon[17].

Déjoué par la communauté, le mariage n'aura pas lieu. Jeux de miroir. Du théâtre de la vie à la scène d'opéra, l'ordre coutumier édicte sa loi ; l'union entre un homme trop âgé et une jeune fille n'est pas conforme aux usages. Idoménée, à l'égal du vieux fiancé salzbourgeois, doit réfréner l'élan qui le pousse à aimer en dehors de son âge. À ce prix seulement, il peut recouvrer son rôle de père et jouer son rôle de passeur auprès des jeunes.

Le 8 novembre 1780, Wolfgang écrit à son père au sujet de Raaff, l'interprète du rôle d'Idoménée : « Quant à Raaff, c'est une statue[18]. » Or, un mois plus tard, nouvelle lettre, ce même Raaff s'est transformé :

> Cet homme est amoureux de son air comme un jeune fougueux de sa belle. [...] Enfin, il est content comme un roi[19].

Par la grâce de la musique, la statue s'est animée. Raaff, le chanteur au bout de son âge et de sa carrière – il a soixante-six ans à l'époque – trouve à nouveau l'ardeur et les accents du jeune et talentueux chanteur qu'il fut autrefois. Mais la voix peine, s'essouffle sur les difficiles vocalises. Wolfgang les supprime. Le vieux roi du chant devra donc, tout comme Idoménée renonce à Ilia, accepter le sacrifice de ces « passages » si précieux pour faire valoir son art mais dont sa voix n'est plus capable. *Allegro maestoso*, Idoménée retrouve sa royauté et Raaff, la sienne.

La tempête a donc réinstauré le roi, ou plutôt le roi, par la tempête, s'est réinstauré lui-même. « Maître de lui comme de l'univers », Idoménée règne et ce pouvoir maintenant efficace a la tâche de reconstituer le corps collectif, « l'univers » justement, le royaume de Crète.

À partir de cet instant et jusqu'au dénouement de l'opéra, tout se passera sur la grande scène publique.

> Munic ce 27 décembre 1780
>
> Mon très cher Père,
>
> [...] La dernière répétition a été magnifique. Elle a eu lieu dans un grand salon à la cour, le prince électeur y assistait également. [...] Après le premier acte, le prince électeur s'écria très fort *Bravo.* Et lorsque je vins lui baiser la main, il dit : *« Cet opéra sera charmant; il vous fera sûre-*

ment honneur. » [...] Il m'exprima ensuite très amicalement son approbation et me dit en riant : *« On n'imaginerait pas que d'aussi grandes choses se cachent dans une si petite tête.* » [...] Est-il vrai que l'empereur est malade ? Et que l'archevêque veut venir à Munich ? – Écoutez, Raaff est le meilleur, le plus honnête homme du monde, mais il est entiché de vieilles routines à vous faire suer sang et eau ; il est donc très dur d'écrire pour lui. Ou très facile à condition d'accepter de faire des airs banals [...] Il aime trop les nouilles toutes coupées et ne fait pas attention à l'expression. J'ai eu bien du mal avec lui à cause du quatuor. Ce quatuor, plus je l'imagine sur scène, plus il me fait d'effet. Et il a plu à tous ceux qui l'ont entendu, simplement au piano. Seul Raaff pense qu'il ne fera pas d'effet. Il m'a dit en tête à tête *« Non c'è da spianar la voce, c'est trop serré ».* Comme si dans un quatuor, on ne devait pas parler plus que chanter. Il ne comprend pas ces choses-là. Je lui ai simplement dit : « Excellent ami ! Si je voyais la moindre note à changer dans ce quartetto, je le ferais immédiatement. Mais aucun autre passage de cet opéra ne me satisfait autant que ce quatuor ; écoutez-le une fois seulement dans son ensemble et vous en direz sûrement autre chose. Je me suis donné toute la peine du monde pour vous satisfaire dans vos deux airs [...] mais pour ce qui est des trios et des quatuors il faut laisser libre volonté au compositeur. Sur ce, il se dit satisfait... [...] Je dois m'arrêter maintenant car la poste part à l'instant. J'ai fait retourner mon costume, car il n'était plus présentable. [...] J'embrasse ma sœur de tout cœur et vous baise 1 000 fois les mains et suis à jamais votre fils très obéissant,

Wolfgang Amadé Mozart[20]

Salzbourg, le 29 décembre 1780

Bienheureuse nouvelle année !

[...] M. Becke* m'a certes écrit quelque chose au sujet de l'aria de M. Raaff, mais comme je considérais cet air comme une *aria di bravura,* je n'ai pas prêté attention à sa remarque, d'autant moins qu'il ne s'agissait, disait-il, que d'y ajouter les passages que M. Raaff aime tant et j'étais convaincu que tu ne passerais pas à côté du caractère de l'aria car je l'imaginais par avance comme une aria somptueuse. [...] Ce que Varesco a écrit doit être entièrement imprimé, *je l'exige absolument.* Cela ne fait que quelques lignes. [...] À propos des quatuors, etc. je ne veux rien dire ; cela nécessite une déclamation et action, et pas de grand art du chant ou de l'éternel *spianar la voce.* Il faut jouer, et parler. [...] J'imagine que tu auras des instruments à vent graves pour accompagner la voix souterraine. Comment serait-ce si, après le début du grondement souterrain, les instruments tenaient *piano,* ou plutôt commençaient à tenir. Puis s'ils faisaient un *crescendo* jusqu'à l'horreur et que la voix com-

* Johann Baptist Becke, flûtiste de la chapelle de la cour de Munich.

mence à chanter sur le *descrescendo*? Et que recommence un *crescendo* terrifiant à chaque reprise de la voix? Le bruit, qui doit être court et ressembler à la secousse d'un tremblement de terre qui ébranle la statue de Neptune, éveillera l'attention de tout le monde. L'entrée d'une harmonie soutenue qui s'amplifie jusqu'à l'effroi, fait croître l'attention qui atteint son paroxysme lorsque résonne une voix. Il me semble que je vois la scène et l'entends. Tu as bien fait de faire retourner ton costume. Et puisque nous parlons de costumes, je vais bien pouvoir m'éviter l'ennui d'emporter des costumes à bordures? Réponds-moi à ce sujet. [...] Nous t'embrassons de tout cœur et je suis ton vieux et sincère père

Léopold Mozart[21]

Idoménée vient de se retrouver lui-même, mais il laisse derrière lui un beau désordre... Au temps de la confusion, cet autre lui-même, le roi déchu, avait cru pouvoir se jouer de Neptune en décidant le départ d'Idamante pour l'Argolide. Il escorterait Électre, l'aiderait à reconquérir sa patrie. Une solution idéale. Il s'épargne l'horreur du sacrifice, Idamante sera sauf... Et loin. Puis il épousera Électre. À moins que les hasards de la guerre... Ilia restera en Crète. *Exit* le rival et le successeur... La solution est idéale en effet mais l'aimée survient : « Ilia s'approche, hélas ! » Une moitié du masque grimace : elle sait que la partie est perdue. L'autre moitié sourit, elle sait qu'elle est gagnée. Puis l'instant du face-à-face, de la vérité. L'*aria di tempesta* rend le roi à lui-même et à son peuple (acte II, scène 3). Mais ce qui a été décidé dans le temps de la confusion doit s'accomplir.

Les préparatifs du départ vont bon train. Électre se réjouit de cette occasion inespérée de reprendre Idamante à Ilia (acte II, scène 4).

Acte II, scène 5. Le moment de l'embarquement pour l'Argolide. Les bateaux attendent en se balançant mollement, une petite brise souffle, la traversée sera paisible. On se dit adieu en se souhaitant bon vent*... Et, comme de juste, la tempête se lève, *fa* mineur, *più allegro*, une effrayante, une abominable tempête. Le ciel se fend, tonnerres, éclairs, la foudre embrase les navires, l'ouragan mugit et, comble d'horreur, un monstre gigantesque surgit des abysses... Affolement général, la bête croque tout sur son passage. Le peuple ne comprend pas : quelle faute a-t-il commise pour mériter un tel châtiment? Il faut trouver le coupable.

* Comment ne pas penser alors au magnifique trio des adieux de *Così fan tutte*?

Le voici. *Accompagnato. Ré* majeur, entouré d'un somptueux cortège orchestral – vents au complet, trompettes et timbales – le souverain s'avance, tranquille et majestueux ; il s'adresse à Neptune, noblement, d'égal à égal :

> *Eccoti in me, barbaro Nume! Il reo!...* Me voici dieu barbare ! Le roi ! Moi seul suis coupable, que ton courroux sur moi retombe (acte II, scène 6).

Ainsi, pour la première fois, Idoménée assume la responsabilité de sa faute et il le fait publiquement. Plus encore, il s'offre lui-même au sacrifice, victime expiatoire de son propre délit. La dette semble acquittée. En effet, que demandait Neptune au vieux roi sinon d'accepter l'abandon d'un pouvoir qu'il était temps de transmettre ? Mais « la tempête continue » dit le livret ; le dieu n'est toujours pas satisfait... Que réclame-t-il encore ? La transmission de ce pouvoir. Idoménée devra guider les pas d'Idamante vers son règne, ouvrir le passage qui autorise la succession.

Allegro assai, ré mineur, la mer et la terre se soulèvent de plus belle, le ciel est zébré d'éclairs livides :

> La tempête continue. Les Crétois épouvantés fuient en tout sens, et expriment leur terreur dans le chœur suivant avec chants et pantomime, ce qui fait que l'acte s'achève par le divertissement habituel.

Un divertissement ? Oui. Bien dans la tradition de l'*opera seria*, ce grand spectacle. Cinq à six heures de représentation, parmi lesquelles les deux tiers seulement étaient consacrés au drame lui-même. Entre les actes des divertissements, des ballets* qui – dit Isabelle Moindrot – « changeaient agréablement les idées[22] ». Et puis, ne l'oublions pas, c'est carnaval !

29 janvier 1781. *Idoménée* va ouvrir la saison de carnaval ; il inaugure les réjouissances de cette période de l'année où se joue rituellement sur le mode du burlesque et de l'inversion un passage calendaire, celui de l'hiver au printemps, de l'obscurité à la lumière ; le vieux bonhomme Hiver cédera la place au jeune Printemps non sans résistance[23]... Carnaval... Si gai mais si grave aussi car l'enjeu n'est pas mince ; le passage est risqué, la traversée dangereuse ; les

---

* Mozart, qui aimait tant danser, a écrit une magnifique musique pour les ballets d'*Idoménée*. Hélas ! Ils ne sont jamais intégrés à la représentation de l'opéra.

contraires s'attirent jusqu'à se confondre, la violence rôde. Dans ce temps incertain hanté joyeusement par les masques, les rôles s'échangent : le valet en maître, la fille en garçon, et – pourquoi pas ? – le père en fils... Puis tout reprend sa place ; dans le crépitement des bûchers, Sa Majesté Carnaval achève de se consumer ; bientôt il ne sera plus que cendres légères, poussières de rêves emportées par le vent. « Adieu pauvre Carnaval. » Les masques tombent, chacun reprend son rôle, la fête est finie. Le temps repart, *allegro*, pour un nouveau cycle ; hiver et printemps, nuit et jour se succèdent sans plus s'affronter. Le rite a accompli son office, le monde, à nouveau, est en ordre. Harmonieux.

Divertimento. Ré mineur, la tempête continue. Les Crétois fuient en désordre, hurlant leur terreur : *Corriamo, fuggiamo*... L'orchestre se soulève, déferle, *crescendo*, en vagues tumultueuses, se brise, s'éparpille ; l'harmonie se désagrège. Des voix appellent, puis, *decrescendo*, s'éloignent, s'éteignent. Quelques lambeaux de musique s'effilochent encore... Un monde finit.

Refondation

Et le monde recommence dans un jardin. Note après note, le chant d'une jeune fille amoureuse le reconstruit (acte III, scène 1). Le secret d'amour, confié aux *zefiretti*, s'envole au loin, vers Idamante, le bien-aimé. Souffles légers, caresses impalpables. L'amour murmure son nom : « Ilia » et Ilia chante très doucement pour que finissent la souffrance et le deuil, pour que les arbres se couvrent de fleurs, que le printemps succède à l'hiver. Premier matin, réenchantement du monde. Elle chante la jeune fille et cet hymne est si beau, si tendre, si généreux que l'amoureux paraît... Las ! Idamante veut affronter le monstre qui ravage l'île : « Privé de ton amour, privé de toi, Ilia, rien ne m'est cher. » Confession limpide, l'image du père ne le trouble plus. Ilia ne s'y trompe pas, elle peut maintenant s'autoriser l'aveu : « Je t'aime, je t'adore... » Cinq mesures d'admirable musique. *Duetto. « Tu sarai la mia sposa... Lo mio sposo sarai tu... »* répond, en écho, Ilia. Époux, épouse, en place de fils et de fille. *Andante*, puis *allegretto*, la musique, très simplement, avec délicatesse, entérine l'engagement réciproque. Désormais, les amoureux sont prêts à affronter, ensemble, la dernière étape de leur traversée.

Ilia et Idamante sont découverts. Électre s'indigne, le fils, encore, interroge le père : « En quoi t'ai-je offensé [...] Où est la faute ?... » La réponse du vieux roi est sibylline :

> Neptune, irrité contre moi m'a glacé le cœur, ta tendresse redouble mon chagrin [...]. Et je ne puis te regarder à nouveau sans répugnance et sans horreur... Pars, je te l'ordonne, fuis les rivages paternels (acte III, scène 3).

Un ordre : il faut partir, mais seul. C'est un vrai départ maintenant qu'Idoménée impose ; selon son rôle de médiateur, il sépare les amoureux. Sarastro, plus tard, fera de même, éloignant l'un de l'autre Tamino et Pamina à peine réunis.

Quartetto

> *Andrò : ramingo e solo...* J'irai seul et errant, cherchant la mort ailleurs et je la trouverai (acte III, scène 3).

Pianissimo, la voix d'Idamante s'élève, affligée mais ferme sur un thème musical qui rappelle le thème de majesté royale d'Idoménée[24]. Ilia, tout aussi noblement, entre dans l'harmonie :

> Tu m'auras pour compagne de douleur, où tu seras et où tu mourras je mourrai.

Singulier *quartetto.* Deux personnages, Ilia et Idamante, occupent musicalement le devant de la scène, alors que les deux autres, Idoménée et Électre, restent dans l'ombre : hormis les *tutti,* ils n'ont droit qu'à quelques brèves interventions. Le *duetto* précédent avait validé, sobrement, secrètement, l'engagement réciproque ; ici, la musique célèbre – somptueusement – devant témoins, la naissance d'un couple.

Ce *quartetto,* Mozart y tient véritablement. Non seulement il le défend vigoureusement contre Raaff :

> J'ai eu bien du mal avec lui à cause du quatuor. Ce quatuor, plus je l'imagine sur scène, plus il me fait d'effet... et il a plu à tous ceux qui l'ont entendu, simplement au piano. Seul Raaff pense qu'il ne fera pas d'effet. [...] Je lui ai simplement dit : « Excellent ami ! Si je voyais la moindre note à changer dans ce *quartetto,* je le ferais immédiatement. Mais aucun autre passage de cet opéra ne me satisfait autant que ce qua-

> tuor ; écoutez-le une fois seulement dans son ensemble et vous en direz sûrement autre chose[25]. »

mais encore il lui accorde la première place dans son opéra : « Aucun autre passage de cet opéra ne me satisfait autant que ce quatuor. » Or, en introduisant un *quartetto* dans son œuvre, Wolfgang transgresse délibérément les lois de l'*opera seria* qui ne tolérait pas l'usage de cette forme musicale.

Dans l'ensemble du théâtre mozartien le quatuor occupe une place centrale. Moment charnière de l'opéra, celui où se fonde ou se refonde le couple, le quatuor boucle en quelque sorte l'itinéraire d'apprentissage. S'il marque symboliquement le sommet de l'œuvre, ce moment unique, toujours émouvant, préfigure également sa fin. Structure parfaite du quatuor. Deux êtres se rejoignent et se choisissent définitivement, se pardonnent aussi – songeons aux magnifiques quatuors de *L'Enlèvement au sérail* et de *Così fan tutte*. Après cet instant de grâce, tout est joué. La traversée de la mort, dernière étape du rite, apparaît dès lors comme une simple formalité. Le *quartetto* a accompli les passages.

Résonance

Bien des années après la mort de Mozart, le *quartetto* resurgit[26]. Mary et Vincent Novello, deux Britanniques amoureux de l'œuvre mozartienne, firent le voyage en Autriche afin de remettre à Constanze, alors très âgée, une somme d'argent collectée à son intention par la London Philharmonic Society. Les époux Novello tenaient un journal de voyage dans lequel ils notaient minutieusement les souvenirs de celle qui avait vécu aux côtés du génie. Mary et Vincent, un jour, demandent à Constanze lesquels de ses opéras Mozart préférait :

> Il aimait, dit-elle, *Don Giovanni, Figaro,* et peut-être plus que tout *Idomeneo,* car il gardait d'agréables souvenirs de l'époque et des circonstances où l'œuvre fut composée.

Constanze évoque un souvenir plus précis, et ceci à propos du fameux quatuor :

> Elle nous confia qu'après leur mariage ils firent une visite à Salzbourg et chantaient le quatuor d'*Andrò ramingo* lorsqu'il fut à ce point

submergé d'émotion qu'il fondit en larmes et quitta la pièce; il lui fallut un certain temps avant de pouvoir le consoler.

Le bouleversement qui affecte Wolfgang au moment même où il chante son *quartetto,* Constanze n'en donne pas la raison à Mary. Nous ne saurons rien des causes de ce chagrin aussi profond que mystérieux. Peut-être faut-il alors se mettre à l'écoute… La conversation qu'entretiennent, *sotto voce,* œuvre et biographie murmure – peut-être? – la réponse.

Le mariage avec Constanze détache Wolfgang de son père. Léopold n'était pas favorable à cette union; il tergiverse, l'autorisation paternelle arrive trop tard : les tourtereaux sont mariés. Les deux Mozart s'éloignent l'un de l'autre; l'un à Vienne, l'autre à Salzbourg; de l'une à l'autre ville la distance n'est plus seulement géographique… En 1783, deux ans après son mariage, Wolfgang fait tout de même le voyage à Salzbourg pour présenter Constanze à son père et à sa sœur. L'harmonie familiale est instable, le *quartetto,* dissonant. Le départ est un vrai départ. Mozart ne reviendra plus jamais dans la ville natale. L'enfance finalement ne s'achève-t-elle pas ici, dans le silence, semble-t-il, définitif qui s'établit entre le père et le fils? Le fils est désormais libre mais seul. Le fil d'amour et de musique qui le reliait depuis si longtemps à son père est rompu. Le temps d'*Idoménée,* celui du travail en commun, de la complicité affectueuse et joyeuse n'est plus. « *Andrò ramingo e solo.* J'irai seul et errant… » chante Wolfgang/Idamante avec Constanze/Ilia; et Wolfgang s'effondre, en pleurs. L'amour d'une femme, sa femme, apporte la consolation. Désormais, Constanze sera l'unique recours pour affronter la vie. Avec pour talisman l'amour partagé, Mozart ira vers son destin non en fils soumis mais en souverain de son royaume, la musique.

Salzbourg ce 3 de janvier 1781

Mon très cher Père,

J'ai la tête et les mains si pleines du troisième acte qu'il ne serait pas étonnant que je me transforme moi-même en troisième acte. Il me vaut à lui seul plus de peine que l'opéra dans son entier car il ne comporte pas une seule scène qui ne soit extrêmement intéressante. L'accompagnement de la voix souterraine ne contient que 5 voix, à savoir 3 trombones et 2 cors, qui sont placés au moment où la voix survient. À cet endroit, l'orchestre se tait. […] Vous n'avez besoin d'apporter chacun qu'un costume noir, un autre vêtement pour tous les jours afin de ménager un peu le costume noir à mettre lorsque vous ne sortirez pas, sinon pour aller chez des bons amis où l'on ne fait pas de compliments et si vous voulez un habit plus joli pour aller au bal ou à l'académie masquée. [...] Après le chœur funèbre, le roi, le peuple, tous se retirent et dans la scène suivante le texte dit : *« Idomeneo in ginochione nel tempio »*. C'est impossible ainsi, il faut qu'il arrive avec toute sa suite et il doit y avoir obligatoirement une marche. J'en ai composé une, toute simple, avec 2 violons, alto, basse et 2 hautbois, qui sera jouée, *mezza voce* et pendant laquelle le roi arrive et les prêtres préparent ce qui est nécessaire au sacrifice, puis le roi se met à genoux et commence la prière. [...] Je dois maintenant m'arrêter sinon je perdrais trop de temps, je remercie bien ma sœur pour ses vœux de nouvel an et lui adresse les miens en retour. J'espère que nous pourrons bientôt nous amuser ensemble. Adieu. Je vous baise 1 000 fois les mains et embrasse ma sœur de tout cœur. Et suis votre fils très obéissant

Wolfgang Amadé Mozart[27]

Le Chevalier à la blanche armure

Acte III, scène 3. Nous sommes donc à ce moment décisif du *quartetto.* La musique célèbre avec ferveur le couple Ilia/Idamante. Mais ce « sacre » musical n'en préfigure-t-il pas un autre ? Nous sommes dans le temps nouveau, ce temps de la refondation du royaume. Ilia et Idamante, bientôt, régneront. Le moment de la dernière épreuve est proche. Le premier, Idamante s'engage dans cet ultime passage et il le fait seul, en prince. « Pars, je te l'ordonne, fuis les rivages paternels... » L'injonction paternelle n'est là que pour souligner le libre choix assumé.

« Andrò ramingo e solo... » Quelque chose résiste cependant. Par trois fois, les voix butent, s'enferrent dans un accord de septième diminuée. « La musique s'immobilise sur la dominante de *mi* bémol [...]. Le piège semble se refermer irrémédiablement sur les quatre protagonistes[28] ». *« Andrò ramingo e solo » :* reprise à l'identique par le jeune homme, la phrase dénoue cette fois le lien avec le passé, noue l'avenir. La voix se suspend sur le mot *solo,* Idamante s'éloigne, seul, mais muni du plus précieux des talismans, l'amour partagé*. L'orchestre, *piano, pianissimo,* efface avec douceur ce qui a été.

Le retour d'Idamante, vainqueur du monstre (acte III, scène 8), sera un peu plus tard escamoté par Mozart qui consacre toute son attention aux scènes du sacrifice (acte III, scènes 6, 7, 9, 10). Dérou-

---

* L'aveu d'Ilia peut apparaître comme l'équivalent de l'objet que, dans les contes, la jeune fille donne au héros qui s'en va au devant de terribles aventures. Cet aveu d'Ilia ne préfigure-t-il pas le *« Tamino mein »* de Pamina dans *La Flûte enchantée* ou l'aveu de Fiordiligi dans *Così fan tutte*?

lant minutieusement toutes les phases du rituel, la musique s'attache à décrire au plus près les derniers pas d'Idoménée, d'Ilia, d'Idamante, vers leur liberté.

Sous la pression du grand-prêtre et de son peuple, Idoménée avoue le nom de sa victime et en appelle à la foule rassemblée. Comment un père pourrait-il immoler son fils ? Alors monte, *adagio, ut* mineur, la grande déploration, le chant funèbre : *« O voto tremendo... »* (acte III, scène 6). Rythme incantatoire, obsédant des triolets, battement sourd, voilé, des trompettes et des timbales. La musique chante solennellement le sacrifice prochain. Mais qui sera immolé ? « Le fils, évidemment », dit le texte. Est-ce si sûr ? L'effacement du son éclatant, royal des trompettes et des timbales nous laisse deviner une autre victime... Et ce battement obsédant de triolets, nous les reconnaissons. Ils accompagneront, plus tard, dans un autre opéra, la mort du Commandeur... « Le père », répond la musique.

Une modulation, quelques mesures d'orchestre, l'*ut* mineur s'efface soudain devant l'*ut* majeur lumineux, paisible. Le souverain s'apprête à entrer dans le temple de Neptune.

> Après le chœur funèbre, le roi, le peuple, tous se retirent et dans la scène suivante le texte dit : *« Idomeneo in ginochione nel tempio. »* C'est impossible ainsi, il faut qu'il arrive avec toute sa suite et il doit y avoir obligatoirement une marche[29].

Mozart tient donc à solenniser l'étape ultime du parcours d'Idoménée. La *Marcia,* de l'extérieur vers l'intérieur, du profane au sacré, prépare la scène du sacrifice et cette musique majestueuse, une fois encore, nous la reconnaissons. Elle annonce la marche des prêtres qui ouvrira le deuxième acte de *La Flûte enchantée,* celui de l'initiation. Même tonalité de *fa* majeur, même solennité, même recueillement. Pour ce qui va être le rituel de succession, de passation des pouvoirs, Mozart marque avec force l'instant où l'on franchit le seuil.

Idoménée s'agenouille. Tout est paisible, lumineux. Dans la tonalité de la *marcia, adagio, fa* majeur, la voix s'élève, s'enroule en phrases tendres et gracieuses...

> Accueille, ô roi de la mer, nos prières. Apaise ton courroux et ta rigueur. Que les vents de la tempête rentrent dans leurs grottes ; laisse les zéphyrs revenir sur la mer (acte III, scène 7).

On peut s'étonner. Le chant funèbre vient à peine de s'éteindre, l'amoureuse cavatine semble peu à sa place : « N'est-il pas étrange de trouver chez Idoménée, en ce point de la situation, des accents qui ont la douceur et presque la suavité de ceux qu'on trouvera dans la bouche des ténors amoureux, de don Ottavio, par exemple[30] ? Retournons un instant dans le jardin enchanté où une jeune fille, sur les ailes des *zefiretti,* refondait par son chant amoureux le monde détruit. Le secret de la cavatine s'y trouve. D'ailleurs, à l'orchestre, le jardin réapparaît fugitivement : « À l'entrée des prêtres, les bois se relaient en tierces parallèles de la plus sensuelle ivresse, puis une lente montée chromatique environnée de trilles de hautbois évoque les parfums des fleurs et de l'encens, le gazouillement des oiseaux[31]. » Que célèbre ce chant élégiaque sinon la douce souveraineté de l'amour ?

Il n'y aura plus jamais de tempête. Les zéphyrs sont revenus sur la mer, la houle câline berce un monde neuf et Idoménée, serein, attend celui qui s'avance, couronné de fleurs, tout de blanc vêtu.

Munich, le 29 novembre 1780

L'air que vous m'avez envoyé pour Raaff* ne me plaît pas, et à lui non plus. [...] Il ne correspond pas à ce que nous souhaitions, puisqu'il ne doit exprimer que le calme et le bonheur, ce qu'il ne fait que dans la deuxième partie : en effet, le malheur qu'il a dû vivre, on l'a suffisamment vu, entendu et ressenti tout au long de l'opéra, il peut bien maintenant parler de son état actuel. On n'a donc pas besoin de seconde partie – tant mieux. [...] Dites-moi, ne trouvez-vous pas que le discours de la voix souterraine est trop long ? Réfléchissez bien. Imaginez la scène, la voix doit être terrifiante – elle doit être pénétrante – Il faut qu'on la croie vraie. Comment peut-elle faire cet effet si le discours est trop long, et que par cette longueur les auditeurs se persuadent petit à petit de son néant ? Si dans Hamlet le discours du spectre n'était pas si long, l'effet serait bien meilleur. Il est d'ailleurs aisé de raccourcir ce discours, il y gagne plus qu'il n'y perd. Par ailleurs, pour la marche du 2e acte qu'on entend au loin, j'ai besoin pour les trompettes et les cors de sourdines qu'on ne trouve pas ici. Pouvez-vous m'envoyer par la prochaine malle de poste un modèle de chaque sorte pour en faire faire ici de semblables[32] ?

* La dernière aria d'Idoménée, à la fin de l'opéra, que Mozart supprimera finalement à la représentation.

Salzbourg le 30 novembre 1780

Mon cher Fils,

J'espère que ton catharre ira bientôt mieux et n'aura pas de suite, ou qu'il va peut-être déjà mieux. [...] Tu écris que je ne dois rien te dire de triste. Je n'ai rien écrit d'autre sinon que ta sœur était malade et il me fallait bien le faire. Continue à agir honnêtement et ne te soucie pas pour moi. Mais si tu devais tomber malade (ce dont Dieu te préserve), ne me le cache pas afin que je vienne immédiatement te soigner. Si j'avais été auprès de ta mère, je pourrais espérer qu'elle soit encore en vie. Mais son heure était venue, et c'est pourquoi il fallait que je sois absent. Nous voyons ici la main de Dieu, que nous ne reconnaissons que dans la misère, et à laquelle nous ne pensons guère autrement. Je ne te demande pas de perdre ton temps à écrire des lettres. Mais je dois, pour ma tranquillité d'esprit, être mis au courant de ta bonne santé par toi ou Mr Becke. À propos du chœur *Placido è il mar,* tu peux t'arrêter où tu veux, mais *N.B.* : tout doit être imprimé dans le livret. Porte-toi bien, je suis ton père sincère

Mozart[33]

Devant l'autel, dans l'habit blanc du sacrifice, le fils tombe aux pieds de son père. *Accompagnato, la* bémol majeur, aux violons s'élève un chant d'une immense tendresse :

> *Padre, mio caro padre, ah dolce nome!* Me voici à tes pieds ; en cet instant ultime et funeste, sur cette dextre qui devra faire couler le sang de mes veines ouvertes, accepte les derniers baisers (acte III, scène 9).

Idamante, le Chevalier à la blanche armure, le vainqueur du monstre, est venu de lui-même s'offrir au sacrifice. Mais Idoménée ne peut frapper ; le fils avec amour l'y encourage :

> Oh père... ! [...] Ne te laisse pas troubler par une vaine affection. Frappe le coup qui des tourments nous délivrera tous les deux...

La dernière rencontre entre le père et le fils est traitée par Mozart en *accompagnato.* La scène des retrouvailles, au début de l'œuvre, l'était aussi. « C'est certainement dans l'*accompagnato* que Mozart a trouvé le cadre le plus apte au libre épanouissement de son inspiration dramatique. Historiquement, c'est l'ultime étape avant le drame lyrique, mais sans ses servitudes » écrit Harry Halbreich[34].

Dernier face-à-face. Dernière étape. Bientôt, l'œuvre coutumière accomplie, bouclant son cycle, l'opéra se consumera en se refermant sur lui-même. Il ne lui reste qu'à réenchanter le parcours, à en rejouer les étapes mais en changeant la partition. Le temps de la confusion n'est plus qui rendait si dangereux les passages. Idoménée est le roi, Idamante le prince, Ilia sa princesse. Les rôles sont clairement définis ; on peut donc faire réellement l'expérience de l'autre c'est-à-dire de celui que l'on va devenir.

Devant la faiblesse d'Idoménée, Idamante trouve les mots d'autorité pour ordonner le sacrifice qu'exigent le dieu et le peuple : « Souviens-toi, souviens-toi de ton devoir », sept mesures de musique magnifique qui rendent à Idoménée la force de mettre en œuvre la vérité de la loi :

> Quelle est cette vigueur insolite que je sens dans mes veines ? À présent, je suis résolu...

Le couteau se lève... Seul l'amour peut terrasser la mort.

Une violente gamme ascendante : Ilia surgit. Idamante ne doit pas mourir, l'ennemie, c'est elle, la Troyenne : « Qu'on me saigne donc. » Face à elle, Électre, la Grecque, l'alliée, se tait. Ilia ou la vérité de l'amour.

> Munic ce 18 de janvier 1781
>
> Mon très cher Père,
>
> [...] Excusez-moi de vous écrire très peu cette fois-ci, car je dois partir à l'instant pour la répétition. [...] Donc le principal seulement : la répétition avec le troisième acte a magnifiquement marché. On a trouvé qu'il dépassait encore de loin les deux premiers. Mais le texte y est trop long, et donc la musique également ; de ce fait, on laisse tomber l'air d'Idamante, *No, la morte io non pavento** – il était de toute façon mal placé ; mais les gens qui l'ont entendu en musique le regrettent. On abandonne aussi le dernier air de Raaff – que l'on regrette encore plus – mais nécessité fait loi. Le texte de l'oracle est également beaucoup trop long – je l'ai raccourci – Varesco n'a pas besoin de le savoir, tout sera imprimé tel qu'il l'a écrit. [...] Dites donc de ma part à Varesco qu'il n'obtiendra pas un kreutzer [...] en plus de ce qui a été accordé, car les changements, ce n'est pas pour lui qu'il les a faits mais pour moi, et là il doit bien m'en être obligé, car c'est pour son honneur. Il y aurait encore tant à modifier – et je vous assure qu'il ne s'en serait sorti aussi bien avec aucun autre compositeur – j'ai eu assez de mal à lui trouver des excuses. [...] N'oubliez pas d'apporter ma petite montre ; nous irons, j'espère, à Augsbourg, et là, on pourrait peut-être faire réparer

---

* Au-delà du souci de ne pas rallonger l'acte III, la coupure fait sens : « Il était mal placé » dit Mozart. Il double en effet le *« Andrò ramingo e solo »* du *quartetto*. *Idem* pour l'aria de Raaff qui double celle de la prière dans le temple. « Nécessité fait loi. »

cette coquine. [...] Maintenant je dois aller à la répétition. Adieu. Je vous baise 1 000 fois les mains, embrasse ma sœur de tout cœur et suis

votre fils obéissant
W. A. M.[35]

La jeune fille s'agenouille pour recevoir le coup mortel :

On entend un grand tumulte souterrain, la statue de Neptune s'ébranle, le Grand Prêtre tombe en extase devant l'autel. Tout le monde reste immobile, pétrifié. Une voix profonde, caverneuse, prononce la sentence du ciel.

Adagio, ut mineur. Précédée par la voix sépulcrale des trombones, la statue se met en branle, la *Voce* édicte son arrêt* :

Qu'Idoménée cesse d'être roi. Que le soit Idamante et qu'Ilia soit son épouse (acte III, scène 10).

Cette version lapidaire de l'oracle est la dernière d'une série de trois, de plus en plus écourtées par Mozart. La première comportait soixante-dix mesures accompagnant le texte initial de Varesco :

L'amour a vaincu... À Idoménée le ciel pardonne la grande faute, mais non au monarque, à qui il n'est pas permis de manquer à ses promesses. Qu'il abdique et qu'Idamante monte sur le trône et épouse Ilia. Neptune sera satisfait, le Ciel content et l'innocence récompensée. Dans la paix revenue au royaume de Crète le Ciel bénira une union si noble.

La deuxième n'en comporte plus que trente et une :

L'amour a vaincu. Qu'Idoménée cesse d'être roi. Que le soit Idamante et qu'Ilia soit son épouse. Ainsi satisfait sera Neptune, content le Ciel et récompensée l'innocence.

La version définitive se résume à l'essentiel, elle ne comporte plus que... neuf mesures** !

---

* On ne peut pas ne pas penser, bien sûr, à l'apparition du Commandeur à la fin de *Don Giovanni*.

** La plus communément retenue à la représentation et à l'enregistrement est la deuxième version qui conserve le « *Ha vinto Amore* », mais aussi un peu plus de cette si belle musique.

Que fait le texte ici ? À son tour, il récapitule : le manquement du Roi, la disparition puis la renaissance de sa royauté, l'avènement d'Idamante, celui du couple. Il redit les étapes du parcours mais non le parcours lui-même. Le parcours se passe entre les mots, dans la musique ; la musique a déjà rejoué sa partition, Mozart coupe.

Neuf mesures, en effet, sont suffisantes pour énoncer l'évidence, dire l'ordre de la Nature, faire entendre sa Voix. Et cette voix souterraine, profonde, si intelligible en sa souveraine amplitude rencontre à l'autre extrémité d'elle-même sa voix jumelle, la Haute Voix, légère, amoureuse, d'Ilia, princesse de la lumière.

Salzbourg ce 3 de janvier 1781

Mon très cher Père,

[...] Dans le récitatif d'Elettra, après la voix souterraine, il faut mettre l'indication scénique *partono* – j'ai oublié de contrôler si cela se trouve sur la copie donnée à l'imprimeur, et de quelle manière cela y est inscrit – il me semble trop simplet qu'ils s'en aillent aussi vite – uniquement pour laisser seule Madame Elettra.

Je reçois à l'instant vos 5 lignes du premier janvier. Lorsque j'ai ouvert la lettre, je la tenais de telle manière que seul le papier blanc me sauta aux yeux – finalement... je les ai trouvées.

Je suis très heureux de recevoir l'aria de Raaff – car il voulait absolument y inclure l'air qu'il m'avait donné. J'aurais été contraint (*N.B.* : avec une personne comme Raaff de faire imprimer l'air de Varesco et de faire chanter celui de Raaff. [...] Adieu. Je vous baise 1 000 fois les mains et embrasse ma sœur de tout cœur. Et suis votre fils très obéissant

Wolfgang Amadé Mozart[36].

Munic ce 16 décembre 1780

Mon très cher Père,

[...] À propos, où en est l'archevêque* ? Lundi prochain il y aura six semaines que j'ai quitté Salzbourg ; vous savez, mon père chéri, que je ne suis que par amour pour vous à Salzbourg car, par Dieu, si cela ne dépendait que de moi, je me serais essuyé le derrière avec le dernier décret avant de partir. Sur mon honneur, ce n'est pas Salzbourg mais le prince, la fière noblesse qui me pèsent chaque jour davantage. J'attendrais avec joie qu'il me fasse écrire qu'il n'a plus besoin de moi, j'aurais assez de sécurité grâce à la haute protection dont je jouis ici maintenant, pour ma situation actuelle et future – sauf en cas de mort – ce contre quoi personne n'est assuré, et qui ne saurait faire tort à un homme de talent qui est célibataire. Mais pour l'amour de vous, je ferais tout au

* L'archevêque de Salzbourg, Colloredo.

monde, cela me semblerait toutefois plus aisé s'il était possible de s'absenter brièvement de temps en temps, pour reprendre haleine. Vous savez combien il a été difficile de partir cette fois-ci. Sans raison majeure il n'y faut pas songer. C'est à pleurer quand on y réfléchit, c'est pourquoi là-dessus, Adieu ! Je vous baise 1 000 fois les mains, embrasse ma sœur de tout cœur et suis à jamais votre fils très obéissant,

Wolfgang Amadé Mozart[37].

Le destin d'Électre

Mais un personnage est resté sur le chemin, abandonné, solitaire. Électre, celle qui crie, la jumelle sombre d'Ilia la lumineuse. Deux princesses, l'une grecque, l'autre troyenne. L'une est l'alliée, l'autre l'ennemie. Deux exilées. Sans père et sans patrie. Peut-être, dans leur commun malheur, auraient-elles pu se reconnaître ?

Ilia et Électre ne partageront pas le même printemps. Entre elles, le jeune homme Idamante, le prince de Crète. « Je l'aime » chante Ilia. « À la folie » crie Électre. La marguerite s'effeuille en rêvant et le rêve peut être clair ou sombre. Pour Électre il sera noir. Une nuit sans étoiles, opaque. Pour celle qui aime mal, pour cette Princesse de la Nuit, Mozart allume un brasier, écrit une musique de flammes et de bourrasques. Électre se consume en notes flamboyantes et ses hauts cris font surgir les tempêtes, le tonnerre roule, les vagues déferlent, emportant dans leur écume un peu de vie à chaque ressac. Parfois, la voix furieuse s'apaise et joue à se chanter l'espoir de l'aube, en vain ; dépouillée de son flamboiement, elle n'est déjà plus que cendres, un chant calciné.

Lorsque les tempêtes s'apaiseront, lorsque les zéphyrs berceront un monde neuf et que l'amour proclamera son règne, Électre, dans la flamme haute d'une dernière rage, d'un dernier cri, disparaîtra en splendeur. Exécutée. Car la voici la victime sacrificielle, expiatoire, celle qui, seule, paye le prix de la refondation. Électre, princesse des Ténèbres, jeune fille sacrée, est immolée sur l'autel de l'opéra ; elle est la pierre de touche qui assure la solidité définitive de l'édifice. Elle atteste, par le rite de sa passion et de sa mort, des passages accomplis, de l'œuvre achevée.

ÉPITHALAME

Scena ultima. Adagio, dans la douce clarté du *mi* bémol majeur, la ronde des saison reprend son cours, au vieux temps succède le temps nouveau. Un somptueux prélude orchestral chante le passage par un canon à quatre entrées successives. Les langoureuses clarinettes réapparaissent. « *Ha vinto Amore.* » L'amour a vaincu et la loi se transmet. L'harmonie du tout, la musique du monde. Un roi s'efface, un jeune roi advient, sa reine l'accompagne.

> Peuple, le roi Idoménée vous dicte son ultime loi. Je vous annonce la paix. Le sacrifice est accompli, je suis libéré de mon vœu. [...] Voici pour vous un autre moi-même : à mon fils Idamante, à mon cher fils, je cède le sol de la Crète et tout à la fois le pouvoir souverain. Et voici l'épouse royale. Voyez dans ce beau couple un don du ciel qui vous est destiné.

« La première phrase d'Idoménée, sur de douces tenues de cordes, est ponctuée par un nouveau canon, mais en *strette*. Par la suite ce motif donnera naissance à deux autres dérivés, un peu comme si la puissance royale se dissolvait peu à peu[38]. » Idoménée rentre ainsi dans l'âge, apaisé, libre enfin. Une ombre légère plane un instant... Juste effleurée, la corde vibre à peine, harmonique ténue, nostalgique, de la jeunesse qui est restée sur le chemin.

Dans un jardin de fleurs et d'aube le chant d'Ilia reconstruisait le monde en *mi* majeur. Le dernier *accompagnato* d'Idoménée est écrit également en *mi* majeur ; simplement, Mozart ajoute un bémol... Admirable cohérence de son art.

Ré majeur, la tonalité de l'Ouverture. Choeur.

> Que l'Amour, Junon, Hyménée s'approchent des époux royaux, qu'en eux la déesse instaure la paix de l'âme à tout jamais.

La musique boucle le cycle qu'elle avait ouvert. Le parcours coutumier accompli selon le rite, l'opéra se referme sur lui-même, plein et beau comme un soleil.

> Salzbourg le 4 décembre 1780
>
> Mon très cher Fils,
>
> Je reviens à l'instant de chez Varesco. Comme entretemps ta lettre du 1er décembre est arrivée, ta sœur l'a lue, a cherché le passage de

Metastasio et m'a fait porter le livre et ta lettre chez Varesco. Tout ce que tu demandes sera fait. Tu sais que je trouvais moi aussi le discours souterrain trop long. Je lui ai dit mon opinion, sans rien cacher, et ce passage sera maintenant aussi court que possible. [...]

A proposito de compliments. Madame Maresquelle* est venue me présenter ses vœux le jour de ma fête, elle me fit son compliment en français, et ce faisant, elle tendait toujours sa joue droite, toute vérolée, vers mon visage. Je ne soupçonnais rien et ne comprenais diable, mais finalement, elle s'approcha tant que je sortis de ma naïveté et compris que j'étais invité à jouir de la grâce de l'embrasser. Je le fis, tout gêné, et dans l'instant, elle tendit aussi la joue gauche que je dus alors embrasser également. Je me regardai rapidement dans la glace, car je sentis la honte me faire rougir tout comme dans ma jeunesse, lorsque je donnai le premier baiser à une femme, ou lorsque les femmes me forcèrent à les embrasser après le bal, à Amsterdam. [...] Oh ! Oh ! Je vois que le papier est plein. Nous t'embrassons et te souhaitons prompt rétablissement. Patience ! Fais attention ! Arrête parfois de composer ! Couche-toi de bonne heure ! Ne te refroidis pas ! Transpire un peu le matin ! Diète ! Bonne nuit ! Je suis ton père fidèle et sincère,

Léopold Mozart[39].

La musique et son double

Sur la scène de la vie, une autre histoire, en écho, se joue en secret ; l'histoire d'un « vieux père fidèle et sincère » et d'un « fils très obéissant », tout un opéra.

Léopold/Idoménée, Wolfgang/Idamante. La relation qui se tisse entre l'œuvre et la biographie ne saurait cependant se réduire au jeu de cette stricte équivalence bien des fois posée. L'œuvre est l'accompli de la vie puisque la vie, toujours, va claudiquant. Mais il faut bien faire le chemin et l'irrégularité de la marche entrave la progression. Entre la réalité de la vie et l'utopie de l'œuvre la distance est la même qui sépare, au théâtre, ceux qui regardent de ceux qui jouent. Si le théâtre se fait lyrique, si la musique offre son chant aux mots, l'écart est toujours le même mais, à la limite des deux espaces, dans l'intervalle, la grande voix souterraine de l'orchestre négocie la séparation nécessaire, la « musique » pour l'apprivoiser, la dédramatiser.

Après l'échec du voyage à Paris, la mort de l'épouse, de la mère, dont Léopold, à mots couverts, rend son fils responsable, les retrou-

* Danseuse de la troupe de Schikaneder, amie des Mozart.

vailles entre les deux Mozart, bien qu'affectueuses, manquent un peu de vraie chaleur et le malaise persiste, d'autant que Wolfgang n'a qu'une idée en tête : partir, s'échapper. La commande d'*Idoménée,* le départ à Munich, rétablissent la bonne distance. Cette distance, singulièrement, s'abolit puisque, servant d'intermédiaire, Léopold se trouve impliqué dans la lutte épistolaire qui oppose Wolfgang à Varesco. Il y aurait là, pour le père comme pour le fils, matière à régler quelques comptes, peut-être à faire éclater au grand jour le conflit. Qui jouera le rôle d'Électre ? Personne.

À travers l'opéra en construction Wolfgang et Léopold retrouvent soudain le mode d'échange qui fut le leur pendant longtemps et dont les lettres portent témoignage. La musique reconstruit le fils, elle réinstaure aussi la relation au père. Séparés mais unis, entre le mot et la note, Léopold et Wolfgang réapprennent à être ensemble. Alors, le silence est de rigueur, silence sur tout ce qui a séparé, a blessé. Silence... L'opéra répare, refonde l'amour mis à mal par la vie. La musique tisse à nouveau entre les deux Mozart un lien de connivence, d'estime réciproque, d'affection sans cesse réaffirmée au fil des lettres. Ce processus réparateur va très loin. Lorsqu'on lit avec attention la correspondance on ne peut qu'être frappé par la tonalité de l'échange. Une conversation amicale, affectueuse, où les voix se rejoignent, se confondent pour se séparer à nouveau, une mélodie qui déroule son fil entre Salzbourg et Munich et porte, de l'un à l'autre, une – presque – paisible, joyeuse chanson. Deux voix qui résonnent ensemble et un opéra qui semble renouer, plus fort que jamais, les liens du passé. Cette commune partition entraîne parfois la confusion, le déplacement des rôles. Adoptant le ton affectueusement réprobateur de son père, Wolfgang le morigène ; pourquoi s'user les yeux à écrire le soir, à la chandelle, sans lunettes ? Ou bien, toujours dans la tonalité sentencieuse de Léopold, il prodigue à ses amies les savants conseils médicaux dont son père a le secret. Le père, lui, prend des allures de jeune homme ! Tout en continuant à dispenser à son fils les conseils, les admonestations habituelles, il plaisante, sur le registre coquin qui enchante Wolfgang, raconte, *allegro con spirito,* des « bourlesques », et même, le jour de sa fête, pour un baiser que lui a dérobé Mme Maresquelle, gêné, rougissant, il aperçoit dans la glace un amoureux en son printemps. Comment ne pas être touché par ces lettres dans lesquelles un vieil homme de soixante et un ans et un jeune homme de vingt-quatre ans s'entretiennent d'égal à égal, dans l'oubli de ce qui les sépare ?

Il n'en est rien cependant. Au fil des lettres, de plus en plus souvent, Mozart met un bémol, introduit une dissonance dans la belle harmonie. Le duo bat bientôt de l'aile car Léopold n'entend pas ces fausses notes ; la partition lui convient, il s'emploie donc, obstinément, à faire revivre le temps perdu ; l'opéra en composition sera le fruit des retrouvailles, le gage de la refondation du couple père/fils. Or ce qui appartient en propre au fils c'est justement l'œuvre qui prend forme et qui le forme. *Idoménée* n'est pas l'opéra des deux Mozart mais celui de Wolfgang, on pourrait dire Wolfgang lui-même :

> J'ai la tête et les mains si pleines du troisième acte qu'il ne serait pas étonnant que je me transforme moi-même en troisième acte[40].

Alors le jeune homme revendique la paternité et la responsabilité de son œuvre : « Ne vous faites pas de souci au sujet de mon opéra mon père chéri[41] » et il se fait un plaisir de relater ces moments dont Léopold est exclu mais qui le valorisent, lui, le compositeur :

> La dernière répétition a été magnifique. [...] Après le premier acte, le prince électeur s'écria très fort « bravo ». Et lorsque je vins lui baiser la main, il dit : *« Cet opéra sera charmant ; il vous fera sûrement honneur*[42]. »

Parfois, le besoin de dénouer le lien, de rétablir la distance est si fort que Wolfgang, tout en y mettant les formes, parle clair :

> Vous savez, mon père chéri, que je ne suis que par amour pour vous à Salzbourg car, par Dieu, si cela ne dépendait que de moi, je me serais essuyé le derrière avec le dernier décret avant de partir. Sur mon honneur, ce n'est pas Salzbourg mais le prince, la fière noblesse qui me pèsent chaque jour davantage. [...] Mais pour l'amour de vous, je ferais tout au monde[43].

Peine perdue, le père ne répond jamais à ces appels. Conscient du danger, il se tait. Idamante trépigne, aucune Ilia à l'horizon pour rompre le maléfice.

Il neige sur Munich, un jeune homme s'empare du papier à musique si rassurant par ses lignes rectilignes et régulières. La chandelle fume un peu, la plume court, crisse. Le son familier, comme une petite musique de nuit, accompagne l'écriture, suscite une autre musique... Une île au soleil, un roi, un prince, deux princesses en exil… Mais le texte pesant de ce pauvre Varesco résiste à la musique. Trop long, toujours trop long… Il faut couper, couper encore… Couper même au prix de la musique…

Tout au long des lettres à Léopold, ces deux termes reviennent comme un leitmotiv ou plutôt comme une incantation. Mozart s'est expliqué dans ses lettres de certaines de ses coupures : souci de la logique dramaturgique, de l'effet théâtral à produire. C'est bien de cela qu'il s'agit. Opérer des coupures n'est-ce pas rétablir le déroulement logique de l'œuvre, assurer sa continuité, son efficacité, parfaire l'ouvrage ? Alors quelquefois la musique s'empare avec avidité du texte, le revêt d'un costume somptueux et puis… l'abandonne au moment même de la représentation car l'aria, le duo, n'est ni au bon endroit, ni à la bonne place. Mais pourquoi composer pour couper ? Faut-il pour percevoir la dissonance du texte que la musique soit écrite ? Et pour compenser le manque de sens des mots habiller de notes de perles et d'or le pauvre tissu ?

À la scène 6 de l'acte III, un bref et flamboyant duo réunissait Ilia et Idamante ; une joute d'amour et de mort, dix mesures de musique splendide : « un super-concentré de passion et de musique qu'il semble impensable, criminel de couper jamais », s'écrie Harry Halbreich[44].

Six ans plus tard, alors qu'il compose *Les Noces de Figaro,* Mozart porte toujours *Idoménée* dans son cœur ; c'est avec une troupe d'amateurs qu'il en donne, à Vienne, une exécution isolée. À cette occasion, il récupère plusieurs morceaux coupés en 1781 ; il garde le texte mais y pose une nouvelle musique. En mars 1786, sont « réactivés » ainsi le *duetto* d'Ilia et d'Idamante à l'acte III, leur *accompagnato* au début de l'acte II et l'aria d'Idamante qui suit. Mozart a donné une autre voix au prince de Crète, la voix légère mais plus mûre du ténor. Le 27 décembre de la même année, Mozart s'apprête à quitter Vienne pour Prague. Une jeune femme aussi est sur le départ ; la charmante, la talentueuse interprète de la Suzanne des *Noces* retourne à Londres. Wolfgang reprend une fois encore l'*accompagnato* et l'aria, en change de nouveau la musique. Le piano remplace le personnage d'Idamante. Cette œuvre* est dédicacée. « À Nancy Storace et à moi-même » écrit Mozart sur la partition achevée.

Toutes ces coupures qui donnent à *Idoménée* sa forme définitive sont aussi celles qui, en achevant l'œuvre, la singularisent. Dans le

* Rondo K. 505.

genre *seria,* en effet, il était d'usage de séparer rigoureusement les récitatifs, *secco* ou *accompagnato,* arias, duos etc. Mozart se joue de ces divisions, fait rouler en un flux continu, la vague puissante, régulière du temps. Le geste qui sépare, répare. Il rétablit l'enchaînement mystérieux qui règle la marche du monde et des saisons et permet qu'à l'hiver succède le printemps, au père le fils, et le fils à lui-même.

Mozart ne retournera pas de longtemps à Salzbourg. À Vienne, il trouve sa liberté ; *Idoménée* a achevé son œuvre de formation. Le lien est coupé, le père tempête mais le règne du fils commence. Peut-être fallait-il ces retrouvailles en forme d'embellie, cet opéra construit, pendant un an, à deux voix presque égales, cet ultime face-à-face pour que le fils franchisse enfin le seuil.

Vienne 1781. Dans une modeste pension de famille, une jeune fille brode, assise près de la fenêtre. Un oiseau dans sa cage siffle gaiement. Ilia attend Mozart*.

* Il épousera Constanze le 3 août 1782.

CHAPITRE VI

L'Enlèvement au sérail
ou
saison d'Orient

UN DÉCOR EN TROMPE-L'ŒIL

Août 1781 – Vienne. L'oiseau a pris son envol. Au diable Salzbourg et son « Grand Mufti * » d'archevêque ! Installé en plein cœur de Vienne, au 1175 de la grande place du Graben, Mozart savoure sa liberté, courtise Constanze Weber et compose à toute allure la musique d'un *Singspiel* commandé par l'empereur :

> Avant-hier, le jeune Stephanie m'a donné un livret à composer. Je dois avouer qu'autant il se montre méchant envers d'autres gens, à un point difficile à imaginer, autant il est un bon ami à mon égard. Le livret est assez bon. Le sujet est turc et le titre : *Belmont et Konstanze* ou *L'Enlèvement au sérail.* Je ferai la *sinfonie***, le chœur du premier acte et le chœur final avec de la musique turque. [...] Je suis si heureux de composer sur ce livret que la première aria de la Cavalieri***, celle d'Adamberger**** et le trio qui clôt le premier acte sont déjà terminés. Le temps est court, il est vrai, car l'opéra doit être représenté dès la mi-septembre ; mais les circonstances qui entourent l'époque où il doit être donné, et en général – tous les autres projets – égayent tellement mon esprit que je me précipite à ma table avec beaucoup d'ardeur et y reste assis avec la plus grande joie[1].

Le livret recense tous les poncifs de la « turquerie » en vogue à l'époque. Rien n'y manque : le sérail, la belle captive européenne et sa servante – Constanze et Blonde –, un gardien de harem irascible

---

* Ainsi que le nomme Mozart dans une de ses lettres.

** Ouverture.

*** Créatrice du rôle de Constanze.

**** Créateur du rôle de Belmonte.

– Osmin –, un pacha despotique comme il se doit – Selim –, quelques janissaires, un serviteur muet, enfin le jeune homme amoureux – Belmonte – qui brave les interdits afin de délivrer sa belle, avec l'aide d'un valet astucieux – Pedrillo. L'action se déroule sur fond de mer, de bateaux et de printemps oriental. Au verger du Bassa, farouchement gardé par son surintendant, les figues-fleurs blanches et sucrées attendent d'être cueillies. Le tableau est là, tout prêt, semble-t-il. Exotisme oblige : les lignes sont un peu trop soulignées, les couleurs un peu appuyées, les personnages bien campés, les péripéties annoncées, le dénouement connu déjà. La musique n'a plus qu'à animer le paysage, faire frissonner les voiles dans le port, les feuilles dans le figuier et donner vie aux marionnettes qui attendent, figées. Mais le cadre se brise en morceaux, le tableau se recompose... Le décor devient le motif central du tableau, sa raison d'être. Utilisant avec maestria et un immense talent aussi bien dramaturgique que musical toutes les recettes, tous les clichés de la turquerie, Mozart les détourne. L'œuvre achevée ne ressemblera en rien à ses semblables. Entre allégresse et gravité, entre rires et larmes, le temps d'un voyage conventionnellement oriental mais véritablement initiatique, des jeunes deviennent adultes.

Partir, revenir

Tout commence en mer, par un acte de violence, l'enlèvement des filles. Quand le rideau se lève, Blonde et Constanze, vendues par des pirates au Bassa, sont déjà dans le sérail. Au-delà du romanesque, ce rapt des femmes pose l'Orient comme un monde sauvage, aux antipodes de l'ordre occidental. Le sérail, symbole d'un érotisme barbare – un homme pour toutes les femmes –, concrétise la rupture entre Orient et Occident, confronte deux manières de concevoir les rapports amoureux et les lois qui les régissent. L'arrivée de Belmonte dans le sérail doit renverser l'ordre imposé et, violence pour violence, permettre le retour au point de départ. Ce second enlèvement, qui donne son titre à l'opéra, échoue. Seule la clémence inattendue du Bassa autorise le retour et met un terme au périple des jeunes gens. Partir, revenir. D'un espace à l'autre, les péripéties amoureuses jalonnent et fondent cet itinéraire en forme de boucle. À des niveaux différents, Belmonte, Constanze, Pedrillo et Blonde font tous quatre, avant de se choisir définitivement, l'apprentissage de la discordance, de la jalousie, du désespoir. Le Bassa lui-même trouve son accomplissement dans le renoncement et le pardon. Seul Osmin, le vieux bouffon, se montre inéducable. Les autres accomplissent le passage, lui seul demeure, perdu, fou. C'est ce voyage intérieur que, *sotto voce*, Mozart inscrit au cœur de sa musique.

> Mon très cher Père !
> […] De l'ouverture, vous n'avez que 14 mesures. Elle est très courte et fait sans arrêt alterner *forte* et *piano*; et dans le *forte*, la musique turque reprend toujours. Elle module d'un ton à l'autre et je crois qu'on ne s'y endormira pas, même après être resté toute une nuit sans fermer l'œil. Je suis maintenant comme le lièvre dans le poivre […]. Voilà bien du bavardage sur l'opéra, mais cela doit être[2].

L'opéra s'ouvre sur un galop effréné de l'orchestre. L'Ouverture est construite sur des oppositions très fortes : passages brusques du mineur au majeur, du *piano* au *forte*. Sur chaque *forte* éclate le tintamarre turc*. Couleurs, bruits, rythme endiablé, la musique tourne comme un manège… Plus vite, encore plus vite… Soudain, tout s'apaise. Une tendre phrase mélodique se déroule, *ut* mineur, celle que chantera Belmonte au lever du rideau. Un autre univers sonore, un autre espace s'ouvre, celui de la rêverie d'amour, du cœur qui palpite sur de grandes écharpes chromatiques. Puis, à nouveau, le tournoiement coloré, les accents de la musique turque scandent toujours les *forte*, la voix aiguë du piccolo excite la cadence, le triangle se démène comme un beau diable ; le son acide, obsédant, de l'instrument émerge de la masse orchestrale et même occupe le premier plan. Brusque ralenti, le manège s'arrête, le triangle se tait en dernier comme s'il quittait à regret la scène. Point d'orgue, instant suspendu… Le rideau se lève.

« Une place devant le palais du pacha Selim, au bord de la mer », dit le livret. Belmonte est seul en ce lieu étranger. Il a appris par une lettre de son serviteur Pedrillo que Constanze, sa fiancée, est retenue prisonnière par le Bassa. Il est venu la délivrer et rêve, en *ut* majeur, aux retrouvailles prochaines : « *Hier soll ich dich denn sehen, Constanze…* C'est donc ici que je vais te voir, Constanze, toi mon bonheur » (acte I, scène 1). Point de débordement lyrique, mais une chanson très douce, un peu nostalgique, dont les premières mesures évoquent un air à danser. L'aria s'achève sur l'espoir du bonheur

* Pour reprendre l'heureuse expression de J.-V. Hocquard dans son analyse de *L'Enlèvement au sérail.*

proche en une note tenue longuement jusqu'au bout du souffle. Le chant s'éteint, le songe s'achève. Retour à la réalité, au texte parlé : « Comment la voir, lui parler ? » La convention qui fonde le genre *Singspiel*, alternance du chanté/parlé, prend en charge en ce début d'opéra une délimitation symbolique des espaces. À l'Orient, lieu du vacarme, de la violence, appartient la parole, à l'Occident peint aux couleurs délicates du rêve et de l'épanchement amoureux, le chant.

Osmin le Sauvage

> Mon très cher Père !
>
> Pardonnez-moi de vous avoir dernièrement fait payer un surplus pour le port de ma lettre ! Mais je n'avais rien d'important à écrire et j'ai pensé vous faire plaisir en vous donnant une petite idée de l'opéra. [...] Comme nous avons destiné le rôle d'Osmin à M. Fischer qui a certainement une voix de basse remarquable [...], il faut mettre un tel homme à contribution, d'autant plus qu'il a le public pour lui. Cet Osmin n'a, dans le livret original, que ce petit lied à chanter, et rien d'autre, si ce n'est dans le trio et le final. Nous lui avons donc donné une aria dans le premier acte, et il en aura une autre dans le deuxième. L'air, c'est moi qui l'ai donné à Stephanie* ; et la majeure partie de la musique en était terminée avant que Stephanie en sût le moindre mot[3].

Dans la demeure du Bassa règne la loi : celle d'Allah dont il est le représentant, parole du maître absolu ayant droit de vie et de mort sur ses sujets. Rien d'étonnant à ce que le rôle soit entièrement parlé. Certes, Selim est épris de sa captive, mais cet amour ne saurait s'exprimer par la musique car la fonction prime ici sur la personne ; c'est elle que Mozart choisit de mettre en scène et de valoriser. Le chœur des janissaires exalte la parole du Bassa ; elle en est l'émanation sonore et, tout autant que cette parole de sentence et de loi, le « tintamarre turc » qui l'accompagne impose silence**. Plus encore, dans le monde clos et silencieux du sérail, peuplé d'ombres, le chant, et en particulier le chant amoureux, n'a pas droit de cité. Enfreindre l'interdit, c'est transgresser l'ordre de la parole, s'exposer à des représailles, au silence définitif, à la mort.

---

* Librettiste de l'opéra.

** « *Singt demgrossen Bassa Lieder*, chantons la gloire du grand Bassa » (acte I, scène 6). Les instruments de la musique turque scandent ce chœur du début à la fin ; dans cet ensemble orchestral, le triangle tient une place centrale.

Mais voici une fêlure dans notre système : Osmin, âme damnée du Bassa, amoureux bouffon et pathétique de Blonde, la servante de Constanze – « un rustre grossier » précise Wolfgang –, chante trois arias, un *duetto*, plus quelques interventions d'ensemble ; musicalement, ce rôle est même le plus important de l'opéra. Mais ce chant est celui de tous les fols du théâtre mozartien, un chant sans lyrisme. Le premier air d'Osmin est très proche du *Volkslied*, de la chanson populaire et dans les deux autres airs la voix se traîne dans les notes graves de la tessiture ou s'emballe comme une mécanique détraquée, accompagnée le plus souvent par le tintamarre turc. Au fil de l'opéra, le chant d'Osmin tourne sur lui-même, s'égare et finira par se perdre dans un tourbillon de paroles folles.

Tintamarre, absence de lyrisme, sentence et silence côté oriental ; chant amoureux, couleurs douces côté occidental. Espace « sauvage » d'un côté, « civilisé » de l'autre ; entre les deux l'écart semble irréductible : Mozart ne l'annonçait-il pas dès son ouverture ? Voici que, contre toute attente, en ce début de l'opéra, le compositeur fait voler en éclats la structure binaire qu'il vient de construire ; il crée, entre la parole et le lyrisme, un espace intermédiaire où s'agitent Osmin et sa musique. Un autre personnage partage cet entre-deux : Pedrillo*.

Pedrillo l'ensauvagé

À Pedrillo aussi est dévolu le « chant sans le chant », l'aria où domine le ton populaire. Intégré à l'espace oriental, Pedrillo circule librement dans le sérail où il occupe une position privilégiée. Favori du Bassa, il est aussi « superviseur » de ses jardins ; fonction importante en un lieu où le rôle importe plus que l'individu. Tous ces privilèges en font l'égal d'Osmin. Blonde n'est pas le seul enjeu de la lutte entre les deux hommes : la rivalité amoureuse se double d'une rivalité sociale ; dans le monde clos du sérail, c'est le signal d'une guerre à mort. Pedrillo l'ensauvagé, serviteur dévoué de Belmonte, favori de Selim, sautille sans cesse d'un espace à l'autre, tissant les liens et les intrigues. Ses lettres provoquent l'arrivée de Belmonte, donc la possibilité du drame : franchir le seuil du sérail, n'est-ce pas prendre

* Osmin et Pedrillo sont tous deux serviteurs ; ils s'expriment donc musicalement sur le ton populaire, conformément à leur rôle. Mais Mozart, on le sait, a une manière toute particulière d'utiliser la convention.

le risque de la mort ? Belmonte soupire, rêve ; Pedrillo organise l'enlèvement, fait dresser les échelles et donne le signal des opérations à minuit en chantant une romance qui fera accourir les prisonnières à la fenêtre : « *Im Mohrenland*... Au pays des Maures était prisonnière une fille » (acte III, scène 4). Quelques années plus tard, Don Giovanni, sous l'habit de Leporello, usera d'une *canzonetta* semblable pour attirer l'attention de l'une de ses belles : « *Deh ! vieni alla finestra*... » (acte II, scène 3).

Cordes en *pizzicato*, mandoline, amour et clair de lune, la mélodie de Pedrillo possède la vertu magique de faire communiquer deux mondes. La chanson passe, une fenêtre s'entrouvre ; par son truchement*, l'amour et le rêve se faufilent. Écriture en contrepoint : Osmin enfreignant le tabou du vin se laisse aller aux douceurs d'un demi-sommeil où Pedrillo, l'ennemi juré, devient « petit frère » ; rêve d'amour fraternel, entrevu l'espace d'un instant mais interdit, comme est interdit le rêve d'amour avec la jeune fille Blonde, un peu acide et moelleuse en même temps, semblable aux figues qu'il cueille sur son échelle. Rêve d'amour du Bassa renégat, nostalgique, à travers la captive qu'il aime, de sa patrie perdue. Songe clair de Belmonte, l'innocent. Rêve noir de Constanze. Pedrillo, c'est-à-dire Petit Pierre, Pierrot, termes qui désignent familièrement le perroquet, le « papegai »... Le lexique joue la logique du sens. Préfiguration du Papageno de *La Flûte enchantée*, Pedrillo, le petit emplumé symbolique, habillé de couleurs vives emblèmes de sa fonction sociale**, fait circuler subrepticement l'amour et le rêve sur les ailes de sa mélodie aux accents de berceuse.

Osmin l'oriental, Pedrillo l'ensauvagé, un vieux bouffon, un jeune. Sous l'impulsion de ces deux personnages, l'espace sonore se métisse peu à peu. Aux couleurs, bruits et dissonances du sérail se mêlent l'harmonie rêveuse, le pastel léger du plain-chant amoureux. Les limites ne sont plus assurées ; émerge alors un nouvel espace où Orient et Occident se confondent dans le même tourbillon, le même tournoiement. L'amour impulse le mouvement, précipite tous et toutes dans sa transe, sa folie. Au cœur de la confusion,

---

* « Truchement » vient du terme anglais *drogman* qui désignait l'interprète auprès des ambassadeurs de Turquie.

** Dans la Turquie du XVIIIe siècle, les jardiniers royaux « sont habillés de couleurs vives qui, de loin, les font ressembler à un parterre de tulipes » écrit Lady Montagu dans son récit de voyage *L'Islam au péril des femmes, une Anglaise en Turquie au XVIIIe siècle.*

chacun se cherche, s'éprouve, se trouve ou se perd sans recours. Emblème de cette folie, la musique turque scande bruyamment les étapes du voyage intérieur ; significativement elle ouvre l'opéra, de même elle le refermera. Étroitement associée par Mozart à Osmin – mais non à Pedrillo –, elle dévoile et fait miroiter toutes les facettes du personnage, faisant du bouffon, du fol, le héros à la fois pitoyable et magnifique de cette « saison d'Orient ».

Le bouffon et sa musique

Marqueur exotique obligé, la musique de la « turquerie » prend sa source dans une large tradition. Les instruments qui la composent – flûte piccolo, cymbales, hautbois, grosse caisse, triangle –, renvoient, dans la plupart des sociétés, à la musique militaire et à celle qui accompagne les états de transe[4]. Dans son opéra, Mozart joue sur les deux registres. De manière évidente en ce qui concerne la musique militaire car l'apparition du Bassa est toujours précédée et accompagnée de la musique turque et du chœur des janissaires. Dans son récit de voyage, Jean-Baptiste Tavernier évoque cette mise en scène sonore du pouvoir despotique, décrivant les timbaliers, les tambours de basque et les « haut-bois » qui escortent le sultan et rassemblent le peuple[5]. Tintamarre, sons « barbares » issus d'un monde « sauvage », la musique turque, associée à la parole du Bassa, apparaît comme le signe éclatant du pouvoir absolu. Mais Mozart attache aussi sa musique turque, comme un énorme grelot, aux pas d'Osmin. Accompagnant la parole incohérente du bouffon, ses colères, elle révèle que cet ordre cache une fêlure, un désordre latent. La folie d'Osmin ne dévoile-t-elle pas le vrai visage du sérail ? Un monde clos, peuplé d'êtres asservis, sans identité, sans patrie, sans parole. Un monde bruyant et silencieux à la fois car le tintamarre, comme la parole du Bassa, contraint au silence. Dans l'ordre musical de l'opéra, la musique *alla turcqua* instaure une rupture ; elle impose son rythme, enfle l'intensité sonore, accélère démesurément le tempo ; enfin, elle soumet à sa loi l'orchestre tout entier : aux instruments conventionnels de la turquerie, Mozart rajoute parfois les cordes, les trompettes et les cors et il choisit au sein de cet ensemble de privilégier un nouveau venu : le triangle.

Le petit fol de l'orchestre

Cet instrument métallique au son aigu et lancinant s'introduit subrepticement dans l'orchestre au XVIIIe siècle, dans la « turquerie » justement et seulement à cette occasion. Marginal parmi les instruments, il l'est aussi par sa sonorité. Le triangle en effet ne produit pas de musique mais du son. Percuté par une vergette d'acier, ressemblant par sa forme et sa matière à une petite cloche – jusqu'au début du XIXe siècle, on accrochait souvent à sa base une série de petits anneaux en métal –, il en possède l'instabilité sonore. Instrument inharmonique – privé de son fondamental* – donc sans assises, sans régularité dans son spectre sonore, le triangle « flotte » entre toutes ses vibrations, rendant impossible toute détermination de sa hauteur sonore. À ce titre, il produit ce que les acousticiens nomment le « bruit blanc ». Agitateur, petit fol de l'orchestre, l'instrument est utilisé pour porter à son acmé un crescendo, il anticipe et suscite ce moment du paroxysme où la musique risque de basculer dans le vacarme, le chaos.

Ce bref détour par l'organologie permet maintenant de comprendre la place prépondérante de cet instrument dans la musique turque. Accrochée comme un gros grelot aux pieds du fol Osmin, la musique turque, agitée par le triangle, ne représente pas le personnage, elle le construit. En perpétuel mouvement, privé d'assises, de son fondamental, Osmin, aux prises avec lui-même, donc avec sa musique, vibre et oscille. Dans ce cas, le triangle n'est pas l'image sonore du personnage, il prend sens du personnage qui le métaphorise.

L'Oiseleur nostalgique

En faisant de la musique *alla turcqua* un instrument dramaturgique à part entière, Mozart règle minutieusement son irruption dans l'opéra. Dès la première apparition d'Osmin sur la scène du théâtre, la mécanique musicale qui aboutira à l'explosion du tintamarre se met en marche.

Nous avons laissé Belmonte s'interrogeant sur la manière de passer de l'extérieur à l'intérieur du sérail. À l'orée du jardin survient

---

* Rappelons que la base acoustique de l'harmonie est constituée par le son fondamental.

Osmin, portant une échelle. Il l'installe contre un arbre et cueille tranquillement au figuier les premières douceurs de l'été. *Sol* mineur, *andante*, de la branche au panier, le bonhomme accompagne sa cueillette d'une balade qui oscille doucement, berce en 6/8 le rêve intérieur. La chanson est douce et parle d'amour :

> Celui qui a trouvé une belle qui veut être sincère et fidèle, qu'il la gratifie de mille baisers, lui fasse la vie douce, soit plein d'égards et de tendresse, *trallalera* (acte I, scène 2).

Perché ainsi sur la branche de son figuier, le « sot, grossier, méchant » Osmin – ainsi le définit Mozart – ne préfigure-t-il pas le Papageno de *La Flûte enchantée*? Le lied d'Osmin et le premier air de l'Oiseleur ont le même motif, une structure musicale et un refrain presque identiques*. Le bouffon n'est-il pas, à ce moment de l'opéra, un vieux garçon-oiseau en quête de l'oiselle à chérir tendrement ?

Belmonte, à la recherche aussi de sa demoiselle, interrompt la chanson en posant des questions : « Eh l'ami, n'est-ce pas là la demeure du Bassa Selim ? » Le gardien du sérail ne veut rien voir, rien entendre, mais le mal est fait. L'intrusion du jeune homme dans la songerie d'Osmin enclenche la mécanique, la chanson change de registre. L'apparition d'un rival possible, étranger de surcroît, amène immédiatement l'idée qu'il faut enfermer « ces créatures frivoles qui attrapent au vol les papillons et se plaisent à goûter le vin étranger ». La berceuse se teinte alors d'inquiétantes couleurs d'orage, adopte dans le troisième *trallalera* du refrain un rythme étrange, un peu boiteux ; la musique déjà annonce que le ver est dans le fruit, que les figues succulentes et sucrées sont empoisonnées. Envolée l'harmonie du premier couplet, d'autant que la deuxième intervention de Belmonte, répétant sa question – toujours avec le même insuccès –, infléchit une nouvelle fois la tonalité de la chanson : « Surtout au clair de lune, amis, surveillez-les bien ! Souvent un jeune galant guette, appâte et charme la follette et alors bonsoir fidélité ! » La voix, brusquement, effectue une embardée dans l'*allegro,* prenant acte de la présence étrangère, de la menace, le dernier *trallalera,* entame ouvertement les hostilités. L'espace d'une romance, Mozart nous laisse entendre que l'amour fou d'Osmin pour Blonde se terminera mal. La progression musicale et dra-

* Air n° 2 de Papageno, acte I, scène 2.

matique ne préfigure-t-elle pas le parcours du personnage dans l'opéra ? Oiseleur nostalgique au début de l'air, Osmin, à la fin de sa chanson, quitte Papageno et rejoint son véritable *alter ego* de *La Flûte enchantée* : Monostatos, le bouffon noir de Sarastro, qui s'écriera découvrant Pamina endormie : « Je me suis entichée de cette fleur transplantée sur un sol étranger. [...] Cette jeune fille va me faire perdre la tête ! Le feu qui brûle en moi va finir par me dévorer*. »

La malédiction de Belmonte

Franchissant, grâce à Pedrillo, le seuil interdit, Belmonte détruit le rêve amoureux d'Osmin. Le silence obstiné du bonhomme finit par exaspérer le jeune homme : « Maudit sois-tu, toi et ton air. » Cette malédiction, portée sur la chanson donc sur la personne d'Osmin, constitue un rouage de plus dans l'engrenage. Le vacarme bientôt concrétisera l'anathème en scandant la dislocation de la parole et celle de la raison qui se perd dans les éclats du rêve brisé. Entre Osmin et Belmonte, le duo qui suit ne peut être qu'un duel. Traitée sur le mode de la *commedia dell' arte* par Mozart, cette scène d'une irrésistible drôlerie marque une nouvelle progression de l'action. Fleurets mouchetés tout d'abord. Belmonte s'avance sur le terrain musical de l'adversaire, reprenant sa phrase mélodique et reposant sa question : « Est-ce la maison du Bassa Selim ? » Osmin finit par répondre en grognant. Les lames se croisent vraiment lorsque le jeune homme évoque Pedrillo, ce « brave homme ». À l'énoncé de ce nom honni, le bonhomme perd toute mesure : « On peut le passer à la broche [...]. Je le ferai brûler dès maintenant. » Manière abrupte de faire passer le pauvre Pedrillo du « cru » au « cuit » !

La folie des figues

À la fin de cet unique duo qui oppose Belmonte à ce burlesque mais inquiétant adversaire, les jeux sont faits : « Plus de doute, vous

* *La Flûte enchantée*, acte II, scène 7. *La Flûte enchantée* fonctionne d'ailleurs sur le modèle de *L'Enlèvement au sérail*. Deux jeunes amoureux nobles – Belmonte et Tamino, deux fiancées enlevées – Constanze et Pamina –, deux serviteurs turbulents – Papageno et Pedrillo – et leurs oiselles – Papagena et Blonde –, deux despotes orientaux – Selim et Sarastro –, deux bouffons noirs, amoureux de leur captive – Osmin et Monostatos. Les seuls personnages véritablement originaux de *La Flûte enchantée* sont ceux de la Reine de la nuit et des Trois Enfants.

avez perdu la raison ! » s'exclame le jeune homme qui essaie en vain de calmer le furieux. Le bonhomme reste seul avec son échelle, son panier et ses figues, maugréant contre Pedrillo, ce « filou qui ne fait que tourner jour et nuit autour des femmes ». Passe un bref instant, sur la pointe de ses pieds ailés, un petit page, un autre garçon-oiseau, le Chérubin des *Noces de Figaro* : « Tu n'iras plus petit papillon amoureux, flâner nuit et jour autour des belles dont tu troubles le repos », chantera, cinq ans plus tard, Figaro* ; Mozart ne le sait pas encore...

Survient justement le « filou », le fauteur de troubles. L'apparition de Pedrillo met le feu aux poudres, d'autant que l'insolent garçon fait de la provocation : « As-tu cueilli ces fruits pour moi ? » Des fruits, des figues. La cueillette des figues, la possession des filles. Cette équivalence est au cœur du conflit qui oppose Osmin à Pedrillo et Sélim à Belmonte.

La figue se prête à maintes élaborations symboliques qui renvoient également à la féminité et à la masculinité. Pierre Bourdieu, dans deux pages du *Sens pratique*, évoque les combats masculins qui semblent se multiplier, en Kabylie, à la saison des figues :

> *Lakhrif*, du verbe arabe *kherref*, cueillir et manger des figues fraîches, et aussi plaisanter (*akherraf*, le boute-en-train), parfois divaguer, déraisonner**, est une période extra-ordinaire d'abondance et de repos, qui ne peut être définie ni comme temps de travail, à la façon des labours et de la moisson, ni comme temps de gestation, à la manière de l'hiver et du printemps : c'est le temps masculin par excellence, où le groupe s'ouvre vers le dehors et doit affronter les étrangers, dans la fête et la guerre, pour nouer des alliances qui, comme les mariages extra-ordinaires, sont loin d'exclure le défi[6].

Ces lignes n'éclairent-elles pas, d'une certaine manière, ce qui se passe dans notre opéra ? Saison d'Orient, folie des figues, temps masculin, temps féminin. Autour de ces fruits moelleux, dont la chair délicate se marie à une saveur « fort sucrée », « d'un goût relevé[7] », s'élabore l'itinéraire fruité de la féminité. Voici les « figues-fleurs » du début d'été, « blanches dehors, dedans sucrées et fondantes[8] », puis viennent les « fécondes », les meilleures, mûres à point en

* *Les Noces de Figaro*, aria de Figaro n° 9, acte I, scène 8.

** On dit d'une personne exaltée qu'« elle a mangé trop de figues » ou de quelqu'un qui se conduit de façon déraisonnée qu'« il frotte des figues sur sa tête ». P. Bourdieu, *Le Sens pratique*, p. 388, note 34.

automne, gorgées du soleil estival. Le clan oriental monte une garde vigilante autour de Constanze et de Blonde, ces figues-fleurs nouvellement venues, si appétissantes en leur printemps. La porte du sérail s'ouvre pour laisser rentrer les étrangers, la bataille rituelle s'engage.

L'évocation par Pedrillo de ces douceurs dont Osmin a la garde déchaîne donc tout naturellement l'ire de ce dernier. Le gardien des figues s'emporte dans une deuxième aria qui reprend le motif du voleur de filles : « *Solche hergelaufne Laffen*... Ces aventuriers infâmes qui ne cessent de courir les femmes par le diable je les déteste » (acte I, scène 3), puis s'en prend directement à Pedrillo auquel il promet, *allegro*, mille supplices : « D'abord décapité puis pendu, puis empalé sur un brûlant pieu, puis brûlé, puis enchaîné et noyé, à la fin écorché ! » Ces fulminations burlesques, ne les avons-nous pas déjà entendues ailleurs ?

> Tonnerre du Ciel, mille sacristis, Croates de malheur, diables, sorcières, sorciers, bataillons de croisés à n'en plus finir, morbleu, éléments, air, eau, terre et feu, Europe, Asie, Afrique et Amérique, jésuites et augustins, bénédictins, capucins minorites, franciscains, dominicains, chartreux et pères de la Sainte-Croix, chanoines réguliers et irréguliers et tous les fainéants, garnements, misérables, couillons et corniauds mélangés, ânes, buffles, bœufs, fous, idiots et polichinelle ! Quelles sont ces manières, 4 soldats et 3 baudriers ? Un tel paquet et pas de portrait[9] ?

Dans une lettre à la « cousinette », Wolfgang l'Hanswurst, le bouffon, peste ainsi contre sa dulcinée qui a oublié de lui envoyer son portrait. On retrouve également dans l'aria d'Osmin deux procédés avec lesquels nous a familiarisés l'écriture épistolaire : la parodie, l'inversion. Transformé en saint burlesque, Pedrillo devra subir tous les tourments d'un martyre parodique qui commence par où, dans l'hagiographie, il s'achève : la décapitation. Nul doute donc que Wolfgang ait écrit lui-même les paroles de l'aria qui est due, rappelons-le, à sa seule initiative : « Cet air, je l'ai entièrement suggéré à Stephanie. Même l'essentiel de la musique était déjà achevé avant que Stephanie en sût le moindre mot[10]. »

Sur son propre texte, Mozart accomplit un admirable travail de musicien et de dramaturge. Aucun prélude, accord de *fa* majeur brutal, *forte*, point d'orgue. Surgit la voix de basse qui rampe, gronde puis explose en une parodie de vocalise. La rage va *crescendo*, produisant un détraquement progressif de la parole et de la mélodie, puis elle envahit totalement le personnage et aboutit en un *allegro assai* infernal à un véritable état de transe. Le processus enclenché dès l'apparition du personnage dans l'opéra trouve ici son aboutissement puisque éclate, pour la première fois depuis l'ouverture, le tintamarre turc :

> La colère d'Osmin tourne au comique par l'emploi de la musique turque. [...] L'*allegro assai* – alors qu'on pense que l'aria est déjà finie – doit à coup sûr produire le meilleur effet, dans une tout autre mesure et dans une autre tonalité ; car un homme dans un tel état de colère dépasse tout ordre, toute mesure et toutes bornes, il ne se connaît plus ; il faut donc que la musique ne se reconnaisse pas non plus. Mais comme les passions violentes ou non ne doivent jamais s'exprimer jusqu'à faire naître le dégoût et que la musique, même dans la situation la plus épouvantable, doit toujours rester musique, je n'ai pas utilisé de tonalité étrangère à *fa* (la tonalité de l'aria), mais une tonalité apparentée, toutefois pas le ton le plus voisin, *ré* mineur, mais le plus lointain, *la* mineur[11].

Mozart a-t-il trouvé dans l'*Hamlet* de Shakespeare l'essentiel des idées qu'il développe dans cette lettre à son père ? À l'acte III de cette pièce, Hamlet donne en ces termes des conseils aux comédiens qu'il a convoqués : « Soyez mesurés en tout car dans le torrent, dans la tempête, dans l'ouragan, dirai-je même, de la passion, vous devez trouver et sentir une sorte de retenue qui l'adoucisse. » Wolfgang connaissait parfaitement le théâtre de Shakespeare, Fridolin Weber, le père d'Aloysia et de Constanze, lui en ayant offert l'œuvre complète quelques années auparavant.

Une singulière absence

Même si Osmin bascule dans la folie, « la musique doit toujours rester musique ». Mozart prend donc ses distances, creuse d'abord l'écart musical en dissociant les tonalités ; ensuite la musique turque est chargée de dédramatiser la situation en donnant une coloration comique à cette scène au fond tragique. Une anomalie cependant attire notre attention : le triangle est absent. Le rôle de l'instrument, nous l'avons vu, est de porter à son apogée le crescendo de l'orchestre ; sa présence semblait donc naturelle, voire indispensable, pour stimuler et accompagner la montée puis l'explosion de la rage d'Osmin. Pourquoi cet « oubli » ? Tentons de comprendre.

À ce moment paroxystique de l'aria, l'emploi du triangle se révélerait non seulement superflu mais dangereux. Le fol instrument ne risquait-il pas justement de faire basculer la musique dans le chaos, dans un espace où elle devenait impuissante à jouer son rôle, celui de conserver une mesure au sein de l'expression même de la démesure ? Nous avons vu aussi comment s'établissait entre le personnage et l'instrument une relation analogique. Le triangle ici s'avère inutile puisque Osmin « ne se connaît plus », bien qu'il soit effectivement présent sur le théâtre, saisi à l'instant de l'extériorisation violente de son désordre intérieur. Sans le triangle le tintamarre turc perd de sa force initiale et devient apte à médiatiser la violence, à la contenir dans les limites acceptables du genre *Singspiel.* Dans son opéra précédent, *Idoménée,* Mozart, par le biais d'une musique tournoyante, d'un orchestre emballé, exécutait à grand fracas la folle Électre au final de l'œuvre. *L'Enlèvement au sérail* commence par où *Idoménée* s'achève. La musique turque exécute le fol non en apothéose de *seria,* mais sur le mode comique, conformément à la convention du genre *Singspiel.*

Sabot, toupie, toton, piccolo, avec et sans grelot

« Le fou trépigne en tournant sur lui-même comme un toton », écrit Jean-Victor Hocquard dans son analyse de *L'Enlèvement au sérail.* Plus loin, il évoque la voix d'Osmin « tonitruante, acidifiée de piccolo », puis « la chasse sauvage des cordes et du piccolo ». Les termes employés sonnent juste car ils dévoilent les autres secrets du tintamarre turc.

• Piccolo, première variation

Dans l'Antiquité comme dans les sociétés traditionnelles, le tambour, les cloches en fer tenues d'une main, percutées de l'autre avec les baguettes de bois et la flûte en roseau sont les instruments privilégiés des rites et danses dits « de possession[12] ». Le battement sourd du tambour met en place le rythme, les clochettes métalliques font vibrer la cadence, doublées aussitôt par la voix perçante de la flûte. Le tempo s'accélère progressivement, l'intensité sonore va *crescendo,* déclenchant la transe. La flûte, dans ce rituel, occupe toujours la première place. En Turquie, les derviches tourneurs du Konya utilisent deux flûtes obliques appelées *neys*; le son aigu, criard de l'instument inaugure le tournoiement. La musique s'enroule, dessine le cercle sonore, entraînant dans son orbite les hommes aux larges jupes ouvertes en corolles. La transe qui conclut la deuxième aria d'Osmin fonctionne – toutes proportions gardées * – sur ce modèle

* Bien entendu, chez les derviches tourneurs, le rituel dont il est question n'a rien à voir avec l'expression de la folie.

formel. *Allegro assai,* dit la musique de Mozart. La flûte *piccolo* trépigne, excite le bonhomme transformé en gros toton. Le fol, hors de lui, tournoie, toupine. Seul garde-fou, le silence du triangle. Un processus identique est à l'œuvre dans la troisième aria du personnage (acte III, scène 5). Que s'est-il passé ?

L'enlèvement a échoué ; Belmonte, Pedrillo, Constanze, Blonde sont arrêtés ; Osmin jubile et se réjouit par avance du sort que le Bassa réserve aux fugitifs, en particulier aux garçons, ces « maudits rats de harem » : « *Ha, wie will ich triumphieren...* Quel triomphe pour moi quand on vous mènera au supplice pour vous garrotter [...]. » « *Hüpfen will ich, lache, springen...* Je vais sauter, rire et bondir et puis chanter de plaisir car enfin j'aurai la paix. » La musique, *allegro vivace,* agitée par le piccolo, tressaute, cabriole. La voix, brusquement, dégringole au plus grave de sa tessiture et s'étire longuement sur le mot *ruh,* « paix », où elle atteint le *ré* grave, la note la plus basse de toute la partition. L'orchestre gronde en sourdine. Puis c'est l'explosion finale. La répétition mécanique et obsessionnelle du mot « *schnüren* » (garrotter), engendre le dérèglement puis l'étranglement du chant. Bien que l'orchestration *alla turcqua* n'y soit pas effective, la place prépondérante du piccolo dans la dernière partie de l'air fait signe du côté du triangle toujours absent. Sous l'impulsion du piccolo, l'orchestre entier se déchaîne, entre dans la danse, tournoie, prenant la place de la voix qui s'est tue.

Harmoniques

Il est cependant un moment dans l'opéra où – hormis dans les apparitions du Bassa et au final de l'opéra – Mozart réintroduit, à propos d'Osmin, le triangle dans sa musique turque.

Revenons un peu en arrière, au moment où Pedrillo, afin d'endormir la vigilance d'Osmin et de garantir ainsi le succès de l'enlèvement, imagine d'enivrer le bonhomme : « En vérité, le père Mahomet a commis une fameuse bévue en vous interdisant le vin. Tu ne veux pas essayer ? » (acte II, scène 7). Osmin se laisse facilement convaincre. Ayant transgressé l'interdit, il entre une fois encore en transe, accompagné par un Pedrillo mi-lucide, mi-éméché : « Vivat Bacchus, loué soit Bacchus, qui inventa le vin ! Vive les filles, les blondes et les brunes, gloire à elles. » La musique turque a fait sa réapparition, le triangle cliquette avec frénésie.

Contrairement aux arias précédentes, son utilisation ici ne présente aucun risque car le délire est joyeux, la transe bachique. Associé à l'euphorie de l'ivresse, l'instrument permet même de franchir un seuil. Sous son impulsion, Osmin rentre dans le rêve, dans un monde apaisé où tout devient possible, l'amour et la fraternité. Le triangle conduit ce rêve, l'agite de vibrations amoureuses, comme si, note Hermann Abert, « au travers du cliquetis du triangle, toutes sortes de formes sensuelles et attirantes faisaient signe au vieux en sortant de la brume[13] ». Une si douce ivresse, un petit instrument métallique suscitant la rêverie d'amour, l'accompagnant de son tintement léger... Nous voici, avec dix ans d'avance, dans *La Flûte enchantée*!

Dans le temple des épreuves, Papageno se voit offrir par un mystérieux officiant une coupe de bon vin : « *Herrlich ! – Himmlisch !* Excellent ! Sublime ! Et maintenant je suis si joyeux que j'aimerais m'envoler jusqu'au soleil, si j'avais des ailes. Ah ! Je sens dans mon cœur un sentiment étrange ! Je voudrais... Je désirerais... Oui, quoi donc ? C'est une jeune fille ou femme gentille que Papageno désire » (acte II, scène 23). Aux mêmes causes les mêmes effets. Le vin ayant rempli son office, l'Oiseleur, tout comme Osmin, entre dans le songe amoureux, les clochettes de son carillon magique tournoient en tintinnabulant gaiement. Papageno et son *Glockenspiel,* Osmin et son triangle, le jeune et le vieux fol, le même désir d'aimer, d'être aimé. Mais n'est-ce pas là le désir profond de Mozart lui-même ? Le 7 juillet 1791, alors qu'il compose *La Flûte enchantée,* Wolfgang termine ainsi une lettre à sa femme à Baden :

> Adieu, ma chérie, mon excellente petite femme ! – Fais attention à ta santé, car même si tout va mal, je n'ai qu'un souci – que tu sois en bonne santé, et alors je vais bien. [...] Adieu, mille [...].
> À jamais ton
>
> Mozart[14].

Entre la vie et l'œuvre, entre Mozart et ses personnages, s'établissent ainsi de subtiles harmoniques *, chaque opéra constituant le « nœud de vibration », le lieu de la résonance biographique. La scène de l'ivresse d'Osmin qui nous occupe s'avère particulièrement riche de ces harmoniques. Nous avons appréhendé les phénomènes d'écho qui renvoient d'Osmin à Pedrillo en passant par le Chérubin des *Noces de Figaro* puis au Monostatos de *La Flûte enchantée,* enfin, et surtout, à Papageno. Retournons sur la scène du théâtre, reprenons le fil de la rêverie d'Osmin. Dans l'espace flou de sa griserie

* Un son n'est jamais pur, il résulte de la combinaison d'un son fondamental et de sons secondaires, les harmoniques.

qui n'est pas sommeil profond, ainsi que prend soin de le préciser la didascalie du livret*, Osmin revient en arrière, à celui que laissait entrevoir le début de sa chanson au premier acte, l'innocent cueilleur de figues, le vieux garçon-oiseau : « Celui qui a trouvé une belle qui veut être sincère et fidèle, qu'il la gratifie de mille baisers, lui fasse la vie douce, soit plein d'égards et de tendresse**. » Ici résonne le son fondamental de l'opéra, celui de tous les autres opéras et de bien des lettres mozartiennes : celui de l'amour comme principe de vie. Les lignes si touchantes de Mozart à sa femme, écrites au plus noir de la dépression qui l'affecte à cette époque, vibrent de cette sonorité comme vibre de ce même son la romance d'Osmin. Plein d'égards et de tendresse, Wolfgang envers Constanze le fut toujours. Au premier acte de *La Flûte enchantée,* un duo réunit, pour la seule fois de l'opéra, Papageno et Pamina. L'idée mozartienne de l'amour y est – magnifiquement – affirmée : « Célébrons l'amour avec joie, c'est lui seul qui nous donne la vie, l'amour adoucit toute peine, tout être se consacre à lui, il est le piment de nos jours [...]. Rien n'est plus noble que la femme et l'homme » (acte I, scène 14).

Mais pour Osmin, privé de ce son fondamental, de ce garde-fou, point de salut. Il s'abîme dans la folie puis disparaît à la fin de l'opéra, comme Monostatos, Électre, Don Giovanni et la Reine de la nuit; tous ceux et celles qui aiment mal. Harmoniques. À son dernier banquet, le *dissoluto* lance son ultime profession de foi pendant que Leporello s'efforce de dérober quelques miettes du festin : « Vive les femmes, vive le bon vin, soutien et gloire de l'humanité » (acte II, scène 18). Le rire de Don Giovanni dans le cimetière avait provoqué l'intervention du Commandeur, la chanson à boire accomplit une fonction identique, elle suscite l'apparition de la statue animée, celle de la mort. Six ans auparavant, Osmin et Pedrillo entonnent ensemble un refrain semblable : « Vivat Bacchus, loué soit Bacchus qui inventa le vin ! Vive les filles, les blondes et les brunes, gloire à elles. » Dans *Don Giovanni,* la chanson, comme le festin, n'est pas partagé, l'écart entre le maître et le valet demeure***. Ici, le

* « Osmin sombre progressivement dans le sommeil et l'inertie, cependant le chanteur ne doit pas outrer cet effet et demeurer dans une sorte de rêverie et de demi-sommeil », acte II, scène 7.

** Acte I, scène 2.

*** Il faut toutefois nuancer ce propos qui sera approfondi dans un chapitre ultérieur. En effet, le couple archétypal maître/valet fonctionne singulièrement, dans *Don Giovanni,* sur le mode de la gémellité.

couple Osmin/Pedrillo est sur un pied d'égalité, le vin semble momentanément réconcilier les ennemis, et même éveiller, du côté d'Osmin, un sentiment fraternel : « Bonne nuit petit frère », dit-il à Pedrillo avant de sombrer dans le sommeil. Las ! Dans son rêve d'amour, le vieux bouffon est irrémédiablement seul, sur ce terrain le valet de Belmonte ne l'accompagne plus. Le retour au réel marque pour Osmin une rupture dont il ne se remettra pas. Nul besoin d'intervention extérieure, de statue animée, depuis le début il porte en lui – triangle et piccolo – la marque de son inaccomplissement.

• Piccolo, deuxième variation

Le gardien du sérail a donc failli à sa tâche, il somnole contre le mur de sa maison où sont enfermées Constanze et Blonde. Pedrillo aidé de Belmonte dresse les échelles. Les filles, au signal convenu, apparaissent à une fenêtre. Va-et-vient sur les échelles. Surtout ne pas faire de bruit. Le vieux dort, béat. Mais quelqu'un veille, donne l'alerte, secoue Osmin et lui fait comprendre, par signes, ce qui est en train de se passer. Traversant fugitivement l'opéra, un nègre muet se substitue à Osmin au moment crucial. Au-delà de sa brève utilité dramaturgique, le personnage fait sens ; agissant à la place d'Osmin, le doublant en quelque sorte, il en dévoile le secret.

Le serviteur muet, comme tous ceux du sérail affectés à la garde des femmes, est un eunuque. Osmin, gardien en chef du sérail, surintendant du Bassa Sélim, occupe donc la fonction de *Kutzlir Agafi*, telle que la décrit dans son récit de voyage Jean-Baptiste Tavernier :

> *Kutzlir Agafi*, c'est-à-dire en notre langue le gardien des Vierges. Il est le chef des eunuques noirs et va de pair en autorité avec le *Capi-Aga* qui est le chef des eunuques blancs. C'est le surintendant de l'appartement des femmes, il tient les clés des Portes et parle quand il veut à l'empereur[15].

Coupé du monde extérieur de par son rôle social, enfermé dans sa folie, Osmin est donc aussi un être physiquement coupé, privé de son identité d'homme. À la mutilation du corps correspond le silence du langage. Osmin, « un type grossier », écrivait Mozart de son personnage. Grossier au sens que l'époque donne à ce terme : « Épais, qui a trop de grosseur ; se dit figurément en choses spirituelles et morales : les Sauvages sont grossiers et mal polis. Il y a des esprits si grossiers qu'on ne peut rien leur apprendre[16]. » Tous et toutes, dans l'opéra, font leur chemin, se réalisent. Les jeunes deviennent adultes, le Bassa trouve l'apaisement dans le renoncement et le pardon. Osmin, le castrat amoureux, plein d'âge mais sans raison, ne peut que tourner sur lui-même, dans le vacarme et le silence de ses paroles folles. Le texte de l'opéra ne dit mot sur la mutilation sexuelle* mais la musique dévoile le manque et la folie : à l'intérieur du tintamarre turc, le triangle n'évoque-t-il pas aussi les grelots et les clochettes ornant le capuchon du fol de carnaval ? Il décèle le ratage de l'accès à la parole, l'impossibilité de l'apprentissage en rappelant qu'Osmin est un « timbré » ainsi qu'on le disait déjà au XVIIIe siècle**. S'ajoutant au triangle ou le relayant, le piccolo joue le même rôle de marqueur sonore. Doublant de sa note acidulée la voix grave du bonhomme, notamment dans l'aria « *Ha, wie will ich triumphieren* » (acte III, scène 5), le petit instrument fait entendre la voix dénaturée de l'eunuque, voix de fausset aigre et frêle.

Un charivari pour Osmin

Nous n'avons pas fini cependant d'explorer tout le registre symbolique de notre tintamarre turc. Musique de la transe, emblème sonore de l'altérité d'Osmin, le voici qui prend en charge un véritable rituel charivarique.

Depuis le Moyen Âge, dans la plupart des sociétés européennes, le charivari met en scène la sanction sociale qui frappe celui qui déroge à la coutume et contrevient aux règles de l'alliance. Ce rituel bruyant stigmatise ainsi le remariage d'une veuve, l'union d'un barbon avec une jeunesse, et, généralement, les couples mal assortis. Le groupe des jeunes non mariés organise l'opprobre collectif. Armés de casseroles, tambours, grelots, clochettes et crécelles, ils vont, le soir des noces, donner une sérénade discordante et tonitruante aux époux mal appariés. Répandus universellement, ces usages de réprimande prennent une tournure particulière dans certaines régions

* Les récits de voyage au XVIIIe siècle, tels ceux de J.-B. Tavernier et de Lady Montagu, connaissaient une grande vogue et circulaient largement dans les cours européennes. La nature d'eunuque du personnage était certainement implicite pour Mozart comme pour les spectateurs de l'opéra.

** Giordana Charuty a montré comment, dans nos sociétés, l'accès au langage est symboliquement évoqué et facilité par les objets métalliques qui accompagnent la petite enfance : cuillères et timbales en argent, hochets (« Le fil de la parole », *Ethnologie française*, XV, p. 123-152).

d'Allemagne, notamment en Bavière où le charivari – *Haberfeldtreiben* – est destiné plus largement à ceux qui se rendent coupables d'un comportement sexuel considéré comme inacceptable socialement. Le thème du couple dissonant occupe une place centrale dans la comédie du XVIIIe siècle :

> N'est-ce pas que *Le Trou dans la porte* est une bonne comédie ? – Mais tu devrais la voir représentée ici. – *Les Dangers de la séduction* est également une bonne pièce. – *Le Secret au grand jour* n'est acceptable qu'en tenant compte de ce qu'il s'agit d'une pièce italienne – Car le fait que la princesse se laisse séduire par le valet est vraiment par trop abject et contre toute nature [...]. Je n'ai rien de neuf à t'écrire, ma chère sœur, car je ne sais rien[17].

Ces lignes de Mozart commentant pour sa sœur les dernières nouveautés du théâtre viennois permettent de mieux comprendre comment la transposition musicale de ce motif aboutit à l'irruption du charivari dans *L'Enlèvement au sérail.* L'idée qu'un valet – fût-ce dans le domaine de la fiction – puisse séduire une princesse est socialement inconcevable. Comment, dans ces conditions, mettre en scène un vieil et fol eunuque noir courtisant une jeune et blonde Occidentale ? Wolfgang résout ce problème épineux en organisant, par le biais de sa musique turque, un charivari à Osmin. Cors, trompettes et cymbales donnent la charge, le triangle endiablé mène la joyeuse et vindicative bande, relayé, lorsqu'il s'absente, par « la chasse sauvage des piccolos et des cordes ». Osmin, désigné ainsi sans ambiguïté à la vindicte collective, est, comme il se doit, poursuivi, harcelé par un tintamarre turc authentiquement bavarois et profondément... hongrois. En effet, la « turquerie » – qui surgit sur la scène du théâtre au XVIIe siècle et connaît son apogée à l'époque des Lumières – trouve son origine dans la musique *alla hungarese,* et plus particulièrement dans une tradition populaire hongroise, la danse du *Törokös* ou *Danse des Hôtes importuns.* Cette danse est exécutée à l'occasion des noces paysannes. À minuit, un groupe de chanteurs et danseurs masqués portant des costumes turcs se livre à un bruyant concert, ponctué par le vacarme d'instruments très semblables à ceux du charivari. Ce rite rappelle, sur le mode burlesque, la domination turque en Hongrie, et tire de là son nom[18]. Attesté par l'ethnomusicologie, ce lien entre vacarme rituel et musique *alla turcqua* trouve ainsi sa vérification dans notre mozartienne turquerie. On peut se demander à ce propos si la turquerie, dans le théâtre et l'opéra des XVIIe et XVIIIe siècles, ne fonctionne pas toujours sur le registre charivarique. Souvenons-nous de la scène du *Bourgeois gentilhomme* où M. Jourdain, bourgeois parvenu, barbon amoureux de l'aristocrate et jeune Dorimène, est intronisé burlesquement *mamamouchi*, sur la musique endiablée de Lully.

Entre le rite et le théâtre, le rite et l'opéra, la relation s'établit ainsi naturellement en un temps où les pratiques de ces usages de réprimande étaient fort courantes; témoin par exemple cette lettre du 15 décembre 1780 dans laquelle Léopold Mozart rapporte à son fils les derniers potins de Salzbourg. La jeune comtesse Louise Lodron est promise au comte Nikolaus Lodron. Il a soixante-neuf ans, elle en a dix-neuf. Toute la ville jase, quelque chose se prépare :

> On se souffle à l'oreille qu'il y aurait encore quelques difficultés au sujet du mariage. J'espère qu'il sera annulé, il est trop inégal. Ésope* va sans doute faire la haie, chanter des psaumes – *psallieren* – ou porter une torche[19].

Psallieren. La traductrice française de la correspondance, Geneviève Geffray, signale que ce terme employé par Léopold n'existe pas en allemand : « Il pourrait s'agir du mot *spalieren* qu'il aurait alors mal écrit et qui signifierait "faire la haie", à moins qu'il ne s'agisse d'un mot de son invention, *psalmieren*, qui signifierait alors "chanter des psaumes" », écrit-elle[20]. Ne peut-on penser que ce terme de *psallieren* est une heureuse trouvaille de Léopold ? La double acception du mot ne renvoie-t-elle pas au charivari ? Une bande joyeuse de Salzbourgeois projette d'aller, la nuit, sous les fenêtres du barbon, célébrer à sa manière le mariage prochain. Torches, haie d'honneur, psaumes, le tout sur le mode bruyant et bouffon bien entendu. Léopold connaissait le goût de son fils pour les jeux de mots, il a sans doute pensé que le contexte de sa lettre était suffisant pour faire entendre son *psallieren.*

Sur la scène du théâtre, Osmin, dûment charivarisé par Mozart, est poursuivi par un tintamarre dont il est en même temps, à des niveaux divers, le sujet et l'objet. Mais la folie d'Osmin ne serait-elle pas contagieuse ? On peut s'interroger alors sur les figures du balancement et du déséquilibre dans l'opéra.

---

* Un copiste.

VARIATIONS SUR UN THÈME ET DEUX INSTRUMENTS

Échelles

Du côté de la musique turque, le triangle et le piccolo jouaient le rôle de déstabilisateurs et de révélateurs. Du côté de la dramaturgie, un instrument, l'échelle – celle d'Osmin au premier acte, celle de Pedrillo au deuxième acte –, établit le même rapport analogique à l'instabilité, au déséquilibre. Il l'enrichit au point que cet anodin et muet accessoire devient, par les riches tonalités de son registre symbolique, un instrument quasi musical.

Grimper, se percher. Le cueilleur de figues est en position instable en haut de son échelle. Vacillement du corps, perte d'équilibre, efforts pour le conserver. Du fruit au panier, la main se tend, hésite, se raccroche à la branche prochaine. Ne pas perdre le point d'appui, ne pas regarder vers le bas, vertige. L'expérience du corps va de pair avec celle de l'esprit saisi de balancement. Mais cette expérience du vertige, du déséquilibre, n'évoque-t-elle pas aussi celle du cœur épris ? « Déjà je tremble et je chancelle, je tressaille et je vacille [...]. Quel trouble me saisit ? » (acte I, scène 5) chante Belmonte à la pensée de revoir celle qu'il aime. *Staccato,* alternance de *forte* et de *piano,* la musique bat au rythme du cœur qui s'affole. Wolfgang à son père le 26 septembre 1781 :

> Passons à l'air de Belmonte, en *la* majeur, *o wie ängstlich, o wie feurig*; savez-vous comment cela s'exprime ? – Le cœur palpitant y est bien souligné – les deux violons à l'octave. – C'est l'aria favorite de tous ceux qui l'ont entendue – et de moi aussi. – Elle est tout entière écrite pour la voix d'Adamberger*. On voit le tremblement, le tressaillement – on voit la poitrine haletante se soulever – ce qui est exprimé par un *crescendo.* – On entend le chuchotement et le soupir – qui est rendu par les premiers violons avec sourdines et une flûte, *unisono*[21].

L'échelle : distance et abolition de cette distance. Reliant le bas et le haut, espaces incompatibles, elle instaure un cheminement dangereux. La progression vers la cime, là où reposent les plus beaux fruits, est un apprentissage patient. Chemin solitaire : sur une échelle, l'un précède toujours l'autre ou suit l'autre. À moins d'avoir une échelle double, une échelle de jardin comme celle d'Osmin

* Le créateur du rôle de Belmonte.

pour les figues et de Pedrillo pour les filles. Se dessinent alors les figures d'un quadrille masculin avec échelle. Sur la première, le couple Sélim/Osmin, sur la seconde le couple Belmonte/Pedrillo. Changement de partenaire, nouvelle configuration : Osmin/Pedrillo sur l'une, Sélim/Belmonte sur l'autre. Les figues-fleurs, les filles-fruits attendent en haut de l'arbre, de la fenêtre, la fin de l'affrontement rituel. Échelles des garçons, échelles des voleurs, carcan, pilori, car la cueillette, l'enlèvement seront sanctionnés. L'échelle prend à ce moment la mesure entre le rêve et la réalité, degrés qui relient et séparent, en portions d'espace, l'Orient et l'Occident. Au temps de Mozart, *Les Échelles* est le nom donné aux ports de la Méditerranée orientale. Escales lointaines pour les voyageurs, les trafiquants, les amoureux. Sur l'eau bleue, les felouques aux voiles triangulaires emmènent le pacha et sa belle captive à la promenade. Elles ramènent un vieux roi de la guerre – *Idoménée* – ou emportent deux jeunes écervelés afin qu'ils deviennent des hommes, *Così fan tutti, Così fan tutte* dira Wolfgang plus tard. La mer balance ses bateaux ou les secoue en tempête, berce le rêve d'amour ou l'engloutit. Plongés dans les eaux profondes de la jalousie, les amoureux se débattent, s'essoufflent. Poison insidieux du doute ; Belmonte : « M'aime-t-elle encore ? » ; Pedrillo : « Mais Blondine... ah ! L'échelle... ! En vaux-tu bien la peine ? » (acte II, scène 8). « Poison et poignard », expression favorite d'Osmin. Poison de l'amour défendu, de l'ivresse qui fait la courte échelle au rêve impossible. Dégringolade. Poignard pour ceux qui viennent ravir les femmes, poignard pour le fol, le hors-la-loi de l'amour ; la blessure s'avive à chaque éclat de la musique turque, elle ne se refermera pas. Au chromatisme de la douleur répond l'échelle des couleurs. Le teinturier un peu sorcier mesure, sépare puis mélange avec application les teintes : noir d'ébène, or comme Orient et rouge turc, blanc d'Espagne, une touche de vert anglais. Les couleurs tournent, virent, se métissent. D'un ton à l'autre, l'amour en habit d'Arlequin joue sur tous les registres de l'échelle, les tonalités changent à chaque instant : certitudes, ravissements, incertitudes, angoisses. Il faudra passer par toutes les couleurs du kaléidoscope, par tous les tons de la gamme avant d'arriver au bout du chemin. Échelle sonore. Elle évalue la distance entre l'aigu et le grave, entre ce qui sépare et réunit les jeunes et les adultes dans l'opéra. Aigu. Voix des jeunes, sopranos, ténors. Belmonte, Constanze, Pedrillo, Blonde. Basse et bouffe, celle d'Osmin dont il convient de faire « chatoyer [les] beaux sons graves », précise Mozart[22]. Mais le tintement du triangle, la voix aiguë du piccolo, tout en évoquant la blessure intime, ne rapprochent-ils pas le vieux des jeunes ? La passion du vieil Osmin pour Blonde le ramène en arrière, à la saison printanière depuis longtemps enfuie. Osmin mais aussi Sélim le Bassa tout comme Idoménée auparavant et bientôt Almaviva et Sarastro. Oublier l'âge, retrouver, ne serait-ce qu'un bref instant, l'amour dans sa fleur – Constanze, Ilia, Pamina et Suzanne –, douces et amères chimères. Leurs aînées, Rosine, la Comtesse triste des *Noces de Figaro,* Marceline la duègne et même la terrible mère de *La Flûte enchantée,* la Reine de la nuit, cèdent fugitivement à la tentation de la reverdie : un jeune page, un Chérubin, ramène Rosine au temps des rubans volés et des romances, Marceline se trompe d'amour, Figaro lui rend un statut de jeune fille avant de la transformer en mère... puis en épouse. La reine scintillante d'étoiles, tout comme ses Trois Dames, succombe au charme de Tamino, non sans arrière-pensées. Le pouvoir et l'amour ne font pas bon ménage.

La folie du cœur a un âge, elle appartient, selon la coutume, à la jeunesse. La raison, elle, est l'apanage de l'âge mûr. Mais la raison vacille là où l'amour, inopinément, fait la courte échelle au passé. Balancement. Entre passé et présent, entre rêve et réalité, Osmin oscille sur son échelle, puis s'endort. Le vin est un puissant narcotique ; il calme la douleur, met, comme l'amour, la vie entre parenthèses. Mais le sommeil est bref, le songe trompeur. Mieux vaut résister, rester éveillé, muet, mais l'œil aux aguets tel le serviteur noir qui découvre l'échelle, l'enlèvement. Silence et vacarme ; le tapage de la musique turque, comme un café bien fort, se charge d'ouvrir les yeux de celui qui a glissé insidieusement dans le rêve. Ouverture de l'opéra : « Je crois qu'on ne s'y endormira pas, même après être resté toute une nuit sans fermer l'œil », écrit Wolfgang à son père[23].

Regards

Fermer l'œil, dormir, ne plus voir, ne plus aimer, être aveugle. Ouvrir l'œil, surveiller contempler, aimer, mais l'amour rend aveugle. Échelle des regards. Voici qu'entre en scène notre deuxième instrument, optique celui-ci. Tout aussi instable que l'échelle, l'œil n'est-il pas également instrument de mesure ? Toiser. Évaluer l'autre, apprécier d'un coup d'œil la distance qui sépare, prélude peut-être à l'affrontement. Ou bien ouvrir l'œil, surveiller. Argus. Si l'œil se fait regard, la distance s'amenuise, l'échange est accepté : contemplation, fusion des regards, fulgurance de l'amour.

Dans la logique symbolique de l'opéra, l'instrument aux deux tonalités occupe une place centrale.

• L'œil du Maître

La communauté silencieuse du sérail vit selon la parole du despote, mais aussi sous son regard implacable. Il faut obéir, aveuglément. Les substituts de ce pouvoir, les eunuques, les muets – bouche cousue mais œil acéré – montent la garde ; nul homme, nul étranger, ne saurait entrevoir les secrets du sérail sans encourir la mort. Comment franchir le seuil, parvenir jusqu'à Constanze ? « Comment la voir, lui parler ? » s'interroge Belmonte. La transgression est double puisque l'œil et la parole appartiennent au seul Bassa. Osmin, le gardien des Portes, surveille les femmes, les eunuques et les étrangers, tel le jardinier, ce Pedrillo qui a su gagner les bonnes grâces du Maître : « Je suis bien vu du Bassa. Grâce à mon mince talent de jardinier, j'ai obtenu ses faveurs », dit Pedrillo à Belmonte. « Je l'ai à l'œil », tonne Osmin. Espionnage mutuel, Pedrillo garde aussi l'œil sur Osmin, « ce favori, cet espion, le plus fripon d'entre les fripons qui m'assassinerait bien du regard s'il le pouvait ». Dans l'espace clos du sérail, ne convient-il pas, pour maintenir sa position, pour sauvegarder sa vie même, d'avoir l'œil du despote ? Être bien vu, c'est aussi avoir accès au jardin, au regard et à la parole des femmes interdites : « Tout homme, quel qu'il soit, doit s'éloigner quand l'une de ses femmes entre dans le jardin ; moi je peux rester, elles s'entretiennent avec moi et le Bassa ne s'y oppose pas », déclare fièrement Pedrillo à Belmonte. Un eunuque en chef, un jardinier et un architecte... Grâce aux bonnes relations de Pedrillo avec le Bassa, Belmonte, à son tour, sous le titre usurpé d'architecte des jardins, est admis dans le sérail. Toutes ces fonctions n'évoquent-elles pas l'idée de contrôler, de maîtriser ? Elles autorisent la contemplation des fleurs, des fruits, des femmes. Dans la deuxième partie de l'opéra, l'étape est franchie. Guidé par Pedrillo, Belmonte passe de l'extérieur à l'intérieur du palais, c'est-à-dire dans le jardin clos. Les deux garçons vont forcer la porte, passer le seuil, au grand dam d'Osmin (acte I, scènes 9 et 10) ; et voici une époustouflante scène de comédie. Le combat s'engage par un échange de regards, puis Osmin entame les hostilités car il voit clair dans le jeu des deux autres : « Tout cela est un coup monté pour nous duper, et il faudrait que je ferme les yeux ! » « Regarde ! » nargue Pedrillo, « nous allons tout bonnement entrer ». Le bonhomme se campe fermement devant la porte : « Ah ! C'est ce que je voudrais bien voir ! » Le trio qui suit, mené à un train d'enfer, met en scène la violence, physique cette fois, car on en vient aux mains. Deux termes résument la problématique de l'instant : pour Belmonte et Pedrillo, *heinen*/entrer, pour Osmin : *schlagen*/frapper. L'affrontement sera bref, brutal et bouffon. Ici encore, la musique, en faisant du bruit, médiatise la violence, pose sa limite. Osmin, *allegro assai*, est défait, balayé par la jeunesse et la vigueur de ses adversaires, par l'orchestre déchaîné* : « C'est d'ailleurs tout ce qui fait la fin d'un acte. – Plus c'est bruyant, mieux c'est ; – plus c'est court, mieux c'est[24] [...]. » La défaite du bouffon, qui préfigure la déroute finale, ne nous étonnera pas, elle s'inscrivait déjà dans la romance, puis dans la musique turque de l'acte I. Un peu plus tard, à l'acte III, Blonde elle-même donne une autre clé de cette défaite ; nous la connaissions déjà : « Un bonhomme vieux et laid comme toi a le front de me donner des ordres à moi, fille jeune, belle et née pour le bonheur ! En vérité il ferait beau voir ! » En avant pour le charivari qui sanctionne l'œillade prohibée. À trop contempler le fruit défendu, on risque d'y perdre ses yeux. Toutes griffes dehors, Blonde marche sur Osmin : « Tes yeux vont y passer si tu t'attardes plus longtemps. » « Elle fait mine de lui crever les yeux », dit la didascalie du livret (acte III, scène 1). Supprimer le regard, terrible punition pour l'amoureux mais aussi pour le Gardien : le surintendant du Pacha est appelé *Nazari*, le Voyant[25].

• Le miroir des amoureux

Osmin, œil officiel du despote, garde ses femmes et ses eunuques. Pedrillo veille sur les jardins, entretient les fleurs et les fontaines. Sur les allées fraîches, les femmes promènent leur désœuvrement, plongent leurs mains dans l'eau vive des vasques et attendent que le Bassa daigne jeter un regard sur l'une d'elles. Constanze, la sultane, l'élue, n'a pas le cœur à jouir du paysage ; Blonde, elle, n'y semble pas insensible : « Au moins, distrayez-vous. Regardez comme la soirée est belle, comme tout s'offre à nous dans l'éclat et la gaieté, comme les oiseaux nous invitent avec joie à leurs chants » (acte II, scène 2). Mais Constanze ne voit rien, n'entend rien, murée dans sa peine. Son regard a perdu celui de Belmonte le bien-aimé, l'amour s'est égaré dans le vacarme du combat où les

* Hautbois, clarinettes, bassons, cors, trompettes, timbales, cordes, mais sans piccolo et sans triangle bien entendu.

pirates l'ont dérobée à son fiancé. À sa vue seulement, le Bassa qui met à ses pieds son amour et son royaume.

Dans les opéras mozartiens, voir c'est aimer. Il suffit souvent du regard porté sur une image. La contemplation fait naître l'amour et entretient sa flamme. Pamina sourit sur un médaillon, Tamino est subjugué : « *Dies Bildnis ist bezaubernd schön*... Ce portrait est d'une éblouissante beauté que nul regard n'a jamais contemplée ! Je sens combien cette image divine emplit mon cœur d'un émoi nouveau » (*La Flûte enchantée*, acte I, scène 4). Première apparition de Fiordiligi et Dorabella au début de *Così fan tutte*. Fiordiligi : « *Ah guarda sorella*... Ah ! regarde ma sœur... » « Les deux jeunes filles regardent des portraits qu'elles portent sur des chaînes », dit le livret. Mozart à sa femme :

> Petite femme chérie, que n'ai-je déjà une lettre de toi ! Si je voulais te raconter tout ce que je fais avec ton cher portrait, tu rirais bien souvent. Par exemple lorsque je le tire de sa prison, je dis : Dieu te bénisse Stanzerl *. Dieu te bénisse, Dieu te bénisse ; coquine ; petit pétard ; nez pointu, charmante petite bagatelle – Schluck und Druck ! Et lorsque je l'y remets, je l'y fais glisser petit à petit en disant Stu ! – Stu ! – Stu ! mais avec une certaine insistance, comme l'exige ce mot si plein de sens ; et à la dernière poussée : bonne nuit, petite souris, dors bien. Je crois avoir écrit ici quelque chose de bien bête (pour tout le monde, du moins) – mais pour nous qui nous aimons si ardemment, ce n'est sûrement pas si sot ; – c'est aujourd'hui le 6e jour que je t'ai quittée et, par Dieu, j'ai l'impression qu'il y a déjà un an[26].

Sans regard échangé, ne serait-ce que par image interposée, l'amour s'absente dangereusement. Il peut se tourner, l'espace d'un instant, d'un rêve, vers un autre regard, le regard féminin s'entend, car le cœur des filles est, par nature, inconstant. *Così fan tutte*. Dorabella se laisse courtiser par Guglielmo, le fiancé de sa sœur, déguisé en Albanais. Il faudra, pour que l'oiselle succombe, que le jeune homme accomplisse une action décisive : « *Non guardar*... Ne regarde pas », dit Guglielmo à Dorabella. « Il lui tourne doucement le visage de l'autre côté, lui prend le portrait de Ferrando et met le cœur à sa place » (didascalie, acte II, scène 5). Parti le regard, envolé l'amour. « Tourne les yeux vers moi » ordonne alors Guglielmo. Tout est joué. Belmonte, lui, traverse la mer pour revoir celle qu'il aime. Chanter l'espoir des retrouvailles, n'est-ce pas chanter l'attente du regard ? « Constance, te revoir, toi ! Oh, quelle angoisse, quelle

* Diminutif de Constanze.

ardeur, font palpiter mon tendre cœur ! Les larmes de joie lorsqu'on se revoit compensent l'âpre douleur de la séparation. Déjà je tremble et je chancelle » (acte I, scène 5).

L'amour surgit ainsi au hasard d'un regard échangé ou jeté sur une image. Après, le langage prend la relève, dessine avec les mots les contours de l'objet aimé, lui donne sa densité de chair, de sensualité. Le cérémonial du courtisement, cet art de l'attente, concrétise la nouvelle étape du parcours qui s'achèvera par le choix définitif du partenaire. Ce temps coutumier de l'attente, de l'apprentissage, n'est-il pas celui de l'instabilité, de l'errance amoureuse ? L'amour se cherche, se fixe, là ou ailleurs, s'égare en chemin. À minuit, au clair de lune, la romance de Pedrillo chante l'enlèvement des belles : « *Im Mohreland*... Au pays des Maures était captive une fille belle et gracieuse [...]. Alors arriva de l'étranger un jeune chevalier : “Ah ! s'écria-t-il, je risque mon honneur et ma vie pour pouvoir la sauver” » (acte III, scène 4). Mais l'enjeu en vaut-il la chandelle ? Faut-il risquer sa liberté et sa vie pour des fiancées dont on soupçonne l'inconstance ? Belmonte et Pedrillo, au moment d'agir, de dresser les échelles, ont des doutes... Blonde ne serait-elle pas, malgré tout, sensible aux avances d'Osmin ? On murmure aussi dans le sérail que l'amour du Bassa trouverait enfin un écho auprès de Constanze... De la scène d'opéra à celle de la vie, en miroir, un autre chevaleresque fiancé s'efforce d'enlever sa belle. À L'Œil de Dieu, pension tenue par Mme Weber, Constanze, sa fille, attend. Mozart, tout en composant son *Enlèvement,* s'agite pour tirer son oiselle des griffes de sa terrible mère. L'enlèvement à L'Œil de Dieu aura lieu, le mariage se fera, mais en attendant – loin des yeux, loin du cœur – la fiancée s'amuse. Remontrances du promis, brouille :

> Très chère, excellente amie !
>
> Me permettrez-vous encore de vous donner ce nom ? – Vous ne me haïrez pas au point que je ne sois plus autorisé à être votre ami, et vous – plus mon amie ? – et – même si vous ne souhaitez plus l'être, vous ne pouvez tout de même pas m'empêcher de penser du bien de vous, mon amie, comme j'y suis déjà habitué. – Réfléchissez bien à ce que vous m'avez dit aujourd'hui. – Vous m'avez éconduit par trois fois (malgré mes prières) et dit en face que vous ne vouliez plus avoir affaire à moi. – Moi, à qui il n'est pas égal comme à vous de perdre l'objet de mes amours, je ne suis pas suffisamment emporté, irréfléchi et insensé pour accepter d'être – éconduit. – Je vous aime trop pour franchir ce pas. – Je vous prie donc encore une fois de bien réfléchir à la cause de toute cette malheureuse affaire et de bien peser pourquoi j'ai critiqué votre

> fâcheuse inconscience qui vous faisait raconter à vos sœurs – *Nota bene* en ma présence – que vous vous étiez fait mesurer les mollets par un *chapeaux**. Une femme qui tient à son honneur ne fait pas cela. La maxime selon laquelle on doit faire comme les autres en compagnie est fort bonne. – Mais il convient de considérer bien des à-côtés. [...] Si je suis une enfant ou déjà une jeune fille en âge de se marier – et surtout si je suis une fiancée engagée ? [...] Un petit aveu que votre attitude a été alors quelque peu irréfléchie aurait tout remis en place. – Et – si vous n'êtes pas fâchée, très chère amie – tout pourrait encore s'arranger. – Vous constatez ici combien je vous aime. – Je ne m'emporte pas comme vous ; – je pense – je réfléchis – et je ressens. – Sentez – ayez du sentiment – ainsi, je suis sûr de pouvoir dire aujourd'hui même : Constanze est la bien-aimée vertueuse, jalouse de son honneur – raisonnable et fidèle de son bien intentionné
>
> Mozart [27].

La biographie, l'œuvre. D'une Constanze l'autre, Mozart pose une question unique : m'aime-t-elle encore ? Le personnage d'opéra répond à sa manière ; il trouve, dans le balancement du cœur, sa vraie grandeur. Une analyse succincte des trois arias attribuées à Constanze va nous permettre de voir comment Mozart met en scène, très subtilement et avec une immense tendresse, les incertitudes d'un cœur de jeune fille.

La tentation de Constanze

Constanze est reine dans la cage dorée du sérail. Le Bassa en a fait sa favorite, elle est même devenue « la prunelle de ses yeux », explique Blonde à Osmin. Fascinée, Constanze observe Sélim. Le voir, lui, le maître absolu d'un empire, implorer son amour ! Même si, exaspéré par la résistance de la jeune fille, il accompagne parfois ses déclarations de menaces, Sélim sait parler d'amour : « Toujours aussi triste, Constanze chérie ? Toujours en pleurs ? Vois, cette soirée est enchanteresse et mon amour pour toi est tout de tendresse... C'est à toi seule qu'il appartient de me donner ton cœur » (acte I, scène 7). Comment résister à la voix persuasive, au regard caressant ? Le langage amoureux abolit la distance, celle de l'âge, de la culture, de la religion ; il opère une véritable conversion qui ramène le

* Un galant. Mozart évoque ici un jeu de société dont le gage consistait, pour les dames, à se faire mesurer les mollets à l'aide d'un ruban par l'un des participants.

prince oriental vers sa captive chrétienne. Poli par l'amour*, comment le Bassa ne trouverait-il pas grâce auprès de Constanze? « Oh, homme magnanime, si je le pouvais… Si je pouvais répondre à ton amour. » Admettre la possibilité d'un sentiment partagé, n'est-ce pas déjà réduire l'écart? Or, un fait passe généralement inaperçu : le Bassa, nous apprend Pedrillo, est un renégat, c'est-à-dire qu'il fait partie de ces Occidentaux, originaires d'Espagne pour la plupart, qui ont, volontairement ou non, renoncé à leur patrie pour adopter la religion et les usages mahométans**. Voici la distance entre Sélim et Constanze considérablement réduite. Au final de l'opéra, nous saurons que c'est à cause du père de Belmonte que Sélim s'est expatrié : « À cause de ton barbare de père, je dus quitter ma patrie. Par son insatiable avidité, il me ravit une bien-aimée qui m'était plus chère que ma vie. Il me priva de gloire, de fortune, de tout. Bref, il anéantit mon bonheur » (acte III, scène 6). Cette conjoncture rend encore plus improbable la clémence dont fait preuve le Bassa à l'égard de ses prisonniers après l'enlèvement manqué. L'on a souvent évoqué à propos de ce dénouement inattendu le contexte idéologique et politique de l'Europe des Lumières. En cette seconde moitié du XVIIIe siècle, il est vrai, le despotisme est au centre de toutes les interrogations sur le pouvoir absolu. L'Orient sert à penser ce questionnement. Le thème de la clémence, sur les scènes du théâtre, de l'opéra, fait florès et l'œuvre de Mozart n'échappe pas à la règle. Mais par-delà ce contexte, la clémence du Bassa s'inscrit pleinement dans l'ordre symbolique de l'opéra. En édictant l'arrêt de mort puis en y renonçant, Sélim met un terme au balancement des cœurs, au désordre amoureux; il signifie à Constanze, Belmonte, Blonde et Pedrillo la fin de la saison d'apprentissage. Réinstaurant la bonne distance entre Orient et Occident, il assume sa fonction de médiateur en faisant franchir aux jeunes gens le seuil de l'adolescence. Ainsi feront Sarastro au final de *La Flûte enchantée* et Don Alfonso dans celui du *Così fan tutte,* ainsi fera le Titus de *La Clémence.* Figure bien attachante que celle de ce Bassa renégat, souvent méconnue par les metteurs en scène qui

* En 1732, le comédien Pierre-François Biancolelli écrit une parodie du *Zaïre* de Voltaire dont le titre est, pour notre propos, évocateur : *Les Enfants trouvés ou le Sultan poli par l'amour.*

** Le plus célèbre de ces renégats fut, au XVIIIe siècle, le comte de Bonneval qui devint Soliman Pacha. Sur ce sujet, lire l'ouvrage de Bartolomé Bennassar, *Les Chrétiens d'Allah.*

réduisent ce personnage embarrassant – il ne chante pas – à une manière de statue parlante*. Pourtant ce monarque est plein d'attraits : « Si bon, si généreux, si magnanime », soupire Constanze et, d'un regard l'autre, son cœur hésite. La jeune fille lutte, résiste, prise entre la foi jurée au fiancé perdu et un penchant secret pour son royal geôlier. La tentation est grande néanmoins de s'abandonner, d'oublier le passé. Constanze la sultane ? Les spectateurs de l'époque n'en eussent pas été choqués. Dans le récit de ses pérégrinations en Orient, Lady Montagu évoque le dénouement véridique d'une idylle semblable :

> Je connais bien une dame de qualité qui est chrétienne et qui a choisi de vivre volontairement avec un époux turc : c'est une dame pleine de sagesse et d'agrément [...]. Son amant infidèle était très beau, très tendre, amoureux d'elle et déployait à ses pieds toute la magnificence turque [...]. Il l'épousa et ne prit jamais d'autre femme et elle n'eut jamais de raison de se repentir de son choix[28].

Mais sur la scène du théâtre, Constanze vit dans le déchirement sa saison d'Orient. Alors, tout comme la petite Bastienne de la pastorale que Mozart écrivait à douze ans, elle appelle la mort de ses vœux ; elle seule pourrait lui apporter la paix, apaiser son tourment. En cela, une singulière parenté l'unit à Osmin. De l'extrême grave de la basse bouffe à l'extrême aigu de la soprano, les voix se répondent en écho lointain. Deux êtres solitaires, enfermés dans le vacarme de leur monde intérieur cherchent l'issue. Trop-plein de douleur, trop-plein de musique : « Trop de notes mon cher Mozart » disait l'empereur Joseph II à propos de *L'Enlèvement au sérail*. « Juste assez votre Seigneurie », répondit vivement Wolfgang. Juste assez pour que la musique turque entre en transe avec Osmin, pour qu'au plus haut de l'aria de Constanze à l'acte I (scène 7), celle dont Mozart écrit qu'il l'a « un peu sacrifiée au gosier agile de Mlle Cavalieri** », la souffrance s'épanche, *allegro* endiablé, en vocalises effrénées. Folie d'Osmin, hors sens, hors langage. En regard, la folie de douleur de Constanze, la parole qui s'abolit dans le vertige de la vocalité pure.

---

* Mais il est vrai qu'il y a du Commandeur en Sélim comme en Sarastro d'ailleurs.

** Interprète du rôle de Constanze. Lettre de Mozart à son père, Vienne, 26 septembre 1781, W. A. Mozart, *Correspondance*, t. III, p. 261.

Pourtant, comme la chanson d'Osmin au premier acte, l'aria avait commencé calmement, *adagio,* en un chant nostalgique et doux : « Ah, j'aimais, c'était le bonheur, les tourments de l'amour je les ignorais, je jurais fidélité à celui que j'aimais. » L'évocation du bonheur passé entraîne immédiatement celle de la situation présente : point d'orgue, et c'est la ruée dans l'*allegro* : « Mais ma joie s'en est bien vite allée et la séparation fut ma triste destinée. À présent mes yeux sont noyés de pleurs, le chagrin est au fond de mon cœur. » Malgré les apparences, il n'y a aucune rupture entre les deux parties de l'aria qui se structure sur le va-et-vient entre passé/bonheur – *adagio* – et présent/chagrin – *allegro.* Mais cette oscillation rythmique ne possède-t-elle pas une autre fonction ? Entre *adagio* et *allegro,* entre le fiancé lointain et l'amoureux prestigieux, le cœur de Constanze balance. Le texte précise ce que chante la musique : « Je veux bien te servir, être ton esclave jusqu'à la fin de mes jours, mais ne demande pas un cœur qui t'est refusé à jamais * », dit-elle à Sélim. Notons que la jeune fille ne dit pas : « Mon cœur que je te refuse à jamais » ; la distanciation linguistique, le ton presque convenu de la réponse reflètent parfaitement l'état d'esprit du personnage. Constanze n'a pas oublié l'engagement pris, mais elle sait bien que son cœur a dépossédé secrètement Belmonte de son titre de bien-aimé. Le 19 septembre 1781, Mozart adresse à son père dans une lettre ce qu'il appelle un « petit *praegusto* » de l'opéra. Il détaille minutieusement la distribution des rôles ; Constanze est définie comme « bien-aimée de Belmonte », mais à côté du nom de Belmonte, Wolfgang n'écrit rien[29]...

Traurigkeit

La deuxième aria de Constanze, à l'acte II, dont le leitmotiv est *Traurigkeit* (tristesse), va plus loin encore dans l'expression du conflit intérieur. « Quel trouble règne dans mon âme depuis que le destin nous a séparés. »

Si ces mots qui ouvrent le récitatif avouent le désarroi intime, la musique, elle, met en scène le déséquilibre, parle de souffrance ; les termes employés par J.-V. Hocquard dans l'analyse de cet air évoquent parfaitement le climat angoissé du récitatif : « motif dépressif de tierces plaintives », « phrases vocales entrecoupées et ondoyantes », « caractère titubant du motif qui termine le prélude

* Ce passage, qui fait immédiatement suite à l'aria, est parlé.

en arpèges syncopés». *Sol* mineur, l'accord qui introduit l'aria nous plonge sans transition dans un abîme. *Traurigkeit.* «Comme la rose rongée par le ver, ma triste vie se flétrit»; la voix monte, douloureuse, trébuchante, tandis que la phrase mélodique se déploie avec ampleur, parcourue «d'une palpitation constante faite de soulèvements et d'affaissements continuels[30]». Cette houle musicale vient mourir, à la fin de l'aria, sur une vocalise admirable qui déroule ses volutes dans un climat d'étrange plénitude. La tristesse a fait place au désespoir. La fleur ici, le fruit ailleurs. Souvenons-nous de la chanson d'Osmin au premier acte. Le cueilleur de figues passait, l'espace d'un air, de la nostalgie amoureuse – *andante* – à l'expression furieuse de la rage – *allegro.* Pour ces deux personnages, ces deux passions – au sens religieux du terme –, Mozart emploie des procédés musicaux semblables.

Ainsi va la rose «rongée par le ver», ainsi va la jeune fille* en proie à son tourment intérieur; elle s'épuise, dépérit. En vain Blonde exhorte-t-elle Constanze à lever les yeux sur la beauté de ce printemps oriental tout empli de fleurs et d'oiseaux en chamaille. Survient le Bassa. «Échappons à sa vue», dit-elle. Trop tard, Sélim s'avance, elle ne pourra pas éviter le deuxième face-à-face, fuir le regard qui la tient sous son emprise. Le despote est excédé par la résistance de sa captive : «La journée sera bientôt écoulée, demain tu devras m'aimer» (acte II, scène 3). La réponse de Constanze est vive : «Devoir... Quelle absurde exigence!» *Muss* (devoir), verbe mais aussi nom commun. Devoir, loi commune qui prescrit de respecter ses engagements et dont parfois, l'absurde exigence va à l'encontre du désir. Le dilemme de Constanze n'est pas seulement intime, il est social. Fiancée à Belmonte, la jeune fille ne saurait sans conséquences trahir sa promesse. Dans l'Europe des Lumières, les fiançailles constituent un quasi-mariage – dans *Don Giovanni,* Ottavio ne nomme-t-il pas Anna, sa fiancée, *sposa* (épouse)?; elles donnent lieu à un contrat dûment rédigé et engagent non seulement deux jeunes gens mais aussi deux familles. La rupture de ces accordailles préliminaires par l'une ou l'autre des parties constituait un manquement grave, passible de sanction. Au moment même où Mozart compose son opéra, il se débat dans une situation semblable. Désirant épouser Constanze Weber, il signe, sous la pression de la mère de celle-ci, soucieuse du qu'en-dira-t-on, une promesse de mariage et informe Léopold de cette démarche : «Venons-en maintenant au

* La rose est, dans la plupart des cultures, l'emblème de la jeune fille.

contrat de mariage, ou plutôt à l'assurance de mes justes visées sur la jeune fille », et Wolfgang précise le contenu de ce contrat, narre les péripéties qui s'ensuivirent :

> Je rédigeai donc un écrit, disant que je m'engageais à épouser Mlle Constanze Weber dans le délai de trois ans ; que si je me trouvais dans l'impossibilité de le faire et que je change d'avis, elle devrait recevoir de moi 300 florins chaque année. Rien au monde ne m'était plus facile à écrire – sachant que je n'en arriverais jamais à devoir payer 300 florins – puisque je ne la quitterais jamais. – Et si je devais par malheur changer d'avis – je devrais m'estimer heureux de m'en libérer pour 300 florins. – D'ailleurs, Constanze, comme je la connais, serait trop fière pour se laisser vendre. – Mais que fit cette céleste créature lorsque le tuteur fut parti ? – Elle demanda à sa mère l'engagement – et me dit : Cher Mozart ! Je n'ai pas besoin de votre assurance écrite, je vous crois sur parole ; – et elle déchira le papier. – Ce trait m'a rendu ma chère Constanze encore plus précieuse. – Donc, par cet encaissement de l'engagement écrit et par la promesse du tuteur, sur parole d'honneur, de garder la chose pour lui, j'étais, mon excellent père, en partie rassuré à votre sujet. – Car pour ce qui est de votre accord, en son temps, sur ce mariage (comme c'est une jeune fille à laquelle il ne manque que l'argent), je n'avais pas peur – je connais votre sage manière de penser dans ce cas.
>
> Me pardonnerez-vous ? – Je l'espère ! – Je n'en doute nullement[31].

On imagine sans peine la colère noire que dut piquer Léopold à la lecture de cette lettre !

La « céleste créature », en un beau geste, déchire l'engagement de Wolfgang mais la fiancée s'en va un peu plus tard fleureter, un ruban passé autour de son mollet charmant. Sur la scène d'opéra, l'autre Constanze se rebelle : contre le Bassa qui la menace des pires supplices si elle refuse de l'aimer, contre le devoir qui la contraint à repousser cet amour. La troisième aria porte à son paroxysme les affects qui s'exprimaient dans les deux airs précédents. Désespoir et révolte mêlés, Constanze s'engage, *allegro, allegro assai, ut* majeur, dans une vertigineuse course à l'abîme (acte II, scène 3).

La Marternarie

« *Martern aller Arten*... Toutes sortes de supplices peuvent bien m'attendre, je me ris des tortures, des souffrances. Rien ne saurait m'ébranler. S'il m'arrivait d'être infidèle, alors seulement je tremblerais. » Pourquoi Constanze aurait-elle peur de la torture et de la mort qu'on lui promet ? Que représentent-elles au regard des secrets tourments qui la détruisent lentement? Mieux vaut en finir. La révolte, la douleur débordent en vagues de folles vocalises. Folle, Constanze l'est à ce moment, folle de souffrance, de rage impuissante.

Les exégètes de l'œuvre ont souvent fait grief à Mozart de ce débordement vocal qu'ils jugeaient intempestif voire de mauvais goût : « Cet air semble avoir dérangé tout le monde depuis qu'il existe », note Rémy Stricker*. Pourtant, ici encore, le compositeur démontre son art de dramaturge. Si l'aria précédente était la chronique intime d'un désespoir, la *Marternarie*, dans sa violence, son excès, est l'aboutissement de la crise intérieure, elle ne l'illustre pas, elle la constitue. Entre le bas et le haut de sa tessiture la voix balance sans cesse, puis fuse vers l'extrême aigu. La colorature éperdue, au-delà du langage, dessine en crescendo le paroxysme de la crise**, puis son descrescendo : la voix s'affaisse lentement, atteint le plus grave de son registre, comme épuisée. L'aria s'achève sur le mot *Tod* (mort). Dans l'aria d'Osmin, « *Wie will ich triumphieren* », la voix, après une même course, dégringole au plus bas de sa tessiture et s'apaise sur le mot *Ruhe* (paix).

Mozart établit donc entre ces deux personnages si différents de subtiles correspondances. Quel sens donner à cela ? *Idoménée*, œuvre qui précède *L'Enlèvement au sérail*, nous offre peut-être la clé de l'énigme. Ilia et Électre proposaient deux modalités d'un même parcours. Au terme de son itinéraire, Ilia trouve le bonheur donc l'accomplissement de son destin social. La folle Électre, elle, disparaît au final de l'opéra, après un ultime éclat de rage. Réussite d'un côté, échec de l'autre. Ces deux figures ne réapparaissent-elles pas ici ? Osmin et Constanze vivent dans l'excès une crise qui, symboliquement, les rapproche, mais leur parcours doit s'achever différemment. Le destin de Constanze rejoint celui d'Ilia, Osmin connaîtra

* Rémy Stricker, *Mozart et ses opéras*, p. 196. L'auteur cite notamment la critique sans nuances que fit Berlioz de cette aria : « [...] malheureusement entachée de ces traits et de ces vocalises grotesques employées par Mozart dans ses plus magnifiques ouvrages. C'était le goût du temps, dira-t-on ; tant pis pour le temps et tant pis pour nous maintenant. Mozart, à coup sûr, eût mieux fait de consulter son goût à lui. La partie de ce morceau est d'ailleurs écrite constamment dans le haut ».

** Jean-Victor Hocquard a très bien analysé cette fonction de la vocalise dans l'opéra mozartien : « Quand la phrase musicale n'est plus capable d'énoncer ce qui transcende le sentiment (et à plus forte raison, la passion), une pression interne fait éclater les vannes. Il ne s'agit pas d'un discours oratoire renforcé, mais de tout le contraire : toute rhétorique est alors abolie » (*L'Enlèvement au sérail*, p. 121).

celui d'Électre. Ainsi retrouve-t-on dans tous les opéras mozartiens plus ou moins clairement exposée, cette nécessité profonde de produire un modèle et un anti-modèle du processus initiatique. Dans ce contexte, les trois airs de Constanze prennent toute leur signification. Le balancement, l'instabilité qui affectent le personnage, s'accentuent d'aria en aria, jusqu'au vertige de la *Marternarie*. Opposé en cela à celui d'Osmin, ce vertige est positif ; il constitue l'une des étapes du mûrissement nécessaire, un pas de plus accompli vers l'autonomie. Mais d'autres épreuves attendent Constanze ; à son regard tout à la fois émerveillé et inquiet, voici que se présente celui qu'elle n'attendait plus, Belmonte.

La bien-aimée vertueuse

À la joie et à l'émotion des retrouvailles succède bien vite l'ère du soupçon. Envolée la douce ivresse de l'amour retrouvé, les regards se fuient. Belmonte pose à sa fiancée la question qui la replonge dans le cauchemar : « J'ose te demander en tremblant si tu aimes le Bassa » (acte II, scène 8). Constanze ne saurait répondre par la négative : « Oh ! Comme tu m'affliges. » « Elle pleure », précise la didascalie du livret, puis « elle se détourne en soupirant » et ne peut que répéter – pour elle-même ? – la seconde question du jeune homme : « Si je te suis restée fidèle ? » La réponse, indirecte, s'adresse non à Belmonte mais à Blonde : « On a dit que j'aime le Bassa. » Chose singulière, Pedrillo, à l'instant, nourrit des soupçons identiques à l'égard de Blonde. Nous reviendrons plus tard sur ce merveilleux quatuor, sommet de l'opéra.

L'enlèvement découvert, Constanze plaide auprès du Bassa la cause de Belmonte. Elle se sait seule coupable, seule elle doit mourir. Sélim ne se laisse pas fléchir. Belmonte à son tour offre sa vie contre celle de la jeune fille*, mais Constanze refuse avec emportement : « Belmonte, tu meurs à cause de moi, moi seule t'ai entraîné dans le malheur, et il ne faudrait pas que je meure avec toi ? C'est une joie que ce devoir. » Ce devoir librement accepté ne rachètera-t-il pas la faute cachée, la tentation coupable du cœur, le manquement implicite au serment ? Pour Constanze, le ciel s'ouvre, l'annonce de cette mort à partager scelle secrètement les retrouvailles et donne enfin la paix au cœur tourmenté. Plus de vertige,

* Tout comme Ilia et Idamante dans *Idoménée* se disputaient le privilège de mourir l'un pour l'autre.

plus d'incertitudes. Au seuil de l'épreuve ultime, la jeune fille chante alors l'amour retrouvé avec une telle force, une telle sérénité que Belmonte, subjugué, entre dans le chant. C'est ensemble, regards et cœurs confondus, qu'ils renoncent à la vie, c'est-à-dire qu'ils y entrent. La clémence du Bassa ne fera qu'entériner le lien définitif, le passage accompli. La saison d'apprentissage s'achève.

Mais que sont devenus, dans la tourmente, Pedrillo et Blonde ? Ne les avons-nous pas injustement négligés ? En majeur, le couple des maîtres parcourt, de la jeunesse à l'âge adulte, le chemin coutumier. En mineur, le couple des serviteurs accomplit le même périple.

Du rififi dans le sérail

Belmonte rêve, Constanze souffre, Pedrillo, lui, agit, s'agite joyeusement tout en gardant l'œil sur Osmin mais aussi sur Blonde... On ne sait jamais de quoi les filles sont capables ! Pedrillo organise tout : les lettres à Belmonte, le stratagème qui permet à celui-ci d'entrer dans le sérail, l'entrevue avec Constanze, la mise hors circuit d'Osmin et enfin l'enlèvement. Tout est prêt mais voici que Pedrillo, lui aussi, balance. C'est bien le moment ! Nous avons rappelé auparavant le lien sémantique qui relie Pedrillo, « petit Pierre », au perroquet. Or, à cet instant de l'opéra, le courage de l'intrépide garçon fléchit considérablement et Mozart précipite avec jubilation son personnage dans une aria où le texte, repris musicalement à l'envi, se transforme en un véritable langage de perroquet – *allegro con spirito* – « allegro avec esprit », note malicieusement Wolfgang. Voici la transcription littérale de l'aria (acte II, scène 6) telle que l'a faite Rémy Stricker, comptabilisant avec humour le nombre exact des répétitions musicales qui viennent, avec malice, détourner le texte :

> Vite à la lutte, vite au combat !
> Seul un nigaud peureux peut se laisser décourager !
> Seul un nigaud peureux peut se laisser décourager !
> Je tremblerais ? J'hésiterais ?
> Je ne risquerais pas bravement ma vie ?
> Je ne risquerais pas bravement ma vie ?
> Non ! Ah non ! Que ce soit décidé !
> Ah ! Non, non, non, que ce soit décidé !
> Non, que ce soit décidé !
> Que ce soit décidé ! Que ce soit décidé ! Que ce soit décidé !

Seul un nigaud peureux se laisse décourager !
Seul un nigaud peureux se laisse décourager !
Je tremblerais ? J'hésiterais ?
Je ne risquerais pas bravement ma vie ?
Je ne risquerais pas bravement ma vie ?

Non ! Ah non ! Que ce soit décidé !
Ah ! Non, non, non, que ce soit décidé !
Non, que ce soit décidé !

Que ce soit décidé ! Que ce soit décidé ! Que ce soit décidé !
Seul un nigaud peureux peut se laisser décourager !
Seul un nigaud peureux peut se laisser décourager !

Vite à la lutte, vite au combat !
Vite à la lutte, vite au combat !
Seul un nigaud peureux peut se laisser décourager !
Seul un nigaud peureux peut se laisser décourager !
Vite à la lutte, vite au combat[32] ! »

Ce dérèglement burlesque de la parole est précédé d'une fanfare, ses accents martiaux concluront aussi l'aria. Procédé de l'inversion cher à Mozart : la musique militaire destinée à affermir le courage du « combattant » sert justement ici à souligner les atermoiements du personnage ; musicalement et verbalement, Pedrillo piétine ! Wolfgang réutilisera la recette dans son opéra suivant : la fanfare militaire qui clôt l'aria de Figaro au premier acte des *Noces* accompagne, ô combien ironiquement, la retraite du petit Chérubin expédié par le Comte aux armées.

Hautbois, cordes, trompettes, timbales et cordes. Le vacarme martial qui ouvre et ferme l'air de Pedrillo ne rappelle-t-il pas une autre bruyante musique, un autre personnage ? Rajoutons le piccolo et le triangle, nous obtenons un tintamarre turc. Entre le personnage d'Osmin et celui de Pedrillo, nous l'avons vu, se tissent des relations singulières. Ennemis, rivaux sur un plan social et personnel – ils sont tous deux amoureux de Blonde –, les deux bouffons partagent également la même manière de chant. Au plus près du texte, la chanson ou la romance ; au plus loin, la parole folle, tournant sur elle-même. Or, jamais Pedrillo, dans cette aria, n'a été musicalement aussi proche d'Osmin : mécanique détraquée du verbe, burlesque qui naît de la répétition, vacarme faisant escorte. Seule différence avec les airs d'Osmin : Mozart efface toute trace de fureur donc l'éventualité du tragique ; d'une part parce que la situation ne s'y prête guère et surtout d'autre part, parce qu'à un moment donné, il faut creuser l'écart, désunir ce couple presque gémellaire. L'aria de Pedrillo est le point de démarcation. En marquant ce qui relie et ce qui sépare, elle accomplit la disjonction nécessaire. Les routes d'Osmin et de Pedrillo s'écartent. Seul le garçon-perroquet parviendra au bout du chemin, de justesse… car entre Blonde et son turbulent fiancé le torchon brûle.

Du bon usage du courtisement

Pedrillo possède bien des qualités. Il est dévoué, débrouillard, joyeux compagnon. Son seul défaut – hormis un léger penchant pour le bon vin et un zeste de poltronnerie – est de ne pas savoir parler d'amour aux femmes, du moins… à la sienne ! Blonde lui fait sans cesse des reproches à ce sujet, alors il ronchonne dans son coin : « Et ce sont des bavardages sur les douceurs de l'amour, du mariage, en veux-tu, en voilà. » Heureusement le vin console de cette promise exigeante : « Du vin dans le gosier, il n'y a que ça ! » Courtiser sa *Blondchen* dans les règles ? Quel ennui ! Et d'ailleurs, il ne sait pas ! Voler un baiser à la belle, lui pincer la taille entre deux portes ? D'accord ! Mais les discours : jamais !

Pourtant, à un détour du chemin, Pedrillo, pour la première fois sérieux, interroge : « Osmin ne t'a-t-il pas par hasard, comme on pourrait le croire, contrainte de l'aimer et n'y est-il pas arrivé ? » ; et prosaïque, il conclut : « Alors je fais une mauvaise affaire » (acte II, scène 8). Un magistral soufflet claque : Blonde a répondu au soupçon et à la goujaterie. Bien commode, cette gifle : elle évite, de même que les pleurs de Constanze, de plus amples justifications. Les soupçons de Belmonte n'étaient pas sans fondement, on le sait. Mais Pedrillo peut-il envisager que sa chère Blonde ait pu être tentée, ne serait-ce qu'un instant, par l'amour d'un vieux bonhomme, eunuque de surcroît ? Pour tenter de répondre à cette question, revenons en arrière, à la première apparition de Blonde dans l'action, au début du IIe acte.

Osmin et sa captive, dans le jardin clos, sont face à face. Blonde s'emporte contre son soupirant maladroit : « Oh ! Querelles, commandements, grognements n'auront donc pas de fin ! Dis-toi bien une fois pour toutes que ceci n'est pas à mon goût ! » Notons que la vive fille ne repousse pas vraiment son amoureux, elle lui reproche son manque de galanterie. Mieux encore, la voici qui enchaîne sur une leçon, épelant pour le bonhomme sidéré le b. a.-ba des bonnes manières de l'amour en une aria gentiment moqueuse (acte II, scène 1) : « Par la tendresse et les cajoleries, le badinage et la courtoisie, on conquiert avec aisance le cœur des bonnes filles, mais des ordres hargneux et colères, querelles, tourments, font qu'en peu de temps l'amour et la fidélité s'enfuient. » Ces remontrances adressées à Osmin, Blonde les a déjà faites, de manière moins directe, à Pedrillo ; Constanze les fera à Sélim lorsque celui-ci, oubliant son langage fleuri, se laissera aller aux menaces : « Comme si l'amour se donnait sur commande ainsi qu'une volée de coups ! Mais bien sûr, vu la manière dont vous vous y prenez, vous les Turcs, cela peut aussi à la rigueur se commander ! » (acte II, scène 3). L'aria de Blonde déploie ce thème – *andante grazioso* – sur un rythme berceur. Nulle trace d'agressivité. Osmin tourne comme un ours autour de sa belle, balourd, grondeur, mais conquis : « Poison et poignard pour cette femme ! Par Mahomet, elle me met hors de moi et pourtant, malgré sa mauvaise tête, je l'aime la friponne ! » La jeune fille virevolte, câline, taquine, défiant le lourdaud. La voix souple monte brusquement en flèche : « On dirait vraiment un oiseau qui s'envole sur une très haute branche et nargue le chasseur », note avec amusement J.-V. Hocquard. La deuxième vocalise spirale jusqu'au contre-*mi* sur le mot *entweicht* (s'envoler), et perche l'oiselle à la cime de l'arbre, hors d'atteinte. Osmin cependant n'a rien compris à la leçon et persiste dans son erreur : « Hé ! Voyez un peu ce que Mademoiselle prescrit ! De la tendresse, des cajoleries, c'est de la folie douce ! [...] Moi je suis ton maître, toi mon esclave. J'ordonne, tu dois obéir ! » Cette fois, Osmin va trop loin. Blonde informe suavement l'amoureux mal dégrossi qu'elle va lui crever les yeux, non sans avoir proclamé d'abord : « Les femmes ne sont pas des marchandises que l'on offre, je suis anglaise, née pour la liberté et je défie quiconque veut me contraindre ! »

Sweet England

Vraisemblablement, c'est Mozart qui a décidé que Blonde serait anglaise. La prédilection du compositeur pour ce pays dont il fait l'emblème de la liberté ne s'est jamais démentie. N'écrit-il pas à son père qu'il se sent « archi-anglais » ? Cette affection trouvera, à l'époque des *Noces de Figaro*, matière à s'incarner. L'interprète de Suzanne, la belle, talentueuse Nancy Storace est anglaise ; Wolfgang succombe au charme de la cantatrice et de la femme. Lorsque Nancy retourne dans son pays, Mozart écrit – pour elle et pour lui – un merveilleux chant d'amour et d'adieu*. Par ailleurs, en ces

* Scène et rondo K. 505, œuvre achevée le 27 décembre 1786.

années de l'*Aufklärung*, passe sur l'Angleterre, comme sur la France et l'Allemagne de Joseph II, un petit air de liberté. Parmi d'autres, des voix féminines s'élèvent contre la contraignante société des maris, des pères ; les premiers mouvements féministes font leur apparition en Angleterre. Sur la scène, une blonde soubrette entonne, *allegro con brio*, la chanson nouvelle : « Je suis anglaise, née pour la liberté » ; par la voix de Blonde, c'est aussi ce qu'aurait pu dire une autre Anglaise, Lady Mary Montagu, contrepoint bien réel à notre histoire.

Entre l'Orient et l'Occident, l'Angleterre, depuis longtemps jouait un rôle médiateur. En 1716, Lady Mary Wortley Montagu quitte Vienne pour Constantinople ; elle accompagne son époux nommé ambassadeur à la cour de Turquie et chargé d'assurer la médiation anglaise entre l'Empire ottoman et l'Autriche. De ce périple, Mary ramènera un récit passionnant[33]. Mozart a pu avoir connaissance de cet ouvrage qui, parmi d'autres, circulait dans toutes les cours européennes ; Blonde et Mary ont en effet bien des points communs. Mary arpente Constantinople, s'habille *alla turcqua* et réussit à se faire admettre dans le harem du sultan. Là, elle se fait des amies, boit le café dans de petites tasses et papote longuement. Sa chronique du sérail, qui expose avec une liberté de ton et de pensée le point de vue nuancé d'une femme libre sur l'esclavage de ses semblables, tranche sur les ouvrages du même genre. Faute d'observation directe, les voyageurs ne pouvaient que broder sur des récits plus ou moins fantaisistes, glanés çà et là, et c'est cette vision fantasmée qui nourrit la littérature, le théâtre et l'opéra de l'époque. *L'Enlèvement au sérail,* naturellement, participe de ce modèle mais le personnage de la soubrette anglaise, peut-être grâce à Lady Montagu, sonne un peu différemment, atténuant le caractère convenu de cette représentation.

Blonde a la vivacité et le franc-parler des soubrettes mais en plus, face à Osmin et à sa tyrannie, elle « milite » ! « Turquie ou pas Turquie, peu importe ! Une femme est une femme où qu'elle soit ! Si vos femmes sont assez sottes pour se laisser opprimer, tant pis pour elles. En Europe elles comprennent beaucoup mieux les choses. Laisse-moi un peu prendre pied ici et elles ne tarderont pas à changer » (acte II, scène 1). Et la vindicative s'efforce de pousser vers la porte le bonhomme qui résiste mollement.

ICI PREND PLACE UN ÉTRANGE INTERMÈDE...

Duetto

À l'issue de cette scène – aux deux sens du terme –, l'écart entre Blonde et Osmin semble irréductible et les soupçons de Pedrillo quant à la fidélité de sa promise, bien injustes. Et pourtant... La saison d'apprentissage réserve aux amoureux quelques surprises. Dans le moment prescrit par la coutume, l'amour plante sa flèche au hasard sans se soucier d'apparier les semblables, ou même joue à assembler les extrêmes. Alors les Belles tombent amoureuses des Bêtes l'instant d'un songe et Titania, dans le musical intervalle d'une nuit d'été, s'éprend follement d'un rustaud à tête d'âne. Châteaux magiques, bois enchantés où l'amour accomplit ses rites. Ce faisant, le temps boite un peu. L'instant d'un rêve, provisoirement encloses en un jardin au parfum d'Orient, les jeunes filles chavirent puisque cela doit être. Constanze tout à l'heure, Blonde maintenant.

La tentation de Blonde

Sur ce moment fugitif, Mozart pose de la musique ; l'épisode précédent, hormis l'aria de Blonde, était entièrement parlé. Un *duetto* s'engage *allegro* (acte II, scène 1). Blonde jette Osmin dehors, mais il refuse de quitter la place. Colère de la soubrette qui déverse sur lui une avalanche de notes au point que le bonhomme, malgré sa grosse voix, ne peut en placer une. Sa défaite semble déjà consommée quand soudain, le tempo s'inverse, changement de temps, les voix se rejoignent, se superposent dans un autre espace musical en un lent et doux mouvement. *Andante.* Chacun s'exprime en aparté, comme en songe. Osmin regrette, *sotto voce,* que les Anglais laissent leurs femmes commander, Blonde réaffirme sa liberté de femme et d'amoureuse. La mélodie d'Osmin, fait inhabituel, se déroule paisiblement, tendre, presque nostalgique. Cette phrase est reprise par Blonde, avec la même intention, dans la même tonalité. Sur l'échelle des voix, les tessitures opposées – grave/aigu – semblent se rejoindre sans se confondre. Les jeux de superposition et d'écart entre les voix, une mélodie qui passe de l'un à l'autre, l'*andante* caressant, suggèrent qu'Osmin et Blonde sont ailleurs, là où la rencontre devient possible, acceptée. Mais ce moment ne saurait durer : le couple sort de la syncope rêveuse, la parenthèse se referme, ils ne partageront plus jamais le même chant. Chacun retrouve sa place et, *allegro assai*, au triple galop, le duetto s'achève sur la défaite définitive d'Osmin.

Tout se passe donc dans la musique et par elle car Mozart va bien au-delà du texte. Essayons de démonter le mécanisme de ce *duetto*.

Wolfgang le divise en trois parties : situation de départ, la dispute, *allegro*, *mi* bémol majeur. Rupture, *andante*, *ut* mineur, l'espace du rêve s'ouvre sur quelques mesures de superbe musique puis se referme. La dispute reprend de plus belle, *allegro assai*, *mi* bémol majeur. L'épisode est clos mais il ne s'achève pas comme il avait commencé puisque Mozart rajoute la nuance *assai* à son allegro final. Pour quelle raison ? Au départ du duetto, le compositeur pose l'écart entre Osmin et Blonde, puis il le réduit au minimum dans le cœur du morceau – temps suspendu de quelques mesures, la jeune fille rejoint le bouffon dans son rêve d'amour. Le songe s'achève, Mozart rétablit, *allegro*, la distance nécessaire entre les deux parties de ce couple mal assorti, *assai*, il l'accentue encore, séparant, cette fois définitivement, Osmin et Blonde. Réunir, séparer. La musique marque une étape nouvelle dans le parcours des personnages et cette dimension rituelle s'inscrit à la fois dans la structure du *duetto* et dans sa mesure.

L'organisation en trois parties, en trois temps du *duetto* n'est pas sans évoquer la structure ternaire que l'on reconnaît au rite[34]. À cette division en trois moments musicaux distincts correspondent deux tonalités : le *mi* bémol est commun au premier et au troisième moment du *duetto*, le deuxième se différencie par l'*ut* mineur. Une structure en trois temps, deux tonalités. On pourrait énoncer, en usant par analogie du langage musical, que le duetto se fonde sur la combinaison ternaire/binaire. Or pour l'ensemble du morceau, Mozart choisit une mesure unique, le 6/8. Ce rythme, qui est celui du balancement, berceuse ou barcarolle, a une particularité qui nous intéresse : il opère la synthèse entre le binaire et le ternaire, il concilie deux équilibres rythmiques opposés, le binaire renvoyant à l'idée de stabilité, le ternaire à son contraire[35]. Qu'en déduire ? La distance entre Osmin et Blonde, nous le savons, est trop grande pour être abolie. L'antagonisme entre les deux personnages constitue, tout au long de l'opéra, l'élément stable de leur relation. L'élément d'instabilité – le ternaire – intervient dans le *duetto*, mais l'élément stable – le binaire – demeure. Le 6/8, tout en maintenant l'écart, opère la conjonction entre deux couples qui ne sont pas destinés à être appariés, puis leur disjonction nécessaire. Plus tard, dans *La Flûte enchantée*, Mozart procédera exactement de la même manière en réunissant Pamina et Papageno, à la fin de l'acte I, en un charmant duo qui a fait couler beaucoup d'encre. On s'est demandé pourquoi Mozart faisait chanter un air d'amour – le plus beau de l'opéra – à un couple qui n'en était pas un. La clé du mystère se trouve dans notre *duetto.* Tout comme Osmin et Blonde, Papageno et Pamina ne partagent-ils pas, l'instant d'un *duetto,* d'un rêve, d'une saison d'apprentissage, un amour de mai ? En mai, on ne s'épouse pas, les cœurs, rituellement, balancent, il se fixeront plus tard, quand la saison sera terminée.

6/8, balancement, barcarolle, balancelles. Aujourd'hui encore, en Grèce et dans les pays d'Europe orientale, on pratique un rite singulier. Le jour de Pâques, des balançoires sont installées sur la place du village ; les filles y prennent place et les garçons, à tour de rôle, les balancent vigoureusement. *Allegro vivace,* jeune fille – bien – balancée, mariage assuré ?

6/8 toujours : ce rythme est si courant dans la musique traditionnelle européenne qu'il devient, dans l'opéra du XVIIIe siècle, celui que l'on associe tout naturellement aux scènes paysannes. Nous ne nous étonnerons donc pas que Philippe Autexier décèle dans notre 6/8 mozartien le motif populaire de l'amour de mai[36], cette *Liebelei* coutumière que Mozart met en scène non seulement dans le *duetto* de *L'Enlèvement au sérail,* mais dans tous ses opéras. On va voir d'ailleurs comment ce thème de la *Liebelei* prend une nouvelle profondeur dans le quatuor que Wolfgang introduit à l'acte II et qui sert de final à cette deuxième partie de l'œuvre (acte II, scène 8).

Quatuor

> Au début du troisième acte, il y a un charmant quintette ou plutôt un final. – Je préférerais le placer à la fin du 2e acte. Pour y parvenir, je dois y apporter un grand changement, et y introduire une nouvelle intrigue. – Comme Stephanie a du travail par-dessus la tête, il me faut bien avoir un peu de patience[37].

Mozart transforme donc le quintette prévu en un quatuor qui rassemble Belmonte, Constanze, Pedrillo et Blonde. Ce quatuor, comme le duetto, a suscité maints commentaires car il semble tout à fait incongru dans le contexte dramatique : au moment où il faudrait passer à l'action – tout est prêt pour l'enlèvement –, les deux couples, perchés sur les échelles, en équilibre instable, s'attardent en vains atermoiements. Que se passe-t-il ? Entrons dans la musique. Mozart divise cette longue scène en six parties :

Allegro 4/4, *ré* majeur, les amoureux célèbrent leurs retrouvailles. *Andante* 3/8, *sol* mineur, les garçons accusent soudain leurs belles d'infidélité, les filles se défendent sans répondre. *Allegro assai* 4/4, *si* bémol mineur, les pleurs de Constanze, la gifle de Blonde mettent fin à l'ère du soupçon. *Andantino* 6/8, *la* majeur, « parenthèse lyrique* ». *Allegretto a la breve* 4/4, *la* majeur, les garçons demandent pardon pour leurs soupçons, les filles – Blonde surtout – se font tirer l'oreille. Enfin *allegretto* 4/4, *ré* majeur, réconciliation finale.

Sans entrer dans le détail de l'analyse, nous constatons immédiatement les éléments qui rapprochent le quatuor du *duetto*. Structure en six moments pour une scène à quatre personnages, alternance de formes binaire/ternaire dans la mesure, temps suspendu de l'andantino en 6/8, reprise finale de la tonalité et de la mesure de départ, *ré* majeur, 4/4 avec une nuance : l'allegro du début s'est transformé en allegretto. Deuxième parcours rituel, à quatre voix cette fois, égales deux à deux : deux sopranos, deux ténors.

Premier moment du rite, les retrouvailles, chantées *forte* en un allegro joyeux. Les couples sont bien distribués cette fois, bien mesurés en 4/4, chacun sa chacune. Soudain, deuxième moment, on perd le 4/4 stable pour rentrer dans le 6/8 balanceur. Sous les pas des garçons, le sol se dérobe ; plongée dans le *sol* mineur angoissé : « M'a-t-elle trompé ? » Le bruit d'un sanglot, celui, sec, d'une gifle, annulent la question, formulent seuls la réponse. *Allegro assai*, la distance entre les fiancés se creuse, mais pas trop cependant, en mineur, le 4/4 rassurant refait sa réapparition, « les sentiments restent comme en suspens », note J.-V. Hocquard[38]. Et voici que nous rentrons dans le superbe moment de l'andantino, le temps s'arrête pendant seize mesures d'une parfaite beauté musicale. 6/8, balancement berceur des cœurs unis en *la* majeur, aucun écart, les voix se superposent et chantent à l'unisson très doucement, très tendrement. Soupçons, regrets et remords se résorbent dans la lumière du *la* majeur, l'amour de mai accomplit le passage, Belmonte, Constanze, Blonde et Pedrillo se retrouvent ici, le choix est fait. Sortie. Oublié le balancement de la *Liebelei*, le 6/8 abandonne la place, l'ordre s'installe définitivement en 4/4.

Dernier moment du parcours : *allegretto*, les garçons sollicitent leur pardon. Celui de Belmonte est accordé immédiatement par

---

* J'emprunte cette expression à J.-V. Hocquard qui fait une très belle et très sensible analyse musicologique de ce quatuor dans *L'Enlèvement au sérail*, p. 133-144.

Constanze mais Blonde n'entend pas céder et s'acharne sur le pauvre Pedrillo : « Je ne peux t'excuser de soupçonner une chose pareille avec un vieil imbécile ! » Et elle s'emballe, quittant le 4/4 pour un 12/8 crépitant « où les croches galopent à un train d'enfer pendant 23 mesures à la file[39] ». Pedrillo ne peut placer ni un mot, ni une note, la jeune fille est déchaînée. Pourquoi tant de véhémence ? L'évocation du « vieil imbécile », c'est-à-dire d'Osmin, n'aurait-elle pas par hasard déclenché l'ouragan ? La colère de Blonde contre Pedrillo ressemble à s'y méprendre à celle qu'elle déverse sur Osmin dans le *duetto*... Mozart, subtilement, établit ainsi à nouveau une équivalence entre le jeune et le vieux bouffon. Le couple Blonde/Pedrillo, à cet instant du quatuor, se fixe, mais il restera toujours en Pedrillo quelque chose d'inaccompli, un zeste d'Osmin. Blonde devra apprendre à vivre avec le gentil perroquet, accepter sa faconde, son amour maladroit, son penchant pour le vin et les filles, « les blondes, les brunes ».

Allegro 4/4, *ré* majeur, la boucle est bouclée. Le quatuor s'achève à l'unisson des voix joyeuses : « *Es lebe die Liebe*... Vive l'amour ! Que lui seul nous importe, que rien n'attise plus le feu de la jalousie. » Le parcours est presque achevé.

Ce quatuor constitue donc le moment le plus important de l'opéra puisqu'il a pour fonction unique de marquer la fin de l'apprentissage en scellant, après une dernière hésitation, l'union définitive des couples. Le quatuor d'*Idoménée* fonctionnait sur ce modèle, il en sera de même pour le magnifique « Toast » de *Così*. Le temps du balancement, de l'amour de mai, doit s'achever comme la jeunesse que le mariage laisse sur le chemin. Les balançoires s'immobilisent, on rentre les échelles. Au verger, les figues fécondes tiendront bientôt leurs promesses de printemps.

Final. Chœur des janissaires : « Gloire au Bassa », *ut* majeur, le tintamarre turc au complet, piccolo et triangle, éclate une dernière fois. Mesure en 2/4. Les bateaux, toutes voiles déployées, font route vers l'Occident, ils ramènent des jeunes conformés désormais à la mesure – binaire – de l'ordre social. Gloire au Bassa. Les amoureux laissent derrière eux leur jeunesse. Un vieux fol tourne sans fin sur sa musique. Dernier clin d'œil de ce cher Mozart, leçon ultime de l'opéra ? S'il est nécessaire de rentrer dans le rang, ne convient-il pas de garder, au-delà de son printemps, un zeste de folie juvénile, un peu de sa saison d'Orient ? « Il y a là vraiment beaucoup de notes, mon cher Mozart », disait Joseph II. « Exactement autant qu'il faut, Majesté ! » ; la réponse de Wolfgang claque comme un défi.

CHAPITRE VII

Les Noces de Figaro *ou* *le carnaval de Basile*

VIENNE, 1er MAI 1786

Sur la scène du Burgtheater, il fait nuit. Une nuit de théâtre différente des autres car, dans les cintres, la lune est absente. Ainsi le veut le livret de l'opéra que l'on donne ce soir pour la première fois. On a laissé dans la malle aux accessoires la grosse lune de papier blanchâtre compagne pourtant inséparable des péripéties nocturnes. Placées sur la rampe à l'avant-scène, les chandelles éclairent de leur lueur vacillante un espace aux contours imprécis. Des ombres se déplacent, chuchotant, balançant des quinquets; les petits points lumineux trouent la nuit, faisant apparaître brièvement d'énigmatiques silhouettes; on bute sur un siège, on disparaît dans un bosquet, on contourne à pas feutrés la masse plus sombre de deux pavillons de chasse.

Trois personnages montent vers la lumière : Figaro, Basile et Bartholo. Figaro, persuadé que sa femme le trompe le jour même de ses noces, trame dans l'ombre sa vengeance. Il donne à voix basse quelques ordres brefs puis s'éloigne, avalé par la pénombre. Restent en scène le vieux Bartholo et Basile, âme damnée du comte Almaviva. La conversation entre les deux hommes tourne autour de Figaro. Paroles chuchotées, confidences échangées à mi-voix. Basile expose la situation : le comte est passionnément épris de Suzanne; elle lui a donné un rendez-vous qui déplaît fort à Figaro. Bartholo s'indigne : « Eh quoi, faudrait-il qu'il le souffre sans rien dire ? » Basile, le célibataire endurci, énonce quelques phrases définitives sur la condition de mari aggravée de celle de serviteur : « Il ne pourrait pas souffrir, lui, ce que souffrent tant d'hommes ? Et puis, écoutez : à quoi cela lui servira-t-il ? Ici-bas, mon ami, il est toujours dangereux de se heurter aux Grands » (acte IV, scène 7).

À l'orée de la nuit, à la lueur des chandelles fumeuses, le petit homme qui dirige son opéra depuis le pianoforte essuie furtivement la sueur qui s'insinue sous la perruque, coule sur son front – la chaleur est étouffante dans le théâtre plein à craquer ce soir de première – puis, d'un geste vif, il donne à Basile le départ de son aria.

Sous l'impulsion du maestro Mozart, l'orchestre, après un bref prélude, attaque, *si* bémol majeur, en même temps que le ténor, Michaël O'Kelly*, le grand air de bravoure de Basile (acte IV, scène 8) : « *In quegli anni*... Dans ces années où compte peu la raison inexpérimentée, je brûlais moi aussi du même feu ; j'étais plus fou qu'aujourd'hui mais avec le temps et les dangers Dame Flegme est arrivée et m'a ôté de la tête les caprices et les complications. » L'orchestre, tout en triolets et rythmes pointés, souligne avec malice la voix haut perchée du ténor-bouffe. S'ensuit alors une étrange histoire narrée par Basile.

Peau d'Âne

Dame Flegme l'amène à l'écart et lui fait cadeau... d'une peau d'âne accrochée au mur extérieur d'une maisonnette. Braiment discret des altos et des bois à l'orchestre. Basile n'a pas le loisir de s'interroger davantage sur cet étrange présent car, soudain, éclate l'orage. Sur un tempo *di minuetto,* sept mesures de tonnerre, de pluie et de grêle s'abattent sur la tête du bonhomme qui, en guise d'imperméable, se couvre de la peau d'âne. En croches trépidantes, les gouttes de pluie tambourinent sur le cuir du baudet. La tempête cesse aussi brusquement qu'elle avait éclaté, mais voici que Basile doit faire face à un nouveau danger : une bête féroce rampe vers lui, gueule béante, prête à le dévorer. Panique générale. « L'orchestre halète de peur[1]. » Après avoir échappé à la foudre, notre héros va-t-il être mangé ? Encore une fois la peau d'âne lui sauve la vie : son odeur est si repoussante qu'elle coupe net l'appétit de la bestiole. Demi-tour, le monstre, la queue basse, regagne sa tanière. Sur un air de fanfare, Basile tire la morale de cette histoire farfelue : « Ainsi le destin me fit connaître qu'à la honte, aux périls et à la mort on peut

---

* Créateur du rôle de Basile et de Don Curzio

échapper avec une peau d'âne. » *Allegro*, l'orchestre s'en donne à cœur joie, soulignant bruyamment les mots *onte, pericoli, vergogna i morte,* pendant que la voix du ténor culbutant comiquement en chutes d'octaves évoque les braiments de l'âne[2]. Fin de l'aria. Le Burgtheater croule sous les rires. Derrière son pianoforte, Mozart jubile.

Ce soir-là, comme à son habitude, le comte Zinzendorf, président de la Chambre impériale des comptes, ouvrit son journal – qu'il tenait scrupuleusement –, y inscrivit quelques mots : « À 7 heures du soir à l'opéra, les *Nozze di Figaro*, la poésie de Da Ponte, la musique de Mozhardt. Louise dans notre loge. L'opéra m'ennuya[3]. » Malgré le succès de l'opéra, Vienne, déjà, abandonnait Mozart.

Une aria sans queue ni tête

Chef-d'œuvre d'humour, cette fable musicale si bien écrite n'a cependant pas bonne réputation. Ses détracteurs lui font grief de ralentir l'action tout en n'apportant aucun élément nouveau à l'intrigue. On juge les paroles abracadabrantes, voire ineptes ; bref, l'aversion des commentateurs pour cette aria est devenue si forte au fil du temps qu'aujourd'hui encore elle est presque systématiquement supprimée de la représentation*. C'est dommage car cette censure prive le spectateur d'un beau moment de musique et de théâtre. De plus, si Mozart introduit à l'acte IV cet air de Basile, c'est, sans nul doute, qu'il a sa place dans l'économie de l'opéra, d'autant que chez Beaumarchais la séquence n'existe pas**. Revenons donc sur les événements qui précèdent l'aria afin de comprendre la raison d'être de cette nouvelle et burlesque version de *Peau d'Âne.*

Le quatrième et dernier acte des *Noces de Figaro* constitue le moment culminant de l'œuvre. Les situations conflictuelles développées dans les trois actes précédents vont atteindre ici leur point d'incandescence puis trouver leur aboutissement. Nuit sans lune, temps suspendu, bois magique peuplé d'ombres, songe d'une nuit

* Dans une édition bilingue récente du livret des *Noces de Figaro,* le texte de l'aria de Basile ne figure même pas.

** On a supposé que cet ajout était dû à la demande du créateur du rôle Michaël O'Kelly – cette pratique était courante – mais cela est peu vraisemblable. O'Kelly a laissé des *Mémoires* où il est longuement question de sa collaboration avec Mozart ; il n'aurait pas manqué d'évoquer une aria écrite spécialement pour lui.

d'été. Sur un rythme endiablé, à travers les masques, les quiproquos, chacun fait son cheminement, cherche à tâtons sa vérité. Les couples se font et se défont au gré des rencontres et d'un hasard malicieux. Jeux de rôles, de travestis. Entre la Comtesse et Suzanne, l'échange de costume permet toutes les méprises ; la maîtresse a pris la place de sa camériste, la camériste, celle de sa maîtresse. Ignorants de la substitution, les garçons rôdent, tournent autour d'elles, empressés et maladroits. Ballet coutumier minutieusement chorégraphié, léger et grave à la fois. Nuit sans lune, temps suspendu, bois magique. Sur un air de menuet et de fandango, l'amour mène le bal à l'enseigne des maris bernés sous la baguette d'un maître de musique à tête d'âne.

Basilio triumphans

Une guerre feutrée puis ouverte oppose le Comte à Figaro et chacun compte ses alliés. Du côté de Figaro, les femmes et les jeunes : Suzanne, la Comtesse, Chérubin, Barberine, puis Marceline. Dans le camp d'Almaviva se trouvent réunis tous les personnages burlesques : Bartolo le vieux docteur, Antonio le jardinier ivrogne, père de la petite Barberine et oncle de Suzanne, Don Curzio, juge bégayant, et enfin Basile, maître de musique du château, accessoirement maître chanteur, entremetteur au service du Comte.

Parmi le cortège de bouffons qui escorte le Comte et ses manigances, Basile se taille la part du lion. Nous avons repéré ailleurs la fonction primordiale du bouffon dans les opéras mozartiens, celle de faire communiquer des espaces incompatibles. Les personnages de Pedrillo et d'Osmin dans l'œuvre précédente prenaient en charge cette fonction ; ici, c'est au tour de Basile comme l'indique explicitement le livret : il est le *mezzano*, l'entremetteur, ce « vil ministre de la débauche d'un autre » que dénonce vigoureusement Suzanne, mais il est aussi, au sens plus large du terme, l'intermédiaire. Cette position centrale du personnage passe généralement inaperçue ; pourtant, tout comme Osmin – avec lequel il a bien des points communs –, Basile est l'œil démultiplié du despote dans le domaine d'Aguas Frescas. S'introduisant partout, au courant de tout, caisse de résonance de la rumeur publique, proclamant bien haut ce que tout le monde pense tout bas, il tisse dans l'ombre les intrigues pour le compte de son maître tout en remplissant sa fonction de maître de musique. Charge importante car elle lui permet de circuler dans tous les espaces sociaux de l'opéra, de mettre en contact tous les éléments du microcosme : aristocrates, petite bourgeoisie de robe, serviteurs, paysans. À des titres divers, Basile fait chanter tout le monde, au propre comme au figuré. Conspirant avec le Comte, s'acoquinant avec Bartholo et Don Curzio, il intrigue auprès de Suzanne tout en lui donnant des leçons de chant et fait répéter aux paysans les chansons destinées à célébrer le Comte et la Comtesse. Dès le début de l'opéra, Basile règle la cadence de cette singulière journée de noces.

Terzetto

Acte I, scène 7. Dans la chambre de Suzanne. Le Comte serre de près la jeune fille. Pelotonné dans le grand fauteuil qui occupe le centre de la scène, dissimulé sous les plis d'une robe, Chérubin se fait tout petit. On vient. Qui ? Basile. Effroi de Suzanne, Almaviva se cache à son tour, derrière le fauteuil. *Recitativo secco.* En quelques mots adressés à la jeune fille, Basile informe indirectement le Comte d'une rumeur persistante : le *Cherubino d'amore* fait les yeux doux à Suzanne mais aussi à la Comtesse, ce qui ne semble pas leur déplaire… Suzanne réagit vivement : « Méchant homme ! Quelle imposture. » Mais Basile ne s'en laisse pas conter : « On est un méchant homme parce qu'on y voit clair. Et cette romance, dites-moi en confidence, je suis un ami, je n'en parlerai à personne : elle est pour vous ? pour Madame ? » Et le perfide continue sur sa lancée : « À propos jeune fille, conseillez-le un peu mieux : il la regarde à table si souvent et avec tant de flamme… Si le Comte s'en aperçoit… et sur ce point vous le savez, c'est une bête. » Pour le coup, Suzanne s'emporte : « *Scellerato…* Et pourquoi allez-vous répandre de tels mensonges ? » Réponse outragée : « Moi ? Quelle injustice ! Je n'ai rien inventé. À ce que tout le monde dit je n'ai rien ajouté. » Là, c'en est trop ! Le Comte qui bouillait derrière son fauteuil surgit de sa cachette ; *allegro assai,* le *terzetto* s'engage.

Moment important que ce *terzetto* : il met en mouvement le mécanisme infernal qui transforme en une « folle journée » les noces de Figaro et de Suzanne. Or Basile est sans conteste la vedette de ce trio. Seul à garder son sang-froid – le Comte tempête, Suzanne s'évanouit –, il s'amuse à compliquer encore la situation, entraînant la jeune fille pâmée vers le fauteuil où, plus mort que vif, se terre le *cherubino d'amore.* Cette action a une fâcheuse conséquence car elle conduit le Comte à découvrir le galopin. Fureurs, frayeurs, vapeurs. Au milieu de la confusion générale, Basile tire avec philosophie la morale de l'histoire : *Così fan tutte le belle!* On connaît la fortune de la répartie. L'énonciation musicale de l'adage présente une singularité que dévoile J.-V. Hocquard : « C'est merveille de l'entendre pour ce dire entonner à l'aigu un thème à la fois niais et caustique qui couvre les deux autres voix de son hennissement[4]. » Quel sens donner à cette discrète inconvenance vocale, à cette mise en scène subtile d'une discordance ?

Le carnaval des dupes

Petite femme chérie !

J'ai lu ta chère lettre avec bonheur ! – et espère que tu auras reçu ma deuxième avec la décoction, l'électuaire et les œufs de fourmis*. Demain matin, à 5 heures, je mets les voiles – si ce n'était pour le simple plaisir de te revoir et de te serrer dans mes bras, je ne partirais pas encor, car on va bientôt redonner mon *Figaro* pour lequel je dois procéder à quelques modifications qui rendent ma présence nécessaire aux répétitions. – Il me faudra donc rentrer pour le 19 – mais rester ici jusqu'au 19 sans toi serait impossible ; – petite femme chérie ! – je veux te parler très franchement [...]. Une femme doit toujours veiller à être respectée – sinon elle est le sujet des conversations des gens. – Ma chérie ! – excuse-moi d'être aussi franc mais ma sérénité l'exige, ainsi que notre bonheur à tous deux – souviens-toi seulement que tu m'as avoué toi-même un jour que tu cédais trop facilement – tu en connais les conséquences – souviens-toi aussi de la promesse que tu m'as faite – oh Dieu ! – essaie seulement, ma chérie ! – sois gaie et joyeuse, aimable avec moi – ne nous tourmente pas, toi et moi, d'une jalousie inutile – aie confiance en mon amour, tu en as bien des témoignages ! – et tu verras comme nous serons heureux ; sois-en sûre, seule l'attitude réservée d'une femme peut enchaîner l'homme. – Adieu – demain, je t'embrasserai de tout cœur.

Mozart[5]

Basile en une seule scène met donc le feu aux poudres. Le résultat de ses commérages ne se fait point attendre : le Page, soupçonné de chasser sur les terres de son seigneur, est dare-dare expédié aux armées ; la fidélité des femmes paraît désormais sujette à caution. À

* « Il ne s'agissait pas d'œufs de fourmis mais de cocons séchés qui étaient donnés en nourriture aux oiseaux. Sans doute Constanze avait-elle emmené un canari à Baden. » Note de Geneviève Geffray, W. A. Mozart, *Correspondance,* t. V, p. 351.

partir de cette nouvelle situation, les imbroglios vont se succéder *allegro* puis *allegro assai* jusqu'au vertige généralisé du quatrième acte. Le « *Così fan tutte* » de Basile impulse le mouvement, inaugurant véritablement ici l'action de l'opéra. Quelques années plus tard, reprise à l'identique par Don Alfonso, la maxime bouclera le cycle inauguré par *Les Noces*; entre-temps Don Giovanni, grand pourfendeur de maris ou de pères, sera passé par là. La collaboration Da Ponte/Mozart inaugure ainsi une trilogie dont le motif central est l'inconstance – féminine mais aussi masculine. Corollaire de ce motif, celui du mariage. Inséparable des deux premiers, un troisième motif, plus ou moins présent selon les opéras, émerge avec force dans *Les Noces de Figaro* : celui du carnaval.

Les situations dramatiques se rattachent toutes, en amont et en aval du rituel lui-même – les noces de Figaro et de Suzanne – à des infractions à la coutume. Le Comte, garant de l'ordre social, utilise le chantage et l'argent pour tenter de séduire une servante le jour de ses noces. L'attitude de la fiancée envers son séducteur – mais aussi envers son page – prête si bien à confusion que Figaro se retrouve en position de mari berné avant même d'être uni à sa promise. Ce schéma sera réutilisé dans *Don Giovanni*, un an plus tard. De gaies épousailles campagnardes, un grand seigneur s'invite, la mariée s'abandonne un instant – « *Non son più forte...* », balancement du 6/8 enjôleur – aux bras du séducteur. Masetto, l'époux délaissé, tout comme Figaro, tempête mais se révolte, lui, les armes à la main. Faisant suite au meurtre initial du Commandeur, tous ces manquements aux règles de l'alliance entraînent désordres et violences, tandis que rôde alentour un mort vindicatif.

Mais revenons en 1786. Si le Comte poursuit Suzanne de ses assiduités et même embrasse en cachette la petite Barberine, sa femme – si l'on en croit Basile – ne semble pas en reste. L'attitude de la Comtesse envers Chérubin son filleul ne peut que susciter la réprobation car au soupçon d'adultère s'ajoute celui de l'inceste ; une intrigue entre marraine et filleul est inconcevable socialement*. Quant à Suzanne, la rumeur qui court insinue que la fiancée ne serait pas sans reproches... Du côté du fiancé, des péripéties rocambolesques aboutissent à un autre mariage non moins sujet à caution. Figaro, l'homme « sans qualités », est reconnu brusquement par ses parents, le vieux docteur Bartholo et Marceline la duègne. Comble du

* L'interdiction de mariage entre une marraine et son filleul perdurera jusqu'en 1903. Se reporter sur ce sujet à l'ouvrage d'Agnès Fine, *Parrains, marraines*.

désordre, Marceline, avant ce coup de théâtre, intrigue pour épouser Figaro avec l'aide de Bartholo qui a la rancune tenace*. Cet amour d'une « vieille » pour un « jeune », incestueux, de surcroît, se reconvertit in extremis en amour maternel légitimé – mieux vaut tard que jamais – par le mariage des vieux parents. Enfin, un page endiablé conte fleurette à toutes les femmes du château, de la plus jeune à la plus âgée, au grand dam des maris et des amants.

Récapitulons. Un mari inconstant, une fiancée et une épouse soupçonnées d'infidélité, un mariage à contretemps, un séducteur en herbe, donc un beau désordre. Surgit la figure d'un maître de musique bouffon pourvu le temps d'une aria d'une énigmatique peau d'âne. Porte-parole de la rumeur publique qui stigmatise ces dérèglements, Basile le fol mène la musique de la fête burlesque qui met en scène la dissonance sociale. Rien d'étonnant à ce que l'âne, animal emblématique du carnaval, des cocus et des rituels charivariques, pointe alors le bout de ses longues oreilles dans notre opéra.

Le temps de la danse

Tintinio di campanello

Dès la première minute de l'opéra, Mozart fait résonner la clochette d'alarme. Le premier duettino (acte I, scène 1) entre Figaro et Suzanne, au matin de leurs noces, est – semble-t-il – celui du bonheur sans nuages. La fiancée devant le miroir fait des mines, ajuste sa couronne de mariée. Pendant ce temps, le fiancé se livre à une curieuse activité, il compte : « *Cinque... dieci... venti... trenta...* » Figaro prend méticuleusement les mesures de la chambre nuptiale – attribuée par le Comte aux fiancés – car il s'agit de savoir où poser le lit conjugal. Évocateur des joies du mariage mais aussi des incartades possibles, ce lit semble avoir du mal à trouver sa place ! N'est-ce pas suggérer que ces noces posent – déjà – problème ? Inscrite plaisamment dans la partition dramaturgique, la « fausse note » se précise dans la musique. À chacun de ses personnages, Mozart attribue un motif musical. Or, à la fin du duo, le thème associé à Figaro s'efface au profit du seul thème de Suzanne ; Figaro épouse donc le

* N'oublions pas que l'opéra s'inspire largement de la pièce de Beaumarchais, qui elle-même est la suite du *Barbier de Séville*; c'est grâce à Figaro qu'Almaviva-Lindor réussit à enlever Rosine à Bartholo qui veut l'épouser.

motif musical de sa fiancée et perd l'initiative mélodique « qui nous fait savoir avec un humour piquant et délicat qui, dans le futur ménage, porte déjà culotte », écrit finement J.-V. Hocquard[6]. Évoquée ainsi par la musique, l'inversion des rôles au sein du couple dessine le premier motif carnavalesque de l'opéra. Bien avant l'apparition de Basile dans l'action, l'âne, en douce, ne fait-il pas son entrée en scène ?

Le second duettino qui s'enchaîne avec le premier fait résonner plus fort la dissonance ; la sonnette* s'agite de plus belle, surgit même dans la musique et devient le motif central du duo. Figaro évoque le service auquel, ainsi que Suzanne, il est astreint : « Si la nuit, par exemple, madame t'appelle : ding ding ! en deux pas tu la rejoins. Quand Monseigneur me réclame : dong dong ! en trois sauts je vais le servir[7]. » Suzanne dévoile alors à son fiancé – qui ne se doutait de rien – les visées du Comte sur elle : « Ainsi le matin le cher petit Comte : ding ding ! t'envoie à trois lieues d'ici. Ding ding ! dong dong ! À ma porte le diable l'amène et alors en trois sauts... » Figaro est atterré puis le soupçon s'insinue : « L'incroyable, la monstrueuse idée s'impose à lui comme une obsession ; il halète d'une voix entrecoupée de syncopes. Le duo s'achève sur une sorte de grognement à l'orchestre, d'autant plus menaçant qu'il est sourd et va *diminuendo*[8]. » La clochette diabolique s'agite encore une fois par l'entremise de Suzanne, ding ding ! Envolée la belle joie de ce matin de noces. Le récitatif qui suit n'arrange pas la situation ; Suzanne semble prendre un malin plaisir à évoquer la dot accordée par le « cher petit Comte » non sans certaine contrepartie... Surgit alors dans le récit de la jeune fille la figure ambiguë de Basile associée au Comte et à ses manigances : « Tais-toi, voici le plus beau ! Don Basile mon maître à chanter et son entremetteur me répète chaque jour cette chanson en me donnant leçon. » Figaro fulmine : « Qui, Basile, oh le brigand ! »

Tempo di Minuetto

La scène s'achève, la sonnette se matérialise alors pour de bon** car la Comtesse sonne sa camériste ; Suzanne disparaît non sans conseiller à son Figaro « un peu plus de cervelle ». Le promis désem-

* Ne peut-on rapprocher cet objet producteur de son et non de musique du triangle rattaché à Osmin dans *L'Enlèvement au sérail* ?

** « On entend une sonnette » précise le livret.

paré et furieux reste seul en scène remâchant sa rancœur, ruminant des projets de vengeance en une célèbre cavatine : « *Se vuol ballare...* » Si Monsieur le petit Comte veut danser, je serai son guitariste, oui. S'il veut venir dans mon école, je lui apprendrai la cabriole. Je saurai tout, mais *piano*! En dissimulant je pourrai mieux découvrir tous ses secrets» (acte I, scène 2). *Fa* majeur, *allegretto*, à l'orchestre, le pupitre des vents – hautbois, bassons cors – se taille la meilleure part, tandis que les cordes, *pizzicato*, miment la guitare.

La fin du duetto entre Suzanne et Figaro évoquait un renversement de l'ordre coutumier; la cavatine de Figaro ne relève-t-elle pas du même registre? Ce nouveau retournement induit une transformation du personnage qui renverse à son tour la situation initiale : soumis à la musique de sa promise, Figaro ici devient le maître burlesque d'une musique destinée à faire danser son seigneur. Mozart structure rythmiquement l'aria sur la forme de l'aristocratique menuet, mais avec quelle malice! Détourné, travesti, le menuet « lourd, avec ses temps forts accentués, et balourd avec les cors et les *pizzicati* aux cordes[9] » devient « tout juste bon à faire sautiller un ours[10] ». Le texte, quant à lui, est limpide; l'agressivité du ton va de pair avec l'image bouffonne et décapante de l'aristocrate faisant la cabriole au son du menuet discordant. Cul par-dessus tête, le pouvoir mord la poussière. En miroir apparaît alors une autre scène. Cinq ans auparavant, en mai 1781, l'altercation entre l'archevêque Colloredo et son turbulent maître de musique s'achève d'une manière violente et burlesque. Longtemps, Mozart avait rêvé de se venger :

> Mon très cher Père!
>
> [...] Que les courtisans vous regardent de travers, je veux bien le croire; mais qu'avez-vous à faire de cette misérable valetaille? Plus ces gens vous sont hostiles, plus vous devez les regarder de haut et les mépriser.
>
> Au sujet d'Arco, je n'ai qu'à écouter ma raison et mon cœur [...]. Le cœur ennoblit l'homme, et même si je ne suis pas comte, j'ai peut-être plus d'honneur au corps que bien des comtes; et valet ou comte, du moment qu'il m'insulte, c'est une canaille. Au début je lui exposerai fort raisonnablement combien il a mal et vilainement rempli son office, – à la fin, toutefois, je tiens à lui assurer par écrit qu'il recevra sûrement de ma part un coup de pied au cul et, en plus, quelques soufflets; – car si quelqu'un m'outrage, je dois me venger. Si je ne lui rends pas plus qu'il ne m'a infligé, ce n'est qu'une rétorsion, pas une punition. En outre, je me mettrais alors à son niveau, et là, je suis vraiment trop fier pour me comparer à un tel imbécile[11].

Effrayé par ces projets de représailles, Léopold parvint, non sans peine, à dissuader son fils :

> Mon très cher Père !
> Je n'ai pas écrit au comte Arco, et ne le ferai pas puisque vous l'exigez pour votre tranquillité. – C'est bien ce que je pensais, vous êtes trop craintif, et pourtant, vous ne devriez pas avoir peur, car vous êtes outragé – vous autant que moi. – Je ne demande pas que vous fassiez du battage, ou que vous vous plaigniez le moins du monde ! Mais l'archevêque et toute sa racaille devraient appréhender de parler de cette affaire avec vous, car vous, mon père, pourriez dire sans le moindre effroi (si on vous y contraignait), que vous auriez honte d'avoir élevé votre fils pour qu'il se laisse insulter par une infâme canaille comme Arco – et vous pourriez les assurer tous que si j'avais aujourd'hui la chance de le rencontrer, je l'aborderais de la manière qu'il mérite, et qu'il se souviendrait sûrement de moi toute sa vie. – C'est là ce que je demande et rien d'autre[12].

La cavatine de Figaro – de *cavare* (creuser) – n'accomplit-elle pas sur le théâtre la vengeance impossible sur la scène de la vie ? Image en creux de la biographie, elle répare, cabriole pour cabriole, l'affront. Revanche du bouffon, coup de pied de l'âne, mais revanche incomplète : « Si je ne lui rends pas plus qu'il ne m'a infligé, ce n'est qu'une rétorsion, non pas une punition. En outre, je me mettrais alors à son niveau, et là, je suis vraiment trop fier pour me comparer à un tel imbécile », écrit Mozart en 1781. Inversant simplement les positions de pouvoir, la cavatine ramène Figaro vers celui qui n'est plus le seigneur redouté mais le *Signor Contino** et derrière ce petit comte se profile une autre silhouette familière, celle de Basile, son alter ego, autre maître de musique. Le menuet réunit ainsi sur le registre burlesque trois personnages dont un, ne l'oublions pas, est en situation de mari dominé et en passe d'être trompé le jour de ses noces. D'ailleurs, à l'orchestre les deux cors, dans l'aigu de leur registre, doublent la voix dans la première strophe de l'aria ; allusion transparente : en allemand, le mot *Horn* signifie à la fois cor et corne. Un presto tournoyant en 2/4 termine la cavatine.

Aria sans lyrisme, ton populaire, voix au registre instable – après avoir grimpé dans l'aigu, elle dégringole subitement dans le grave

* Nous retrouverons un an plus tard ce procédé du diminutif pour évoquer la proximité entre le serviteur et le maître. Dans *Don Giovanni*, Leporello interpelle ainsi familièrement son patron : *Giovannino mio.*

–, parole mécanique – le mot *piano* est répété sept fois de suite –, musique qui tourne*. Nous retrouvons ici les procédés musicaux par lesquels Mozart désigne ses fols. Dans ce grand carnaval des *Noces*, tous les personnages masculins ne sont-ils pas, à des titres divers, des bouffons ? La cavatine de Figaro annonce et précède l'aria-bouffe de Bartolo – la célèbre « *Vendetta* » – qui déploie, sur un mode encore plus burlesque, des procédures musicales identiques.

Divertimento

Saison de carnaval. Le 19 février 1786, un bal masqué a lieu dans la grande salle des Redoutes de la Hofburg à Vienne. Un « philosophe indien » circule parmi les masques, distribuant un feuillet sur lequel figurent huit rébus et quatorze devinettes. Le « philosophe » affirme sans rire que ces textes ont été écrits par Zoroastre**.

> *Devinette*
> On peut m'avoir sans qu'on me voie
> On peut me porter sans me sentir
> On peut me donner sans m'avoir
>
> [La solution était donnée sous forme de lettres en désordre : *L. s. e. c. e. n. o. r. s.* c'est-à-dire *les cornes.*]
>
> [...] *Sentences*
> Si tu es un âne, mais riche, sers-toi de tes qualités ; si tu paresses, même si tu ne t'appauvris pas, tu resteras de toutes façons un âne.
>
> [...] Si tu es un pauvre benêt – deviens clerc. Si tu es un riche benêt, fais-toi fermier. Si tu es un benêt noble mais pauvre – deviens ce que tu peux pour gagner ton pain. Mais si tu es un benêt riche et noble, deviens ce que tu veux – mais pas un homme sensé, c'est tout ce que je te demande[13].

Qui se cache derrière ce philosophe bouffon ? Mozart, bien sûr. Au moment où il achève les *Noces de Figaro*, Wolfgang retrouve spontanément dans les écrits burlesques qu'il s'amuse à inventer pour la mascarade le monde carnavalesque de son opéra. Tout est là, le cocu et ses cornes, l'âne, Dame Flegme et son Arlequin.

---

* Cette cavatine de Figaro préfigure d'ailleurs curieusement l'air dit « du champagne » de Don Giovanni.

** Zoroastre, philosophe indien (mort en 563 av. J.-C.). Mozart réutilisera le personnage qui deviendra Sarastro dans *La Flûte enchantée*, quelques années plus tard.

Curieuse musique que celle qui accompagne cette toute première partie de l'opéra. Les dérapages, relevés – parfois avec étonnement – par les musicologues, sont incessants. Une sonnette diabolique perturbe un duo d'amoureux, les voix hennissent, les instruments à l'orchestre ironisent, grincent, grondent; le menuet distingué se mue soudainement en danse pataude. Relativisons cependant. En vertu de l'adage mozartien : « La musique doit toujours rester musique[14] », tous ces éléments dissonants sont intégrés subtilement au tissu musical.

À l'intérieur de la musique, l'écart par rapport à la norme musicale renvoie aux infractions à la norme sociale exposées par l'action dramatique. Évocateur, dans son titre même, d'un rituel majeur, celui de l'alliance, il est logique que l'opéra mette en scène également le contrôle social qui accompagne ce moment de passage important pour le groupe comme pour l'individu. Le rite édicte une règle et prévoit dans le même temps ses manquements, partant, la sanction pour les contrevenants. Nous avons vu dans *L'Enlèvement au sérail* le rôle symbolique que jouait le tintamarre turc. Tapage collectif, sanction bruyante d'une cacophonie privée, le charivari qui « accompagne comme son ombre le mariage[15] » stigmatise la mauvaise conduite sexuelle ou conjugale d'individus au sein d'une communauté.

Tous ces manquements à la coutume inscrivent l'opéra dans un temps et un espace symboliques où le motif secret mais pourtant central du charivari est associé étroitement à celui du carnaval. Si, dans les pratiques coutumières, carnaval et charivari ne sont en général pas confondus, ils ont cependant en commun la fonction de mettre temporairement l'ordre culturel sens dessus dessous, d'exhiber l'envers du décor. À l'intérieur de ces désordres contrôlés, la musique, la danse, supports de la sociabilité, jouent un rôle primordial. À la musique cadencée des bals de noce, métaphore d'ordre, de légitimité, de l'harmonie du couple, répond la contre-musique du charivari. Vacarme, cris d'animaux, sonorités sauvages d'instruments non coutumiers métaphorisent et dénoncent l'inconvenance sociale. Carnaval met en branle les mêmes instruments, les mêmes tapages; surgissent alors les bêtes fantastiques, les hommes sauvages et Hellequin, maître de la chasse infernale.

Mariage, charivari, carnaval, temps festif, folles journées, masques, musique et tapage : ces usages coutumiers apparaissent en filigrane dans la littérature et le théâtre des Lumières; la pièce de Beaumarchais, dont s'inspire largement le livret des *Noces*, en est un bon exemple. Mais l'opéra tisse un lien plus étroit encore avec la coutume car Mozart inscrit, au cœur même de sa musique et tout en restant dans son ordre, une manière de contre-musique. Hormis les discordances vocales ou instrumentales déjà relevées, c'est dans la musique de danse que se manifeste le plus nettement ce retournement du fait musical, typique du carnaval et du charivari.

Tempo di Marcia

Sur un air de menuet lourdaud dansent à la fois Figaro et le Comte, réunis par Mozart dans la même dérision. La foire planterait-elle ses tréteaux, en douce, sur la scène d'opéra ? Les Arlequins en masque noir se démènent autour de volages Colombines. Un autre Zani, affublé d'une peau d'âne, règle la chorégraphie de cet étrange ballet. Burlesque certes, mais pathétique est la danse d'amour qui prend les pieds, agite les corps, fait chavirer les têtes. Deux autres danses, la marche et le fandango, fonctionnent sur le modèle du menuet.

Acte III. « Une salle somptueuse avec deux trônes, et préparée pour la fête nuptiale*. » Les contrats de mariage vont être signés entre Figaro et Suzanne d'une part, Bartholo et Marceline d'autre part. Toute la communauté d'Aguas Frescas est présente aux réjouissances ; pourtant sur la fête pèse une atmosphère lourde. Les mariés s'avancent sur un *tempo di marcia* : « Curieuse marche nuptiale en vérité, qui malgré ses ruptures de mesure a quelque chose de rigide et de contraint [...]. Elle évoque plutôt la malice agressive (avec les acerbes mordants aux vents) et l'ironie triomphale qu'une réjouissance franche et détendue[16]. » L'analyse fine de J.-V. Hocquard révèle l'enjeu symbolique de cette musique dont il souligne la singularité. Précédant immédiatement la cérémonie du double mariage, la *marcia* met en place le rite. *Ut* majeur, 4/4, le rythme carré, stable, organise le cortège à sa mesure, celle de l'ordre social. Du haut de leurs trônes, le Comte et la Comtesse attendent de consacrer l'union des deux couples. *Pianissimo,* flûtes, cors et cordes seulement, on entend au loin les accents de la marche nuptiale. L'atmosphère n'est pas à la franche gaieté ; Almaviva enrage en aparté d'avoir à célébrer ces épousailles : « Méditons notre vengeance. » La Comtesse, elle, est *di ghiaccio* – de glace – et refuse d'entamer le dia-

* Didascalie du livret.

logue avec son mari : *« Non parliamo : ecco qui le due nozze...* Il faut les recevoir ; il s'agit d'une de vos protégées. » Les mariés font leur entrée, trompettes et timbales *pianissimo,* rejoignent l'orchestre. La cérémonie commence, décrite minutieusement par le livret : « Deux jeunes filles apportent la toque virginale à plumes blanches. Deux autres un voile blanc, deux autres les gants et le bouquet de fleurs. Figaro est avec Marceline, Bartholo avec Suzanne. Bartholo conduit Suzanne au Comte : elle s'agenouille pour recevoir la toque, Figaro conduit Marceline à la Comtesse, même jeu. » Pendant ce temps, la *marcia* a pris une étonnante ampleur. En un vaste *crescendo,* la grande voix de l'orchestre atteint le *forte.* S'agit-il de marquer de façon éclatante la solennité du moment ? Certainement, mais de bien étrange manière car hautbois et bassons font retentir sans se lasser le « grésillement nasillard du *gruppetto*[17] » tandis que flûtes et violons renchérissent en petits trilles ironiques. À la note principale, celle d'une solennelle marche nuptiale, Mozart ajoute quelques ornements caustiques qui font signe discrètement du côté du charivari. L'utilisation obsédante du *gruppetto* ne révèle-t-elle pas ce double registre de la *marcia* ? En termes de grammaire musicale, le *gruppetto,* dit aussi « doublé », est un ornement rapide où la note principale est entourée par trois ou quatre notes conjointes supérieures et inférieures[18].

Introduisant, par l'intermédiaire de la marche, une note discordante dans la cérémonie de la double noce, Mozart en infléchit donc subtilement la joyeuse tonalité : « Cette gaieté a quelque chose d'acide ; on sent comme une menace suspendue[19] », écrit J.-V. Hocquard.

« On danse le fandango »

Deux jeunes filles s'avancent et entonnent un hymne à la louange du Comte : *« Amanti costanti,* amants sincères fidèles à l'honneur, chantez et louez ce sage seigneur, renonçant à un droit qui offense et outrage, chastes, il vous remet à vos bien-aimés*. » Unisson voix-orchestre, accord parfait, cependant, dans l'aigu de leur registre, les trompettes s'ébaudissent discrètement... Il est vrai que, sur scène, il s'en passe de belles ! :

---

* *« Amanti costanti »,* acte III, scène 14. Notons que la tradition du *jus primae noctis* avait déjà disparu en cette deuxième moitié du XVIIIe siècle.

> Pendant ces chants, Suzanne est à genoux. Tirant le Comte par son manteau elle lui montre le billet*. Elle passe ensuite la main, côté public, sur sa tête où le Comte fait semblant d'ajuster sa toque. Elle lui donne le billet qu'il glisse furtivement dans son habit. Suzanne se relève et lui fait la révérence. Figaro vient la recevoir des mains du Comte. On danse le fandango. Marceline se relève peu après. Bartholo vient la recevoir des mains de la Comtesse**.

Ainsi, au moment même où elle est unie à Figaro, Suzanne, aux yeux de tous – car rien n'échappe aux gens du château, hormis au nouveau marié – mène une intrigue avec le Comte. Le fandango à cet instant donne le signal du bal.

Après la *marcia* ironique, le fandango installe une atmosphère étrange, déstabilisante ; le mouvement en *andante* donne à la danse un rythme inhabituel, lent et grave. Si Mozart utilise dans ce morceau des harmonies « à l'espagnole », c'est que l'exotisme musical sert son propos ; les dissonances récurrentes, les vents qui « enjambent les trilles des cordes en donnant l'impression de douloureuses plaintes[20] », matérialisent, gravement cette fois, la dissonance sociale. La communauté entière est entraînée dans cette danse mélancolique. La tradition veut, à ce moment de l'opéra, que le plateau soit plongé dans la demi-obscurité, accentuant ainsi l'aspect fantomatique des danseurs qui glissent sans bruit, presque sans mouvements*** ; l'orchestre, *pianissimo*, continue à jouer son obsédante rengaine ; la lumière s'est focalisée à l'avant-scène sur le comte Almaviva :

> Le Comte se retire à l'écart, prend le billet et fait le geste d'un homme qui s'est piqué le doigt : le secoue, le presse, le suce et, regardant le papier cacheté d'une épingle, dit, jetant l'épingle à terre, pendant que l'orchestre joue *pianissimo* : « Evidemment ! ah ! l'étrange manie ! Les femmes fourrent des aiguilles partout. Ah ! Ah ! Je comprends le jeu****. »

---

* Ce billet est le résultat d'un complot entre la Comtesse et Suzanne pour déjouer les plans du Comte ; Suzanne y donne rendez-vous au Comte « sous les pins » ; c'est la Comtesse déguisée qui ira à la place de sa camériste pour confondre l'époux volage. Naturellement, personne – hormis le spectateur – n'est au courant de la conspiration…

** Didascalie du livret.

*** Grâce à une mise en scène pertinente, ce moment était particulièrement intense lors d'une représentation des *Noces* au Capitole de Toulouse en mars 1993.

**** Acte III, scène 14. Il n'est pas dans notre propos ici d'analyser les enjeux symboliques de cette épingle qui joue un grand rôle dans l'opéra. Il faut se reporter, pour avoir la clé de ces piquants mystères, à l'ouvrage d'Yvonne Verdier, *Façons de dire, façons de faire*.

Figaro, qui a observé le manège, fait – en toute innocence – part à Suzanne de sa découverte : « C'est un billet doux que quelque donzelle lui aura remis en passant ! Il était cacheté d'une épingle avec laquelle il s'est piqué le doigt. » Et toujours résonne en mineur le fandango envoûtant. Comble d'ironie, le chœur des villageois reprend l'hymne des jeunes filles : « *Amanti costanti.* » L'acte se termine dans une atmosphère crépusculaire, bientôt les ténèbres envahiront la scène.

Résonances

> Après le souper, les jeunes enfants de notre hôte dansèrent et Mozart se joignit à eux. Madame Mozart me dit que ce grand génie était enthousiaste de la danse, et disait souvent que ce goût primait chez lui le goût pour la musique. C'était un homme remarquablement petit, très maigre et pâle, avec une profusion de beaux cheveux fins, dont il était très fier. Il m'invita cordialement à venir chez lui [...]. Il m'accueillait toujours avec bonté et hospitalité. Il aimait remarquablement le punch, dont je le voyais avaler de copieuses rasades. Il aimait jouer au billard et il en avait un excellent chez lui.
>
> Michaël O'Kelly*

Jouant sur deux registres, la marche et le fandango exposent ainsi l'endroit et l'envers de la cérémonie de mariage. À l'endroit, la musique illustre le rite en train de se dérouler, à l'envers, la même musique en dénonce les irrégularités. Complémentaires l'une de l'autre, ces deux danses, sur le plan musical formel, n'ont rien de commun ; nous constaterons un peu plus tard que Mozart, dans l'admirable cohérence de son art, réunit fandango et marche en une commune résonance. Mais ce phénomène d'écho fait aussi résonner ensemble le fandango et le menuet du premier acte.

Pourtant, tout semble séparer ces deux danses. Le menuet, danse aristocratique par excellence, est d'origine française ; le fandango plonge ses racines dans la tradition populaire andalouse. L'un est lent, mesuré, l'autre vif et rapide. Or, que fait Mozart ? Il établit un lien entre les deux danses en travestissant le menuet en fandango et inversement. On avait relevé l'aspect populaire et singulièrement sautillant du « *se vuol ballare* » du premier acte ; le fandango du troi-

* Créateur du rôle de Basile et de Don Curzio. Dans Jacques-Gabriel Prod'homme, *Mozart raconté par ceux qui l'ont vu,* p. 211.

sième acte, lui, perd sa vivacité traditionnelle et emprunte les pas mesurés et dignes de l'aristocratique menuet*. Ce – très mozartien – procédé d'inversion est rendu possible par ce qui, au-delà des différences, est commun aux deux danses. Fandango et menuet sont fondés sur un déséquilibre rythmique, trois temps, et apparient de manière identique les danseurs : par couple, chaque élément devant rester à bonne distance de l'autre.

Le menuet signifie littéralement « pas menus » ; par conséquent la danse s'inscrit dans un espace restreint et la progression dans cet espace est faible ; les figures dessinent un 8, puis un S, puis un Z. Dans ce parcours imposé, les dames passent tour à tour d'un cavalier à l'autre [21]. Ce déroulement chorégraphique métaphorise à merveille ce qui se passe dans notre opéra. Selon un même parcours sinueux** et ritualisé, les dames, Suzanne, la Comtesse, Marceline, et même la petite Barberine changent de cavalier ; les hommes piétinent en mesure, attendant que la danse ramène leur cavalière. Mozart, dans le *Così fan tutte,* portera à son extrême raffinement cette chorégraphie symbolique. À l'intérieur d'une autre « folle journée », un bal savamment orchestré (*Don Giovanni,* finale de l'acte I), met en œuvre une chorégraphie semblable mais dans une configuration différente. Trois orchestres jouent en même temps trois danses différentes : le menuet réunit le couple Ottavio/Anna, la contredanse enlevée et populaire entraîne dans son tourbillon Don Giovanni et Zerline, enfin l'allemande, danse traditionnelle qui s'apparente à la valse, fait tourner burlesquement le couple le plus mal assorti de cette singulière fête de noces : Masetto et Leporello. On sait comment s'achève le bal…

Au menuet mesuré, policé, le fandango oppose l'impétuosité de son exécution. Le caractère un peu « sauvage » de la danse l'associe aux débordements du désir : « Fandango : danse voluptueuse ; on dit que l'anachorète le plus fervent et le plus consciencieux qui mange le plus de laitue, qui jeûne le plus, ne saurait le voir danser sans sou-

* Transformation que relève le commentateur : « Mozart n'a pas insisté sur l'exotisme de cette danse qui peut même, à la limite, être comparée à une sarabande, voire à un menuet lent. » Jean de Solliers, *op. cit.*, p. 102.

** Il y aurait peut-être une recherche à conduire sur cette danse si prisée au XVIIIe siècle ; les figures en 8, S, Z, renvoient non seulement à l'attrait de ce temps pour les sinuosités mais aussi à l'exotisme qui, en littérature et au théâtre, se plaît à aligner des noms propres où triomphe le zézaiement, le S et surtout le Z : Zaïde, Zadig, Zindor, Almenzire etc.

pirer, sans désirer et sans enfin donner au diable ses vœux, sa continence et ses sandales[22]. »

Ce fandango diabolique et sensuel prend ses racines en Afrique au XVIIe siècle ; cette danse, semble-t-il, était exécutée par les esclaves noirs originaires de la Guinée. Elle fut ramenée en Europe par les Espagnols qui revenaient des Indes occidentales où elle devint rapidement – souvent associée aux noces – synonyme de fête à caractère licencieux : « On joue le fandango sévillan, de jeunes Égyptiennes l'exécutent avec leurs castagnettes et leurs tambours de basque ; la noce se mêle avec elles et les imite : la danse est devenue générale. » Cette phrase du *Diable amoureux* de Cazotte rappelle l'engouement des Lumières pour l'exotisme, mais elle évoque aussi, *sotto voce,* les liens qui unissent mariage et charivari. La présence des castagnettes et des tambours de basque confirme cette relation ; producteurs de bruit, ces instruments s'apparentent à ceux qui sont utilisés dans la paramusique du carnaval et du charivari. Ce registre symbolique du fandango est bien présent dans notre opéra. Tout comme le tintamarre turc dans *L'Enlèvement au sérail* mais sur un autre registre, la danse libertine, travestie en aristocratique menuet, prend en charge la désapprobation collective face aux manquements à l'ordre coutumier. Même sous couvert d'exotisme, il était impossible à Mozart d'introduire réellement un fandango débridé sur la scène de son opéra ; le travestissement de la danse populaire en danse de cour s'explicite parfaitement. Mais Wolfgang, ce génie malicieux, s'arrange pour faire entendre la sonorité singulière de son fandango : le menuet curieusement sautillant du premier acte ne nous invitait-il pas déjà à soulever le masque ?

> Je me souviens de la première répétition avec tout l'orchestre. Mozart était sur la scène, avec sa pelisse cramoisie et son chapeau à haute forme à galon d'or, donnant la mesure à l'orchestre. L'air de Figaro *« Non più andrai, farfallone amoroso »* fut chanté par Benucci avec l'animation et une force de voix des plus grandes. J'étais tout à côté de Mozart, qui répétait, *sotto voce* : *« Bravo ! Bravo Benucci ! »* et quand Benucci arriva au passage final : *« Cherubino, alla vittoria, alla gloria militar ! »*, qu'il chanta avec une véritable voix de stentor, l'effet produisit comme une décharge électrique, aussi bien sur les acteurs en scène que sur les exécutants de l'orchestre, qui, comme agités d'un sentiment de ravissement, s'écrièrent : *« Bravo ! Bravo ! Maestro ! Viva, viva grande Mozart ! »* Je crus qu'à l'orchestre, les musiciens ne s'arrêteraient pas d'applaudir en frappant de leurs archets sur les pupitres. Le petit homme exprima ses remerciements pour les marques extraordinaires d'enthousiasme qu'on lui témoignait en s'inclinant plusieurs fois.
>
> Michaël O'Kelly[23]

D'une présence prégnante au final de ce troisième acte, le fandango était déjà apparu fugitivement dans l'opéra auparavant, dans l'aria de Figaro « *Non più andrai* » qui termine en fanfare le premier acte. L'aria s'adresse à Chérubin que le Comte expédie aux armées. Figaro n'est pas mécontent de voir partir l'adolescent : « ce petit Adonis d'amour qui tourne jour et nuit auprès des belles dont il trouble le repos » trouble également le sien. Chérubin, dans son éclatante jeunesse, plaît aux femmes, et Suzanne ne semble pas insensible à son charme. Le fiancé soupçonneux se fait donc un malin plaisir de brosser, devant le page éberlué, un tableau de la rude vie militaire qui l'attend : « Et au lieu du fandango, une marche dans la boue à travers monts et vallées, sous la neige ou la canicule, au son des tromblons des mortiers et des canons qui font siffler à l'oreille un constant tonnerre de balles... *Cherubino alla vittoria, alla gloria militar.* » L'évocation du fandango, associé par Figaro à ce « papillon amoureux » qui met en danger l'honneur des maris, déclenche le vacarme rituel. L'artillerie décrite par le livret se déchaîne dans la musique. D'abord c'est la voix qui, « perdant toute mélodicité prend la relève de la trompette et claironne des taratata en faisant sonner des rimes redoutables : *per valloni – i sollioni – di tromboni – di canoni – tutti i tuoni*[24] » ; puis les trompettes et timbales refont leur entrée en fanfare et sur un rythme martial 4/4, *ut* majeur, le rideau tombe sur ce final tonitruant de la première partie des *Noces.* Cette fausse/vraie marche militaire n'annonce-t-elle pas déjà la *marcia* nuptiale de l'acte III ? Même tonalité, même rythme, même intention ironique. Tandis qu'à l'acte I, le vacarme suit immédiatement l'évocation du fandango, à l'acte III c'est le fandango qui suit immédiatement le vacarme.

À partir du fandango s'organise ainsi un système complexe qui fait résonner ensemble, sur un registre ironique, menuet et marche. L'exotique et licencieuse danse servirait-elle à penser l'ensauvagement amoureux, donc le désordre qui perturbe les noces de Figaro et de Suzanne ? Cette intrusion du « sauvage » – qui va de pair avec le charivari – se concrétise au quatrième acte par l'irruption, sur un *tempo di minuetto,* d'un bestiaire de carnaval. Une petite « barbare », une minuscule Colombine, inaugure, en habit musical de fandango, la fête nocturne.

Petites musiques de nuit

Le rideau se lève sur le dernier acte. La nuit est tombée sur le domaine d'Aguas Frescas. Barberine, la toute jeune fille du jardinier, erre, une lanterne à la main, cherchant désespérément un objet qu'elle a perdu, une épingle. Réduit aux seules cordes, l'orchestre joue en sourdine une nostalgique musique. La petite tourne en rond, passant et repassant au même endroit, en quête du minuscule objet. Le charme étrange de cette ronde solitaire nous ramène fugitivement au fandango car Mozart utilise dans ce prélude orchestral la tonalité qui était celle de cette danse à l'acte précédent. Puis, *andante, fa* mineur, la voix fragile s'élève dans l'obscurité, se plaignant doucement : « *L'ho perduta, me meschina...* Je l'ai perdue, pauvre de moi* ! » Balancement berceur du 6/8, lumière vacillante de la lanterne, arrêts, va-et-vient, l'épingle reste introuvable. « *L'ho perduta...* » répète sans cesse la voix désolée. Que se joue-t-il ici d'essentiel ? En quoi la perte d'une épingle peut-elle toucher presque au tragique ? *Fa* mineur, écrit Mozart, tonalité dans laquelle, l'année suivante, il écrira la mort du Commandeur au début de *Don Giovanni.* Un vieil homme assassiné, une épée qui tranche le fil de la vie, une petite fille à l'aube de la sienne et une épingle...

Yvonne Verdier a montré comment, dans les sociétés traditionnelles, l'épingle est l'attribut par excellence de la jeune fille[25] ; elle apparaît dans son costume au moment de la puberté : « Les épingles tenaient une grande place dans le costume traditionnel et leur emploi systématique dans le costume féminin commençait à l'âge où l'on devient jeune fille. Elles servaient à attacher de nombreuses pièces de vêtements sur soi, châle, fichu, tablier, et surtout à fixer la coiffure, à emprisonner les cheveux dans un bonnet, ceci dès le lendemain de la première communion, car après cette date, on ne devait plus montrer ses cheveux[26]. » L'épingle qui sert à cacher la féminité naissante de la jeune fille est aussi protection contre les galants trop entreprenants : « Qui s'y frotte s'y pique »... Ainsi le comte Almaviva (acte III, scène 14) : « Ah, toujours cette vieille habitude ! Les femmes mettent des épingles partout ! Ah ! Ah ! Je comprends le jeu ! »

* Acte IV, scène I, cavatine n° 23. La créatrice du rôle de Barberine, Marianne Gottlieb, était âgée de treize ans.

Ambivalente épingle. Protection de la jeune fille, elle est aussi arme de séduction, instrument privilégié du jeu amoureux. L'épingle jetée à terre sera ensuite récupérée par le Comte qui la confiera à Barberine, laquelle devra la rendre à Suzanne, signe du rendez-vous accepté de part et d'autre. Une petite goutte rouge effacée furtivement, l'épingle passe, pique, tissant un lien ambigu entre le Comte et la guirlande des filles, Suzanne, Rosine, Barberine.

Échos de fandango, *fa* mineur, violons en sourdine. Une petite fille à la lueur incertaine d'une lanterne cherche… La quête est à la hauteur de l'enjeu, dérisoire et essentielle. En ronde mélancolique, l'enfance se retire, qu'adviendra-t-il ensuite ? Le mystère de la vie qui vient serait-il aussi grand que celui de la vie qui s'en va ? De l'épingle à l'épée, un autre opéra. Au milieu de la nuit, un vieil homme s'écroule, percé de coups ; la vie, doucement, presque sereinement, s'épanche en *fa* mineur avec le sang de la blessure.

Moments secrets, émouvants du passage, petite musique de nuit.

Jeune paysanne non éduquée, Barberine la si bien nommée* ne connaît pas encore la règle du jeu social, ignore les limites ; elle veut épouser Chérubin l'aristocrate et entretient des relations équivoques avec le Comte. L'épingle perdue est l'enjeu d'une intrigue qui la dépasse et dont elle est, involontairement, partie prenante. Barberine, naïvement, va révéler à Figaro ce qu'il doit ignorer – l'épingle, le billet, le rendez-vous – le convainquant du même coup de la traîtrise de Suzanne. Dès lors, l'action va se précipiter. La « petite barbare » apparaît donc à juste titre comme la figure inaugurale et emblématique de ce quatrième acte, car le « sauvage » pour de bon fait irruption sur la scène de l'opéra. Les passions se déchaînent, le tempo de l'opéra se précipite, surgissent les masques et les animaux…

Le carnaval des animaux

Ulcéré par les révélations de Barberine, Figaro s'effondre et appelle sa mère au secours ; Marceline s'efforce de le calmer, mais il quitte la scène hors de lui : « Je vais venger tous les maris, adieu ! » Marceline décide d'avertir Suzanne de la mauvaise tournure que prennent les événements. Le temps presse ; or « elle reste plantée là à chanter une aria », s'étonne J.-V. Hocquard[27]. Cette aria inaugure

* Rappelons que dans la pièce de Beaumarchais, le personnage s'appelle Fanchette.

une série de trois airs, puisque après Marceline, Figaro puis Basile viendront philosopher sur le devant de la scène. Philosophie burlesque qui met en branle un singulier cortège : « Da Ponte a puisé dans l'arsenal des lieux communs de l'opéra italien ; on pourrait, plutôt que d'arsenal, parler d'une ménagerie car nous assistons à tout un défilé d'animaux allégoriques, depuis le bouc et la chevrette, l'agneau et l'agnelle jusqu'aux chouettes et aux renards, en passant par l'âne et la bête féroce [...]. Cette enfilade de chants a suscité une désapprobation unanime, à telle enseigne que les deux premiers airs sont presque toujours supprimés à la représentation. Le troisième, celui de Figaro, est le seul à trouver grâce, parce qu'il concerne un personnage non secondaire et qu'il s'inscrit dans le droit fil de l'intrigue[28]. »

Si l'aria de Figaro et même celle de Basile trouvent grâce auprès du musicologue, celle de Marceline par contre, « qui n'a de force ni du point de vue musical, ni du point de vue théâtral », est condamnée sans appel. À tort, car l'aria développe un thème qui donne la tonalité dominante de ce quatrième et décisif dernier acte.

> Le bouc et la chevrette sont toujours en amitié, l'agneau et l'agnelle jamais ne se font la guerre. Même les bêtes sauvages laissent leurs compagnes en liberté. Seules nous autres, pauvres femmes, qui aimons tant ces hommes, nous sommes toujours traitées avec cruauté par ces perfides (acte IV scène 4).

À travers ces paroles fades et convenues pourtant inspirées de l'*Orlando furioso* de l'Arioste, se dessine cependant en filigrane ce monde inversé, « barbare » du quatrième acte où les modèles de la coutume ne sont plus les hommes mais les animaux. J.-V. Hocquard révèle involontairement l'arcane de l'aria en cherchant quelques excuses à cette « faute de goût » de Mozart et de Da Ponte : « Un trait – un seul – de malice comique émane du Menuet, sur lequel s'avancent les animaux dans la première partie ; ce sont eux les véritables “cavaliers” qui savent ce qui convient envers les dames, alors que ces messieurs ne le sont pas[29]. » Voici donc les animaux – domestiques ou sauvages – promus au rang de maîtres ès courtisement. La cruauté, la brutalité deviennent l'apanage de la gent masculine oublieuse des règles de la bonne conduite amoureuse. Or Mozart écrit le début de l'air de Marceline sur un tempo di minuetto. Déjà au premier acte, par l'entremise de Figaro, le menuet aristocratique se transformait en danse pataude « tout juste bonne à faire sautiller un ours ». Mozart, ici, utilise à nouveau ce procédé de l'inversion de la même manière et à des fins identiques ; le menuet sur lequel se dandine comiquement ce bestiaire allégorique ne vise-t-il pas à dénoncer une nouvelle fois un manquement aux usages ? L'obstination du compositeur à associer menuet parodique et infraction à la coutume trouve, avec une belle logique, un écho dans sa correspondance. Quelques années auparavant, le 5 décembre 1780, Wolfgang, dans une lettre adressée à son père, évoque le mariage prochain de l'une de ses élèves favorites, la jeune Louise Lodron, avec un homme beaucoup plus âgé qu'elle :

> Au sujet de la chère, jeune, belle, douée, intelligente Mlle Louise Lodron, cela me peine qu'elle soit destinée à un tel barbon – elle jouera sans doute bravement avec lui le début de la deuxième partie du menuet que j'ai appris de Bach, car, pour la fin, il ne lui servira pas à grand chose, ou même il sera gênant[30].

Si le message demeure pour nous peu clair, il suffit de constater que l'évocation du menuet – dont Mozart retranscrit dans sa lettre les trois premières mesures – va de pair avec un mariage mal assorti et sa dénonciation.

Dans le cortège de bestiaux hétéroclites qui défile dans la trilogie des arias de ce début de l'acte IV, celle de Figaro – centrale – déroule un invraisemblable inventaire de l'ordre naturel et même surnaturel. Enragé de l'infidélité supposée de Suzanne, Figaro étend sa hargne à la gent féminine et conseille aux « hommes niais et imprudents » d'ouvrir les yeux et de regarder les femmes telles qu'elles sont, à savoir « sorcières, sirènes, chouettes, comètes, roses épineuses, renardes flatteuses, ourses bonasses, malignes colombes », etc. « Et le reste », hurle Figaro au plus haut de sa tessiture. « Je n'en parle pas, tout le monde le sait… *il resto no dico, già ognuno lo sa !* » Ce catalogue burlesque ne renvoie-t-il pas les femmes à cette nature fluctuante, changeante, dominée par l'instinct qui est la leur ? En elles, l'humanité semble toujours aléatoire, toujours remise en question. Ces femmes sauvages sont capables envers leurs compagnons des pires forfaits : elles « trompent, mentent, ne ressentent ni amour ni pitié ». Du drame particulier on passe ainsi au malheur collectif ; cette progression d'un désordre qui s'étend aux dimensions de l'universel s'inscrit dans la musique. Si l'air est écrit dans la tradition des grandes arias-bouffe à effets musicaux et théâtraux, les formes rythmiques utilisées par Mozart font signe du côté du charivari.

Mi bémol majeur, *moderato,* la première partie du monologue rappelle par son rythme le tempo di minuetto ; tonalité majeure, allure modérée, la danse est pondérée, régulière. Figaro énonce sa mise en garde : « Ouvrez un peu les yeux, hommes imprudents et niais ! Regardez donc ces femmes, regardez ce qu'elles valent ! Celles que, les sens abusés, vous appelez des déesses, pour qui votre raison affaiblie fait brûler des encens. » Si le ton est encore mesuré, déjà la satire mord : les violons raillent en brusques *forte/piano,* puis – sans surprise – nous retrouvons un rythme de *marcia* scandé aux cordes par une volée de trilles ironiques qui introduit la seconde partie de l'aria où déboule la cavalcade burlesque des animaux, végétaux, êtres et astres maléfiques. Ce carrousel endiablé tourne de plus en plus vite ; la voix monte dans l'aigu, culmine puis retombe pour repartir et reprendre une deuxième fois le même inventaire farfelu. Si Mozart ici n'utilise pas le rythme du fandango, en revanche – à notre point de vue – l'esprit de la danse « sauvage » préside à ce moment de l'aria. La déclaration d'amour à rebours qu'adresse Figaro à Suzanne et au-delà à toutes les femmes, infidèles par nature, fait ainsi écho au *Così fan tutte* hennissant de Basile dans le premier acte. La coda de l'aria met en évidence ce rapport : « Les cors émettent une sorte d'aboiement incongru par trois fois et répété trois fois[31] », ponctuant bruyamment la conclusion rageuse de Figaro. « Je ne dis pas le reste, tout le monde le sait. » L'appel à l'opinion publique est illustré par cette double fanfare de cors qui ne permet aucun doute sur l'intention ironique : comme en allemand, le même mot, en italien, désigne à la fois les cors et les cornes.

Le monologue de Figaro marque ainsi l'apogée d'un processus mis en marche par Mozart dès le début de l'opéra. Tous les éléments musicalement « dissonants » se conjuguent au bestiaire allégorique et aux rythmes de danse pour aboutir à la crise qui couve depuis le commencement de l'action et va éclater tout de suite après cette aria. Reviendront, une fois encore, comme un leitmotiv, le menuet et la marche à deux moments importants de ce dernier acte. Le menuet refait son entrée au moment où, caché, Figaro observe le Comte en train de faire une cour empressée à Suzanne, qui n'est autre que la Comtesse travestie. Figaro, non averti de l'échange de vêtements entre les deux femmes, se désespère ; sa nouvelle épousée est donc bien une traîtresse : « Ce nouvel épisode s'ouvre sur un majestueux menuet, dont on ne tarde pas à s'apercevoir qu'il est à entendre dans le sens de la dérision », écrit Michel Noiray[32]. *Sotto voce, mi* bémol, le rythme de menuet marque les étapes d'un désordre qui va *crescendo.* Figaro reconnaît enfin sa Suzanne sous les habits de la Comtesse ; afin de se venger, il conte fleurette à la fausse Rosine. Situation scandaleuse en soi car, en dépit du travesti, ce qui est donné à voir, c'est un valet courtisant une aristocrate. Souvenons-nous du passage d'une lettre de Mozart :

> *Le Secret au grand jour* n'est acceptable qu'en tenant compte de ce qu'il s'agit d'une pièce italienne. Car le fait que la Princesse se laisse séduire par le valet est vraiment par trop abject et contre toute nature [33].

Le menuet entre donc en scène, mais sur un tempo trop rapide, préparant ainsi sa dernière apparition, au moment où Figaro et Suzanne réconciliés rejouent ensemble la scène de la séduction, cette fois à l'intention du Comte, persuadé que son valet a l'outrecuidance de courtiser sa femme. Le menuet passe en 6/8, rapide et balancé comme un fandango, puis quitte définitivement la partition.

Arlequin et son double

Cette tonalité discordante qui caractérise une bonne partie de la musique et de la danse nous ramène, après ce parcours dans l'opéra, à Basile. Dernière aria de la trilogie des airs du quatrième acte, celle de Basile fait apparaître le dernier animal du bestiaire carnavalesque, l'âne. Un bouffon affublé d'une peau d'âne... Rajoutons quelques grelots et nous obtenons un fol de carnaval tel que le représente l'iconographie traditionnelle, ou bien, sans grelots mais avec un bâton, voici Arlequin en personne juché sur un âne. Derrière cette figure emblématique se profile alors une autre silhouette qui nous est familière, celle de Mozart lui-même, le Hanswurst, le joyeux fol de la correspondance. Wolfgang en Arlequin ?

> Mon très cher Père !
>
> [...] Je vous prie de m'envoyer dès que possible les symphonies que je vous ai demandées, j'en ai vraiment besoin. – Encore une demande, car ma femme ne me laisse pas en paix ; – vous savez sans aucun doute que c'est maintenant le carnaval et on danse ici, tout comme à Salzbourg et à Munich. – J'aimerais donc me déguiser en Arlequin (mais sans que personne le sache) – parce que ici, il y en a tant dans les redoutes, mais ce ne sont que des ânes [34].

Mon très cher Père !

[...] Le lundi gras, nous avons interprété notre mascarade de compagnie à la Redoute. – Elle était constituée d'une pantomime qui dura la demi-heure de la pause. – Ma belle-sœur était Colombine, moi Arlequin, mon beau-frère Pierrot, un vieux maître de danse (Merk) Pantalon. Un peintre (Grassi) le docteur.

L'idée de la pantomime et sa musique étaient toutes deux de moi. – Le maître de danse a eu la bonté de nous faire répéter, et je vous l'affirme, nous avons joué fort joliment. Je joins ici le programme de cette pantomime qu'un masque déguisé en postillon a distribué aux hôtes masqués. – Les vers, même pour des vers boiteux, pourraient être meilleurs ; ce n'est pas un produit de ma plume. – C'est le comédien Müller qui les a griffonnés[35].

La partition de cette pantomime* ne nous est pas parvenue dans son intégralité mais elle comporte, écrite de la main de Mozart, en français, un véritable petit canevas de *commedia dell' arte* :

Un petit [homme ?] travaille, il voit que sa femme n'est plus [là]. Il prende une autre danseuse – il danse avec une autre danseuse. – Sa femme vient. Elle fait fuir l'autre. – La pantomime avec le chapeau [le danseur]. – Elle lui prende par le nez. – Pantomime avec le bâton. Il fuit, elle le doit suivre. – Les autres danseuses le suivent. – Elle lui dit de se mettre à genoux et à lui demander pardon. *Er will nicht* [il refuse]. – D'abord, il se mette en genoux. Elle lui dite de baiser la main. Lui baise la main. Ils font la paix. – Ils dansent ensemble – etc.[36].

Saison de carnaval ; incognito, Wolfgang, en habit d'Arlequin, danse sur sa propre partition, imposant son rythme et sa mesure aux autres masques. Sur la scène d'opéra, un Arlequin affublé d'une peau d'âne** mène – « mais sans que personne le sache » – la fête masquée, donne le tempo du grand carnaval des noces de Suzanne et de Figaro.

Basile/Mozart. La relation entre le compositeur et son personnage prend une dimension supplémentaire si l'on prête attention à un petit détail du livret. Maître de clavecin de la Comtesse dans la pièce de Beaumarchais, Basile, dans l'opéra, est promu au rang de maître de musique ; or toutes les lettres de Léopold à son fils, à partir de son installation à Vienne, sont adressées à « M. Wolfgang

* Musique pour une pantomime de carnaval écrite pour quatuor à cordes (K. 446).

** Dans la scène du carnaval du film *Amadeus,* Milos Forman nous montre un Mozart juvénile et endiablé, affublé d'une magnifique tête d'équidé... On se souvient aussi du rire hennissant d'Amadeus...

Amadé Mozart, maître de musique »... Cette fonction sociale qui unit ainsi, entre fiction et réalité, le personnage à son créateur, s'avère parfaitement pertinente sur le plan symbolique car elle permet de comprendre et d'expliciter le rôle de Basile dans l'opéra. Bouffon secondaire sur le plan de la dramaturgie, Basile, en tant que maître de musique, est la clé – au sens musical du terme – d'un système qui articule toutes les situations dramatiques exposées par l'opéra autour d'une métaphore centrale, celle du Temps.

Le Maître du Temps

> La musique nous est donnée dans le seul but d'établir un ordre dans les choses, y compris et en particulier la coordination entre l'homme et le temps.
>
> Igor Stravinsky

Si, dans *Les Noces de Figaro*, la fonction sociale de Basile est brièvement évoquée – on sait que sa charge de maître de musique lui permet aussi d'enseigner le chant à Suzanne* –, on constate dès le début de l'opéra que par son intermédiaire, la musique est engagée dans une aventure où elle joue un double rôle ; déroulant les étapes d'une journée de noces, elle dénonce en même temps les irrégularités qui entachent le rite. Mariage et charivari, musique et « paramusique ». Au centre, figure emblématique, un Arlequin masqué – Mozart/Basile – organise la partition de cette folle journée de noces. Le maître de musique, ordonnateur du temps, serait-il aussi, à ce titre, le maître du rite ?

Claude Lévi-Strauss a mis au jour la parenté du mythe et de la musique[37] ; ne pourrait-on prolonger et enrichir cette réflexion en envisageant les rapports entre le rite et la musique ? La musique ordonne le temps selon son bon vouloir ; elle le découpe en séquences rythmées fixant le début et la fin du silence dans lequel elle s'inscrit. Associée à la danse, elle transcrit cette durée dans l'espace par le mouvement réglé des corps ; le temps s'écrit alors en figures imposées, traçant dans l'espace les signes de son éphémère réalité. De même que le rite, la musique construit un temps distinct

* Acte I, scène 1. On songe aussi à Wolfgang faisant répéter le rôle de Suzanne à Nancy Storace dont il était très amoureux.

du temps quotidien ; comme lui, elle crée du continu avec du discontinu : la phrase musicale développe ses séquences suivant un déroulement linéaire, irréversible ; mais à l'intérieur même de cette linéarité, chaque séquence peut répéter une autre séquence ou la rappeler, introduire des retours, des répétitions, des variations[38]. La partition du rite ne s'organise-t-elle pas suivant ce même modèle ? Rite et musique structurent ainsi le temps de manière identique, jouant sur la diachronie et la synchronie. Ils ont aussi en commun la fonction primordiale de gérer l'écart, de résoudre des dissonances, d'assurer des passages. Enfin, l'un comme l'autre articulent l'individuel et le collectif*. L'opéra en particulier possède au plus haut point cet art du mélange. Le rite invente ses signes, sa scénographie ; autour de ces symboles partagés, au rythme des saisons, la communauté refait sa cohésion. N'en va-t-il pas de même pour le théâtre lyrique ? Saisons d'opéra, calendrier rituel, cycle immuable : « Les saisons étaient très courtes. La principale, celle du carnaval, s'étendait du lendemain de Noël (ou selon les calendriers, du jour de l'Épiphanie) au début du carême. D'autres petites saisons suivaient, surtout dans les lieux de villégiature : celle de printemps (une quinzaine de jours autour de l'Ascension) et celle d'automne qui était moins courue que les deux précédentes et commençait le 5 octobre[39]. »

La première des *Noces de Figaro* eut lieu un 1er mai. Opéra de printemps, saison des amours juvéniles donc volages, heureuse adéquation entre le temps de la représentation et celui de l'œuvre. En mai on ne se marie pas… et les épousailles de Figaro et Suzanne filent du mauvais coton ; charivari, l'opéra opère un retour en arrière, vers sa saison inaugurale de carnaval. Mozart, l'Arlequin, le maître de musique, organise le temps à sa guise et transmet à Basile, l'autre maître de musique, l'autre Arlequin, l'anti-héros à la peau d'âne, une part de son pouvoir ; il fait de ce personnage intrigant le meneur de l'intrigue, le roi – *basileus* en grec – caché de la fête masquée, du désordre organisé qui permet, à la manière mozartienne, c'est-à-dire à rebours, le retour à l'ordre de la coutume.

* Notre analyse, bien entendu, demanderait à être affinée. Tâche qui n'est pas, ici, à la mesure de l'anthropologue mais qui pourrait s'effectuer ultérieurement dans une collaboration avec un musicologue. Nous nous en tenons donc à des généralités, forcément réductrices.

Joseph, Basile et Blaise

> Très chère, excellente petite femme !
>
> Je ne t'écris que très peu et en hâte, car je veux faire une surprise à Leutgeb et vais le voir pour le petit déjeuner – il est maintenant 5 heures et demie. – Après le repas, je t'écrirai plus longuement. J'espère d'ici là lire également de tes nouvelles. – Adieu – j'ai simplement voulu te dire bonjour – fais attention à toi – surtout aux bains – si tu te sens un tant soit peu affaiblie, arrête tout de suite – adieu – 2 000 baisers.
>
> Mozart[40]

> Ma très chère Épouse ! –
>
> Je reçois à l'instant ta lettre qui m'a procuré un plaisir extraordinaire. – J'en attends maintenant avec impatience une seconde m'apprenant comment le bain te réussit ; – je regrette aussi de ne pas avoir assisté à votre belle musique, non pas à cause de la musique, mais parce que j'aurais eu le bonheur d'être près de toi. – Aujourd'hui, j'ai fait une surprise à [Leutgeb]. – Je me suis tout d'abord rendu chez les Rechberg – et la femme a envoyé une de ses filles lui annoncer qu'un bon vieil ami de Rome était là – qui s'était enquis de lui dans toutes les maisons sans pouvoir le trouver ! – il la renvoya pour dire que j'attende un petit peu. Entre-temps, le pauvre nigaud mit son plus beau costume, comme pour un dimanche, et se coiffa magnifiquement – tu peux imaginer comme nous avons ri de lui. – Il faut toujours que j'aie un bouffon – si ce n'est pas [...], c'est [...]. Snai. Où j'ai dormi ? – à la maison, bien sûr – j'ai fort bien dormi mais les souris m'ont longuement tenu compagnie – j'ai fort bien discouru avec elles. [...] Adieu. – Je t'embrasse mille fois en pensée et suis à jamais ton
>
> Mozart[41].

Cette « surprise » réservée à Joseph Leutgeb, corniste et marchand de fromages de son état, n'est qu'un avatar dans la longue série de blagues que Wolfgang, depuis des années, invente à l'intention de son ami. On pourrait parler d'une véritable relation à plaisanterie, si ce n'est que celle-ci ne fonctionne qu'à sens unique... Le bon Joseph est en effet toujours la victime de ces farces – de plus ou moins bon goût – que Mozart s'ingénie à lui infliger, notamment lorsqu'il compose de la musique destinée à son excellent mais « pauvre nigaud » d'instrumentiste. Ainsi, pendant que Wolfgang écrivait pour lui, Leutgeb devait se mettre à genoux ou, à quatre pattes, glaner les feuilles que le compositeur éparpillait aux quatre coins de la pièce[42]. On raconte aussi que, pour « mériter » le *Concerto* K. 417, le corniste dut se soumettre à une épreuve singulière ; il attendit, enfermé dans le poêle de la chambre de Wolfgang, que celui-ci ait terminé de jeter sur le papier les grandes lignes de son *Concerto.* Sur la partition figure la dédicace suivante, rédigée en bleu, rouge et vert : « Wolfgang Amadeo Mozart a eu pitié de Leutgeb, âne, bœuf et sot. Vienne, le 27 mai 1783[43]. »

Un an auparavant, en 1782, l'écriture bigarrée caracolait déjà sur la partition d'un autre *Concerto** composé pour Leutgeb. Le rondo de ce morceau s'orne de commentaires farfelus dus à la plume espiègle de l'Hanswurst et destinés, bien sûr, à son souffre-douleur :

> *Adagio a lei, signor Asino – Animo – presto, coraggio – Ah che stonatura – ah seccatura di coglioni – da bravo – respira un poco – avanti, avanti ! – oh porco infame ! – oh maladetto – bravo poveretto – anche bravura ? – ah ! trillo di pecore – finisci ? – grazie al ciel ! – Basta, basta*[44] *!*

En marge de l'écriture musicale, rouges, verts, bleus, les mots en habit d'Arlequin jouent leur partition charivarique au *signor Asino,* roi burlesque de cet impromptu épistolier et discordant où sont réunis pêle-mêle – *che stonatura* – l'âne, le cochon et le mouton. Voici qui nous ramène directement à notre opéra. À son bestiaire carnavalesque, à sa musique discordante, cors, cornes et cocus rassemblés sous la houlette du *signor Asino,* et à Basile dont il convient maintenant d'interroger le patronyme car il recèle un petit secret. À la manière mozartienne, jouons sur les mots, sur l'enchaînement musical des sons : Basilio/Basile/Blasius/Blaise.

Blaise, ce saint populaire dans toute l'Europe, était particulièrement honoré dans l'Allemagne du XVIIIe siècle ; à Salzbourg, une église, aujourd'hui encore, porte son nom**. Le saint ermite avait – dit-on – le pouvoir d'apprivoiser les bêtes sauvages et de guérir les maux de gorge. Sans doute parce que le patronyme est formé sur le verbe germanique *blasen* (souffler), Blaise est le patron des joueurs d'instruments à vents. Pensés ensemble, tous ces traits pourraient expliquer pourquoi Blaise, fêté le 3 février, devient le personnage emblématique du carnaval, à ce moment de l'année où surgissent les fous à grelots, les bouffons***, les hommes sauvages, les animaux fantastiques, où circulent les souffles, où l'on promène en grand tapage les ânes et les cocus.

---

* K. 412.

** Sankt Blasius.

*** *Fou* viendrait du latin *follis* (soufflets pour le feu, outre gonflée, qui a pris ensuite le sens de idiot, sot). *Bouffon* serait un emprunt à l'italien *buffone,* dérivé de la racine *buff* qui exprime le gonflement des joues.

Bien qu'il existe un saint Basile – qui n'a d'autre lien avec saint Blaise qu'une proximité géographique * –, ne peut-on, compte tenu du contexte général de l'opéra, établir une équivalence entre notre Basile et Blaise ? Meneur de la fête carnavalesque tout comme Blaise dans la tradition, Basile le bouffon rassemble, à ce titre, tous les éléments qui, dans l'opéra, renvoient au désordre, à la discordance sociale. Mais par la fonction de maître de musique que lui octroie Mozart, Basile inaugure symboliquement le temps du rite, en ponctue les séquences, nous livrant du même coup ce qui pourrait bien être la clé de ces *Noces de Figaro* : son inscription dans un cycle de rituels saisonniers qui permet de penser la totalité des situations mises en scène par l'opéra.

Les saisons de l'amour

> Hiver, va-t'en par la porte au plus vite
> Tu répands une puanteur, c'est une horreur
> Adieu, adieu, épouse de mai
> la jolie saison que l'été
>
> *Jeu de l'hiver et de l'été* (Appenzell-Suisse)

Établissant plus que tout autre personnage le lien entre fiction théâtrale et réalité coutumière, la figure de Basile permet de repérer les séquences rituelles du cycle de courtisement, telles que les a mises à jour Yvonne Verdier. Dans son travail sur Shakespeare[46] puis sur Thomas Hardy[47], l'ethnologue déroule l'itinéraire social de l'apprentissage amoureux selon trois séquences. Inauguré en février-mars par les rites de la Saint-Valentin – période du choix amoureux laissé au hasard –, ce cycle se poursuit par les jeux de mai où, malgré l'indétermination amoureuse qui caractérise les Valentin et les Valentine, se précise déjà le choix définitif du partenaire qui trouvera son aboutissement dans les coutumes de la Saint-Jean, dernière phase de ce cycle du courtisement dont la finalité est le mariage.

L'action de l'opéra s'inscrit tout entière dans une journée de noces. L'œuvre commence donc par là où s'achève, dans la réalité coutumière, le cycle de courtisement. Nous avons repéré tous les éléments qui, dans l'opéra, renvoient non seulement à l'endroit du décor – le mariage – mais aussi à son envers – le charivari, le carna-

* Ces saints personnages viennent tous deux de l'Orient chrétien.

val – dont Basile est l'emblème. En figure inversée, Mozart et son goût pour le renversement... Faudrait-il lire l'opéra en commençant par sa fin ? Conviendrait-il de faire le chemin à rebours pour comprendre le mécanisme secret de cette folle journée ? Tout ce que nous savons de Mozart, intuitivement, nous y incite ; le travail d'Yvonne Verdier permet peut-être de valider le bien-fondé de cette intuition.

Pourquoi refaire le chemin à l'envers ? On a vu que, dès le début de l'opéra, au matin de la noce de Figaro et de Suzanne, rien ne se passe selon l'ordre de la coutume. Au fil de l'action, le désordre va croissant jusqu'à la crise et au dénouement heureux dans la nuit travestie de l'acte IV. La formation définitive des couples au finale de l'œuvre ne peut s'accomplir qu'en revenant en arrière, en rejouant les étapes du parcours d'apprentissage qui mène de la jeunesse au mariage. Tous les couples – Figaro, Suzanne, le Comte, la Comtesse, et même Bartholo et Marceline – vont donc repasser par le désordre amoureux qui caractérise les deux premières séquences du cycle, revenir de l'été au printemps des amours pour qu'au sortir de ce *Songe d'un nuit d'été**, chacun se choisisse en connaissance de cause. Le temps cyclique qui est celui de l'opéra, condensé en une seule journée, permet de mettre en évidence chez Mozart ce travail de contraction poétique du rituel calendaire déjà observé chez Hardy et chez Shakespeare par Yvonne Verdier. Dans ce contexte, le rôle symbolique de Basile est primordial, il sert à condenser les séquences du cycle, à les articuler entre elles, à en assurer la continuité et la cohérence.

Les ethnologues ont noté la propension du rite à se répéter, à rejouer des éléments de la séquence précédente, à introduire des variations – tous procédés qui appartiennent également à la musique. Associé à Basile, le motif carnavalesque et charivarique revient comme un leitmotiv dans l'opéra. Ce motif est présent dans la coutume, à l'intérieur de chacune des séquences du rite : au cœur même de la noce, tous les thèmes appartenant aux séquences précédentes seront rejoués fugitivement sur le mode burlesque et charivarique afin de bien marquer le passage, d'entériner la rupture en

* On a souvent rapproché l'opéra de Mozart de la pièce de Shakespeare ; les travaux d'Yvonne Verdier permettent de comprendre le lien qui unit, en profondeur, les deux œuvres. Ces coutumes du courtisement très vivantes au temps de Shakespeare l'étaient encore dans l'Europe du XVIIIe siècle.

train de se consommer entre jeunesse et maturité, entre l'ordre ancien et celui qui advient.

Si l'on considère le déroulement chronologique de l'opéra, on constate que, sur les quatre actes, deux sont repérés explicitement par le livret : le premier et le dernier. Le premier acte – qui met en place l'intrigue – se situe le matin des noces de Figaro et de Suzanne, le dernier acte dénoue dans la nuit « des marronniers » les situations posées par le premier. Entre les deux, le second et le troisième acte constituent une sorte d'espace intermédiaire qui correspond à un état transitoire des personnages : les couples se défont, puis se recomposent progressivement. L'opéra se divise donc en trois unités temporelles qui semblent correspondre aux trois temps du rite de passage décrits par Van Gennep[48]. On remarque également que, de l'une à l'autre des séquences, l'espace est évolutif. De l'intérieur des trois premiers actes, on passe à l'extérieur pour le quatrième. Cet espace s'élargit progressivement : du plus intime – la chambre de Suzanne et de Figaro au premier acte, la chambre de la Comtesse au second –, on se retrouve au troisième dans une grande salle du château où la communauté rassemblée assiste à la double cérémonie nuptiale, et on termine la fête au quatrième acte dans le jardin envahi par la nuit. Si l'on veut bien admettre une lecture à rebours de l'opéra, on revient de l'extérieur à l'intérieur, du soir au matin. En jouant sur le registre de la métaphore saisonnière, on dira qu'on retourne de l'été au printemps, de la maturité à la jeunesse, du choix amoureux définitif à l'indétermination des cœurs. Ce retour à l'amour printanier entraîne alors un « reverdissement » symbolique des couples en présence. Figaro, Almaviva se comportent comme des adolescents tourneboulés par la passion, retrouvant les conduites ludiques, l'impulsivité et même la naïveté de la jeunesse. Jusqu'au vieux Bartholo qui revient, l'espace d'un instant, au vert temps des fiançailles... Mais le cœur des filles – fiancée, épouse ou duègne – se met aussi à battre la chamade à contretemps...

Le roi des oiseaux

> Page : enfant d'honneur qu'on met auprès des Princes & des Grands Seigneurs pour les servir avec leurs livrées, & en même temps y avoir une honneste éducation, & y apprendre leurs exercices[49].

Un personnage est l'emblème charmant de cette reverdie. Chérubin incarne à merveille cette saison printanière de l'âge où l'amour butine au hasard des fleurs rencontrées sur le chemin : « *Non so più cosa son, cosa faccio*... Je ne sais plus qui je suis, ce que je fais... Je suis tout de feu et puis tout de glace... Chaque femme me fait changer de couleur, chaque femme me fait palpiter le cœur » (acte I, scène 5). Léger comme un oiseau, Chérubin parcourt en tous sens l'espace de l'opéra sur la pointe de ses pieds ailés. Puck, Éros. Souffle d'air frais, tourbillon de printemps, *allegro vivace*, un page passe et son chant amoureux ramène tous et toutes en arrière, vers leur jeunesse envolée, vers ce moment de la vie où « l'on ne sait plus qui on est, ce que l'on fait ». « L'aria s'agite à notre oreille comme le passage d'une tempête printanière qui change à chaque instant d'intensité et de direction », note Herman Abert[50].

Dans le jeu rituel du parcours à rebours, le personnage de Chérubin fonctionne comme un repère, un modèle symbolique. En effet, le page est doublement partie prenante de l'itinéraire d'apprentissage que déploie l'opéra. Tandis que les autres font le chemin à l'envers, lui le fait à l'endroit : sa fonction de page de cour implique l'idée de formation, d'acquisition progressive d'un savoir. L'âge du page est aussi celui de l'entre-deux, du passage : « Plus un enfant pas encore un homme », écrit Beaumarchais[51]. Mozart, lui, met en musique, avec subtilité et tendresse, ce temps des niches, des rubans et des baisers volés, du ramage amoureux éperdu ; saison de page, saison d'oiseaux...

> Je me porte bien, grâce à Dieu, mais je ne peux écrire longuement. Premièrement, je ne sais que dire et, deuxièmement, les doigts me font mal à force de composer. [...] Je siffle souvent mon signal, mais personne ne répond[52].

> M. Esser vient de donner son concert au théâtre. [...] C'est un drôle de vieux bonhomme un peu fou. [...] Et ce qui m'a touché, et frappé, car c'est à première vue un enfantillage, a été la manière dont il siffle. Tout comme un chanteur, il siffle avec expression des passages coulés, piqués, des trilles, etc., fort admirablement et s'accompagne *pizzicato* au violon[53].

Depuis longtemps, la tradition populaire associe les oiseaux et les jeunes garçons. La jeunesse, c'est l'âge, à la campagne, où l'on construit des cabanes dans les arbres, où l'on part dénicher les oiseaux. On imite leurs chants en sifflant, on taille des sifflets dans le bois des jeunes arbres. Toutes ces activités ont trait à l'adolescence, au changement qui s'accomplit à ce moment-là dans le corps des jeunes garçons, en particulier dans la voix : « Tout au long de cet âge où la voix change, l'univers des oiseaux offre de quoi penser la mue, comme une refaçon volontaire ou en tout cas favorisée des organes de la parole », écrit Daniel Fabre[54]. On s'en va aussi chasser le roitelet… Or, ce petit oiseau est si difficile à attraper, sa capture requiert tant de qualités, que celui qui y parvient est fait « roi des oiseaux » par ses camarades. Daniel Fabre rapporte que dans les Pyrénées languedociennes, où la tradition s'est perpétuée jusqu'en 1920, ce jeune roi éphémère est nommé aussi « cap de joglar », « capitaine des jongleurs », c'est-à-dire des musiciens : « Il préside, pour la fête locale, à la décoration de l'aire de bal enclose de verdure et de fleurs. Il "commande à la musique" et ouvre la danse, revêtu de sa cape aux couleurs chatoyantes, un foulard multicolore autour du cou, des rubans au chapeau. Il arbore un bâton tout aussi coloré et enrubanné, insigne de sa dignité*. »

Mais la saison évolue ; la quête des oiseaux s'efface au profit d'une autre quête, celle des jeunes filles**. Là encore, l'oiseau sert de modèle car il est celui qui « détient et ressasse toute la connaissance amoureuse[55] ». Les jeunes garçons abandonnent alors les parties de cabanes et de dénichage pour d'autres jeux. Comme l'oiseau cherchant son oiselle, ils cueillent des feuillages, s'habillent de couleurs vives et chantent pour émouvoir les demoiselles en sautillant gaiement de l'une à l'autre. Sur la scène d'opéra, un jeune garçon en habit chamarré de page de cour, plumets coquets, rubans de couleur***, « commande à la musique », scande la cadence amoureuse de la reverdie.

Le tintement léger de la « note verte »

Ramenés au temps des oiseaux, devant cet être devenu soudain proche d'eux, chacun réagit à sa manière et s'efforce, vainement,

---

* Daniel Fabre, préface à *Antoine Perbosc*, p. 39. On notera avec intérêt que jusqu'à la fin du XVIIe siècle, le chef d'orchestre scandait la mesure à l'aide d'un bâton…

** Ce qu'affirme sans ambiguïté la première aria de Papageno, cet autre garçon-oiseau de *La Flûte enchantée*.

*** « Un nœud de rubans frangés, flottant sur l'épaule, aux couleurs de leur maître, et le plumet qui ornait leur chapeau rendait très élégant leur costume. » Lire Félix, comte de France d'Hezeques, *Souvenirs d'un Page à la cour de Louis XVI*. Sur les pages, lire aussi Tristan l'Hermite, *Le Page disgracié* ainsi que Scarron, *Le Roman comique*.

de rétablir la bonne distance. Le Comte expédie le page encombrant aux armées et Figaro surenchérit, pas fâché de voir ce *farfallone amoroso,* ce papillon amoureux s'envoler vers d'autres horizons*. Dans la dramaturgie, des glissements, des substitutions de place, de rôle, mettent en évidence le rapport de proximité qui s'instaure entre les trois personnages. Ainsi à la scène 6 de l'acte I, le « fauteuil de malade** « installé dans la chambre des futurs mariés est le petit théâtre d'un jeu de cache-cache entre Almaviva et Chérubin. Autour, dans et derrière le siège, le page et son maître occupent successivement les mêmes places. Un autre épisode, dont Figaro est cette fois le héros, met en scène un procédé identique. Chérubin, sur le point d'être surpris par le Comte dans la chambre de la Comtesse, saute par la fenêtre et tombe sur les œillets d'Antonio le jardinier (acte II, scène 7). Un peu plus tard, Antonio vient réclamer justice pour ses fleurs piétinées et informe le Comte qu'il a vu un homme sauter par la fenêtre et s'enfuir à cheval. Afin de sauver la situation, Figaro affirme que c'est lui qui a sauté... et le voici qui se met à clopiner ostensiblement (acte II, scène 11).

Jeux d'identification. Conduites ludiques d'une jeunesse – pas si éloignée – que le Comte et Figaro rejouent avec jubilation. À l'acte III, Almaviva découvre que Suzanne l'a dupé et s'emporte, *allegro maestoso, ré* majeur, dans un air superbe de démesure et d'exaltation. Amertume, orgueil blessé, souffrance, fureur, désir de vengeance, tout est ressenti et exprimé avec emportement, sans recul, sans calcul. Cet excès dans l'expression des sentiments n'est-il pas celui qui appartient en propre à la jeunesse ? La musique ne s'y trompe point. La vocalise jubilatoire sur le mot *giubilar* perche la voix au plus haut de son registre, elle atteint soudain le *fa* dièse suraigu... À cette aria de colère et de dépit répond celle de Figaro au quatrième acte. Même situation, même emportement ; la voix de basse s'envole jusqu'au *mi* bémol aigu. Mais cette reverdie qui ramène le chant des hommes à l'orée du monde des oiseaux atteint aussi un autre personnage masculin : Bartholo, le barbon ridicule et magnifique de l'air de la Vengeance (acte I, scène 3). Cette aria donne à ce rôle secondaire une ampleur inattendue ; voici Bartholo, transformé, par la grâce de la musique, en héros tragi-comique

---

* Aria de Figaro n° 9, « *Non più andrai* », acte I, scène 8.

** On peut s'interroger sur la présence de cet objet incongru dans la chambre de jeunes mariés. Mais ce fauteuil n'est-il pas l'image même de l'amour, cette maladie douce et violente qui affecte tous les protagonistes de l'action ?

d'une *vendetta* dont il chante, avec exaltation, le dessein : « *Il birbo Figaro, vinto sarà*... Ce gredin de Figaro sera vaincu... » La clé de cette envolée vindicative se trouve dans le passé commun qui unit Bartholo à Marceline, à Figaro, au Comte et à la Comtesse. Nous devrons faire une fois encore un chemin à rebours, revenir au *Barbier de Séville,* au temps où Bartholo courtisait sa pupille, la belle et toute jeune Rosine... Almaviva était alors cette « âme vive », ce jeune fou qui, sous le déguisement de Lindor, enlevait la bien-aimée avec l'aide active de Figaro.

Les intrigues de Marceline pour épouser Figaro ramènent Bartholo vers ce passé dont il garde un amer souvenir. Mais avec la perspective séduisante d'une vengeance à retardement contre celui qui fut l'instrument de son infortune, le vieux docteur renoue avec l'amoureux malheureux de Rosine. Resurgissent alors des émotions enfouies. Dépit, colère, rancune, la musique déferle, rejouant sur le mode tragico-burlesque, en fanfare, *ré* majeur, trompettes et timbales, la défaite du barbon. Mais ce retour fugitif vers une époque révolue n'est qu'un prélude, un passage nécessaire. Deux actes plus tard, Bartholo effectue, sur un coup de théâtre, un fulgurant parcours. De l'état de vieux célibataire*, il passe sans transition à celui de père puis à celui de fiancé et se retrouve finalement en position de mari, tout cela en l'espace d'une scène (acte III, scène 5). L'homme de loi aigri se transforme alors en père protecteur et même affectueux, permettant à Figaro, le fils miraculeusement retrouvé, d'épouser celle qu'il aime. L'aria de *la vendetta* trouve ainsi, de belle manière, son aboutissement et sa justification.

En reverdissant les cœurs et les esprits, cette saison qui se fait à l'envers apporte aussi un regain de printemps aux femmes. Tout un motif floral parcourt l'opéra[56], le parsème de fleurettes, tresse en guirlandes la parure des filles de mai : celle de Suzanne l'épousée qui, au matin des noces, ajuste devant le miroir sa couronne virginale**, mais aussi celle de la Comtesse, Rosine, la rose, à laquelle est dédiée, à l'acte III, une bien gracieuse cérémonie : de jeunes paysannes menées par Barberine viennent offrir à la Comtesse leurs chants et leurs bouquets de fleurs : « Acceptez, chère

* « Un célibataire ne vit qu'à moitié », écrit Mozart à son père pour décider Léopold – qui regimbe – à accepter son mariage avec Constance Weber. Cf. W. A. Mozart, *Correspondance.*

** Le terme de *cappello* employé par le livret afin de décrire la coiffure de Suzanne est employé au XVIIIe siècle pour désigner « une couronne de fleurs qu'on met sur la tête des filles quand on les épouse ». *Dictionnaire* de Furetière, tome I, article « chapeau ».

maîtresse, ces roses et ces fleurs que nous avons cueillies ce matin» (acte III, scène 11). Parmi les jouvencelles, Chérubin, déguisé en fille! Les jeux de substitution déjà constatés entre le Page et les autres personnages masculins tissent aussi, côté féminin, la trame de ce temps de la reverdie. Caché sous la robe de Suzanne au premier acte, puis travesti avec les vêtements de la Comtesse au deuxième acte, en jeune paysanne au troisième, le tendre Page, si proche encore par son âge du féminin, ramène Suzanne et Rosine à la saison des fleurs et des jeux d'adolescentes où le trouble naît d'un ruban perdu et retrouvé au bras d'un tout jeune homme, d'une romance d'amour murmurée en rougissant, d'un fragment de peau douce révélé au détour d'un tissu (acte II, scène 3). Ces jeux, la maîtresse et la servante vont les poursuivre ensemble avec délectation. Scène charmante entre toutes où Rosine dicte à Suzanne le billet doux qui donne rendez-vous au Comte : «*Sul aria*... Quel doux petit zéphyr soufflera ce soir sous les pins du bosquet» (acte III, scène 10). *Allegretto,* tendre balancement du 6/8, ruban de la mélodie qui glisse d'une voix de soprano à l'autre, entrelacs légers et soyeux, musique brodée au petit point semblable aux dentelles de papier des traditionnelles «valentine*». «*Sul aria... Che soave zefiretto...*» En écho lointain résonne une autre mélodie, celle de la valentine que Bathsheba – l'héroïne du roman de Thomas Hardy *Loin de la foule déchaînée* – écrit à l'instigation de sa servante : «*The rose is red/The violet blue/carnation sweet/And so are you...*» Ainsi font les jeunes filles au temps amoureux des oiseaux.

La séquence printanière, pour Rosine et Suzanne comme pour tous les autres personnages, trouvera son issue dans le parc enchanté du quatrième acte. Chérubin apparaît, disparaît, petit feu follet. Dans son sillage, les couples se forment et se séparent, ultimes errements, ultime phase du jeu. Revêtue de la robe nuptiale de sa camériste, Rosine redevient l'espace d'un songe la jeune épousée qu'elle fut autrefois. Le parcours à rebours entamé au début de l'opéra s'achève. Dans les plis soyeux du tissu, parmi les rubans et les fleurs, le temps se referme, la coutume accomplie. Rosine redevient comtesse Almaviva*. Dans l'ombre propice des grands mar-

* La valentine, carte décorée envoyée le 14 février, jour de la Saint-Valentin, déclaration ritualisée des sentiments amoureux qui préside au jeu du courtisement. Lire sur ce sujet Yvonne Verdier, *Coutume et destin*, et Van Gennep, *Manuel de folklore français contemporain,* t. I.

** Costume/coutume. La proximité sémantique de ces deux termes, si finement analysée par Yvonne Verdier, ne prend-elle ici toute sa signification?

ronniers*, Suzanne achève un chemin identique. Une dernière fois elle chante l'amour printanier, l'amour des valentines et des filles de mai, et cet appel enjôleur au bien-aimé sans nom résonne, dans sa magnifique plénitude, comme un adieu (acte IV, scène 10).

> *Deh vieni non tardar...*
> Ah ! Viens, ne tarde plus ô joie divine !
> Viens là où l'amour t'appelle au plaisir,
> Tant que l'astre nocturne ne luit pas là-haut,
> Tant que la nuit est encore sombre et que le monde se tait
> Ici murmure le ruisseau,
> Ici s'égaie l'air qui ranime le cœur avec son doux murmure
> Ici rient les fleurettes et l'herbe est fraîche
> Ici tout invite aux plaisirs de l'amour
> Viens, bien-aimé, parmi ces arbres cachés
> Viens, je veux couronner ton front de roses !

Nocturne. *Andantino, fa* majeur, cordes en *pizzicati* et toujours le rythme berceur, envoûtant du 6/8. La voix prend son envol, monte en spirales légères, comme enivrée d'elle-même, parcourant, de l'aigu au grave, toute l'étendue de sa tessiture comme si toutes les virtualités de l'amour mettaient mystérieusement en vibration toutes les possibilités de la voix. Dans cette aria merveilleuse – le plus beau cadeau de Mozart à son interprète** – résonne au plus haut, tendre, insistante, cette « note verte » que la première aria de Chérubin faisait tinter à notre oreille. Ce tintement léger, nous l'avions déjà entendu : la petite sonnette qui s'immisce dans le duo des fiancés à la première minute de l'opéra ne retentit-elle pas comme un signal ? *Ding ding,* voici que les filles redeviennent des fleurs, *dong dong,* les garçons, des oiseaux, volatiles un peu lourdauds, un peu comiques certes, mais finalement si attendrissants !

Emblème de la reverdie, du retour à la séquence printanière, la « note verte » atteint, de manière spectaculaire, Marceline, la duègne revêche. Ce personnage secondaire est si peu considéré qu'il est « traditionnel » de supprimer sa grande aria à la représentation de l'œuvre***. Bien à tort car Marceline, à chacune de ses apparitions,

* Les marronniers viennent de Beaumarchais ; l'aria de Suzanne est appelée traditionnellement « air des marronniers ».

** Nancy Storace.

*** « Depuis trente, trente-cinq ans que je chante Mozart, je n'ai jamais entendu l'air de Marceline jusqu'à ce que je le chante. » Entretien avec Mme Isabel Garcisanz, interprète de ce rôle dans la production du Théâtre du Capitole, Toulouse, mars 1993.

pose un jalon dans le parcours commun, en marquant plus que tout autre personnage peut-être les étapes. Fait significatif, les trois interventions de Marceline prennent place aux trois moments de l'opéra qui correspondent aux trois séquences du cycle printanier.

La « vieille ». C'est ainsi qu'apparaît Marceline au début de l'opéra. La folle aussi, celle qui, refusant son âge, s'accroche avec entêtement à l'idée saugrenue d'épouser plus jeune qu'elle, ce Figaro dont elle est éprise inconsidérément et auquel elle a réussi, contre monnaie sonnante et trébuchante, à soutirer une promesse de mariage. Situation bouffonne : une vieille, un jeune ; l'opinion se gausse et Suzanne enrage : cette « vieille pédante, prétentieuse, arrogante » cette « sibylle décrépite », veut lui enlever son fiancé le jour même du mariage. Ce portrait guère flatteur nous ramène cependant du côté de la réalité coutumière et du cycle des saisons. Cette vieille desséchée, arrogante, agressive, ne rappelle-t-elle pas la *Vieille Caresme* qui, en février, enferme l'hiver dans son sac ? Fin de l'hiver, fin d'un temps, début d'un autre. La sibylle. Ce terme qui désigne familièrement « une vieille femme méchante qui a des prétentions à l'esprit[57] » désigne, à l'origine, la sorcière antique, celle qui possède l'étrange pouvoir d'annoncer la fin des temps. Mais Marceline emprunte également à une autre figure coutumière, celle de sainte Agathe, d'autres traits de son personnage. Le 5 février, fête de la Sainte-Agathe, les femmes prennent leur revanche sur les hommes : « Elles jouent, dansent et boivent au café...[58] » Cette inversion ludique des rôles n'est-elle pas à l'œuvre dans notre opéra ? Tandis que la Comtesse et Suzanne tirent en douce les ficelles de l'intrigue, la duègne mène au grand jour, tambour battant, la conquête de Figaro. Marceline, la vieille tapageuse, à l'égal de sainte Agathe qui est non seulement la Musicienne mais la Bruyante[59], rejoint alors sur ce registre Basile, sa peau d'âne et sa voix de crécelle. Basile/Blaise, Marceline/Agathe : voici, reconstitué sur la scène du théâtre, le couple carnavalesque de février ; sainte Agathe n'est-elle pas, en effet, considérée comme le double féminin de saint Blaise ?

Cette dimension coutumière du personnage de Marceline apparaît plus nettement encore dans une version antérieure des *Noces de Figaro*. En lieu et place du *duettino* actuel de l'acte I entre la duègne et Suzanne, Mozart avait écrit d'abord une courte aria destinée à Marceline : « On trouve une cavatine de Marceline absolument inconnue : ce court morceau en *ut* majeur [...] a un caractère particulier, volontairement archaïque qui n'est pas sans rapport avec le lied écrit en 1787 par Mozart et que “la Vieille”, personnage principal, devait chanter sur un ton légèrement nasillard[60]. » Cette « Vieille » au ton nasillard – caractéristique des voix travesties de carnaval –, la tonalité archaïque du morceau, qui nous ramènent une fois encore du côté de la coutume convenaient parfaitement pour camper le personnage. On peut donc se demander pourquoi Mozart, dans la version définitive de son opéra, abandonne cette cavatine. Posons comme hypothèse qu'il n'a pas voulu fixer le personnage dans cette forme burlesque de *Vieille;* en effet, Marceline, au fil de l'action, se métamorphose, quitte ses oripeaux de carnaval, rajeunit, préfigurant ainsi la Papagena de *La Flûte enchantée**.

Tout comme sainte Agathe miraculeusement reconstituée après son martyre**, la duègne, retrouvant son fils, est réinvestie de cette féminité que tous lui déniaient peu de temps auparavant et qu'elle s'obstinait – contre tous les usages – à faire valoir. Sa sotte passion pour Figaro l'inscrit pleinement dans ce chemin à rebours, dans ce temps coutumier où le choix amoureux est laissé au hasard. Marceline se trompe d'amour, voilà tout ! Reconverti par un tour de passe-passe en sentiment maternel***, cet amour la fait accéder non seulement au statut de femme et de mère mais aussi à celui de jeune fille à la veille de ses noces. Ayant retrouvé à l'acte III le fils et l'époux qui va avec, Marceline devient le symbole du changement de tonalité qui caractérise la deuxième séquence du cycle printanier, le mois de mai. En cet acte III, le couple Bartholo/Marceline est le premier qui se fixe définitivement, le premier élément stable de cette journée d'épousailles mouvementée. La musique prend acte du passage : au final de la scène 6, après l'épisode de la reconnaissance de Figaro et l'annonce du double mariage, un petit récitatif sans accompagnement réunit brièvement la famille au complet. Figaro et sa promise, Bartholo et la sienne « tous unissent leurs voix,

* On se souvient que dans *La Flûte enchantée,* Papagena apparaît d'abord sous les traits d'une vieille burlesque de « dix-huit ans et deux minutes » qui courtise avec détermination un Papageno qui n'en peut mais (acte II, scène 15).

** Selon la *Légende dorée,* Agathe fut martyrisée et eut les seins coupés. Saint Pierre qui passait par là recolla les morceaux en un tour de main…

*** Il est intéressant de rapprocher cet épisode de celui où, dans le *Songe d'une nuit d'été,* Puck pressant sur les paupières des amoureux endormis le suc d'une pensée sauvage ouvre leurs yeux au véritable amour. Marceline reconnaît son fils à une tache de naissance sur son bras ; cette marque, dit le livret, est en forme de spatule. Hormis l'instrument culinaire et médical, la spatule désigne également une fleur : l'iris fétide ou glaïeul puant ; belle métaphore de la naissance illégitime de Figaro, la fleur, tout comme chez Shakespeare, a la fonction symbolique d'ouvrir les yeux de Marceline.

chose assez rare, dans un petit *recitativo secco* en deux mesures d'un petit quatuor improvisé[61] ».

À l'acte IV, moment de sa grande aria, l'ultime apparition de Marceline en tant que soliste marque l'acmé de ce processus de rajeunissement. Si les paroles de l'aria semblent la rattacher encore à ce personnage burlesque de Vieille, la musique chante haut la reverdie; le *tempo di minuetto* exprimant l'archaïsme « adopte une grâce plus moderne[62] » ; la voix, comme allégée d'un poids, s'envole en longues coloratures périlleuses et inattendues. À nouveau, le travail des musicologues nous est précieux : « Depuis qu'elle a retrouvé son fils et fait la paix avec sa belle-fille, Marceline ne se connaît plus. Sa voix même est devenue beaucoup plus légère : la voilà soprano*, elle atteint facilement le contre-*la*; tout à l'heure ce sera le contre-*si*[63]. » Venant tout de suite après la fragile et minuscule cavatine de Barberine qui fait la transition entre l'intérieur et l'extérieur, le jour et la nuit, l'aria de Marceline inaugure véritablement cette nuit magique d'une Saint-Jean d'été où chacun, au terme des épreuves, la saison enfin accomplie, va retrouver la paix du cœur. Ayant consacré avec somptuosité la dernière séquence du cycle, le dernier acte de l'opéra, Marceline désormais se fond à tous les personnages qui n'apparaîtront plus jusqu'au finale qu'en contre-jour.

Le chant de l'aube

> Ah ! Ainsi nous sommes tous contents
> Cette journée de tourments, de caprices et de folie
> Seul l'amour pouvait la faire finir dans la joie et l'allégresse
> Époux, amis, à la danse, aux jeux, mettez le feu aux poudres
> et au son d'une marche joyeuse allons tous nous réjouir.
>
> Finale des *Noces de Figaro*

Acte IV. Dans le jardin envahi par la nuit, Figaro, Suzanne, le Comte et la Comtesse dansent un singulier ballet. Chacun attend, chacun est aux aguets; personne ne se voit mais tout le monde s'épie. Suzanne porte les vêtements de la Comtesse, la Comtesse ceux de sa servante. Figaro, un grand manteau rabattu sur les yeux, rumine sa rancœur, prépare sa vengeance. Le Comte, en manteau également, erre à la recherche de Suzanne. Puis les événements se précipitent : chassés-croisés, baisers, soufflets, méprises... La tension

* Elle l'était déjà mais on ne s'en apercevait pas...

va *crescendo*; qui est qui ? Qui courtise qui ? L'obscurité a tout effacé, tout emmêlé. Jeux de couples ; le Comte fait une cour empressée à la fausse Suzanne ; une pseudo-Comtesse et un vrai valet jouent la comédie de la séduction pour le mari qui observe, la rage au cœur. Pendant ce temps, Chérubin, courant de l'un à l'autre, brouille ce quadrille, réintroduisant le hasard à chaque tour de bal.

Les pavillons de chasse tapis dans l'ombre se sont remplis peu à peu. Dans l'un, les femmes : Barberine, Marceline, Suzanne, la Comtesse et… Chérubin. Dans l'autre, les hommes : Basile, Don Curzio, Bartholo, Antonio le jardinier. Dans ces deux espaces clos et séparés garçons et filles attendent la fin du rite qui leur rendra la liberté. Le Comte se jette sur Figaro et appelle pour la vengeance : « Hola ! mes gens, aux armes, aux armes. » « Dernière scène », dit le livret. Des torches s'allument, Basile et Antonio surgissent de leur pavillon : « Qu'y a-t-il ? » Au comble de la fureur, Almaviva pour apporter la preuve de l'affront qu'a subi son honneur extirpe d'un pavillon celle qu'il croit être son épouse… Chérubin surgit ! Le petit page entraîne à sa suite la guirlande des filles, Barberine, puis Marceline, puis Suzanne toujours travestie. Afin d'éviter le drame, tous et toutes s'agenouillent devant leur seigneur demandant un pardon que le Comte refuse avec emportement : « Non, je ne veux pas, non ! non ! non ! » Mais la phrase musicale reste contre toute attente en suspens… Surgie de la nuit, une tendre voix de soprano reprend cette phrase, module sur la plus douce des cadences : la comtesse Rosine s'avance, droite et sereine, demande pour tous le pardon pacificateur : « Une mélodie furtive, staccato, ondoyante comme une danse de feux follets, se lève *pianissimo* aux cordes, créant une phosphorescence mystérieuse et quasi angoissante[64]. » La radieuse apparition met fin aux épreuves, les masques tombent, le jeu s'achève, les yeux se dessillent. Point d'orgue, dit la partition. De ce silence naît la voix du Comte ; en une admirable phrase musicale Almaviva implore à son tour un pardon accordé gravement par son épouse. La « radieuse nappe sonore[65] » enveloppe tous ceux qui sont restés à genoux, s'insinue dans leur cœur, et les voix, doucement, chantent la réconciliation. La polyphonie sereine monte, en volutes légères, vers les étoiles.

Pour ce moment d'émotion et de recueillement qui marque le passage à un temps nouveau, pour cette musique de l'aube, Mozart adopte la forme musicale du choral. À l'instant où se refonde la petite communauté d'Aguas Frescas autour du couple emblématique du pouvoir social, le choral entérine le retour à l'ordre.

Issu de la réforme luthérienne au début du XVIe siècle, le choral avait pour but de favoriser la participation active des fidèles pendant les offices. À cet effet les textes latins furent traduits en langue vulgaire – en allemand – puis adaptés sur des mélodies à caractère populaire facilement mémorisables[66]. Cette manière de faire participer l'assemblée au rite avait également une finalité politique ; il s'agissait de créer une identité collective[67]. Le choral s'intégra peu à peu à la musique savante : « Entre Luther et Bach, presque tous les musiciens d'église allemands utilisèrent le choral – un répertoire musical que tout le monde connaissait par cœur et dont tout le monde savait à quel texte il correspondait – comme matériau de leurs cantates et œuvres d'orgue[68]. »

Le choral, en ce finale d'acte, n'est-il pas parfaitement adapté à la situation ? Il métaphorise de belle manière le moment où, les couples reformés définitivement, la communauté se ressoude. La cérémonie de réconciliation marque la fin du parcours, la sortie du rite. Acteurs de la coutume dont ils connaissent obscurément « par cœur » le texte secret, les personnages retrouvent dans l'unisson du chant leur identité individuelle et collective.

La saison est faite, le chemin reparcouru. Le finale de l'opéra, *allegro assai, ré* majeur, allume les bûchers joyeux où va se consumer le temps accompli. La Saint-Jean d'été dans le cycle printanier marque la fin de la période impartie à l'apprentissage de l'amour. Garçons et filles se prennent alors par la main, dansent autour des feux de joie la ronde nuptiale. Dans la nuit de cette Saint-Jean mozartienne, monte peu à peu la musique du renouveau : « Voici que tout l'orchestre s'éclaire progressivement de l'intérieur, les vents allumant les uns au-dessus des autres leur douce lumière ; on croirait assister à la naissance d'une aurore[69]. »

La fête, la vraie, peut commencer : *« Corriam tutti a festeggiar. »* Une saison nouvelle est advenue. *« Al ballo ! al gioco ! date foco ! »* (acte IV, scène 15). Soudain, un arrêt, « tout semble repartir de zéro » note J.-V. Hocquard[70]. Puis, *piano*, résonnent au lointain les accents d'une fanfare ; souvenir fugitif, écho pacifié de cette marche grinçante qui inaugurait la cérémonie nuptiale à l'acte III. Dans la fumée qui s'élève jusqu'au ciel, à travers la lueur mouvante des bûchers, la boucle du temps coutumier se referme sur elle-même ; la musique aussi dont quelques accents renvoient à l'ouverture de l'opéra.

CHAPITRE VIII

Don Giovanni et son lièvre

Tout se passe comme si la musique et la mythologie n'avaient besoin du temps que pour lui infliger un démenti.

Claude Lévi-Strauss
Le cru et le cuit

Vienne le 4 avril 1787

J'apprends à l'instant une nouvelle qui m'accable beaucoup – d'autant que je pouvais croire, d'après votre dernière lettre que vous alliez – Dieu merci – fort bien ; j'apprends maintenant que vous êtes vraiment malade ! Je n'ai pas besoin de vous dire avec quelle impatience j'attends une nouvelle rassurante de votre propre plume ; et je l'espère aussi, fermement – bien que je me sois habitué à imaginer toujours le pire en toutes circonstances. – Comme la mort (si l'on considère bien les choses) est l'étape ultime de notre vie, je me suis familiarisé depuis quelques années avec ce véritable et meilleur ami de l'homme, de sorte que son image non seulement n'a pour moi plus rien d'effrayant, mais est plutôt quelque chose de rassurant et de consolateur ! Et je remercie mon Dieu de m'avoir accordé le bonheur (vous me comprenez) de le découvrir comme clé de notre véritable félicité. – Je ne vais jamais me coucher sans penser (quel que soit mon jeune âge) que je ne serai peut-être plus le lendemain – et personne parmi tous ceux qui me connaissent ne peut dire que je sois d'un naturel chagrin ou triste. – Pour cette félicité, je remercie tous les jours mon Créateur et la souhaite de tout cœur à tous mes semblables. Dans ma lettre [...], je vous exposais ma manière de penser sur ce point (à l'occasion de la triste disparition de mon excellent meilleur ami le comte von Hatzfeld) – il avait tout juste 31 ans – comme moi ; ce n'est pas lui que je plains – mais plutôt, et cordialement, moi et tous ceux qui le connaissaient aussi bien que moi. – J'espère et je souhaite que vous alliez mieux au moment où j'écris ces lignes[1]...

Vienne, fin mai 1787

Très cher ami ! – Je vous prie de dire à M. Exner de venir demain à 9 h pour faire une saignée à ma femme [...] Ayez la bonté de donner la sonate à Mlle votre sœur et de lui transmettre mes compliments ; – mais il vaudrait mieux qu'elle s'y mette tout de suite car elle est assez difficile. – Adieu –

Votre sincère ami
Mozart

Je vous annonce que j'ai reçu aujourd'hui en rentrant chez moi la triste nouvelle de la mort de mon excellent père. – Vous pouvez imaginer mon état[2] !

Prague le 4 novembre 1787

J'espère que vous aurez reçu ma lettre. – Le 29 octobre, mon opéra D. Giovanni a été mis en scène, avec le plus brillant succès. – Hier, on l'a donné pour la 4e fois (à mon bénéfice) [...] On met tout en œuvre ici pour me convaincre de rester encore quelques mois et d'écrire un nouvel opéra ; – mais je ne peux accepter cette offre, si flatteuse soit-elle ; – Maintenant, très cher ami, comment allez-vous[3] ?...

Intérieur nuit

En cette nuit du 27 octobre 1787 à Prague, dans la villa Bertramka, tout est paisible. Seule, une fenêtre luit doucement dans l'obscurité. À l'intérieur, dans la lueur mouvante des chandelles, deux personnages s'affairent. Nous sommes à l'avant-veille de la première de *Don Giovanni* et Mozart n'a toujours pas écrit l'ouverture de son opéra. Ses amis s'inquiètent, Wolfgang plaisante et fait durer l'attente. Il a le temps, il a toute cette nuit devant lui. Dans la maison endormie, à pas de souris, Constanze est allée quérir la carafe de punch qui servira de viatique. Frou-frou de taffetas, cascade légère du liquide dans le verre, le feu ronronne dans le grand poêle en faïence. Crissement de la plume sur le papier à musique, temps de la nuit. La pendule, en vain, égrène ses heures, Wolfgang n'entend pas. La main court, sûre, précise, puis s'attarde, s'alourdit au rythme du verre qui se vide, se remplit, se vide à nouveau. Constanze sourit, son grand homme s'assoupit, gagné par la chaleur insidieuse du punch. Sursaut. Garder les yeux ouverts, la tâche n'est pas terminée.

Et si sa Stanzi Marini* lui racontait des histoires ? Le bruissement des paroles comme antidote au sommeil, à la fatigue. Nouvelle Schéhérazade, Constanze, pour son prince, raconte, inlassablement. Aladin et sa lampe merveilleuse, Cendrillon… Et la plume reprend son envol. Volée de moineaux des croches, ballet ailé des notes, blanches et noires hirondelles. La voix douce de la femme aimée donne ainsi corps à l'écriture. Le son enfantin des contes tinte et de ce tintement léger surgit une puissante, une terrifiante musique. « Je ne vais jamais me coucher sans penser que je ne serai peut-être plus le lendemain. » Ne pas sombrer dans le sommeil. Tenir à distance la mort en l'évoquant brièvement à la fin d'une lettre ou en la couchant somptueusement sur le papier à musique. Notes et mots, protections de pure forme. Cette « meilleure et véritable amie de l'homme » ? Des mots empruntés au philosophe**, dérisoires boucliers. Défier, *molto allegro,* le vide et le silence toujours menaçants avec la musique, avec des rires, des amis, du punch, et, dans la quiétude de cette nuit d'automne, avec l'amour partagé, complice. Là seulement, il est possible de mettre un point final, c'est-à-dire de donner un début à cet opéra bouffe et tragique comme la vie.

Constanze, fatiguée, s'est tue. Wolfgang résiste puis s'endort pour de bon. La pendule vient de sonner trois coups. Nuit. Temps entre parenthèses. L'ouverture n'est toujours pas terminée. Cinq heures. Aube prochaine, ouverture d'un nouveau jour. À sept heures, le copiste va venir chercher la partition. Une main effleure avec sollicitude les fins cheveux blonds, insiste. Wolfgang s'éveille. À sept heures, l'ouverture était achevée[4].

Adagio

Vienne. Le cimetière Saint-Marx. Lumière tamisée, mélancolique, de fin d'automne. Personne. L'odeur fraîche de terre, de bois mouillé et les feuilles rousses, rouges, rouillées qui prennent leur temps avant de toucher le sol mollement, comme à regret. De simples tombes sur lesquelles se penchent des angelots de pierre ; ici les statues sont bienveillantes… Au détour d'une allée, improbable, un paon se promène nonchalamment, étalant avec grâce sa

* Surnom affectueux donné par Mozart à sa femme.

** Ces formules ont été vraisemblablement empruntées par Mozart au philosophe Moses Mendelssohn, très populaire à l'époque, dont le *Phédon ou de l'immortalité de l'âme* avait paru en 1767. Cité par Wolfgang Hildesheimer, *Mozart,* p. 184.

parure de plumes ocellées. Rumeur lointaine de la ville ; le craquement léger des feuilles sous les pas. Ne pas chercher le monument érigé à la mémoire de Mozart. Inutile. Il repose quelque part dans ce parc enchanté et il est là ; dans la douce clarté automnale, dans la senteur de sous-bois, dans le froissement des feuilles, et même dans le mouvement lent, *andante*, avec lequel l'oiseau, en silence, déploie son éventail merveilleux. Moment d'ineffable paix.

Le rideau tombe, le rideau se lève...

Étrange... Tout semble fini au moment même où tout commence. *Andante, ré* mineur, deux sombres et puissants accords. Un immense mur musical. L'Homme face au Destin ? à la Mort ?

Andante, allegro

De cet immense mur musical sourd la lente, l'inexorable pulsation, le rythme trochaïque qui, au dénouement, soutiendra la voix de la Mort, celle de la statue animée. Puis, l'incendie s'allume. Les larges gammes chromatiques flamboient, s'élèvent et s'affaissent, *crescendo, piano,* enveloppantes, insistantes. Aussi soudainement qu'il s'était allumé, le brasier s'apaise, seule bat pendant quatre mesures encore la pulsation lancinante d'où surgit, inattendu, le *molto allegro. Ré* majeur, la musique s'emballe, se rue, impatiente, haletante. Une modulation en *fa,* dans le même mouvement le rideau se lève. Extérieur, nuit.

Leporello veille et fait les cent pas en grommelant : « *Notte e giorno faticar* [...] je ne veux plus servir, je veux faire le gentilhomme » (acte I, scène 1). Au seuil du palais du Commandeur se tient le valet, agité, inquiet, prêt à prendre la fuite, à se cacher dans un trou d'ombre car, il le pressent, la catastrophe est imminente. Leporello chante et le drame qui fonde l'opéra s'engouffre dans ce chant. Brusque *crescendo,* la violence et la mort font irruption ; poursuivi par une femme en furie Don Giovanni surgit, se heurte au Commandeur, le provoque, le tue. Tout est joué. « Malheur à celui qui croise la route du lièvre » affirme le dicton populaire. En sentinelle, au seuil de l'opéra, Leporello trace pour Don Giovanni, son maître aux semelles de vent, le chemin qui le conduit vers son destin ; mais seule, en ce début, la musique l'annonce.

Pourquoi Leporello ? Pour quelle raison Da Ponte et Mozart attribuent-ils au serviteur de Don Giovanni un patronyme qui n'apparaît dans aucune des versions antérieures – littéraires, théâtrales ou lyriques – du mythe de Don Juan*? La réponse ne varie jamais : Leporello – de *lepore,* lièvre – est poltron comme l'animal dont il porte le nom. Certes ; mais le lièvre, hormis cette poltronnerie unanimement reconnue, possède bien d'autres traits…

Histoire de Lièvre

Le lièvre, dans la tradition populaire européenne, est au cœur d'un réseau de représentations qui, prenant leurs sources dans sa physiologie et ses mœurs, le placent sous le signe de l'excès. Mangeur insatiable, le lièvre est aussi… un chaud lapin ; il fait l'amour souvent et vite. À la saison des amours le mâle se met en chasse, folâtrant sans repos, pistant, le nez au sol, la trace des femelles… *Odor di femmina…* À ce comportement désordonné correspond une course folle ; ignorant la ligne droite, la bestiole, de bonds en sauts, divague. Son itinéraire semble laissé au hasard, au caprice. Peureux à l'extrême – *lepus timidus* – l'animal est peu combatif. Il préfère, d'une pirouette, éviter les conflits, filer comme le vent ou se terrer en attendant que le danger s'éloigne ; mais, par une curieuse absence de mémoire, il revient toujours à l'endroit où les chasseurs l'ont débusqué et où ils l'attendent. Capricieux, amoureux, le lièvre cependant reste solitaire, il ne batifole pas en compagnie mais danse tout seul sous la lune car la nuit est son domaine, l'astre nocturne son emblème. Lunatique, déréglé et « chaud », il entretient pour cela des affinités avec le feu et l'orage. En outre, un trait singulier caractérise l'animal : il est taxé d'hermaphrodisme depuis fort longtemps. Dans la plupart des langues européennes, sa dénomination relève du genre féminin, *Hase, hasen, lepre, liebre, lebra.* Cette ambiguïté sexuelle trouve son expression dans des petits récits présents aussi bien en Europe qu'en Amérique et qui très souvent répondent, comme dans cette variété amérindienne, à la question : « Pourquoi le lièvre a-t-il la bouche fendue** ? »

* Catalinón (Tirso de Molina), Sganarelle (Molière), Pasquariello (Gazzaniga), Zuccasecca, Fichetto, Bibi, Ficcanaso, Truffaldino, Passarino, Pulcinella, Arlequin…

** Un récit étiologique catalan, « Pourquoi il n'y a que des lièvres femelles », fait remonter l'hermaphrodisme du lièvre au Déluge. La hase ayant malencontreusement raté l'Arche se noie et Noé, bon bougre, accorde au veuf la faculté de se reproduire. *Cf.* Joan Amades, *L'Origine des bêtes, petite cosmogonie catalane,* traduit et présenté par Marlène Albert-Llorca, Garae, Hésiode, Carcassonne, 1988.

Lynx et Coyote ont, par ruse, fait un enfant à deux sœurs ; la cadette est obligée d'épouser Coyote, l'aînée s'enfuit et :

> l'aînée va chercher refuge chez sa grand-mère Mouflonne ou la Chèvre de montagne. Celle-ci pressent sa venue et envoie Lièvre au-devant d'elle avec du ravitaillement. Lièvre se cache sous un arbre tombé en travers de la piste, qui fait trébucher la jeune fille ; il aperçoit ses parties intimes et se moque de leur aspect. Furieuse, elle le frappe avec un bâton et lui fend le museau : d'où le bec-de-lièvre qu'ont depuis les Léporidés[5].

Le coup de bâton asséné sur le museau de l'animal par la jeune fille sanctionne le regard et le rire interdits ; mais cette fente amorce sur lui une séparation qui – écrit Lévi-Strauss –, si elle était menée à son terme, partagerait la bête en deux moitiés identiques[6]. La figure ambivalente du lièvre est au cœur du mythe ; serait-elle aussi au cœur de l'œuvre de Mozart ?

Les commentateurs l'ont maintes fois noté, jamais la relation maître/valet – situation théâtrale de convention – n'a été poussée aussi loin que dans *Don Giovanni*. Il s'établit en effet, sur le plan aussi bien musical que dramaturgique, une véritable osmose entre le maître et son serviteur. Dissemblables mais inséparables, Leporello et Don Giovanni, de substitution en travestissement, mettent en œuvre, chacun à sa manière, la partition donjuanesque. Leur association structure l'opéra à tous les niveaux. Sur une partition, mélodie et contrepoint sont les deux termes d'une alliance problématique mais indispensable ; le théâtre lyrique, musique et texte, son et sens, fonde son existence sur cette relation jumelle et antagoniste. De même, l'éventuelle gémellité implicitement contenue dans le patronyme du valet offrirait-elle dès lors de quoi repenser le couple Don Giovanni/Leporello et au-delà l'opéra dans son ensemble ? Suivons la piste du lièvre...

Le lièvre et son double

Première variation

> Un prince avait poursuivi en vain toute la journée un lièvre qui semblait se jouer de lui quand il le vit disparaître dans une caverne. Entrant à sa suite, il se trouva en présence d'un homme qui avait les dents longues comme la main. Ce personnage, qui n'était autre que le diable, lui fit grâce de la vie à condition qu'il devienne son domestique...
>
> Paul Sébillot
> *Le folklore de France*

Leporello est la plupart du temps cantonné par les commentateurs et les metteurs en scène au rôle de faire-valoir d'un « patron » magnifique dont il ne serait qu'un pâle et burlesque reflet*. Face à Don Giovanni, ce diable d'homme, amateur de bonne chair et de bonne chère, le domestique fait un peu triste figure. Toujours dans l'ombre de son maître, il partage ses frasques, fasciné et terrifié, bon gré, mal gré, grappillant au passage quelques miettes du festin. Tout comme le Basile des *Noces de Figaro*, mais sur un autre registre, Leporello joue cependant un rôle symbolique de premier plan. Son statut de bouffon lui octroie, comme dans tous les opéras mozartiens, la fonction primordiale de médiateur. N'est-ce pas lui qui ouvre l'action ? Sa première aria semble faire surgir le drame ; elle est seuil, passage, porte ouverte sur l'au-delà. Tremblant, Leporello assiste au duel. Une violente gamme ascendante, les lames se croisent, cordes aiguës contre cordes graves, succession de passes, de gammes rapides, esquives, sauts d'octaves, une septième diminuée décisive : le Commandeur s'écroule.

Un père se meurt. « Je sens mon âme s'en aller... » « Tout se tait et se recueille, *fa* mineur, *andante*. Sur des tenues de cors *pianissimi* et pizzicatos graves, s'écoule en triolets berceurs le sablier de la mort qui approche, de la vie qui s'en va. Rythme trochaïque démantelé par l'agonie, le Commandeur expire entre les notes, dans les silences[7]. » Avec le sang qui sourd de la blessure, peu à peu la vie se

* La prestation de José Van Dam dans le film de Joseph Losey fait exception à la règle ; ce grand chanteur campe un Leporello d'une sobriété et d'une force inhabituelles.

retire ; la voix du vieil homme faiblit puis s'éteint sur une musique infiniment recueillie, apaisée, dans la douce lumière du *fa* mineur. Le meurtrier ne fuit pas ; il contemple sa victime : « *Veggo l'anima partir.* Je vois l'âme partir. » Le jeune homme et la mort. À l'instant mystérieux, insondable, du passage, toute vie autour se suspend. Quand quelqu'un disparaît, on se regarde toujours mourir.

Le jeune homme regarde celui qu'il a tué, il chante à mi-voix cette mort qui vient. Le tissu de la vie se déchire, un tout petit bruit ; la voix de la compassion et de la douleur accompagne la déchirure. Il faut entourer ainsi ceux qui vont passer, les bercer, faire un bout de chemin avec eux. « Maintenant Don Giovanni, en duo avec son ennemi chante aussi dans ses silences [8]. » Rentrer dans le silence de l'envol. *Andante.* Une note, une autre encore ; entre les deux, dans l'infime intervalle, le seuil est franchi ; sur un friselis de flûtes, l'âme s'en est allée. Glacé d'épouvante, statufié, Leporello bégaie en contrepoint ; nulle dissonance cependant : sa voix se fond dans l'harmonie, dans l'étrange plénitude de l'instant.

Dans ce rituel de mort, Leporello n'occupe pas la première place ; cependant il est aux premières loges et il sera le premier à assister à ce prodige : un mort qui revient, une statue qui parle et qui marche. Tout au long de l'opéra, le surnaturel se fait annoncer et fait de Leporello son héraut car le Commandeur ne revient pas seulement pour dénouer le drame : il est là tout le temps de l'opéra.

Un Commandeur, un père : un « mauvais » mort. Un jeune dissolu : un mauvais garçon, entre les deux, un serviteur, un drôle de lièvre.

Le mort est « mauvais » parce qu'il a été assassiné. Un handicap très ennuyeux pour un mort car les vivants ne sont jamais sûrs de l'avoir assez bien enterré. Une vengeance est toujours à craindre, la violence entraîne la violence même *post mortem.* Alors, comme avec tous les morts mais plus encore avec celui-là, il faut prendre les précautions coutumières : respecter point par point le rite des funérailles, prendre le deuil, se lamenter très fort – ce qui n'exclut pas la véritable douleur, la douleur intime – dresser un mausolée et, pourquoi pas, une statue ? Ainsi, sous la lourde pierre du caveau, le mort, bien enterré, immobile, se tiendra tranquille. Mais le Commandeur est un mort récalcitrant, insatisfait ; il a un compte à régler avec un jeune homme dissipé, avec son assassin. Il revient sur les lieux du crime. Il refait le parcours qui doit le ramener à sa fin, à la bonne mort, la mort apaisée c'est-à-dire… au début de l'opéra.

Anna, la fille aimante, la fille bien-aimée aura la tâche de donner le mort en spectacle, d'assurer la visibilité de son souterrain parcours ; devoir ingrat qui empêche Anna de faire son deuil, d'accomplir le chemin qui va du père à l'époux.

Aussitôt mort et enterré, le Commandeur, donc, revient. Mais dans cet espace intermédiaire entre les morts et les vivants, dans l'intervalle du temps, il erre comme une âme en peine. Pour faire son chemin vers la paix, il a besoin d'un passeur d'âmes, d'un médiateur mais pas à n'importe quel moment : dans le temps prescrit par la coutume, celui de l'opéra.

Vérone, 7 janvier [1770] [9]

> À propos, tout le monde se déguise actuellement, ce qui est très commode ; lorsqu'on a un masque par dessus son chapeau, on a le privilège de ne pas retirer celui-ci lorsqu'on vous salue et de ne jamais appeler personne par son nom, mais de dire toujours « Humble serviteur, M. le masque, *cospeto di baco.* » Voilà qui est très amusant !

Si la distance entre l'au-delà et l'ici-bas – ces deux espaces incompatibles – est irrémédiable, il est cependant des moments de l'année où l'on joue l'effacement de la frontière, où l'on joue le retour des morts pour mieux les renvoyer ensuite loin des vivants, à leur éternité.

En février Carnaval investit les rues, les places ; les masques déboulent, la fête déroule ses bandes joyeuses et bruyantes ; sonnailles, sifflets, crécelles, charivari ; sous les grimaces des masques blancs, noirs, sous les visages barbouillés, peints ou noircis, la mort, reine secrète de la fête, mène le Bal. Il faudra beaucoup de tapage, de hauts cris, de rires et de chansons discordantes et même quelques jeux violents pour l'éloigner. Les revenants sont de la fête ; *Viva la libertà !* On les enterrera joyeusement, gravement en même temps que brûlera à grand feu le Vieil Hiver, le Bonhomme Carnaval. *Scena ultima.* Demain sera un nouveau jour et le temps repart pour une nouvelle ronde, les rues sont vides, les places désertées, il ne s'est rien passé [10].

Le printemps a laissé la place à l'été des moissons, l'automne déjà empourpre la saison, les jours raccourcissent, premières gelées, premières grisailles. Carnaval avait fait resurgir ses morts dans la liesse, collectivement, Toussaint les réunit une dernière fois dans le souvenir commun. Le lendemain, on se sépare ; chacun, pieusement, dépose son aumône fleurie au pied de ses tombes. 2 novembre, fête des morts. Devant la pierre gravée, une famille renoue le fil du passé, cause, amicalement, avec elle-même, avec ses disparus. Le danger est écarté, les morts, renvoyés avec douceur dans leur au-delà, ne reviendront plus... Parmi eux les morts récalcitrants, les « mauvais » morts, les plus dangereux, ceux qui sont une menace pour tous. Ceux-là aussi s'en vont, se dissolvent dans l'éther vague, *andante,* dans la douce lumière d'un *fa* mineur. Apaisés... Jusqu'au prochain printemps.

La première représentation de *Don Giovanni* eut lieu le 29 octobre 1787.

En Espagne, la représentation du *Don Juan Tenorio* de Zorilla était donnée rituellement jusqu'au milieu de ce siècle au jour dit du Carnaval de *los Muertos,* c'est-à-dire le 2 novembre. Aujourd'hui encore à Séville, la traditionnelle *Tuna* – ensemble musical estudiantin – se réunit le 2 novembre au soir autour de la statue de Don Juan érigée sur une place de la ville ; les étudiants allument des bougies autour du monument et chantent les chansons lestes de leur répertoire[11].

C'est la nuit. Clair de lune. Acte II, scène 15. *Recitativo secco.* « Un lieu fermé formant un petit cimetière* », un mort à l'écart, solitaire, un mausolée et deux intrus, Don Giovanni et Leporello. Le jeune homme a sauté le mur, il joue, avec la mort, avec la peur de son serviteur, avec sa propre peur ; alors il rit – « très fort » – dit le livret, pour briser le silence, pour conjurer la peur, pour défier... Et la Voix s'élève, profonde, puissante : *ré* mineur. « *Di rider finirai...* Tu finiras de rire avant l'aurore. » Giovanni : « Qui a parlé ? » Leporello, lui, sait : « Ah ! Ce sera quelque âme de l'autre monde, qui vous connaît à fond. » Giovanni reconnaît alors la statue du Commandeur, demande à son serviteur de lire l'inscription gravée sur la pierre. Le valet tremble, le maître tire l'épée, menace : « Allons, fais ce que je te dis. Ou ici même je te tue et je t'enterre. » Plus mort que vif, Leporello s'exécute, ânonne : « De l'impie qui m'a conduit au trépas j'attends ici la vengeance... » L'exclamation fuse, insolente : *« O vecchio buffonissimo. »* Puis, comme dans les contes, le jeune homme invite le mort à sa table mais cette invitation, c'est Leporello qui va, sous la menace, la formuler. *Duetto.* Leporello s'adresse à la statue avec mille précautions : *« O statua gentilissima del gran Commendatore. »* Presque *recto tono,* il délivre son message. La musique, elle, s'amuse ; elle sait que ce n'est qu'un jeu. *Allegro, mi* majeur : « L'orchestre est plus piquant que jamais, avec un exquis petit motif descendant en tuiles, ironique, rieur, presque aga-

* Didascalie du livret.

çant[12]. » La statue hoche sa tête de pierre. Elle bouge. La musique n'a plus envie de plaisanter, elle glisse vers le bas, insensiblement, sur le fil de la voix caverneuse, qui descend, descend encore…

Stupéfait, muet de terreur, Leporello mime le geste pour son maître qui n'a rien vu. Mais le contact est établi ; cette fois, Don Giovanni accepte le face-à-face, il s'adresse directement à la statue : « Parlez si vous le pouvez, viendrez-vous dîner ? » « Oui. » La voix sépulcrale résonne dans la nuit, solennelle. Glacé, pétrifié d'épouvante, Leporello se transforme en statue : « *Io sentomi gelar [...] Mover... mi posso appena... Mi manca, Oh Dei ! la lena.* Je me sens geler [...]. Je peux à peine bouger... Oh Dieu le souffle me manque... On dirait qu'il entend, qu'il veut parler. »

Ainsi le valet est le porte-parole de la statue, du mort qui parle, qui bouge, du revenant. Mais à travers Leporello, c'est Don Giovanni qui invite le Commandeur à revenir, qui le convoque... Le long finale de l'acte II referme l'opéra ; il est celui du deuxième et ultime face-à-face entre le jeune homme et son Revenant.

Le dernier festin. Pas d'invités. Elvire arrivera plus tard mais elle n'a pas été conviée. Seulement Giovanni, Leporello et la musique. *Ré* majeur somptueux, triomphant. *Allegro vivace.* La table est dressée magnifiquement, les cristaux étincellent sous la lumière mouvante des chandelles ; un petit orchestre joue sur scène, la musique préside à la fête. *Tafelmusik,* musique de table. Le jeune homme dévore, boit à grandes lampées ; tout en veillant au ravitaillement de son seigneur, le valet chaparde quelques miettes du festin. Elvire fait irruption, *allegro assai* ; trois *forte piano* vibrants de la grande voix de l'orchestre – celle qui est dans la fosse –, Elvire, la grande prêtresse de la cérémonie, vient pour avertir une dernière fois. En vain ; Giovanni, un instant dérouté, mange et même porte un toast insultant pour l'amoureuse : « *Vivan le femmine ! Viva il buon vino !* » La condamnation tombe, implacable : « *Rèstati barbaro !* dans la puanteur immonde, exemple horrible d'iniquité. » Elvire sort. L'amour, la dernière chance, se retire. *Sforzando,* on entend un cri, la jeune femme revient et s'enfuit par une autre porte. Que se passe-t-il ?

Devant le mausolée du Commandeur, Don Giovanni avait dit à Leporello : « Lis. » Ici il dit : « Va voir. » Leporello obéit. Un autre cri. Exact au rendez-vous, l'homme de pierre est là. Giovanni sait : « Quel cri de possédé ! Leporello, *che cos'é ?* » « Leporello revient, épouvanté et claque la porte* », la musique fait de même en cla-

* Didascalie du livret.

quant, *molto allegro,* des cordes. Le valet rétablit un instant le mur qui sépare le mort du vivant mais sa fonction n'est-elle pas justement de faire communiquer les deux espaces, d'ouvrir la porte sur l'au-delà? On rejoue donc la scène du cimetière. «*Ah... Signor... per carità...* Ne sortez pas par là! L'homme... de... pierre... l'homme blanc...» Et il mime le pas lourd de la statue : «Si vous entendiez comme il fait ta ta ta ta!» ; puis, toujours claquant des dents, il se terre sous la table du festin : «Je ne veux plus voir l'ami; *pian pianin* – doucettement – *m'asconder.*» La séparation est consommée, en douceur. Il n'y aura plus personne désormais entre Don Giovanni et le Commandeur. Le Commandeur? Leporello ne l'a pas nommé ainsi; ce n'est pas le Commandeur qui frappe à la porte, c'est le colosse de pierre, un homme blanc qui s'avance vers un jeune homme au blanc visage, en habit de gala.

Don Giovanni «prend de la lumière» – dit le livret – ouvre la porte. *Tutti* de l'orchestre, *fortissimo*; rajoutés à l'ensemble, les trombones annoncent déjà la Voix, marquent solennellement le franchissement du seuil. Leporello sort la tête de dessous la table «*Ah... padron... siam tutti morti...*» Un autre couvert, un autre verre pour le convive de pierre, Don Giovanni sait vivre. *Ré* mineur, implacable, majestueux. Posément, pour bien se faire comprendre – battement incantatoire du rythme trochaïque – le spectre parle : «*Non si pasce...* Il ne se repaît pas de nourriture mortelle celui qui se repaît de nourriture céleste; d'autres soucis plus graves que ceux-là, d'autres volontés m'ont conduit ici-bas.» «Une longue phrase inouïe au sens propre, semblant désagréger totalement toutes les issues possibles» dit Marie-Aude Roux[13]. La musique, lentement, rituellement, dénoue un à un les liens qui rattachent Don Giovanni au monde des vivants. Surgit alors le feu; les grandes vagues chromatiques de l'ouverture se rallument, flamboient *crescendo,* puis, *piano,* s'apaisent en une singulière et soyeuse caresse. Sous la table Leporello tremble spasmodiquement et au milieu de ce chaos, de ces ténèbres, de ce tremblement rythmique en triolets monte une petite lumière, celle de la mort, si belle, si apaisée, du Commandeur... «*Parla dunque...* Parle donc : que demandes-tu? Que veux-tu?» La question de Giovanni est claire, la réponse l'est également : «Je parle. Écoute : je n'ai plus beaucoup de temps... Tu m'as invité à souper : tu sais à présent quel est ton devoir... Réponds-moi : viendras-tu toi-même souper avec moi?» Le brasier flambe, les vagues de feu roulent, s'enroulent, déferlent, *forte, piano, forte, piano;* au-dessus de cet enfer la Voix puissante, monocorde, a formulé l'invitation : « La phrase, presque mélodieuse, a quelque chose de nostalgique et presque d'émouvant » note J.-V. Hocquard. L'aurore proche bientôt dissipera la nuit, le temps terrestre est compté pour l'homme de pierre qui part pour l'éternité.

Don Giovanni sait où est son devoir. Il a tué, il faut qu'il répare et puis, voici encore un beau défi à relever ! Il ne se dérobera pas. « *Dammi la mano*... Donne-moi la main en gage. » *Pianissimo* soudain, accalmie. Battement sourd, cérémoniel, du rythme trochaïque. « *Eccola*... La voilà. » « *Pèntiti ! – No.* » Mourir ? Oui, puisqu'il le faut mais comment accepter le repentir, renier le printemps, les fleurs, les jeunes filles et les femmes, les farces, les festins et les bals ? Autant combattre une dernière fois, finir en beauté, en homme, en grand seigneur, pour le panache. Les mots se croisent comme les épées du premier acte, la musique reprend les mêmes montées de gammes, le même motif rythmique : « *Pèntiti !* Repends toi ! – *No... ! – Si... !* » insiste la Statue ; « *No... !* » rugit par trois fois Don Giovanni la main nouée à la main de pierre. Dernier refus exaspéré, *forte*, « *no, no* ».

Un calme soudain. « Le chant du spectre sera monodique, doublé par l'orchestre à l'unisson ; pour soutenir la voix palpitera, non plus la scansion menaçante des trochées, mais une pulsation régulière, comme placide et indifférente de croches. Mais le plus impressionnant de tout, c'est le *pianissimo* de l'orchestre, *pianissimo* qui amplifie, d'étrange façon, la sentence qui tombe, large et lente[14]. » « *Ah ! Tempo più non v'è*... Il n'y a plus de temps. » L'Ombre s'éloigne, à jamais. Pour le Commandeur, le temps de l'errance inquiète chez les vivants s'efface *pianissimo* ; à sa place le temps étale, infini, indifférent, de l'éternité. « Il part », dit le livret.

Allegro, ré mineur. La terre s'entrouvre, des voix sourdes sous la terre appellent. Les grandes flammes chromatiques se rallument ; Don Giovanni en un cri ultime, *ré* majeur, s'abîme dans le brasier. En écho, le cri de Leporello clôt la scène.

Lieto fine. Allegro assai, on célèbre l'Aurore. Leporello raconte la fin de son maître. Il récapitule. « Il est venu un colosse... À travers fumée et feu... L'homme de pierre... lui donna un grand coup... » Elvire : « C'est certainement l'ombre que j'ai rencontrée. » Anna, Ottavio, Zerline, Masetto : « Ah ! C'est certainement l'ombre qu'elle a rencontrée. » Le Commandeur ? Qui en parle encore ? À sa place une ombre immense s'est dissoute dans la lumière. Tout est rentré dans l'ordre et chacun vaque à sa vie. Leporello cherche un nouveau maître, Elvire rentre au couvent, Zerline avec Masetto à la maison. Anna, libérée, peut entamer le deuil coutumier d'une année, et Ottavio, patiemment, avec amour, l'attendre.

Mais où est donc passé notre Lièvre dans cette histoire – superbe – de revenant ? Nous ne l'avons pas perdu en chemin puisque Leporello, s'il n'occupe pas la première place dans cette *scena ultima* en est, secrètement, le maître d'œuvre. Il assume son rôle de passeur d'âmes jusqu'à la fin ; il met en contact Don Giovanni et l'homme de pierre puis, ayant accompli sa mission, assiste en spectateur au passage de l'un et de l'autre. L'un dans l'éternité sereine, l'autre dans celle des tourments pour avoir trop aimé, mal aimé. Tout au long de l'opéra, par l'intermédiaire de Leporello, l'amour est relié en permanence à la mort.

Médiateur entre l'homme de pierre et son maître, le valet joue l'entremetteur auprès de ses femmes. Les belles de Don Giovanni, prises ou à prendre, sont toutes, à des degrés divers, en relation avec Leporello. Elvire tout particulièrement. Elvire, l'amoureuse passionnée ; l'infidèle l'a déjà oubliée mais elle ne renonce pas ; toujours sur la route de celui qui l'a trahie et abandonnée, elle est sans cesse prête à maudire, à se venger et sans cesse prête à succomber, à roucouler au premier signe d'intérêt, au premier mot doux ; les jeunes filles sont ainsi ; emportées, entières et versatiles : *Così fan tutte*... Elvire n'a pas de chance ; impossible d'avoir une seule minute d'intimité avec l'aimé ; Leporello suit son maître comme son ombre.

Acte I, scène 5

Vienne, 25 juillet 1781

> Si je devais épouser toutes celles avec lesquelles je badine, j'aurais facilement 200 femmes[15].

Elvire retrouve enfin son grand amour ; mais la rencontre tant espérée tourne court. Lâchement, après des explications embrouillées – *così fan tutti* –, Giovanni s'esquive, laissant à son valet le soin de le justifier. Tâche pénible, ardue. Leporello est bien embêté. Que va-t-il raconter ? Il choisit finalement d'ouvrir les yeux à la pauvre amoureuse – « Ah ! Laissez-le aller. Il ne mérite pas que vous pensiez à lui » –, ne trouve rien de mieux pour la consoler que de faire défiler, *allegro*, toutes les conquêtes de son seigneur. *Ré* majeur jubilant. « *Madamina... il catalogo è questo...* » *Presto, presto,* se succèdent à toute allure les jeunes, les vieilles, les belles, les laides, les grassouillettes pour l'hiver, les maigrelettes pour l'été, les nobles et les roturières, *mille e tre*... Rien qu'en Espagne ! Et le meilleur pour la fin... Le mets le plus fin... La *giovin principiante.* La voix s'exalte, s'emballe à compter, recenser, inventorier ; elle s'enferre, piétine, repart, *presto presto,* tourne en une ronde folle. Le valet a pris le masque du seigneur, il fait, *ré* majeur, son carnaval.

Le « Catalogue ». Un registre de dépenses et de comptes à rendre. Les dépenses sont folles – *mille e tre* – et le remboursement sera à la hauteur de ces dépenses. Leporello tient les comptes à jour. En couchant jour après jour sur le papier les « péchés* » de son seigneur, les femmes qu'il entraîne dans son lit, Leporello, scribe et biographe, rédacteur pointilleux de la *lista,* socialise la transgression qui condamne son maître. Un homme qui s'accapare toutes les femmes, qui pervertit l'alliance est un *barbaro,* un sauvage, un homme à éliminer. La lecture jubilatoire, enivrée, de la *lista* fait écho à la lecture épouvantée de l'inscription vengeresse gravée dans la pierre du tombeau. Entre Leporello l'homme du social, du sens commun, et Giovanni, le hors la loi, le Catalogue lie, à la vie à la mort, un jeune chevalier rebelle à une Statue parlante.

Le lièvre et son double

Première variation (suite)

À intervalles réguliers, aux moments-clés de l'opéra, le Revenant se manifeste par l'intermédiaire de Leporello ; ces « apparitions » sont toujours en rapport avec la conduite amoureuse désordonnée de son maître. Leporello ouvre l'opéra et le drame s'engouffre par la porte ouverte ; la violence faite à Anna a pour conséquence le duel puis la mort du Commandeur. Au finale de l'acte I, le désordre s'élargit aux dimensions de la collectivité. La Mort, toujours par le truchement de Leporello, fait son apparition sur la scène publique.

Scènes 20, 21 et 22. Anna a découvert l'assassin de son père. Il faut faire justice. Anna, Ottavio et Elvire, en dominos noirs, masqués, se rendent à la fête offerte par Don Giovanni. Ils avancent vers le palais aux fenêtres brillamment illuminées d'où s'échappe une

* Pour qui a été élevé dans la religion catholique, cette *lista* de Leporello ne rappelle-t-elle pas une autre liste ? Avant d'aller à confesse, l'enfant établit soigneusement, écrit même parfois sur un bout de papier, tous les péchés qui devront être absous.

musique de menuet. Une fenêtre s'ouvre. Leporello, le premier, a vu les masques, annonce à son maître l'arrivée de ces hôtes imprévus. Don Giovanni le rejoint à la croisée et lui ordonne d'inviter les masques. Le valet s'exécute : « *Al ballo se vi piace, v'invita il mio signor.* » Trois fois réitérée, cette demande prend, musicalement, une tournure singulière : « L'invitation se fait sur un mode accentué de cérémonie, l'on aurait presque envie de dire un mode rituel », écrit Pierre Jean-Jouve[16]. Au début de l'opéra l'aria de Leporello ouvrait une fenêtre sur la Mort, elle s'ouvre maintenant de l'extérieur vers l'intérieur, au cœur même de la demeure seigneuriale. Instant solennel et décisif que, seule, la musique révèle. « Il rentre et ferme la fenêtre » dit le livret. S'élève alors, *adagio, ré* mineur, un extraordinaire chant. Le Trio masqué implore la protection du ciel. Les voix planent, sereines et recueillies, le temps suspend son cours. Tout de noir vêtus, masques blancs, les dominos ne suggèrent-ils pas une autre invitation et la présence d'un autre convive ? Sous le masque de la Mort, Anna, Ottavio et Elvire s'avancent, entrent chez Don Giovanni, juvéniles revenants. *Ut* majeur, l'orchestre rentre en puissance, trompettes et timbales, la Mort s'avance, triomphante déjà et Don Giovanni lui lance son premier vibrant défi : *« Viva la libertà ! »* Le bal peut commencer.

Mais, hormis les masques, d'autres invités, bien malgré eux, participent aux réjouissances. Le village entier s'est déplacé au château. Don Giovanni, toujours par l'intermédiaire de Leporello, a détourné la noce de Zerline et de Masetto ; il fait, ouvertement, une cour pressante à la fiancée. Dans la grande salle illuminée, trois petits orchestres animent la fête. Quittant la semi-obsurité de la fosse, voici donc la musique sur scène. Déplacer la musique hors de son espace habituel, de la fosse d'orchestre, l'exposer en pleine lumière, n'est-ce pas insister sur son rôle primordial dans l'action qui va suivre ? N'est-ce pas aussi accroître, de cette manière, son efficacité ?

Leporello a l'ordre de former les couples pour la danse. Pendant que le valet tente de distraire l'attention de Masetto, Don Giovanni danse avec Zerline, avec l'intention de l'entraîner rapidement dans un endroit discret... Nous reconnaissons là ce qui tissait déjà la trame des *Noces de Figaro*. Un « grand seigneur méchant homme » s'emploie, aux yeux de tous, à séduire, là, une servante, ici une paysanne, le jour de ses épousailles. Nous avons vu avec quelle maestria Mozart utilisait la musique de danse dans son opéra précédent, en particulier dans l'épisode du double mariage. Dans cette scène cruciale du *Don Giovanni,* il porte cet art à son apogée. Jouant ensemble sur trois registres différents, les trois petits orchestres, non seulement scandent la succession des événements mais, véritablement, les organisent, en règlent le déroulement.

Au premier orchestre, le menuet, *sol* majeur, s'élève, aristocratique, élégant, mesurant l'évolution grave des dominos noirs. Anna et Ottavio dansent ensemble mais avec qui danse Elvire ? Avec personne... ou peut-être avec l'Ombre qui préside à la fête. La Mort ouvre le bal... Se superposant au menuet, émerge, au deuxième orchestre, un rythme de contredanse sur lequel Don Giovanni s'empare vivement de Zerline. Cette danse, enjouée et rapide, fort à la mode à l'époque, est la danse collective par excellence. Elle rassemble quatre, six ou huit personnes disposées en double front : les hommes sur une ligne, les femmes sur l'autre : « Chaque couple exécute à tour de rôle une série de figures qui l'amène à changer de place avec le couple voisin. La série est répétée jusqu'à ce que tous les couples soient revenus à leur place initiale[17]. » Or la règle du jeu n'est pas respectée puisque la contredanse met en scène le seul couple Don Giovanni/Zerline. De plus, elle est détournée de sa finalité – l'échange ritualisé des couples au sein du groupe – au profit d'un seul individu dont le but est d'entraîner peu à peu sa partenaire à l'écart... Le processus d'inversion amorcé par la contredanse s'accentue avec l'apparition, au troisième orchestre, d'une troisième danse : l'allemande, sur laquelle se trémoussent deux partenaires imprévus : Masetto et Leporello. Afin de laisser, auprès de Zerline, le champ libre à Don Giovanni, le valet, toujours obéissant, a capturé le fiancé, l'enlevant, de force, des bras de sa promise. Or la particularité de l'allemande est justement de permettre une manière de rapt : « En dançant l'allemande, les jeunes hommes quelquefois dérobent les damoiselles, les ostant de la main de ceulx qui les meynent, celui qui est spolié se travaille d'en ravoir une autre[18]. » Le couple burlesque ajoute cependant à la tension dramatique, perceptible dans la musique depuis le début du bal, car la résistance de Masetto à cet « enlèvement » tourne à la rixe. L'allemande se teinte d'une couleur plus sombre, prémonitoire, évocatrice non plus de séduction, de rapt joyeux, mais de violence et de mort. Leporello danse l'allemande et d'étranges images surgissent : celle d'une sépulture sur laquelle veille une statue de pierre, celle d'un jeune rebelle mettant sa main dans la main glacée de la mort. Tombeaux, architectures de musique. Au XVIIe siècle, le « tombeau » était un genre musical destiné à célébrer la mémoire d'un grand personnage et cette musique empruntait très souvent sa forme à l'allemande. Leporello danse, Masetto se débat, Don Giovanni et Zerline contre-dansent, à l'écart, les dominos noirs dansent et le menuet, lui aussi, change de tonalité : « La mélodie du menuet devient lancinante et sa répétition obstinée finit par être pénible, insupportable[19]. » Soudain, un cri : *« O Numi, son tradita. »* Tandis que les danseurs se figent, la musique continue à dérouler sa mécanique implacable. Un deuxième cri affolé : « À l'aide ! » Cette fois les trois orchestres s'arrêtent net. Leur rôle est terminé. Tout se disloque. Dans la fosse, le grand ensemble instrumental prend la relève, accompagne la débandade générale et organise la formation d'un nouveau groupe qui rassemble les invités forcés à la fête – paysans et paysannes –, les trois mystérieux dominos et Masetto qui vient d'enfoncer la porte derrière laquelle Zerline appelle. Point d'orgue. *Andante maestoso, fa* majeur. Don Giovanni surgit, l'épée au poing, traînant Leporello plus mort que vif : *« Ecco il birbo…* Voici le scélérat… Qu'il meure le misérable ! » Le valet en place du maître ? La ruse est par trop grossière, la comédie est finie, le destin du séducteur définitivement scellé. Lentement, avec solennité, les dominos se démasquent, la musique murmure, *pianissimo*, calme, inquiétante. La voix de Zerline s'élève doucement : « Tout, tout est déjà connu. » Cette formule est reprise successivement, comme une incantation, par Masetto, Anna, Ottavio et Elvire. De plus en plus véhémentes, les voix menacent : *« Trema, trema… » Allegro, forte.* Confondu, pris au piège, Don Giovanni est contraint à détaler comme un lièvre pour échapper à ses accusateurs. Mais la Mort avance désormais à visage découvert. Il suffira d'un autre jeu de double et de dupes, d'un autre sacrilège contre l'amour dont Leporello est, bien entendu, complice, pour que Don Giovanni la contemple, cette fois dans les yeux*.

Début du deuxième acte. Scène de *commedia dell'arte***. Leporello, sous les habits de son maître, et à l'instigation de celui-ci, joue à Elvire la comédie de l'amour. La nuit est douce et câline ; la musique frémit, embaumée des senteurs du soir, enivrante. Elvire,

* On peut sans doute évoquer ici, dans ce face-à-face final entre Don Giovanni et la statue, le regard pétrificateur, celui qui donne la mort. Voir sur ce sujet Jean-Pierre Vernant, *La Mort dans les yeux*.

** La sérénade sous le balcon revient souvent dans la *commedia ;* elle met en scène le plus souvent Pantalone, le maître et Zanni, son serviteur. Dans les superbes fresques du château de Traunitz en Bavière, Pantalone chante sous les fenêtres de sa belle. Zanni, appuyé familièrement sur son épaule, semble lui souffler les paroles de l'amoureuse chanson.

au balcon, n'a rien vu de la substitution, ne sait rien de la mauvaise farce ; elle se laisse aller au charme de cette nuit, de la voix qui chante l'amour. « C'est toi seule que mon cœur adore. » Elvire doute, mais comment résister à ce qu'on a tellement envie d'entendre ? Elle succombe à la tendre musique. Une musique masquée où pourtant rien ne signale la duplicité, la tromperie ; serait-elle la suprême séductrice ? Peu à peu la magie de l'instant s'évanouit car la mascarade va trop loin. Don Giovanni/Leporello menace de se suicider si Elvire n'accorde pas son pardon. Voici, confondus dans une même dérision, l'amour et la mort, ces deux mots si pleins de sens pour Mozart. La musique dénonce l'outrage ; quittant l'*ut* majeur, elle dérape, ricane, tandis que Leporello « hoquette de rire : *Io rido, rido, rido...* en une descente chromatique du plus sinistre effet. Cette hilarité grinçante fait penser aux trépidations d'épouvante dont il vibrera dans la future scène de la damnation : nous sentons passer ici le souffle du tombeau[20] ».

La singularité de cette relation entre Leporello et les femmes de Don Giovanni et plus particulièrement avec Elvire éclaire d'une autre manière le couple maître/valet. Rédacteur et gardien du mirobolant catalogue, Leporello se trouve au cœur des entreprises amoureuses de son maître. Il noue les intrigues, capture les belles à son intention, lutinant quelques filles au passage, se substituant à Don Giovanni auprès d'Elvire, si parfaitement qu'elle n'y voit que du feu. Rabatteur, entremetteur, ordonnateur des fêtes et des plaisirs, Leporello assume ainsi la fonction traditionnellement dévolue aux valets de comédie, tout en la gauchissant quelque peu, notamment en ce qui concerne Elvire car le valet a pour mission non pas de tisser la relation mais de la défaire. Il accomplit sa tâche avec une complaisance telle que quelques exégètes de l'œuvre ont suggéré un lien plus étroit entre Don Giovanni et son serviteur[21]. Ce rapprochement fait à nouveau signe du côté du lièvre si l'on a en mémoire, outre l'ambiguïté sexuelle de l'animal, la fonction d'intermédiaire amoureux entre deux hommes qui lui est dévolue dans la Grèce antique[22]. En effet la troublante familiarité qui s'établit entre les deux personnages peut prêter à confusion : *« Oh Leporello mio, và tutto bene ! – Don Giovannino mio, và tutto male ! »* (acte I, scène 15). Don Giovanni n'en use-t-il pas avec son valet comme avec les femmes qu'il séduit ? Leporello est, à son corps défendant, embobiné, subjugué, et même acheté. Au début de l'acte II le valet a failli se faire tuer à la place de son maître ; ça suffit ! Il s'en va ! Don Giovanni fait tinter quatre beaux doublons : *« Facciamo pace... »* Leporello cède en grommelant :

« Pour cette fois encore j'accepte la cérémonie, mais n'en prenez pas l'habitude : ne croyez pas séduire mes pareils comme les femmes, à force d'argent*. » L'argent de l'amour dévoyé répond à l'argent de la mort, celui dont on fait l'obole pour que les âmes errantes quittent leur purgatoire pour aller vers la paix.

Un peu plus tard, encore une fois sous l'habit de Don Giovanni, Leporello est poursuivi par la meute des villageois, Masetto en tête, qui ont bien l'intention de tuer celui qui vole leurs femmes. Cerné de toutes parts, Leporello tombe le masque, implore miséricorde : « *Ah ! Pietà, signori miei !* Mais le délit n'est pas le mien, mon maître, par un abus de pouvoir, m'a ravi mon innocence » (acte II, scène 9). Curieuse formulation qui rapproche singulièrement Leporello des victimes de son seigneur. Commencée comme une farce, cette scène s'achève sur un tout autre registre : « Sa voix devient immense – écrit J.-V. Hocquard[23] –, contrebalançant à elle seule la tempête (des autres voix) qui soudain s'arrête. » Cette voix immense, incongrue, du bouffon pris au piège, fait passer sur le sextuor un souffle glacé. La musique, au delà du texte, avant lui, révèle la vraie nature du valet. Comme pour la mort du Commandeur, comme pour le trio des Masques, l'action, soudain, s'interrompt puis repart au galop : Leporello a filé sous le nez de ses poursuivants : « Le coquin a des ailes aux pieds ! » s'exclame rageusement Masetto. Le livret entérine ce que la musique suggérait l'instant d'avant ; n'est-ce pas la figure d'Hermès aux talons ailés, l'accompagnateur d'âmes, le messager de Zeus auprès du dieu des Enfers qui fait ainsi une brève apparition ?

S'il s'organise autour de la chasse amoureuse, ce jeu incessant de l'imitation et de la substitution – l'un se mettant à la place de l'autre, l'un étant pris pour l'autre – déborde largement ce cadre. De même que dans la première partie de l'opéra le serviteur joue le maître tout en restant lui-même, une bonne partie du deuxième acte met en scène une confusion des rôles**. Don Giovanni imagine maintenant de conquérir la camériste d'Elvire. Afin d'assurer le succès de l'entreprise, le séducteur se présentera à elle sous l'apparence de son valet. Leporello rechigne, mais, comme à l'accoutumée, finit par

* Procédé de séduction qui laisse perplexe ; le charme du séducteur se révèle donc sujet à caution puisqu'il a recours à l'achat de ses proies.

** Cet épisode du travestissement a donné lieu à bien des polémiques. On l'a jugé trop long, voire inutile et même incongru. Ne fait-il pas écho à la scène du *Don Juan* de Molière où Pierrot décrit, avec force détails, le costume de Don Juan en se situant dans les vêtements, donc en devenant à son tour Don Juan ?

céder. « *Si cangiano d'abito*... Ils échangent leurs vêtements... » La nuit tombe doucement et c'est Elvire qui surgit inopinément au balcon de son logis. Instantanément Don Giovanni monte sa mauvaise farce puis, laissant son double se débrouiller d'une situation épineuse – Elvire s'apprête à rejoindre celui qu'elle croit être son amour – il s'en va pousser la *canzonetta* sous les fenêtres de sa nouvelle dulcinée.

Cette aptitude des deux personnages à passer de l'un à l'autre que le long épisode du travestissement matérialise dans la dramaturgie, Mozart l'inscrit avec force dans sa musique et avec une telle constance que la relation traditionnelle maître/valet s'en trouve complètement bouleversée. Les musicologues ont, bien sûr, noté cette gémellité musicale : « On peut se demander où commence Don Giovanni et où finit Leporello dans la musique de chacun[24]. » Il serait fastidieux de dérouler ici le catalogue des « mille et trois fois » où Mozart fait coïncider exactement ou en miroir les formes musicales dévolues à chacun de ses personnages, où l'un commence une phrase mélodique que l'autre achève, etc. Retenons simplement pour exemple la première aria de Leporello, au début de l'opéra. Cet air, où le valet « ne veut plus servir mais veut faire le gentilhomme », débute par une quarte descendante ; or cet intervalle de quatre notes, dans le sens contraire, c'est-à-dire la quarte ascendante, est associé si étroitement par Mozart à Don Giovanni qu'il semble constituer « son paraphe, sa signature, son empreinte digitale[25] ». En un seul petit intervalle le compositeur réussit à suggérer dans le même temps la présence du maître à travers le valet, leur similitude et leur différence.

Le lièvre et son double

Deuxième variation

> *Das liegt der Hase im Pfeffer...*
> C'est là que gît le lièvre, c'est-à-dire voilà la fin, le secret de l'affaire[26].

À bien le considérer, du lièvre Leporello possède peu de caractéristiques sinon cette poltronnerie qui semble le trait constant de son personnage. Par contre, la légèreté, l'inconstance, le désordre, la boulimie érotique et alimentaire, l'errance, le noctambulisme et la transgression, une proximité troublante avec le féminin, tous ces traits qui appartiennent en propre au grand lièvre inquiétant et fascinant de la tradition populaire sont à mettre au crédit de Don Giovanni.

Mémoire et oubli, courage et poltronnerie : ces qualités jumelles et antinomiques singularisent les deux moitiés du couple maître/valet, en particulier face à l'amour et au surgissement du surnaturel. L'un écrit des noms sur une liste, l'autre désapprend les visages dès qu'ils ont passé. L'un tremble devant l'homme de pierre, l'autre s'avance et tend la main. Don Giovanni semble une émanation des forces naturelles, Leporello reste du côté du « domestique » par la poltronnerie qui n'est peut-être que l'expression extrême – donc bouffonne – du sens commun. Face à Don Giovanni, ce *barbaro* – ainsi que le nomme Elvire –, ce monstre de la Nature, Leporello, lui, garde les pieds sur terre. Il sait pourquoi et comment les drames éclatent, il sait ce qu'il en adviendra, complice fasciné et critique tout à la fois d'une manière de vivre qui n'a qu'un temps et que son maître prolonge dangereusement... Don Giovanni/Leporello : l'homme de la nature et l'homme du social, deux moitiés qui s'attirent et s'affrontent sans cesse.

Cette gémellité dévoilée va plus loin encore, car si elle paraît appartenir en propre au couple Don Giovanni/Leporello, on s'aperçoit que, subtilement, elle s'étend à tous les autres personnages de l'opéra.

On l'a souvent remarqué, Don Giovanni n'a pas d'existence propre : « C'est de sa réfraction sur tous les personnages, de leur réaction à lui – au sens presque chimique du terme – qu'il tient son existence psychologique. Mais c'est dans la psychologie de tous ceux qu'il croise que nous le saisissons comme s'il n'avait de réalité que dans la représentation qu'ils s'en font... Tout part de lui et y ramène sans cesse[27]... » Cette réflexion de Rémy Stricker – psychologie mise à part puisqu'il n'est question ici que de rôle social – rend bien compte de la relation jumelle qui, à partir de ce couple initial, relie entre eux tous les personnages du drame en les ramenant irrésistiblement au *Dissoluto*. Le titre de l'opéra, qu'on ne cite jamais dans son intégralité – *Don Giovanni ossia il dissoluto punito* –, est à cet égard révélateur. Remarquons que ce n'est pas le terme de libertin – qui comporte à peu près la même acception – que Mozart et Da Ponte ont retenu. L'idée de « dissolution » renvoie non seulement à une vie déréglée, dissipée, mais aussi à un corps sans consistance. Dissolu, Don Giovanni l'est par sa manière de vivre ; plus profondément, c'est son être même qui se dissout dans tous les personnages de l'opéra et qui se reconstruit à travers eux. Don Ottavio, l'amoureux exemplaire* – au point qu'il en paraît niais – ne se révèle-t-il pas comme un double inversé de Don Giovanni ? Ottavio, le ténor pour qui Mozart écrit deux merveilleuses arias d'amour, s'inscrit tout entier dans son patronyme ; il est, dans une tessiture plus élevée, à l'octave de Don Giovanni ; il endigue, du côté de l'amour coutumier, le flot irrépressible, la folie du désir – il est capable d'attendre. Octave : « Redoublement de la même note à distance du premier son harmonique[28]. » Modérateur, Ottavio l'est aussi de l'excès de passion d'Anna, d'Elvire et même de Zerline, toujours prêtes à s'enflammer. Mais c'est au miroir de ces trois femmes – toutes soprani, la voix même de la féminité en musique – que le séducteur devient le *dissoluto***.

« Jeune, extrêmement licencieux*** », Giovanni fait fi des conventions sociales et des manières d'amour. Il veut tout, tout de suite : il engloutit avec le même *barbaro appetito* femmes, nourriture et bon vin. Il vit dans l'instant, passe, batifole et s'évapore dans la nuit, son royaume. Sommé de se battre, il n'affronte pas le vieux Commandeur, il l'assassine. Il préfère, quand le temps vire à l'orage, s'esquiver sans bruit. S'il est pris, il fait face puis... détale, toujours en errance, toujours en quête de rencontres nouvelles, d'aventures exaltantes, de frayeurs délicieuses : rire dans un cimetière, inviter un mort à dîner. Cette fièvre, cette effervescence, cette flamboyante ardeur appartiennent en propre aux garçons : « Faire dans toute son existence la place au sort, à l'enchère gratuite revient à dénier l'ordre stable des valeurs qui sont de ce monde. N'est-ce pas là le comportement – requis et pourtant réprouvé – de la jeunesse ? » écrit Daniel Fabre[29]. C'est cette jeunesse qui lie Giovanni aux femmes qui l'entourent. Une gravure des années 1790 représente la « scène de la damnation » : un commandeur en armure, hiératique et glacé, à la barbe imposante, retient fermement un jeune, frêle et féminin éphèbe aux longs cheveux bouclés. Luigi Bassi, le chanteur

---

* Da Ponte et Mozart ont repris, on peut dire à la lettre, le type de « l'amoureux » de la *commedia dell'arte* qui se prénomme le plus souvent... Ottavio. L'Ottavio mozartien : un beau personnage que l'on méconnaît trop souvent... Il faut rendre ici hommage à Rémy Stricker qui « réhabilite » l'amoureux d'Anna en huit belles pages (Mozart et ses opéras, p. 232-239).

** C'est-à-dire le contraire de ce qui peut être pris ; Don Giovanni « prend » sans être « pris ».

*** Précision apportée par la liste des personnages dans la distribution originale de l'opéra.

à qui le compositeur confie le rôle à la création de son œuvre, avait vingt et un ans.

Le jeune homme « donjuanise », s'enflamme, s'éteint pour s'enflammer à nouveau, s'éprend et se déprend, cabriolant de fille en fille[30]. Comment ne pas évoquer alors le Cherubino des *Noces de Figaro,* ce jeune page turbulent, épris de toutes les femmes du château d'Aguas Frescas ? Coïncidence ? La musique qui accompagne, sur scène, le dernier souper de Don Giovanni joue l'air que Figaro dans les *Noces* chante à Chérubin : « *Non più andrai*... Tu n'iras plus, petit papillon amoureux, rôder nuit et jour autour des belles dont tu troubles le repos » (acte I, scène 8). Cette réminiscence musicale ne résonne-t-elle pas ici comme un rappel, une ultime mise en garde* ? D'un opéra à l'autre, entre un petit page au temps des premiers émois et un jeune chevalier dissolu la musique tisse les liens d'une discrète parenté.

Cette jeunesse fait de Giovanni un être capricieux, inconstant, excessif. Tous ces traits renvoient au temps de la séduction juvénile qui unifie les sexes, mais également à une acception commune de la féminité. Séduites mais aussi séductrices, acharnées, passionnées, envoûtantes, Anna, Elvire et Zerline partagent avec Don Giovanni cette nature ardente et imprévisible qui les pousse à haïr et aimer tout aussi violemment, sans souci des convenances**. Les flammes matérialiseront l'aboutissement extrême de cette proximité avec le féminin : « Des tourbillons de feu... le feu augmente, paraissent diverses furies qui s'abîment dans Don Giovanni...*** » ; elles le conduisent à l'anéantissement dans le brasier, à la fusion avec les « furies ». Ultime expression du *dissoluto* à ce moment, le cri ; cri partagé avec celui d'Anna découvrant le corps de son père, cri de Zerline agressée, cri d'Elvire qui se heurte à la statue animée. En écho, Leporello reprend ce cri, devant le gouffre ardent où s'est abîmé son double. La trajectoire du lièvre est achevée.

---

* Ce rappel musical fonctionne aussi sur le mode humoristique : le « *Non più andrai* » est un clin d'œil de Mozart aux Praguois qui avaient fait un triomphe aux *Noces de Figaro* et particulièrement à cet air.

** Elvire s'abandonne à son séducteur sur une simple promesse de mariage, Zerline est prête à succomber le jour même de ses noces et Anna, à une heure avancée de la nuit, voit entrer sans surprise dans ses appartements celui qu'elle croit être son fiancé. Or, à une heure avancée de la nuit, est-il convenable qu'une jeune fille de la bonne société, soucieuse de son rang et de son honneur, reçoive son fiancé sans chaperon et dans sa chambre ?

*** Didascalie du livret, acte II, scène 15.

On pourrait s'arrêter là ; mais les figures de la gémellité que nous avons déjà décelées dans *Don Giovanni* invitent à la capter plus en profondeur encore, jusque dans la relation qui fonde l'opéra en tant que genre, celle du son et du sens, de la musique et du texte. Le propre de l'œuvre de Mozart n'est-il pas de réactualiser le mythe de Don Juan – cette histoire ressassée par la littérature, le théâtre et héritée de la tradition populaire* – mais en musique ? Certes, avant *Don Giovanni,* d'autres œuvres lyriques traitaient de ce sujet encore en vogue au XVIIIe siècle dans le théâtre populaire. Da Ponte s'est largement inspiré, pour écrire le livret de l'opéra, de celui de Gazzaniga et Bertati, *Il convitato di pietra*** ; mais la musique de Mozart, en donnant une dimension insoupçonnée au mythe de Don Juan, ne légitime-t-elle pas finalement le mythe lui-même*** ?

Le lièvre et son double

Troisième variation

> 1749, Ceneda, petite ville de Vénétie. Une famille juive, les Conegliano, fête la naissance de son garçon premier né, Emmanuele. En 1763 Emmanuele a 14 ans ; toute sa famille se convertit en grande pompe au catholicisme. Emmanuele Conegliano le « petit lapin » disparaît, Lorenzo Da Ponte – car tel est désormais son nom – entame sa tumultueuse trajectoire[31]...

Don Giovanni est le héros principal de l'opéra ; pourtant Mozart, passant outre les conventions musicales du genre et de l'époque, n'attribue à son personnage aucune grande aria lyrique où, traditionnellement, le personnage se présente ou bien expose ses états d'âme. Aucun portrait non plus du Séducteur. À quoi ressemble-t-il donc ce bourreau des cœurs ? Pourtant ce héros singulièrement éva-

* Dans la tradition orale européenne, le conte de *Jean sans peur, du jeune homme et la mort* met en place, avec de nombreuses variantes, tous les éléments du mythe (Daniel Fabre, *Juvéniles revenants).*

** Opéra composé en 1782 et représenté à Venise en janvier 1787.

*** Rappelons que le statut de mythe de Don Juan est ambigu ; bien que certainement emprunté pour une part à la tradition orale par Tirso de Molina, *Don Juan* est une œuvre littéraire ; en cela elle n'entre pas dans la définition proposée par C. Lévi-Strauss : « Les mythes n'ont pas d'auteur... »

poré est, même absent, au centre de la scène, en pleine lumière. Tout part de Don Giovanni, tout y revient sans cesse. S'il s'esquive, Leporello prend la relève. Il revient, et c'est, seule, la musique qui lui donne sa forme, sa densité, construit le personnage. Sur les trois airs que Mozart attribue à son héros, deux sont chantés sous le déguisement du valet. Le premier est la *canzonetta* de l'acte II; *allegretto, ré* majeur, clair de lune, mandoline, balancement câlin du 6/8 : « *Deh vieni a la finestra o mio tesoro* » (acte II, scène 3). Cette chanson, nous en connaissons déjà les accents; nous l'avons entendue ailleurs, sous une forme guère différente, chantée par le valet de Belmonte, Pedrillo, au troisième acte de *L'Enlèvement au sérail* : « *Im Mohreland*... Au pays des Maures était prisonnière une fille délicate et jolie... » La réminiscence, comme toujours chez Mozart, a du sens. La romance de Pedrillo avait pour fonction, au moment décisif de la fuite, de faire venir à la fenêtre Constanze et Blonde; la *canzonetta* de Don Giovanni procède de la même intention : elle doit attirer à la croisée la soubrette d'Elvire. Chanson, appel amoureux, appeau des garçons-oiseaux, des joyeux bouffons, romance de Chérubin aux pieds de sa belle marraine, petit refrain d'Osmin, le cueilleur de figues, perché sur sa branche : *Trallalera,* écho au « Tralaliera » du jeune Mozart mis en appétit par sa liberté toute fraîche conquise. Petit ogre deviendra grand, et Leporello s'effraiera alors du *barbaro appetito* de son maître... Papageno, lui, viendra plus tard : demoiselles douces et sucrées – *Hopsassa* –, bon vin, bonne chère, flûte de Pan et glockenspiel... Chansonnettes à aimer, à boire et à manger, c'est tout un. Mais le jeune Giovanni aime trop et mal.

À la *canzonetta* s'enchaîne le deuxième air. Accompagné de quelques paysans, Masetto vient de surgir, il est armé, cherche le séducteur. Il ne s'agit plus de faire danser un « petit comte », de lui apprendre la cabriole mais de le faire, définitivement, culbuter. La troupe des justiciers tombe sur le faux Leporello... Voici encore une belle occasion de s'amuser! Arguant qu'il veut aussi se venger de son *padrone,* le faux valet distribue le jeu : « *Metà di voi qua vadano*... Que la moitié d'entre vous aille par là... » (acte II, scène 4). La farce en effet est excellente. Don Giovanni, jubile, la musique court avec lui, sans une pause, brillante, charmeuse, ironique et menaçante; mais voici que, pris au jeu, le séducteur en rajoute : « *Se un uom e una ragazza passegian per la piazza*... Si sous une fenêtre vous entendez qu'on fait l'amour, frappez donc, frappez, ce sera mon maître! Sur la tête il a un grand chapeau avec des plumes blanches. Il porte un grand manteau et il a l'épée au côté... *Andate, fate presto!* » Autoportrait ? Un chapeau empanaché, un manteau, une épée. Autant dire rien. Un chevalier inexistant… mais une musique : « La musique le campe, elle le définit, elle le rend présent[32]. »

Voici la troisième aria, la célèbre aria dite « du champagne », la seule que Don Giovanni chante sans masque. Préparatifs de fête. Le maître donne ses ordres au valet :

> *Fin ch'han dal vino…* D'ici qu'ils aient la tête échauffée par le vin, fais préparer une grande fête… Si tu trouves sur la place quelque jeune fille, cherche à l'amener… Sans aucun ordre que la danse soit ! *Ch'il minuetto…* Pour ceux-ci le menuet, pour ceux-là la *follia,* pour les autres l'allemande, tu feras danser. Et moi, pendant ce temps, de l'autre côté, je veux conter fleurette à telle ou telle. *Ah, la mia lista doman mattina d'una decina devi aumentar*[33]… (acte I, scène 15, n° 11).

Presto, presto, le tempo le plus rapide de l'opéra, *si* bémol majeur, une volée de croches emporte l'orchestre puis la voix sur un unique motif ressassé jusqu'au vertige. La musique tournoie, s'enroule sans fin sur elle-même, se déploie en chatoyantes variations. Aucune accalmie, pas l'amorce d'une pause dans cette course précipitée qui semble se nourrir de sa seule énergie. Tourne et caracole la musique – c'est elle qui danse la *follia* – comme tournent et caracolent les mots dans les lettres :

> Ma très chère Nièce ! Cousine ! Fille !
> Mère, Sœur et Épouse !
> Tonnerre du ciel, mille sacristis, Croates de malheur, diables, sorcières, sorciers, bataillon de croisés à n'en plus finir, morbleu, éléments, air, terre et feu, Europe, Asie, Afrique et Amérique, jésuites, augustins, bénédictins, capucins, minorites, franciscains, dominicains, chartreux et chevaliers de la Sainte-Croix, chanoines réguliers et irréguliers, et tous les fainéants, garnements, misérables, couillons et corniauds mélangés, ânes, buffles, bœufs, fous, idiots et polichinelles[34] !…

Tournoiement de la musique, du fol, de tous les bouffons mozartiens entraînés dans leur propre giration, principe de vie – tempête printanière de l'air de Chérubin au premier acte des *Noces de Figaro* – ou prison sans issue pour ceux – ou celles – qui ne sortent pas à temps du tourbillon : Électre, Monostatos, Osmin, Giovanni et cette aria qui pétille, qui enivre comme le champagne. L'oubli dans les bulles irisées. Seul compte l'instant à vivre.

> Mon cher Wolfgang, tu es jeune, insouciant, puisque tu n'as eu jusqu'alors à te préoccuper de rien, que tu ne réfléchis jamais sérieusement et que tu as déjà oublié le calvaire salzbourgeois dont je suis prisonnier. Tu n'écoutes que les louanges et les flatteries et deviens petit à petit insensible à notre situation [...] Bref, tu ne penses jamais aux conséquences. Le présent te prend tout entier, te ravit, alors que si tu voulais songer aux suites inévitables et réfléchir de sang froid, tu prendrais peur[35].

Dans la coupe que l'on lève puis que l'on vide, se dissout la jeunesse des deux couples de *Così fan tutte* : « Dans ton verre, dans le mien, que toute pensée soit noyée. Et qu'il ne reste plus souvenir du passé en nos cœurs » (acte II scène 16). La juvénile folie n'a qu'un temps.

> Qu'ensuite j'aie été trop joyeux, c'est folie de jeunesse ; je pensais « Où vas-tu ? » – À Salzbourg ! – il faut donc en profiter ! [...] Ayez ferme confiance en moi, je ne suis plus un fou[36].

Tourne la musique : « *Fin ch'han dal vino calda la testa...* » Équivalence parfaite entre Don Giovanni et sa musique, entre le personnage et l'opéra. Kierkegaard, ce fin mozartien, l'avait pressenti : « L'importance dramatique de cet air ne vient pas de la situation mais du son fondamental de l'opéra qui sonne ici et résonne en luimême[37]. » Don Giovanni, le *dissoluto,* un personnage sans consistance, un habit de chevalier, un déguisement de carnaval mais une pure résonance, une musique... Peut-être la musique elle-même ?

Quel est le secret du Séducteur ? La musique. Sa force, sa sensualité, son irrésistible attrait. Les mots de l'amour ont peu d'importance ; seule importe la voix qui les prononce, la musique qui les fait exister. Ainsi que le fait remarquer Michel Poizat[38], Don Giovanni n'est pas un homme de parole : « traître », « félon », « perfide » ; tous ces qualificatifs utilisés à son encontre par les autres personnages, renvoient au manquement à la parole donnée. La parole, au sens large du terme, cette fois, n'appartient pas davantage à Don Giovanni ; la musique sans cesse la subvertit tout comme par son comportement celui-ci ignore la loi qui fonde l'ordre social. Être de musique, le *dissoluto* n'a pas d'expression propre en dehors d'elle, elle le crée, le définit tout entier. À qui pense-t-on alors ? Mozart passe sur la pointe des pieds...

La musique – genre féminin dans toutes les langues – adopte souvent le langage du cœur : battement, pulsation, soupir, syncope, ou bien celui de la broderie, fil de la voix, point, ornement. Art donjuanesque, séductrice, la musique s'adresse d'abord à la sensibilité, à l'affect, mais n'existe et n'a de pouvoir que dans le temps qui lui est propre, celui de ses règles, de son rythme interne ; si dangereuse cependant par cette proximité avec le féminin et par cette aptitude à suspendre le temps que l'on a éprouvé le besoin de la noter, de la mesurer, de la fixer sur le papier. Jouée, elle s'évapore, se dissout...

Dans l'opéra, à la musique s'ajoute le sens donné par le texte et la voix qui porte ce texte ; la dialectique entre l'ordre du mot et celui de la note fonde le genre. *Prima le parole o prima la musica ?* On a vu de quelle manière Mozart reprend à son compte et réactive, dans chacune de ses œuvres, cette question qui traverse l'histoire du théâtre lyrique et qui le fonde. Plus que tout autre opéra peut-être, *Don Giovanni* rejoue ludiquement, intensément, cette tension du texte et de la musique, du mot et de la note. La relation du séducteur au discours, semblable à celle que la musique entretient avec l'ordre du mot dans l'opéra, est analogue à celle que le compositeur entretient avec son librettiste, celui avec lequel il compose, aux deux sens du terme : une relation jumelle et antagoniste. Nous retrouvons le lièvre au détour du chemin car voici peut-être reconstituées les deux moitiés de l'animal : du côté de la Nature, du *barbaro,* de la musique, le lièvre, Don Giovanni/Mozart. Du côté du social, du mot, le lapin – double domestiqué du lièvre – Leporello/Conegliano-Da Ponte. Cette victoire du son sur le sens qui s'inscrit à la fois dans l'anecdote et dans la tradition – on dit toujours le *Don Giovanni* de Mozart – pourrait achever heureusement notre réflexion ; mais comment penser alors le dénouement de l'opéra? L'intervention de la Statue signifierait-elle la défaite de la musique ?

Par son action Don Giovanni détruit d'une certaine manière l'ordre de la parole, l'ordre social. Il serait bien tentant alors de faire jouer au Commandeur, le bien nommé, sous l'apparence du colosse de pierre, le rôle du père, de celui qui, énonçant la loi, chargé de la faire appliquer, enseigne la limite au jeune fou, arrête sa course folle, sanctionnant ainsi la transgression des codes sociaux. Hypothèse séduisante d'autant que la voix de la Statue, lente, profonde, sentencieuse, s'apparente à celle que Mozart, d'ordinaire, attribue aux pères ou aux rois. Mais le statut... de la Statue pose problème.

Au début de l'opéra, rapidement exécuté, le Commandeur est bien mort, socialement mort et son pouvoir avec lui, au moment même où son âme s'en est allée, dans la paix, dans la lumière d'un extraordinaire moment de musique. Cette âme qui s'envole est une âme tourmentée ; elle réclame vengeance par la voix d'Anna et par celle de Leporello lisant pour son maître l'inscription gravée dans la pierre : « De l'impie qui m'a conduit au trépas, j'attends ici la vengeance... » (acte II, scène 15). Le Commandeur n'est plus que « l'homme blanc » entrevu par Leporello, « l'Ombre » qu'aperçoit Elvire. Mais que signifiait cette mort si sereine sinon, déjà, la certitude du passage et le pardon que le très noble Commandeur doit à son meurtrier ? Il faut donc faire le chemin à rebours, rendre à l'Ombre vindicative sa majesté, sa mansuétude. Ce sont les vivants qui font passer les morts. Anna, Elvire, Ottavio – ce quatuor incomplet – rendent tangible l'invisible présence du mort : le trio des Masques à la fin de l'acte I – la charnière de l'opéra – donne corps à l'âme errante, construit la Statue. La voilà à l'acte II (scène 15). Le mouvement n'est pas parfait encore mais la voix est là qui prononce déjà la sentence ; le geste l'accompagne, hochement de tête qui accepte l'invitation. À la fin de l'acte, au moment du face-à-face décisif, la Statue est achevée. Pleinement animée, elle marche, parle et, majestueusement, délivre son message. Le « colosse de pierre » n'énonce plus la loi humaine mais la loi divine : « *Pèntiti !* » Seul le repentir sauvera Don Giovanni non de la mort mais des flammes de l'enfer. Don Giovanni donne sa main en gage – un geste et non plus de vaines paroles – il accepte le défi de la mort mais refuse d'être sauvé. Par trois fois il revendique son destin. L'Ombre s'efface *pianissimo.* Les flammes engloutissent le Séducteur. Cri, *ré* majeur.

Don Giovanni, *Il Dissoluto punito*... Damné en *ré* majeur, tonalité éclatante, triomphante. Que signifie cette apothéose ? Leporello détient la clé de l'énigme. Entremetteur entre la Mort et le Séducteur, il rédige la *lista* des deux mille soixante cinq belles* déjà croquées. Le crime du Séducteur c'est ce Catalogue – *ré* majeur aussi – qui additionne les femmes à l'infini : – « Des femmes de tout rang, de toute forme, de tout âge » – ce registre-là bafoue le véritable amour, celui qui, dit Mozart, ennoblit l'homme et la femme : « *Mann und Weib und Weib und Mann*... Par l'Amour homme et femme et femme et homme atteignent le rang de la divinité » chanteront, *andantino,* Pamina et Papageno. Mais au véritable amour le registre de l'excès n'est-il pas nécessaire ? Cet élan vital anime le souffle léger qui passe sur les amours de mai puis entraîne les mariés dans sa

* Si l'on reprend le décompte exact de la *lista* : 640 Italiennes, 231 Allemandes, 100 Françaises – seulement – 91 Turques et 1 003 Espagnoles. Total : 2 065 femmes.

ronde ; comment le condamner sans condamner la Nature elle-même, le cycle des saisons et le renouvellement des âges ?

Don Giovanni rejoint, en majesté, dans le feu qui le consume, dans la fusion avec les furies, avec les divinités du monde souterrain, de la Terre Mère, le monde féminin, excessif, de la musique qui est sa substance même. Une damnation à l'envers : une assomption qui porte la marque du sacré. À l'orchestre – maintenant que la voix s'est éteinte à jamais – la musique le proclame : la série de cadences plagales*, toujours en majeur, dont Mozart use pour mettre un point final à cette scène et faire la transition avec la fin de l'opéra, était utilisée surtout dans la musique religieuse mais aussi pour apporter à une œuvre musicale une fin qui fût moins catégorique. Don Giovanni est un exilé provisoire qui resurgira au prochain printemps. *Ré* majeur.

Au finale de l'opéra, Leporello, Anna, Ottavio, Elvire, Masetto et Zerline, avant de chanter la morale de l'histoire, *l'antichissima canzon,* la chanson de la coutume, en un *ré* majeur radieux, souhaitent bon séjour chez Proserpine et Pluton à Don Giovanni. Le thème musical de la statue réapparaît alors sur un rythme léger, primesautier, espiègle, d'allegro (acte II, *scena ultima*). Dans la tendre clarté de l'automne flotte dans l'air subtil l'esprit du Commandeur et, peut-être aussi, l'âme apaisée d'un père auquel son fils n'a pas rendu le dernier devoir des funérailles**...

La légère musique, depuis l'Antiquité, a le pouvoir extraordinaire de faire revenir les morts de leur long sommeil : Orphée ramène Eurydice des Enfers, sa musique sauve l'épousée, son regard la perd. *L'Orfeo, favola in musica,* est aussi le premier véritable opéra. Retenons : Monteverdi, Mantoue, 1607. La fable mythologique, pour la première fois, se met à vibrer, par la grâce de la mélodie, de tous les émois du cœur amoureux. Don Giovanni, presque deux siècles plus tard, accomplit le même prodige. Que propose à tous les autres per-

---

* Cadence : conclusion d'un morceau qui veut qu'une œuvre en *ré* majeur par exemple se conclue également en *ré*; c'est la cadence parfaite qui clôt de façon définitive une œuvre. Si le compositeur veut une fin moins... définitive, il utilise la cadence dite *plagale* dans laquelle la tonique est précédée par un autre degré que celui de la dominante. *Cf. Histoire de la Musique occidentale* sous la direction de Jean et Brigitte Massin, p. 69.

** Léopold est mort à Salzbourg le 28 mai 1787, cinq mois avant la première représentation de *Don Giovanni.* Wolfgang n'était pas auprès de lui, n'a pas assisté à ses funérailles. L'opéra répare-t-il aussi ce manquement ?

sonnages de l'opéra – mais à nous aussi – le Séducteur, la Musique ? Une suspension du temps social, une échappée hors du monde habituel, une évasion joyeuse et parfois nostalgique.

La mélodie : « l'essence de la musique » dit Mozart ; « la musique, le suprême mystère des Sciences de l'Homme », écrit Lévi-Strauss.

Le *Dissoluto* ou la Musique, son essence. Dans la grande partition de l'opéra, il est la mélodie enchanteresse qui, sur son fil d'or, tisse le chant de tous les personnages, de toutes les voix. Délaissant sa marge, placé pour la première et la dernière fois au centre de la scène, au cœur de l'opéra, le fol magnifique tourne sur lui-même et autour de lui tournent la ronde et le monde et les saisons.

Don Giovanni révèle ainsi son propre arcane, le lieu secret de sa naissance, ce creuset mystérieux de la mélodie où s'accomplit l'alchimie du son et du sens. Ainsi l'Œuvre – la plus aimée, la plus commentée des opéras mozartiens – ne devient-elle pas le mythe fondateur du genre opéra ? À ce titre, le « mythe » de Don Juan trouve dans son exécution musicale – car on *exécute* la musique pour qu'elle renaisse – sa véritable légitimité de mythe.

Coda

Il faudra, pour terminer, passer de l'autre côté, rejoindre notre fauteuil d'orchestre, récupérer la place qui est la nôtre, celle de spectateur. De la scène à la salle la distance n'est pas si grande. Un rideau rouge, le charivari des musiciens qui s'accordent. Le chef fait son entrée, applaudissements, le *la* du premier hautbois, silence, ténèbres... Le rideau se lève, musique, nous passons de l'autre côté du miroir...

Du librettiste au compositeur, puis du compositeur à l'auditeur se tisse une relation particulière. Le premier écrit le texte, le deuxième la musique, le troisième écoute le résultat... Le premier produit du sens, le deuxième du son, le troisième, dit Lévi-Strauss, est un « créateur en négatif[39] ». Il ne sait pas créer la musique, mais la place de cette musique est là, toute prête, en lui, elle vient combler ce « creux », transforme l'auditeur en « silencieux exécutant[40] ». Ainsi se réalise l'union du sens donné par le premier et du son donné par le deuxième puis mise en œuvre par le troisième. En rencontrant la musique, cette profusion de significations à l'état latent chez l'auditeur s'organise tout comme s'organisent les sons pour former de la musique, d'où – dit encore Lévi-Strauss – « cette sorte d'accouplement intellectuel et affectif qui s'opère entre le compositeur et l'auditeur[41] ». Il en est de même du compositeur et de son librettiste, l'un ne va pas sans l'autre. L'exécution de l'œuvre permet alors cette fusion de deux moitiés séparées mais jumelles : « Alors seulement le son et le sens se rejoignent, engendrant un être unique comparable au langage puisqu'en ce cas aussi s'assemblent deux moitiés, faites l'une d'une surabondance de son, l'autre d'une surabondance de sens[42]. » Le lièvre pointe à nouveau le bout de ses longues oreilles dans notre histoire…

Sur la scène d'opéra, Don Giovanni, l'homme sonore, affronte l'homme de pierre, la statue parlante. Temps rituel. Vertigineux jeux de miroir entre la scène et la salle, entre Wolfgang Mozart et nous, jumeaux silencieux mais sagaces.

CHAPITRE IX

Così fan tutte *ou* *l'École des amants*

PRÉLUDE

Vienne, en décembre 1789

Très honorable ami et Frère* !

Ne vous effrayez pas du contenu de cette lettre ; – ce n'est qu'à vous – mon cher, qui connaissez à fond ma situation, que j'ai le cœur de me découvrir complètement, en toute confiance. – Le mois prochain, la Direction me verse 200 ducats pour mon opéra** (d'après nos récents accords). – Pouvez-vous et voulez-vous me prêter 400 florins jusqu'à cette date, vous tirez alors votre ami de la plus grande gêne, et je vous donne ma parole d'honneur que vous récupérerez cet argent en son temps, au comptant et avec tous mes remerciements. [...] Excellent ami et frère ! – je ne sais que trop bien tout ce que je vous dois ! – au sujet des anciennes dettes, je vous prie d'avoir encore patience ! – Le remboursement est assuré, j'en réponds sur mon honneur. Encore une fois, je vous en prie, sortez-moi de cette situation fatale, dès que je toucherai l'argent de l'opéra, vous retrouverez avec certitude ces 400 florins [...] Demain, le rendez-vous du soir ne pourra avoir lieu chez nous, – j'ai trop de travail [...] et jeudi je vous invite (mais vous seul) à venir chez moi à 10 heures du matin assister à ma petite répétition de l'opéra ; – je n'y convie que vous et Haydn. – Je vous raconterai de vive voix les cabales de Salieri, mais qui sont toutes tombées à l'eau. – Adieu.

À jamais votre
ami et Fr. reconnaissant

W. A. Mozart[1]

---

* Frère de loge de Mozart.

** *Così fan tutte.*

Voici donc sous quels auspices naît le beau, l'enjoué et grave *Così fan tutte*. Que savons-nous d'autre sur la genèse de cette œuvre ? Peu de choses. Dans ses *Mémoires* Da Ponte consacre quelques lignes à *Così* – qu'il nomme par son second titre : *La Scuola degli amanti* – simplement pour nous informer qu'il a écrit le livret pour Adriana Gabrieli del Bene, dite *La Ferrarese* qui créa le rôle de Fiordiligi. Hors scène, la chanteuse était aussi la maîtresse du bouillant abbé. D'autre part, la légende veut que Joseph II ait suggéré lui-même le thème de l'opéra d'après un fait réel survenu quelque temps auparavant et que l'on commentait dans les salons viennois. Une intrigue galante qui défraie la chronique et surtout un *libretto* sujet à caution car il ne repose sur aucun texte littéraire reconnu. Da Ponte et sans doute Mozart ont puisé dans le répertoire théâtral traditionnel dont certains motifs étaient en vogue à l'époque : déguisement, pari, faux départs, quiproquos etc.[2]. Si l'on sauve la musique, très vite, on vilipende le poème ; en 1798, sept ans après la mort de Mozart, voici ce qu'écrit Niemtschek, dans sa biographie du compositeur : « À la fin de décembre 1789, Mozart écrivit l'opéra comique italien intitulé *Così fan tutte* ou *l'École des amants* ; et l'on s'étonne qu'il ait pu condescendre à gaspiller ses divines mélodies au bénéfice d'un texte aussi misérable. Il ne lui était pas possible de refuser cette commande et le sujet lui en fut imposé[3]. » Ce préjugé aura la vie dure ; tout au long du siècle suivant, le livret est dénoncé comme stupide, invraisemblable, immoral. « Diverses tentatives furent faites, en Allemagne et ailleurs, pour "l'arranger" ou même pour lui substituer un livret entièrement nouveau, sur un sujet totalement différent. En 1863, les librettistes du *Faust* de Gounod adaptèrent *Così fan tutte* à une version française de *Peines d'amour perdues* ; au début du siècle un chanteur de l'Opéra de Dresde l'adapta à une comédie espagnole » écrit E.J. Dent qui ajoute : « De telles façons de faire sont injustifiables : *Così fan tutte* est le meilleur des livrets de Da Ponte, et la plus exquise œuvre d'art des productions lyriques de Mozart. Le livret est aussi parfait qu'un compositeur puisse le rêver[4]. » Un tel avis, aujourd'hui, reste l'exception car l'opéra continue à poser problème : « énigmatique » semble être le mot le plus fréquemment employé à son propos. Peu ou pas d'action, un nombre réduit de personnages dont un, Alfonso, intervient peu, des enfilades d'arias, des situations dramatiques « invraisemblables » ; bref, une œuvre ambiguë, mouvante, difficile à apprivoiser.

Quatre mois seulement séparent la mise en route de l'opéra de sa première représentation. L'affaire fut donc menée rondement.

Inaugurée par *Don Giovanni,* poursuivie par *Les Noces de Figaro,* la collaboration entre Da Ponte et Mozart trouve, d'une manière exemplaire, dans *Così,* peut-être son plus bel aboutissement. Mis au service du théâtre, le dialogue incessant et harmonieux du texte et de la musique donne à l'œuvre cette résonance, cette tonalité uniques. Tout en transparences et opacités, à la fois harmonieux et dissonant, l'opéra laisse le temps s'écouler lentement, en petits instants successifs. On avance pas à pas, on recule, on repart, parfois on fait du surplace : où est-on ? Où va-t-on ?

Impossible de se perdre pourtant car jamais, du début à la fin, le chemin n'a été aussi soigneusement balisé, aussi clairement mis en évidence. La structure qui organise tous les opéras mozartiens, est ici, en quelque sorte, mise à nu. Jouant avec une économie de moyens, elle acquiert ainsi une efficacité et une lisibilité maximales. Deux couples de jeunes, deux initiateurs, les jeux du désir et de la loi, un itinéraire d'apprentissage, rien d'autre. Relire Shakespeare, *Le Songe d'une nuit d'été, La Nuit des rois,* revenir aussi aux *Noces de Figaro* avec qui *Così* a beaucoup de points communs. Des couples se défont, se reforment autrement, puis on revient au point de départ. Entre les deux extrémités du parcours la saison du valentinage, des amours de hasard, offre les déguisements nécessaires. *Così fan tutte ou l'École des amants*? Une pantomime comme les aimait Mozart, un quadrille joyeux et nostalgique dont la coutume, texte et musique, dessine les figures légères, attendues.

*
* *

> L'amoureux était donc devenu le fiancé. La différence entre les deux situations se révélait très grande. Si quelqu'un pouvait transformer en fiancés les amoureux de toutes les jeunes filles honnêtes, ce serait un grand bienfait pour notre sexe, même si le mariage ne devait pas suivre ces rapports. L'amour entre deux êtres ne diminue pas par là, mais il devient plus raisonnable. D'innombrables petites folies, toutes coquetteries, tous caprices disparaissent aussitôt...
>
> Goethe
> *Les années d'apprentissage de Wilhelm Meister*

Les amoureux, déjà, sont devenus les fiancés*. L'amour ainsi officialisé, chacun s'emploie à bien remplir le rôle qui lui est dévolu : Guglielmo et Ferrando, les garçons, paressent au café. Là, on est entre hommes, on boit, on joue, on parle des femmes, comme de juste. Or une conversation est en train de s'envenimer ; par-dessus le tumulte de la taverne, des mots violents retentissent : « *Schiocchherie di poeti,* sottises de poète, *Scempiaggini di vecchi,* Idioties de vieillard » (acte I, scène 1). Une table est renversée, les deux jeunes gens ont mis la main à l'épée et font face, tels des coqs en colère, à un vieil homme dont la sérénité ne semble pas entamée par cet éclat. Ruée ascendante de triples croches à l'orchestre : un duel va-t-il s'ensuivre ? Mais non ! Nous ne sommes plus dans *Don Giovanni.* Tout se calme sur quelques mots apaisants du vieux bonhomme. La table est relevée, une seconde tournée commandée, le brouhaha des conversations s'élève à nouveau dans l'atmosphère joviale du café. Quel était le sujet de la querelle ? Don Alfonso – tout le monde, à Naples, connaît ce philosophe aux cheveux grisonnants – a osé mettre en doute la fidélité des fiancées de Guglielmo et Ferrando, Dorabella et Fiodiligi. À l'effervescence de l'indignation, aux épées prêtes à sortir du fourreau – toujours prêts à s'enflammer, les jeunes gens – succède un entretien plus feutré, plus confidentiel : Don Alfonso, à mi-voix, propose un pari ; cent sequins sonnants et trébuchants à la clé : s'ils lui obéissent en tout, il prouvera à ces deux écervelés qu'il en va de même pour leurs fiancées comme pour toutes les femmes, elles sont incapables de fidélité, *così fan tutte,* ainsi que le proclamait

* Au XVIIIe siècle, ce terme a, rappelons-le, un sens beaucoup plus fort que celui que nous lui donnons aujourd'hui. La promesse de mariage entre les fiancés est signée devant notaire. Les fiancés se nomment alors déjà « époux » et « épouse ».

déjà Basile dans *Les Noces de Figaro*. Parole de philosophe et de célibataire endurci ! Tête baissée, les étourneaux se précipitent dans les filets du vieil oiseleur et célèbrent déjà leur victoire future car une fiancée – et surtout la leur – ne saurait faillir. Tout le leur assure : « noble éducation », « caractère immuable », « analogie d'humeur » « promesses », « serments ». N'est-ce pas là le code reconnu des accordailles parfaites ? Les cent sequins sont donc dépensés par avance : Ferrando, le tendre, le rêveur, donnera une *bella serenata,* une belle sérénade à sa Dorabella, Guglielmo, plus prosaïque, offrira un banquet en l'honneur de Vénus ; Don Alfonso sera invité, bien entendu ! Tous trois célèbrent, en levant leur verre, ce banquet à venir. Surprise ! La musique tout à coup se recueille. La joie se teinte de gravité : apparaît, en filigrane, un motif, celui de l'initiation ; en effet, Guglielmo, Ferrando et Alfonso portent un toast au « dieu de l'amour » sur un thème qui préfigure celui d'une cantate maçonnique que Mozart écrira trois semaines avant sa mort.

Mais de quel amour s'agit-il ici ? L'amour un peu convenu, raisonné et naïf à la fois de ces deux fiancés pour qui le sentiment est avant tout affaire d'honneur et d'amour propre, donc d'image sociale ? Ou bien Mozart évoque-t-il, *sotto voce,* l'amour printanier, celui que le petit cupidon joufflu, un bandeau sur les yeux, distribue au hasard de ses flèches, semant ainsi le désordre dans les cœurs et les esprits… Joie ! chante la musique, *forte,* à l'orchestre et aux voix ; mais tout de suite après, *piano,* recueillement. La mélancolie affleure à peine, si discrète et pourtant si présente… Cette saison est éphémère, le chemin est tracé d'avance, il doit être suivi, au prix de quels abandons, de quels renoncements ? Toute l'intrigue de l'opéra serait-elle déjà magistralement résumée par Mozart dans ce si beau moment de musique ?

Scène 2, changement de décor : « Un jardin au bord de la mer » dit le livret. Un lieu propice aux rêveries, aux épanchements de l'âme. Un jardin semblable à ces aquarelles aux couleurs tendres qu'esquissait Goethe en Italie. Un espace paisible bercé par la vague, une clôture embaumée qui repousse loin la rumeur masculine des cafés, les bruits de la vie.

Deux silhouettes féminines traversent le tableau ; sur leurs robes claires la lumière joue en pastilles d'ombres légères. L'image est floue, comme estompée : les ombrelles laissent à peine deviner les visages. *La* majeur, les clarinettes langoureuses déroulent un motif délicat, fleuri. *Duetto* (acte I, scène 2). Fiordiligi et Dorabella, les deux jeunes filles à l'ombrelle, viennent d'entrer en scène. Que font les fiancées de bonne famille pendant que leurs promis s'attardent au café ? Elles rêvent en les attendant… Oisives, abandonnées aux élans de leur cœur qui s'éveille à peine – elles ont quinze ans – les deux sœurs contemplent les portraits de leurs promis : « Ah ! *guarda sorella,* regarde, ma sœur, si bouche plus belle, si apparence plus noble se peut retrouver. » Les deux voix de soprano se répondent puis très vite se fondent à la tierce dans un discours musical rigoureusement identique qui sera celui de toute la première partie de l'opéra. Subtilement cependant, le compositeur différencie les deux sœurs. La mélodie de Fiordiligi s'épanche en une phrase gracieuse, pleine de douceur alanguie. Pour écrire le départ de cette phrase, Mozart retrouve sa jeunesse : il reprend l'un des thèmes de son *Adagio en mi pour violon et orchestre,* composé l'année de ses vingt ans. Toute puissance de la musique qui permet un instant de remonter le temps, de renouer avec un printemps trop vite enfui… Ce motif qui refleurit si délicatement s'épanouit sur l'arabesque d'une tendre vocalise. Dorabella, la sœurette, la jumelle, ne partage pas le même chant ; la tonalité de sa phrase s'infléchit, la musique se moque, en douce, gentiment et la vocalise finale ne s'envole pas dans le même frissonnement d'ailes… L'écart discret qui s'inscrit dans la musique dévoile également la manière dont sont appariés les couples en ce début d'opéra. Fiordiligi la rêveuse est fiancée au léger Guglielmo, Dorabella la légère au rêveur Ferrando.

« Il est déjà six heures… »

> Le destin, reprit l'autre en souriant, est un éducateur distingué mais qui coûte cher…
>
> Goethe
>
> *Les années d'apprentissage de Wilhelm Meister*

Dans ce jardin secret où rêvent les jeunes filles, le temps semble n'avoir pas cours. On détaille les traits de l'être aimé avec les mots des romans précieux à la mode*. On se grise de ce vocabulaire amoureux convenu et ampoulé qui fait battre le cœur plus vite. L'amour ? De la littérature avant toutes choses… « Observe un peu le

* Ce registre précieux du langage est aussi celui de l'*opera seria.* Mozart, dans tous ces opéras, se divertit en parodiant, toujours dans la légèreté, un genre qu'il avait abordé avec bonheur dans *Idoménée* et qu'il retrouvera dans *La Clémence de Titus.*

feu de ses yeux! L'on dirait qu'ils dardent des traits et des flammes.» Tout est vrai et tout est faux. Dorabella et Fiordiligi jouent aux fiancées comme on joue à quinze ans mais en elles s'éveille le désir d'un autre jeu, plus secret, plus ardent : «Je sens comme une fièvre, comme un picotement dans les veines» avoue l'une. «À vrai dire, j'éprouve moi aussi quelque chose de nouveau dans l'âme, je jurerais que nos noces ne sont plus très éloignées» dit l'autre.

La vie attend à la porte du jardin...

Et puis, tout bascule. L'irruption – *allegro agitato* – de Don Alfonso anéantit le rêve. Le vieux philosophe, la voix brisée, annonce que les fiancés, toutes affaires cessantes, partent à la guerre et viennent faire leurs adieux. Certes, Don Alfonso joue la comédie mais, à l'orchestre, un monde s'écroule. La musique a brusquement sombré dans le mode mineur*, les vents se sont tus. Atmosphère inquiétante, chargée d'orage. Fiordiligi et Dorabella sont en pleurs, Don Alfonso, en *fa* majeur, sanglote avec elles : « *Che farete, che farò ?* Que ferez-vous? Que ferai-je?» (acte I, scène 3) ; apparaît alors dans l'accompagnement orchestral un motif des altos qui reproduit littéralement une phrase d'un moment-clé du *Don Giovanni,* celui de la mort du commandeur. Pourquoi cette réminiscence musicale? Mozart est, certes, coutumier de cet exercice d'auto-citation; mais ici comme ailleurs, le rappel musical fonctionne sur deux registres. Un registre ludique : Francesco Bussani, le créateur du personnage de Don Alfonso était aussi le commandeur dans la reprise du *Don Giovanni* à Vienne. Clin d'œil complice de Mozart à son interprète. L'autre registre est plus grave, plus profond : malgré les apparences, ce qui vient d'advenir ressemble à une fin. Deux adolescentes pleurent à gros sanglots juvéniles et Mozart prend ces larmes au sérieux. Il est bien question ici de séparation définitive. Avec l'incursion de Don Alfonso c'est le temps qui fait son apparition, qui rattrape les oiselles bien à l'abri dans la cage dorée de leur jeunesse insouciante. Une enfance ainsi expire en mineur tout comme s'envole, curieusement apaisée, l'âme d'un commandeur. Morts obligées et presque sereines**.

---

* On peut faire le rapprochement avec l'ariette de Barberine, seul moment en mineur des *Noces de Figaro.* Il s'agissait également de marquer une rupture et le passage à un autre état d'un personnage.

** On peut évoquer encore l'ariette de Barberine qui ouvre le dernier acte des *Noces de Figaro.*

Dans la brèche ouverte par Don Alfonso, s'engouffrent à leur tour les fiancés, en habits de voyage. *Andante,* plaintes, soupirs, serments déclamés en phrases ampoulées ; les filles veulent mourir, les garçons, sur le même registre, donnent la réplique et, en aparté, triomphent déjà. Le comportement de leurs compagnes n'est-il pas exemplaire ? Mais le jeu est cruel et les garçons ont encore le cœur tendre, Don Alfonso doit veiller au grain : « Tenez bon les amis ! » ; la phrase musicale que Mozart pose sur ces paroles emprunte ses accents à la marche militaire qui suivra dans peu de temps.

De tout cela, la musique finalement ne retient qu'une chose, ne chante qu'une chose : on s'aime et on va se quitter. Qu'importe la fausse situation, dans la musique, tout est vrai ; la tendresse déchirante, les serments renouvelés. *Piano,* les plaintes du cœur se nimbent d'une mélancolique et mystérieuse douceur. L'évocation du destin, « *Il destin così defrauda le speranze de' mortali,* le destin déçoit ainsi l'espérance des mortels » déclenche une ample phrase musicale sur laquelle les cinq voix se rejoignent puis se séparent en se redistribuant curieusement du côté des garçons, comme si l'énonciation de ce mot entraînait une subtile modification dans la répartition des rôles. Si les filles chantent toujours à la tierce et en parallèle – elles mettront beaucoup de temps pour se dégager de ce chant jumeau – voici que Ferrando adopte la forme musicale des deux sœurs tandis que Guglielmo s'associe à don Alfonso pour ricaner – musicalement – de la farce en train de se jouer. *Allegro misterioso,* le destin qui sépare les amoureux, désunit déjà discrètement, en musique, les deux amis.

Un roulement de tambour résonne au loin, puis, *crescendo,* retentissent les accents martiaux, un tantinet pompeux, d'une marche qui proclame, *ré* majeur, la « *bella vita militar* » (acte I, scène 5). « Le fracas des trompettes et des fifres, le vacarme des fusils et des bombes, accroissent la force du bras et celle de l'âme qui n'aspire qu'au triomphe. » La proximité d'inspiration avec l'aria de Figaro « *Non più andrai* » à la fin de l'acte I des *Noces* est évidente. Tout comme Chérubin, Ferrando et Guglielmo ne sont-ils pas deux jeunes écervelés qu'il convient d'éduquer ? La vie militaire se chargera, selon la coutume, de faire du garçon un homme. La mise en scène d'Alfonso illustre cette étape nécessaire qui est celle de la rupture d'avec la vie libre et insouciante de la jeunesse. L'évocation du champ de bataille, même sur le mode plaisant, n'est donc pas anodine, elle matérialise ce moment de séparation qui fonde le parcours d'apprentissage. Tout comme l'irruption d'Alfonso dans le jardin enchanté des filles, le « fracas » et le « vacarme » de la musique militaire introduisent les deux garçons dans un nouveau temps de leur existence. Une barque vient d'aborder au rivage ; balancée mollement par la brise, elle attend. Il faut partir : « Il n'est plus temps, mes amis, le destin ou plutôt le devoir vous appelle*. » Ces mots sybillins de Don Alfonso ne prennent-ils alors une autre signification ? Ce faux départ est un vrai départ et la musique mozartienne, dans le quintette et le trio qui suivent en donne, merveilleusement, acte.

Il faut se dire adieu. *Fa* majeur, *andante,* « Jure-moi de m'écrire chaque jour... » ; les filles, entre deux sanglots, bégaient, brisées par l'émotion. Les garçons n'ont plus envie de rire ; oubliée la comédie, on ne joue plus. *Addio...* ; ils rentrent à leur tour dans ce rythme haché « ce qui donne lieu – écrit Jean-Victor Hocquard – à un charmant contrepoint de hoquets[5] » tandis qu'à l'orchestre bat obstinément comme un cœur ce « rythme incantatoire[6] » qui soutiendra le morceau jusqu'à la fin. Don Alfonso observe, amusé mais bienveillant, le résultat de ses manigances et glousse un instant en aparté. La musique enveloppe cette scène d'une atmosphère irréelle. Les voix murmurent, s'enlacent, se prennent et se déprennent. Et puis, c'est l'envol. « Garde-toi pour moi seule... » chante Fiordiligi à Guglielmo. La mélodie prend son essor, reprise sans rupture par Dorabella. Les deux garçons rentrent à leur tour dans l'harmonie ; « Mon cœur se déchire. » Les quatre voix s'unissent sur ces mots en des épousailles musicales si tendres et si recueillies qu'elles se nimbent d'une aura de sacré[7].

Poème de Mozart à Vienne

Avant le voyage projeté
Puisque pour Berlin je dois partir
J'en attends certes honneur et gloire
Mais si je ne prête guère attention aux louanges
Tu restes – ô mon épouse – devant tant de flatteries – muette
Quand nous nous reverrons, nous nous couvrirons de baisers
Nous nous étreindrons, ô sublime jouissance !
Mais des larmes – larmes de tristesse vont couler
Auparavant encore – et briser nos cœurs et notre sein[8]

Mais le temps s'avance. La marche militaire rompt brutalement le charme, cette fois il faut vraiment se séparer. Plus jamais les deux

* Le passage par l'eau, rappelons-le, est souvent associé chez Mozart au parcours d'apprentissage. Désir de noyade dans *Bastien et Bastienne,* naufrage d'*Idoménée,* voyage en mer des jeunes héros de *L'Enlèvement au sérail,* initiation de Tamino et Pamina dans *La Flûte enchantée.*

couples ne connaîtront semblable félicité. S'achève avec ce dernier quatuor le rêve d'une union parfaite fugitivement accomplie. Le soleil baisse à l'horizon, la barque s'éloigne dans le choc sourd des rames emportant Ferrando et Guglielmo. À la lisière du sable mouillé, les amoureuses suivent du regard, longtemps, l'esquif qui s'éloigne. Dorabella – « comme revenant d'un engourdissement » précise le livret – prend peu à peu conscience que quelque chose vient de s'achever : « *Dove son,* où sont-ils ? » Il faut qu'Alfonso énonce l'évidence : « *Son partiti.* »

La barque n'est plus qu'un petit point sur l'horizon ; la brise s'est levée, caressante. Le clapotis des vagues berce le cœur meurtri, endort la douleur du départir. Alors, dans la quiétude du soir, un étonnant trio s'élève, *andante, mi* majeur, sur l'oscillation langoureuse des violons, et souhaite bon voyage aux fiancés : « *Soave sia el vento,* que doux soit le vent, tranquilles les ondes, que chaque élément réponde à notre désir » (acte I, scène 6). Don Alfonso, toute ironie abandonnée, joint sa voix à celle des jeunes filles. Le déchirement des adieux trouve, semble-t-il, son apaisement dans cette tendre et voluptueuse mélodie. Pourtant sur le mot « désir », Mozart pose une dissonance qui s'étire avec langueur avant de trouver sa conclusion harmonique. Ce voyage, que l'on désire tranquille, recèlerait-il des dangers insoupçonnés ? Entre les amoureuses et leurs promis, la mer mouvante, changeante comme le cœur des filles et des garçons, la mer trompeuse offre aussi bien la possibilité du naufrage que celle de la traversée sans histoire. Revient encore une fois la troublante dissonance. De quoi est fait ce « désir » qui trouble si fort l'harmonie du moment ? Les deux couples se sont retrouvés pour mieux se séparer ; chacun est confronté à des sentiments inconnus : la douleur, véritable, l'angoisse de l'avenir, et peut-être aussi pour la première fois, la prise de conscience d'un sentiment amoureux qui n'est plus seulement convenu. Grâce à la machination d'un vieux philosophe, des consciences s'éveillent, se cherchent. Quel sera le prix à payer pour se trouver et se retrouver ? Prendre conscience de son désir, n'est-ce pas aussi dire adieu à une certaine forme d'innocence, de naïveté ? L'amour n'est-il pas un dangereux éducateur ? La dissonance sur le mot « désir » résonne, s'attarde... Au delà, l'inconnu... *Buon viaggio, vita mia.*

Dorabella et Fiordiligi se sont éloignées. L'obscurité a avalé la tache claire de leurs robes. La nuit maintenant descend confondant sable et eau en une même nappe grise. Des nuages roulent dans le ciel assombri, le vent a forci. Un grain se prépare-t-il ?

L'École des pères

> Le devoir de l'éducateur de l'homme n'est pas de le préserver de l'erreur, mais de diriger l'errant, même de lui faire déguster son erreur à pleines coupes : telle est la sagesse des maîtres.
>
> Goethe
> *Les années d'apprentissage de Wilhelm Meister*

Seul, face à la mer, don Alfonso, *recitativo secco,* se félicite : « Je ne suis pas mauvais auteur comique... *Va bene...* » Tout marche à souhait : les filles n'ont pas suspecté un instant la mise en scène, les garçons ont bien tenu leur rôle. Il faut organiser maintenant la suite du divertissement ! Mais tout de même... « Quelles simagrées, *Quante buffonerie...* Les pauvres petits !... Jouer cent sequins sur des femmes ! » Là dessus, *recitativo accompagnato,* le vieux philosophe s'emporte en une tempête musicale. Treize mesures sur lesquelles la voix, du *piano* au *forte,* déferle en impressionnants *crescendo* de vagues, déclame plus qu'elle ne chante. Subite et singulière colère. Don Alfonso y dénonce, en une longue phrase allégorique, la versatilité du cœur féminin : *« Nel mare solca...* Il sème sur le sable et laboure la mer, il espère prendre au filet le vent fugace, celui qui fonde son espoir sur le cœur d'une femme » (acte I, scène 7). Dans cette véhémente diatribe, aucun élément comique. La scène des adieux a-t-elle réveillé chez Don Alfonso une blessure oubliée ? Le vieil homme désabusé et solitaire cacherait-il un douloureux secret ? Nous n'en saurons rien. Rien que ce que suggère fugitivement ce morceau – le plus bref de l'opéra – plein de colère et d'amertume. On peut cependant s'interroger : Don Alfonso, tout au long de l'opéra, joue un rôle capital. C'est lui qui tire les ficelles, fait bouger les marionnettes et, curieusement, il ne chante presque rien, pas de grande aria, quelques mots dans les ensembles et c'est tout. Effacé mais omniprésent. Il faut alors, encore une fois, faire le chemin à rebours, remonter le temps, retrouver un autre personnage.

Vienne, 1767. Un enfant de onze ans se relève d'une grave maladie, la variole a failli l'emporter. Le docteur Anton Mesmer – que nous rencontrerons à nouveau dans *Così* en 1790 – commande au jeune convalescent la musique d'un petit *singspiel* dont le livret est largement inspiré du *Devin du village* de Jean-Jacques Rousseau. L'histoire est simple, nous la connaissons déjà. Deux pastoureaux, Bastien et Bastienne, s'aiment et sont sur le point de s'épouser. Mais

Bastien conte fleurette à la dame du château. Délaissée, Bastienne appelle à son secours Colas le vieux berger, homme sage et savant, reconnu comme tel par le village. Colas imagine un stratagème qui, tout en éprouvant le cœur des amoureux, finira par les réunir. Sur cette pastorale le petit Mozart pose une musique fraîche et tendre mais qui ne manque pas de moments de gravité : aria de Bastienne éplorée où déjà, en germe, s'exprime une détresse comparable à celle de Pamina dans *La Flûte enchantée.* Colas, musicalement, est peu présent. Une aria à la scène 2 dans laquelle il réaffirme son don de magicien et une autre à la scène 4 où, devant Bastien apeuré, il prononce les mots magiques qui dénoueront la situation. Or, quels sont ces mots que Wolfgang s'amuse à inventer de toutes pièces pour l'occasion ? *Horum, harum, lirum, larum, raudi, maudi, giri, gari, posito...* La formule finit par les mots *Quid pro quo.* La tonalité générale du morceau, *ut* mineur, est sombre et solennelle. Cette séance de magie n'est qu'un jeu destiné à impressionner Bastien mais la musique prend au sérieux la manipulation des mots, leur efficacité symbolique.

Le berger magicien de *Bastien, Bastienne* et le vieux philosophe de *Così* ont bien des traits communs. Tout comme Colas, Don Alfonso est « celui qui sait », ce savoir s'exprimant en un langage particulier, mystérieux, un peu archaïque. Alfonso émaille ses interventions de latin : *Finem lauda, ex cathedra parlo,* ou s'exprime dans la langue d'un autre siècle*.

Âgés, savants, solitaires, un peu en marge du social mais possédant l'expérience de la vie, le vieux philosophe comme le berger sont à ce titre tout désignés pour jouer le rôle de passeurs, d'initiateurs auprès des jeunes. Comme le Sarastro de *La Flûte enchantée,* Don Alfonso et Colas sont chargés d'incarner l'autorité, non seulement celle que l'âge concède, mais surtout celle qu'autorise la connaissance des règles du bon comportement social ; ce sont ces règles qu'ils doivent transmettre. Mais, entraînés dans ce tourbillon de passion et de jeunesse, les adultes, les « vieux », reviennent – on l'a vu, notamment dans *Les Noces de Figaro* – à la saison printanière des amours ; ils reverdissent. Accepter son âge, voilà le prix à payer pour assurer le passage des jeunes. Moment de crise où philosophie et sagesse ne sont plus que des remparts dérisoires face au bouillonnement de la vie qui fait un retour en force. Après ce combat, qui s'inscrit presque toujours, *sotto voce,* dans la musique, vient le

---

* Les paroles du *recitativo accompagnato,* acte I, scène 7, sont la reprise littérale d'une phrase d'un roman pastoral du XVIe siècle, *L'Arcadia* de Jacopo Sannazaro.

moment du renoncement et l'apaisement*. Passage... Pour être initiateur, le maître redevient, fugitivement, lui aussi, un apprenti**. Mozart ou « l'école des amants », mais Mozart ou « l'école des pères », y avait-on jamais songé ?

Ainsi donc don Alfonso s'emploie à faire passer nos quatre jeunes fous. Ou plutôt, en priorité, comme il se doit, les garçons. Mais que se passe-t-il du côté des jeunes filles en pleurs ? Qui va prendre en charge ce rôle nécessaire de l'initiateur ? Ce sera une initiatrice. Un nouveau personnage fait son apparition dans l'opéra, une servante piquante, comme l'indique son nom : Despina***.

« L'épine est toujours près des roses »

> Il faut se mettre tôt à faire l'entremetteuse, aimait-elle à dire. Nous reste-t-il quelque chose d'autre quand nous vieillissons ?
>
> Goethe
> *Les années d'apprentissage de Wilhelm Meister*

La scène 8 nous transporte de l'extérieur à l'intérieur, dans l'appartement de Fiodiligi et Dorabella. Après le café, le jardin et la plage, l'espace se resserre, se circonscrit. Nous rentrons à présent dans la sphère du privé, dans l'intimité d'un univers exclusivement féminin. La pièce est agréable : « *Camera gentile...* », dit le livret qui précise encore : « Trois portes, deux sur le côté, une au centre ». Ce lieu, semble-t-il clos, est donc, malgré tout, largement perméable à l'extérieur. Sur cette demeure douillette règne en despote Despina, la servante des deux sœurs. La voici justement qui fait, *recitatico secco,* une entrée comme celle de Leporello dans la scène inaugurale de *Don Giovanni***** : « *Che vita maledetta è il far la cameriera !* Peiner, suer, trimer, du matin jusqu'au soir... ». Cette rébellion s'exprime

---

* *Cf.* dans *La Flûte enchantée* la magnifique aria de Sarastro, acte II, scène 12, aria n° 15 « *In diesern heil'gen Hallen* ».

** Idoménée s'efface devant son fils auprès d'Ilia, Sélim renonce à Constanze, le Comte à Suzanne, Sarastro à Pamina. Seule, la Reine de la nuit, la mauvaise mère, refuse d'abandonner un pouvoir de séduction qui n'est plus, pour elle, de saison, elle disparaît...

*** De *espina,* « épine ».

**** Ne s'agit-il pas ici également d'une scène inaugurale ? Toute l'action de l'opéra va se dérouler désormais dans cette pièce, qui, d'espace d'intimité féminine va se transformer peu à peu en arène, en un champ de bataille où s'affronteront les deux sexes.

d'un geste énergique : la soubrette bat le chocolat fumant destiné au gosier gourmand des demoiselles : « Voilà bientôt une demi-heure que je bats le chocolat, et je devrais me contenter de humer, les lèvres sèches ? Ma bouche est-elle différente de la vôtre, mes jolies dames, qu'on vous donne à vous l'essence, à moi l'odeur ? Pardieu, je veux goûter. Oh, qu'il est bon ! » Avec ce chocolat battu, objet de ses soins et de sa convoitise, Despina dénonce avec vigueur sa condition de domestique. Mozart, il est vrai, ne rate jamais une occasion de manifester son humeur lorsqu'il est question de servitude. Mais ce chocolat recèle d'autres mystères...

Boisson exotique qui va de pair, au XVIIIe siècle, avec la vogue des « turqueries », le chocolat parle d'amour. Considéré comme aphrodisiaque, il évoque le plaisir des sens. Son goût vanillé, sa consistance épaisse, veloutée, voluptueuse presque, ne s'accordent-ils pas à merveille avec la sensualité, le désir ? On s'ensauvage délicatement pour déguster en compagnie le liquide exquis. Les dames revêtent des atours morisques et jouent les sultanes. Dans la haute aristocratie, raffinement suprême, le chocolat est servi par un chérubin noir et enturbanné. Tous les plaisirs de l'Orient sont contenus dans une tasse avec, tout au fond, un attrait inavoué pour ces pays barbaresques où, dit-on en frissonnant, un homme s'arroge le droit de posséder toutes les femmes... Produit d'un monde barbare, le liquide sombre et chaud ne renvoie-t-il pas à cet exotisme du cœur et des sens qu'est l'amour * ? Aimer, n'est-ce pas faire passer l'instinct avant les lois qui le domestiquent ? Pour Despina la servante, le breuvage est doublement défendu : d'une part parce qu'il est l'apanage d'une certaine classe de la société mais aussi, plus profondément, parce que, vraisemblablement, elle a passé l'âge de ces amours folles qui est le privilège reconnu de la jeunesse. Elle n'a plus – comme elle le dit elle-même – que « l'odeur », tandis que « l'essence » est réservée à ses jeunes maîtresses. Despina, la sèche, celle qui pique, l'épine sans la rose**. Les roses s'épanouissent près d'elles, Fiordiligi – Fleur de lis***, – Dorabella – Belle dorée. Des-

* Jusqu'à ce que le mariage marque la fin de la saison des amours folles. Aujourd'hui encore, dans des sociétés traditionnelles, le chocolat apparaît dans le rituel des noces.

** Despina ne rappelle-t-elle pas également la Marceline des *Noces de Figaro* ?

*** Le lis et la rose sont très souvent associés dans la littérature courtoise ou religieuse jusqu'à devenir synonymes l'un de l'autre. On remarque que dans *Les Noces de Figaro*, le prénom de la Comtesse est « Rosine » et celui de Suzanne, vient de l'hébreu *Chochannah* qui signifie « rose ».

pina, respire leur parfum de jeunesse comme elle respire l'odeur vanillée du chocolat, avec envie et dépit. Chez Mozart, l'amour a souvent un goût sucré d'enfance et de naïveté ; ce motif apparaît dans la première aria de Papageno dans *La Flûte enchantée* :

> Si j'avais un filet pour attraper les filles, je les attraperais par douzaines. [...] Et lorsque toutes les filles seraient à moi, j'achèterais gentiment des sucreries et à ma préférée, je les donnerais toutes.

Fiordiligi et Dorabella ne sont-elles pas, à l'image de ce chocolat sensuel et parfumé, des friandises toutes prêtes à se laisser déguster ? La dégustation n'est cependant pas sans danger. Si le chocolat est très sucré et parfumé, c'est pour cacher son amertume*. Doux-amer. L'opéra tout entier ne serait-il pas contenu dans ce terme ?

« Quelque chose doit être liquidé »

> Pardonnez-moi, reprit Wilhelm, mon embarras et mon hésitation à accepter ce cadeau. Il anéantit en quelque sorte le peu que j'ai fait, il est un obstacle au libre jeu d'un heureux souvenir. L'argent est une belle chose quand quelque chose doit être liquidé.
>
> Goethe
> *Les années d'apprentissage de Wilhelm Meister*

Pour ce qui est de l'amertume, Despina n'a qu'un rival : Don Alfonso. Ces deux-là sont faits « pour s'entendre, ou plutôt pour s'acoquiner[10] ». Pourtant leur première rencontre (acte I, scène 10) est placée sous le signe d'une certaine ambiguïté. Don Alfonso a besoin de Despina pour la réussite de son plan. *Recitativo secco,* il se fait donc aimable, presque galant, appelant la piquante fille *Despinetta mia* et déclarant qu'il « veut lui faire du bien ». À ce double langage, Despina répond vivement : « *A una fanciulla un vecchio come lei non puo far nulla...* À une jeune fille un vieux comme vous ne peut rien faire. » Le terme de *fanciulla* est singulier car il désigne exclusivement la jeune fille, ce qui n'est plus le cas de Despina. Bien plus singulier encore, ce mot est un ajout de Mozart. Da Ponte avait écrit : « *Non n'ho bisogno un uomo come lei non puo far nulla...* Un

* Le cacao pur est impropre à la consommation car très amer.

homme comme vous ne peut rien faire. » Ce n'est pas seulement le souci de la rime qui justifie cet ajout. L'espace d'un instant l'épine se métamorphose en rose, retourne – par la seule présence de l'homme, même « s'il ne peut rien faire » – à la saison du courtisement, simplement parce que du langage, même sur un mode badin, a fabriqué fugitivement du sentiment amoureux. Retour en arrière : un aristocrate conte fleurette à une jeune paysanne, *recitativo :* « Enfin nous sommes débarrassés gentille Zerlinetta de ce grand benêt » (*Don Giovanni*, acte I, scène 9). Don Giovanni, lui aussi, « veut faire du bien » à une *fanciulla* qui « veut et ne veut pas ». Entre les lignes de la partition de son *Così,* Mozart s'amuse à parodier discrètement une scène de son opéra précédent. Le jeu n'est pas gratuit : la première partie du sextuor qui va suivre immédiatement le *recitativo* entre Don Alfonso et Despina, reprend à l'orchestre, et à la note près, les premières mesures du « *andiam, andiam mio bene* » du célèbre duo donjuanesque[11]. Si, un court instant, Despina rejoint Zerline dans la mémoire du compositeur, c'est que toutes deux ont un trait en commun : elles sont dupées. Don Alfonso manipule Despina de la même façon qu'il manipule les deux couples. La soubrette rentrera dans le jeu mais pas dans les règles du jeu. Pour ce faire, l'habile homme exploite tout en le neutralisant le rapport de séduction dont il a, volontairement, joué comme entrée en matière*. Il achète la fidélité de Despina pour la réussite de sa machination. La pièce qui passe d'une main à l'autre sert à « liquider » une passion qui, entre eux, n'a plus lieu d'être : « Pour une camériste, une piécette est une fameuse conjuration » dit-il. La conquête financière remplace la conquête amoureuse. À défaut de chocolat et d'amour, l'or adoucira la piquante soubrette : *« E l'oro il mio giulebbe.* L'or me rend tout sucre** » déclare Despina. Cette transmutation symbolique renvoie la camériste au temps social qui est le sien et au rôle dévolu traditionnellement à cet âge : celui de l'entremetteuse, donc de l'initiatrice. Pas encore fruit sec comme la Marceline des *Noces****,

* Don Alfonso, l'homme d'expérience, sait pertinemment comment il convient d'aborder Despina pour se concilier ses bonnes grâces. Les rapports de séduction passent désormais, pour elle, par l'argent. La première question qu'elle pose à Don Alfonso quand il évoque les « Albanais » c'est : « Sont-ils jeunes, sont-ils beaux ? » et immédiatement : « Ont-ils la bourse bien remplie ? »

** Littéralement, « sirop ».

*** Marceline la duègne pique encore : *Madama piccante,* dit Suzanne à son propos (acte I, scène 4, n° 5).

cependant plus fille en fleurs, Despina est « l'épine », « l'aiguille », celle qui pique – au sens métaphorique mais aussi littéral du terme, l'objet dont se servent les jeunes filles mais aussi l'instrument de la couturière qui les initie[12]. Par ses « façons de dire » et ses « façons de faire », Despina va jouer, auprès de ses jeunes maîtresses, le rôle imparti par la coutume : elle va s'employer à « dégrossir » ses oies blanches, à leur ouvrir les yeux sur l'amour et la gent masculine. Sous sa conduite vigilante mais bourrue, les donzelles vont faire l'apprentissage qui fera mûrir leurs quinze printemps.

Façons de dire. La première « leçon » de Despina va être brutale. Les filles au désespoir se lamentent théâtralement sur le départ de leurs promis : *recitativo accompagnato,* Dorabella à Despina : « Ah ! Écarte-toi ! Redoute le triste effet d'un amour au désespoir ! Ah, ferme ces fenêtres ! J'exècre la lumière et l'air que je respire et je me hais moi-même » (acte I, scène 8). Là-dessus la jeune fille s'emballe dans une aria digne d'un *opera seria.* À ces emportements, la soubrette oppose un calme inébranlable et commence son instruction. Pourquoi désespérer ? Si les garçons sont partis à la guerre, ils reviendront couverts de gloire ou bien… ils se feront tuer ! « Vous aimez celui-ci ? Demain vous aimerez celui-là ; l'un vaut l'autre, car aucun ne vaut rien. » Et Despina, le plus tranquillement du monde, leur recommande de profiter de l'absence des fiancés pour « flirter comme des diablesses », car, de toutes façons, « leurs tendres amants en feront autant à la guerre ». Les filles poussent des hauts cris. Comment ! Elles, des modèles de vertu ! Eux, des fiancés modèles ! Despina éclate de rire : « Allons, allons, le temps n'est plus où l'on débitait des fables aux enfants. » Cet éclat débouche sur une aria dans laquelle la soubrette, *allegretto, fa* majeur, démontre que – *così fan tutti* – tous les hommes sont des infidèles et des menteurs. Légèreté, ironie, malice agressive, la musique donne des ailes au texte ; la voix serine sans se lasser : « *Di pasta simile son tutti quanti…* Tous sont fabriqués de la même pâte : les feuilles fragiles, les brises labiles, ont plus de constance que ces beaux messieurs » et Despina termine la leçon sur un « la la la la » désinvolte et moqueur qui laisse les sœurs ébahies et désemparées.

L'intervention de Don Alfonso et le marché qui s'ensuivra ne font que confirmer Despina dans le rôle qui est le sien. Lorsque, solennellement, avec l'accord de sa nouvelle complice, Don Alfonso fait entrer les garçons déguisés en Albanais, Despina, pourtant fine guêpe, ne les reconnaît pas* et accepte avec une hilarité mal contrôlée les compliments ampoulés qu'ils lui adressent (acte I, scène 11). C'est ici que Mozart place malicieusement les quelques mesures du «*Andiam*» de son *Don Giovanni.* La parodie est évidente mais légère et bien à propos. Le langage convenu de ces Turcs de carnaval n'est pas très éloigné de celui de Don Juan courtisant une jeune paysanne. Despina, elle, n'accorde pas un instant crédit à ces déclarations de circonstance et connaît la règle du jeu : pour avoir accès aux maîtresses, il faut s'adresser à la servante. Don Alfonso s'inquiète de l'effet produit par les garçons travestis, Despina pouffe de plus belle. Il est vrai qu'ainsi accoutrés, Guglielmo et Ferrando semblent plutôt impropres à susciter un quelconque sentiment amoureux... Leur costume exotique, les moustaches noires et fournies qui leur mangent le visage les métamorphosent en hommes sauvages, comiques et bizarres. La soubrette, en cascatelles de croches, s'amuse franchement : «Quels costumes! Quel aspect! quelles moustaches! [...] Ils ont la truffe peu commune, un vrai antidote à l'amour**!» Un double appel interrompt la scène. *Ecco l'istante,* voici le moment venu de la première confrontation entre les deux belles et les deux «Albanais». Dès lors, les événements s'enchaînent, *allegro.* Indignation non feinte des filles devant l'intrusion de ces sauvages; Despina se fait traiter «d'impudente gourgandine» pour avoir laissé entrer les deux indésirables. Don Alfonso s'est caché puis réapparaît à propos pour présenter ses «doux amis» aux demoiselles. Les garçons, tout en se félicitant en aparté de la vertueuse colère de leurs promises, leur font une cour bouffonne :

> Amour... Amour le dieu puissant, jusques à vous nous a conduits... À peine est parue la lumière de vos brillantissimes prunelles... Qu'à ces vives étincelles... Papillons enivrés, agonisants d'amour... Nous avons voleté à votre entour... À l'endroit et à l'envers... Pour implorer votre pitié en lamentables vers... (acte I, scène 11).

---

* Cette cécité symbolique rapproche Despina des deux sœurs; au même titre que Fiordiligi et Dorabella, qui ne reconnaîtront pas leurs fiancés déguisés, Despina, parce qu'elle est aussi la dupe d'Alfonso, est engagée dans le cheminement à rebours.

** On peut évoquer ici, en parallèle, la scène du *Bourgeois gentilhomme* où la soubrette, découvrant M. Jourdain costumé en «mamamouchi», pleure de rire devant l'accoutrement inattendu de son patron.

Scène de *commedia dell' arte,* déclaration d'Arlequin à sa belle : « Je vous présente mon cœur lardé de vos talents, garrotté par vos charmes et embourbé dans vos attraits[13]... » Pourtant la musique ne se moque pas. Tout se passe comme si, chez Mozart, dès que le mot « amour » est prononcé, il n'était plus question de plaisanter. *Amor...* On passe du *recitativo secco* à l'*accompagnato.* L'orchestre, soutenant tendrement les voix, crée une atmosphère mystérieuse, presque grave. « Amour », mot magique, si délicieux à entendre. «Oh redis-le-moi encore une fois ce mot d'amour si délicieux à entendre », dira, dans le prochain opéra Pamina à Papageno (*La Flûte enchantée,* acte I, scène 14).

Mais quelles manières déplorables ont ces Albanais ! Deux jeunes filles ayant le sens des convenances ne sauraient tolérer pareil comportement ! Les voici donc qui prennent leurs grands airs et remettent prestement leurs soupirants en place ; Fiordiligi, surtout, qui s'emporte en une aria toute de fureur et de tendresse où la musique déborde largement le sens du texte. Avec « amour », l'autre mot que Mozart prend toujours au sérieux est le mot « mort ». Dans sa longue et périlleuse aria, la jeune fille évoque « la mort seule qui pourra de son cœur changer l'amour ». Brièvement, à l'orchestre, les violons égratignent, la voix, écartelée par des écarts impressionnants entre le grave et l'aigu, finit par s'envoler en une vocalise où s'exprime, hors sens, toute la détresse du monde*. Le temps du jardin enchanté n'est plus qu'un souvenir. Une gamine insouciante disparaît dans les éclats tranchants et superbes de la musique, une femme est en train de naître. L'aria de Fiordiligi déclenche un déplacement significatif dans l'ordonnancement des couples, ce que signale discrètement la didascalie du livret : « Les jeunes filles s'apprêtent à partir, Ferrando rappelle Fiordiligi et Guglielmo, Dorabella ». La deuxième phase du parcours d'apprentissage commence. Dans l'ombre, Don Alfonso et Despina veillent...

---

* Cette aria ne rappelle-t-elle pas, aussi bien par son contexte dramatique que par sa forme, l'aria « *Martern aller Arten* » de Constanze dans *L'Enlèvement au sérail* (acte II, scène 3, n° 11) ?

Arlequinades

> Or, près d'une année s'était écoulée depuis nos fiançailles, et avec elle s'enfuit aussi notre printemps. Vint l'été et tout fut plus sérieux et plus ardent.
>
> Goethe
> *Les années d'apprentissage de Wilhelm Meister*

Les filles veulent donc s'en aller. Les garçons et Don Alfonso les retiennent. Les garçons tombent aux genoux des deux sœurs et Guglielmo, en son nom et en celui de son camarade, *andante, sol* majeur, poursuit une cour indifférenciée : «*Non siate ritrosi*... ne soyez pas rétifs, ô petits yeux gracieux. [...] Aimez comme nous, rendez-nous heureux.» La musique, alanguie, chantante, pas plus que tout à l'heure ne porte trace d'ironie. Soudain, on change de registre, la voix dérape, perd toute mélodicité. Que se passe-t-il? «*Guardate, toccate*... Regardez et touchez.» Toucher? Quelle horreur! Fiordiligi et Dorabella, effarées par cette suggestion incongrue restent bouche bée; elles sortiront, toujours sans un mot à la fin de la scène. Imperturbable, Guglielmo dresse le catalogue de ses avantages et ceux de son compagnon :

> Nous sommes bien bâtis, nous sommes deux grands fous. [...] Nous avons fort beau pied et bel œil et beau nez; quant à nos moustaches, on peut les appeler le triomphe des hommes, les panaches de l'amour.

Renversement de situation. On ne vante plus les charmes des belles mais les siens propres. On courtise à l'envers. Que signifie cette irruption soudaine du corps dans le jeu d'amour? Les deux ensauvagés donnent en spectacle, sur le mode carnavalesque, une virilité toute neuve, symbolisée surtout par la moustache, et que le déguisement révèle tout à coup. Attitude coutumière qu'autorise un temps, lui aussi, rituel*. Dans les scènes précédentes, les Albanais

---

* Dans les sociétés traditionnelles, à l'occasion du carnaval, le déguisement prend, pour les garçons, une tonalité initiatique. Exhibant souvent une féminité et une virilité parodique : maquillage outrancier, mini-jupes qui laissent voir des jambes velues, seins disproportionnés... Poursuivant tout ce qui porte jupon, ils mettent sous les yeux des filles apeurées et consentantes, des phallus énormes qu'ils agitent joyeusement. Se reporter sur ce sujet notamment à l'ouvrage de Daniel Fabre, *La Fête en Languedoc*.

pour faire leur cour adoptaient spontanément un langage amoureux appartenant en propre aux deux sœurs et à leur petit univers. L'aria de Guglielmo marque une rupture : du féminin on bascule vers le masculin. Il est donc logique que l'accent soit mis sur les valeurs communément admises de la virilité : un corps velu, solide, bien bâti, apte à faire l'amour ou la guerre.

Scène de *commedia dell' arte*, compliment d'Arlequin à sa Colombine :

Vous êtes une pantoufle belle, bien faite, mignonne ; mais sans le pied d'un mary, vous ne serez jamais qu'une savate inutile… Si je pouvais mériter l'honneur de mériter quelque petite part de votre mérite, hélas ! que je vous aimerais ! que je vous caresserais ! que je vous flatterais ! que je vous… rosserais, Madame [14] !

Berlin, le 19 mai 1789

Très chère, excellente petite femme de mon cœur

J'espère que tu as bien reçu des lettres de moi, car elles ne se seront pas toutes perdues – Je ne peux pas écrire beaucoup cette fois, car je dois faire des visites ; je n'écris que pour t'annoncer mon arrivée ; je pourrai peut-être partir d'ici le 25, je m'y efforcerai tout du moins, mais je te le confirmerai d'ici là ; je partirai de toute façon avant le 27, et serai si heureux d'être à nouveau près de toi mon amour ! – Mais la première chose que je ferai sera de te crêper le chignon : comment donc peux-tu croire que je t'ai oubliée ? – Comment cela serait-il possible ? – Pour cette seule pensée, tu recevras dès la première nuit une solide fessée sur ton charmant petit cul fait pour recevoir les baisers, compte là-dessus. Adieu.

À jamais ton
unique ami et époux
qui t'aime de tout cœur

W. A. Mozart

La sortie carnavalesque de Guglielmo prend tout son sens si l'on se rappelle que Mozart avait écrit d'abord pour cette scène une autre aria qu'il renonce à inclure dans son opéra mais qu'il conserve sous la forme d'un air de concert[15]. Les paroles de la première version diffèrent sensiblement de la seconde mais la tonalité bouffonne de l'air est identique avec cependant des moments d'alanguissement qui n'existent plus dans la version définitive. Dans la première écriture de l'aria, aucune allusion aux moustaches « panaches d'amour » mais l'énumération, sur le mode précieux, de héros représentant chacun une qualité de l'homme accompli :

> Nous sommes deux Crésus par la richesse, deux Narcisse par la beauté ; en amour* les Marc-Antoine sont, devant nous, des bouffons, nous sommes plus forts qu'un Cyclope, lettrés autant qu'Ésope. Quand nous dansons, un Pich nous le cède, si charmant et leste est notre pied. Quand nous chantons d'un seul trille, nous faisons tort au rossignol ; et nous avons quelque autre avantage dont personne ne se doute...

Les commentateurs se sont interrogés sur la refonte du morceau. Si l'on veut bien considérer l'hypothèse exposée plus haut, ce remaniement ne se légitime-t-il pas pleinement ? Mozart – et Da Ponte – laissant de côté tout langage précieux qui rappelle trop celui des filles, développent uniquement dans la nouvelle aria ce qui a trait au corps viril. Symboliquement, c'est mettre l'accent, bien plus que dans la version précédente, sur le changement en train de s'opérer chez les garçons. Un âge se termine dans les éclats de rire et la farce. Rémy Stricker relève la parenté thématique de l'air avec un lied que Mozart écrira un peu plus tard : *Das Kinderspiel,* « Jeux d'enfants »[16]. Le texte évoque sans ambiguïté cette liberté de la jeunesse qu'il faut, un jour, abandonner :

> Ha ! Petits frères, courez vous rouler dans l'herbe ! Cela nous est permis, cela nous sied encore, [...] Hélas ! Quand nous serons plus âgés, cela ne sera plus de mise...

L'aria de Guglielmo nous réserve une dernière surprise. Sa structure simple, sa tournure de chanson populaire préfigure un autre personnage, celui de Papageno, le joyeux bouffon de *La Flûte enchantée.* Cette relation analogique est-elle fondée ? Dans le « trio du Rire » (acte I, scène 12) qui fait suite immédiatement à l'air de Guglielmo, les deux garçons se félicitent bruyamment du bon tour qu'ils viennent de jouer aux filles et se moquent, *allegro molto, sol* majeur, de Don Alfonso. Guglielmo et Ferrando ont le fou-rire et les grognements de Don Alfonso en contrepoint – *Poveri innocentini* – ne calment pas leur hilarité. « On a gagné » s'esclaffent donc les « Albanais » au comble de l'allégresse tandis que, se démenant comme des diablotins, les violons soutiennent la scène de leurs triolets espiègles. Don Alfonso, faisant appel à leur sens de la discipline

---

* Même ici, en plein burlesque, Mozart s'attendrit fugitivement sur ce mot : « Modulant en *fa* majeur, se glisse délicatement un sujet nouveau ; c'est presque avec sérieux qu'on parle de la richesse, de la beauté, et avec un renflement d'émotion, de l'amour. » Voir J.-V. Hocquard, *Mozart dans ses airs de concert,* p. 243.

– ce sont des soldats après tout – reprend la situation en main : « Silence et obéissance ! Allez m'attendre à la porte du jardin, là je vous manderai mes ordres* ». C'est ici que nous rencontrons Papageno et même Tamino. Guglielmo, qui, lui, a les pieds sur terre, s'informe : « *Ed oggi non si mangia ?* Et l'on ne mange pas aujourd'hui ? » À cette question Ferrando répond comme Tamino répondra à l'oiseleur affamé**. L'un entonnait un chant amoureux sur sa flûte enchantée, l'autre entame, *andante cantabile,* une ardente aria d'amour sur des paroles convenues : « *Un' aura amorosa...* Une brise amoureuse offrira son doux réconfort au cœur de notre trésor » (acte I, scène 12). *La* majeur, violons en sourdine, à qui s'adresse cette ode tendre ? À Dorabella ? À Fiordiligi ? Aux deux ? N'est-ce pas plutôt l'amour de l'amour que chante si suavement Ferrando ? L'amour empli d'effluves printaniers, celui qui, sans objet précis, fait chavirer le cœur et les sens des jeunes gens***. *La* majeur... Dans cette tonalité s'inscrit tout un parcours. Au début de l'opéra, les filles, devant des images peintes, rêvent à l'amour en *la* majeur. Plus tard, le duo où tout bascule entre Fiordiligi et Ferrando s'écrira en *la* majeur également. Entre ces deux moments, l'aria de Ferrando trace un trait d'union et le rapproche insensiblement de Fiordiligi. Plus profondément, elle suggère ce qui différencie fondamentalement les deux garçons. Ferrando est l'amoureux, Guglielmo le bouffon. La différence est d'importance. Nous connaissons la place et la nécessité du « fol » dans les opéras mozartiens, ce personnage auquel est associée l'idée d'une initiation manquée ou incomplète. Guglielmo dans *Così* prend en charge, discrètement, ce rôle obligé. Mais seule la musique, dans la séquence décisive du « Toast » à la fin de l'opéra, évoquera, en mineur, l'itinéraire inachevé.

---

* Plus secrètement, ces termes ne renvoient-ils pas à l'initiation ? Pour être initié, il faut savoir se taire et obéir. Ce que demandent aussi les prêtres du Temple à Tamino et Papageno.

** *La Flûte enchantée,* acte II, scène 17. Papageno : « Tamino, si nous nous mettions à table ? » Tamino pour toute réponse, se met à jouer de la flûte.

*** « Ces chants d'ardeur amoureuse où s'immobilisent les ténors sont une constante de l'œuvre dramatique de Mozart » écrit J.-V. Hocquard, *Così fan tutte,* p. 80. Certes Ottavio, Tamino, Belmonte partagent avec Ferrando ce lyrisme sensuel et rêveur, mais également la Suzanne des *Noces de Figaro,* dans ce merveilleux chant d'amour de mai qu'est « l'air des marronniers » (acte IV, scène 10, n° 27).

Les ténors chez Mozart restent du côté du langage féminin de la jeunesse et de l'amour. Cela explique pourquoi on a souvent émis des doutes sur leur virilité, en particulier en ce qui concerne Ottavio.

Pour l'heure, sur le chemin de l'apprentissage, un pas de plus a été accompli. La séquence carnavalesque close, les garçons à leur tour sortent, laissant seul Don Alfonso qui ne doute pas du succès de ses intrigues. Despina, absente pendant l'épisode précédent, revient du jardin où, dit-elle – *recitativo secco* – au vieux philosophe, « les pauvres folles se plaignent aux mouches et au vent d'avoir perdu leurs amants » (acte I, scène 13). Elle, à leur place, agirait tout autrement. Un amant s'en va ? On en prend un autre voilà tout ! *Brava ! Questa è prudenza* s'exclame Don Alfonso. Despina repart de plus belle et donne sa théorie de l'amour :

> *È legge di natura...* C'est une loi de la nature.
> Qu'est-ce que l'amour ? Goût, plaisir, agrément, joie, divertissement, passe-temps, allégresse. Ce n'est plus de l'amour s'il devient incommode...

Loi du cœur, loi de la nature. L'amour selon Despina demeure ce chérubin léger qui enchante le temps d'avant le mariage. Côté *fanciulla,* Despina aura toujours quinze ans ! Côté *spina,* ses expériences dans le domaine amoureux – « J'ai déjà mené mille hommes par le nez* » – en font une parfaite initiatrice. À ce titre, elle prend la direction des opérations. Don Alfonso « lui laissera le soin de conduire toute la machine ». Les rôles s'inversent, le vieux philosophe devra obéir aux ordres de la servante : « Pourvu que vous fassiez tout ce que je vais vous dire, avant demain vos amis crieront victoire. » Dominée jusqu'alors du fait de son statut social, Despina ici prend sa revanche : « Ils auront le plaisir et moi la gloire. » Ce déplacement des catégories sociales inaugure, après le *praegusto* de la scène du courtisement burlesque, le grand carnaval du long finale du premier acte et de la deuxième partie de l'opéra. Despina, tour à tour médecin et notaire burlesques sera la reine d'un monde à l'envers où les servantes jouent, l'espace d'un instant, les patronnes **. Dans cet espace rituel et festif, émergent tous les thèmes carna-

* Despina, don Juan femelle ? Nous ne sommes pas loin des *mille e tre* de Don Giovanni.

** Ce qui la place, même sur le mode parodique, dans un statut social égal à celui de Don Alphonso et met en évidence son rôle d'initiatrice à égalité avec celui du vieux philosophe. Si les classes sociales paraissent abolies dans le carnaval, elles ne le sont qu'en apparence. Le latin de Despina, notaire et médecin, ne sera donc qu'un latin de cuisine : elle dit *bones puelles* au lieu de *bonae puellae.* En revanche, Don Alfonso doit parler un latin correct. Mozart corrige lui-même une faute de

valesques : un désordre soigneusement réglé, l'irruption des masques et de la mort, puis le retour à l'ordre.

Mais avant d'entrer dans le bruit de la mascarade – trompettes et timbales – retournons un instant vers le *giardinetto gentile* des deux sœurs (acte I, scène 14). Un triste spectacle s'offre à nous. Le jardin enchanté s'est transformé en un lieu de tourments. Fiordiligi et Dorabella soupirent en chœur sur ce changement de fortune :

> Ah ! Combien ma destinée a changé en ce moment... Ah ! Pour moi la vie n'est plus qu'une mer d'affreux tourments [...] J'ignorais ce qu'est la peine, j'ignorais ce qu'est languir...

Pourtant cette retraite est toujours aussi aimable. Tout est paisible, à sa place ; l'escarpolette accrochée aux branches hautes du vieux cèdre grince, balancée par la brise. Une ombrelle oubliée pose une tache claire sur le vert de la pelouse. Rien n'a changé et tout a changé. Nostalgie d'un temps qui, déjà, appartient au passé. *Andante, ré* majeur, les voix s'élèvent dans cette atmosphère lumineuse. On berce sa peine en la chantant doucement. On prend acte mélancoliquement du trajet effectué. Les oiseaux, à l'orchestre, volettent gaiement. Le temps s'avance, le printemps va vers l'été.

L'aimant mirifique

> Ah ! Deux cœurs aimants sont comme deux horloges magnétiques ; ce qui se meut dans l'une communique son mouvement à l'autre, car une seule chose agit en tous deux, une seule force les pénètre...
>
> Goethe
> *Les années d'apprentissage de Wilhelm Meister*

Soudain, des cris à la cantonade. L'atmosphère paisible du jardin vole en éclats. Les « Albanais » font irruption en titubant, s'écroulent sur la gazon. Ils viennent d'avaler du poison. Les filles sont atterrées : « Ce tragique spectacle me glace le cœur. » Les garçons entrent en agonie :

Da Ponte qui faisait dire au vieux philosophe *Isso fatto* et non *Ipso facto*. Les rôles ainsi, ne doivent pas être, malgré tout, confondus.

> Ah ! La lumière du soleil s'assombrit à mes yeux, toutes mes fibres tremblent et mon âme me manque, ma langue est impuissante à prononcer un mot (acte I, scène 15).

Singulièrement, Guglielmo et Ferrando ne sont pas seuls à chanter ; Dorabella, Fiordiligi et Don Alfonso, sur le même texte, se joignent à eux. *Sol* mineur, la musique rappelle à ce moment la scène tragique du *Don Giovanni* où Anna découvre son père mort. Résonances. D'un Commandeur assassiné au suicide simulé de deux jeunes gens, la musique établit un lien qui fait sens. Point de rupture dans *Don Giovanni* à partir duquel s'engage l'action, elle signale dans *Così* un tournant de l'opéra. Moment central du rite, la mort que l'on risque ou que l'on mime fait accéder à un nouvel état. Lorsque les Albanais, avec l'aide de Despina, reviendront à la vie, tout sera différent.

Modulation du mineur au majeur. Don Alfonso ramène l'opéra vers la farce en train de se jouer. Il implore la pitié des deux belles pour ces pauvres garçons qui meurent d'amour, là, sous leurs yeux, à cause d'elles. Que faire ? Dorabella et Fiordiligi appellent Despina à l'aide. La voici. Elle suggère d'aller sur-le-champ quérir un médecin pendant que les demoiselles veilleront les moribonds et sort en compagnie de Don Alfonso, laissant auprès des corps inanimés les filles au comble de la frayeur. Entre deux soupirs, deux hoquets, les garçons se congratulent : ils sont vraiment d'excellents comédiens ! Un pas, un autre pas, les sœurs se rapprochent... Dorabella, la première, s'agenouille, se penche sur les gisants : « Quelles figures intéressantes*... », puis s'enhardit : elle effleure le front de l'un des deux garçons : Ciel ! « Sa tête est glacée ». Fiordiligi qui l'a rejointe esquisse le même geste sur l'autre agonisant et fait le même diagnostic. Du front l'on glisse insensiblement vers le poignet. Le pouls bat-il encore ? Mon Dieu ! Comme il est lent, si lent ! Si personne ne vient, ces deux-là vont passer c'est certain.

Premier contact, premiers effleurements. Toucher. Les corps masculins, abandonnés, sans défense, apparaissent attendrissants et sans danger, si attirants soudain... « *Poverini*... leur mort me ferait pleurer. » Sur « *Poverini* », la musique s'étire langoureusement en *ut* majeur, tonalité inhabituelle chez Mozart, le temps suspend son vol, un chérubin passe, décoche ses flèches... Un nouvel amour vient-il d'atteindre de sa piqûre légère le cœur de nos donzelles ? D'ailleurs,

* Cette scène ne préfigure-t-elle pas la contemplation par les Trois Dames de Tamino évanoui dans *La Flûte enchantée* (acte I, scène 1) ?

du côté des « morts », perce une inquiétude : que signifie ce changement d'attitude ? Cette pitié tendre n'est-elle pas mauvais signe ? L'orchestre déploie délicatement pendant ce temps autour des quatre jeunes gens un motif à la fois moqueur et un peu angoissant. Le piège se referme. Les voix appariées en tierces jumelles jusqu'à maintenant se disjoignent, pour la première fois Fiordiligi et Dorabella, musicalement, se séparent.

Enfin ! Voici le docteur, présenté gravement par Don Alfonso. L'entrée solennelle de Despina travestie s'effectue sur une phrase musicale qui rappelle l'invitation de Don Juan – par l'entremise de Leporello – aux trois masques : « *Signore maschere...* » Étrange rencontre une fois encore où, de la tragédie à la farce, deux opéras se rejoignent furtivement. Dans *Don Giovanni,* l'irruption des masques en dominos noirs constituait, symboliquement, la première apparition du Commandeur, celle de la mort qui vient chercher Don Juan chez lui. Dans *Così* qu'en est-il ? L'apparition de la soubrette travestie en médecin – à l'époque de Mozart, vêtement noir, masque sombre dans la tradition de la *commedia dell' arte* – procède de la même démarche. Nous sommes dans le registre de la farce pourtant, discrètement, Mozart nous fait un signe. Don Alfonso, avec le docteur burlesque, introduit auprès des jeunes gens à la fois la vie et la mort*. La vie donc l'amour – la cure magnétique va proprement ressusciter les corps et les cœurs des garçons – la mort, car le déguisement de Despina ici annonce son deuxième travesti, celui du notaire – l'homme noir – nommé opportunément Maître *Beccavivi,* « Croque-vivant ». Le patronyme de fantaisie parle suffisamment. Les noces carnavalesques auxquelles la soubrette présidera un peu plus tard, marqueront à leur manière une mort annoncée, celle de la jeunesse et du temps de folie qui s'y rattache. En cette conclusion du finale de l'acte I, le mot « fin » semble s'incarner dans ce médecin ridicule mais quelque peu inquiétant. Nos Albanais – toujours entre la vie et la mort – le pressentent-ils ? : « Despina déguisée, quelle triste figure ! » (acte I, scène 16). Contrairement aux filles, ils ont reconnu tout de suite la domestique sous les traits de ce médecin qui s'exprime – comme il se doit – en latin de cuisine : *Salvete, amabiles, bones puelles***.

---

* Dans *Don Giovanni,* le Commandeur représente la mort, mais aussi pour Don Juan, nous l'avons vu, une sorte de résurrection tout à fait singulière.

** Il y a des traducteurs du livret italien qui croient bien faire en corrigeant la faute introduite, volontairement, par Mozart. Nous avons dit plus haut pourquoi cette entorse grammaticale était nécessaire.

Despina a pris la direction des opérations. Elle s'informe du mal, de ses causes, pose un diagnostic, virevolte autour des garçons, s'affaire. Façons de faire. Enfin, elle extrait de sa besace de médecin un aimant : « C'est un morceau de calamite, la magnétite mesméfirique, qui apparut en Allemagne et fit fortune en France ensuite. » Un motif mystérieux émerge à l'orchestre. Tout en donnant ses explications, le pseudo-docteur « touche la tête des faux malades avec un morceau d'aimant dont il frôle doucement ensuite tout le corps* ». L'orchestre s'amuse, le motif musical évolue, « se fait piquant [...] et atteint le comble du comique lorsqu'il est repris aux vents avec des trémolos pathétiques. Mais le voici de nouveau pathétique lorsque, retrouvant le *sol* majeur, il soutient *piano* l'expression de l'espoir par le trio des témoins[17] ». Fiordiligi, Dorabella et Don Alfonso en effet sont impressionnés : « *Come si muovono...* Comme ils tressautent, se tordent et tremblent ! Il vont du crâne heurter le sol ! » La maligne soubrette en profite pour provoquer le contact entre les filles et leurs soupirants – ou plutôt leurs expirants. Il s'agit de leur tenir la tête : « *Tenete forte...* Tenez fort ! » Les sœurs s'exécutent sans rechigner. Trilles à l'orchestre : des deux côtés, il y a de l'électricité – enfin, du magnétisme – dans l'air ! « *Or liberi siete da morte...* Maintenant vous êtes libérés de la mort », annonce Despina. Miracle ! Les garçons ouvrent les yeux, ils vivent ! Les deux sœurs et Don Alfonso, *piano,* célèbrent le bon docteur : *« Ah ! Questo medico vale un Perù ! »*

Nous retrouvons dans cet épisode à la fois cocasse et sérieux un autre personnage qui fut célèbre en son temps. Le docteur Mesmer, renommé dans toute l'Europe pour sa théorie du magnétisme animal, a croisé plusieurs fois la route de Mozart. On se souvient que, bien des années auparavant, *Bastien et Bastienne* avait été composé à la demande de Mesmer et joué sans doute dans son théâtre de verdure. Les liens d'amitié entre la famille Mesmer et celle des Mozart ont perduré longtemps. En 1773 – Wolfgang a dix-sept ans – les Mozart, de retour d'Italie, sont à Vienne et reçoivent un accueil chaleureux de Mesmer et de sa femme. Mozart et Mesmer se croiseront une fois encore à Paris. Le docteur arrive à Paris en janvier 1778, Wolfgang repart pour Salzbourg en janvier 1779, mais la correspondance mozartienne de cette époque n'évoque aucune rencontre entre eux. Un fil ténu reliera une fois encore Wolfgang Mozart et Anton Mesmer. En septembre 1784 Mozart achève un concerto pour

* Didascalie du livret.

piano* qu'il dédie à une jeune pianiste aveugle, Marie-Thérèse Paradies**, rencontrée à Salzbourg en 1783 et avec laquelle il noua rapidement une relation amicale. Cette pianiste talentueuse, sujette, semble-t-il, du fait de sa cécité à de graves états de mélancolie, fut longuement « soignée » par Mesmer. Cette cure un peu trop prolongée suscita d'ailleurs un scandale – ce ne sera ni le premier ni le dernier – autour du docteur et de son traitement.

D'évidence, Wolfgang, dans son opéra, s'amuse à parodier la cure magnétique qui avait fait les délices de toute une société – en France principalement – entre 1778 et 1785. Traitée sur un mode burlesque, la crise magnétique évoque surtout métaphoriquement l'attirance réciproque, irrésistible, qui va jeter bientôt Fiordiligi dans les bras de Ferrando, Dorabella dans ceux de Guglielmo***. En mettant en mouvement la matière « mesméfirique » qui délie les fluides, Despina rétablit, conformément à la théorie du docteur Mesmer, l'harmonie de l'individu avec la Nature. En d'autres termes elle réinstaure la primauté de l'instinct sur la loi. Elle traite également le mal par le mal. L'amour est à la fois le poison qui fait mourir et le remède qui rend la vie. Placée au centre de l'œuvre, cette scène de magnétisme humoristique en est le point crucial. Elle signale ce que l'on quitte et présage les événements à venir. La cure opérée par le « docteur » Despina « libère de la mort », c'est-à-dire qu'elle libère symboliquement les deux couples des liens conventionnels qui les unissaient jusqu'à présent. Par son action, elle abolit un temps social : celui des fiançailles, des amours officielles. Ce faisant, elle introduit un autre temps tout aussi social mais éphémère. Les jeunes gens étant fiancés, cette saison des amours inconstantes, laissées au hasard, a été accomplie. On va donc – bien sûr – revenir en arrière, mais avec un partenaire différent, refaire le parcours coutumier à rebours, franchir à nouveau une à une toutes les étapes du courtisement, jusqu'au mariage parodique, logique aboutissement de ce

---

* K 456.

** Marie-Thérèse Paradies, aveugle depuis l'âge de quatre ans, fut en son temps célèbre. Cultivée, parlant plusieurs langues, elle était à la fois compositeur, cantatrice et interprète – elle joua souvent des œuvres de Mozart – et ses propres œuvres – des opéras féeriques, des mélodrames, furent représentées avec succès. Elle donnait des concerts dans toute l'Europe. Elle ne se maria jamais et fonda à Vienne une école de musique pour les jeunes filles. Le traitement de Mesmer ayant échoué, elle resta aveugle jusqu'à sa mort. Voir sur ce sujet l'ouvrage de Franklin Rausky, *Mesmer ou la révolution thérapeutique*.

*** Thème que développera à son tour Goethe dans *Les Affinités électives*.

processus. Revient alors la saison du langage naïf et affecté, les gages échangés, les gestes tendres des corps qui s'apprennent. De retour aussi le joli temps des sérénades et des fleurs, des promenades langoureuses. Certes, il s'agit d'un jeu monté de toutes pièces par un vieux philosophe un peu amer et une soubrette avisée ; un jeu cruel car cette reverdie n'efface pas le passé et celui-ci se rappelle durement parfois au souvenir des nouveaux amoureux, dont deux – ne l'oublions pas – sont censés jouer la comédie. La crise magnétique ne préfigure-t-elle pas aussi les bouleversements du deuxième acte ?

Revenus de leur transe, les garçons se redressent, semblent sortir d'un rêve : « *Dove son ?* Où suis-je ? Quel est ce lieu ? Qui sont ces gens* ? » Puis ils aperçoivent les filles, tombent à leurs genoux. Mais le courtisement n'est plus indifférencié. Un changement capital s'est accompli, Ferrando maintenant s'adresse à Fiordiligi, Guglielmo à Dorabella : « Je reconnais ton doux visage et cette main, mon seul trésor. » « Ils enlacent tendrement leurs amantes et leur baisent la main », dit le livret. Trop tôt, trop vite ! Les filles reculent vivement ; Despina et Don Alfonso rattrapent l'impair : « Ce sont effets du poison, n'ayez aucune crainte. » Et voici nos Albanais repartis de plus belle dans leurs déclarations enflammées tout en réprimant, en aparté, leur fou-rire : la farce, décidément, est grandiose ! Autour de cet épisode bouffe, la musique crée une atmosphère ouatée, comme irréelle, pleine de poésie. Serait-ce parce que les deux sœurs, elles, ne jouent aucune comédie ? Elles sont touchées et même prêtes à succomber : « *Più resister non poss' io...* » La partie est-elle jouée ? Non ! Car les galants commettent une autre erreur. Ils brûlent les étapes et exigent, *allegro, ré* majeur, un baiser. « *Stelle, un bacio !* » Cette entorse aux bonnes manières d'amour casse le rêve des belles. Elles sont en train d'oublier leurs fiancés partis – *poverini* – à la guerre. Alors elles font marche arrière, tambour battant, avec d'autant plus de hargne qu'elles allaient céder. Le rythme s'accélère, l'orchestre au complet s'emballe. Dans le sextuor, les voix se joignent et se disjoignent tour à tour de façon significative. Dorabella et Fiordiligi restent unies vocalement, Don Alfonso, Despina et les garçons chantent ensemble, puis les garçons se désolidarisent mélodiquement du groupe, enfin Ferrando rejoint le clan des filles. La musique anticipe sur l'avenir. Les deux sœurs feront toujours bloc

* Situation qui évoque celle de Tamino s'éveillant de son évanouissement au début de *La Flûte enchantée :* « Est-ce que je rêve ou suis-je encore en vie ? Une puissance supérieure m'a-t-elle sauvé ? » (acte I, scène 1).

contre les autres, même si elles deviennent peu à peu autonomes. Les garçons, parties prenantes de la machination de Don Alfonso et Despina, finiront par se séparer des manipulateurs, puis par se séparer entre eux. Musicalement, Ferrando, l'amoureux, restera du côté des filles, Guglielmo, le bouffon, rejoindra, à la fin de l'opéra, le vieux philosophe.

La Carte du Tendre

> La surprise et la tristesse assaillent le solitaire, il devient amer contre les coquins souriants et conclut par ce soupir significatif : « Le temps est hors de ses gonds, malheur à moi d'être amené à le rétablir. »
>
> Goethe
> *Les années d'apprentissage de Wilhelm Meister*

Nous sommes maintenant à mi-parcours. Belle mécanique bien réglée, bien huilée, l'opéra avance par paliers minuscules et soigneusement calculés, jalonnant les étapes du parcours, établissant les ruptures nécessaires, marquant les progressions, infimes ou décisives.

Pas à pas, nos jouvenceaux progressent donc sous les yeux attentifs de leurs aînés. Le deuxième acte s'ouvre, *recitativo secco,* sur la deuxième leçon magistrale de Despina aux filles. Longue conférence. Despina y développe son thème favori : puisqu'elles ont perdu leurs fiancés, les belles n'ont qu'à se laisser conter fleurette par ces deux étrangers, certes curieusement accoutrés, mais, tout de même, quelle prestance ! Il faut convaincre les péronnelles, un langage direct s'impose : « Vos ganymèdes sont à la guerre ? Eh bien, jusqu'à leur retour, agissez en militaires, recrutez ! » Comment ! Mais que diront les gens ? s'exclame Fiordiligi. Et tout de suite après – mais après seulement – « Crois-tu que nous voulions causer de la peine à nos chers amants ? » Dorabella, elle, ne pense pas un instant à la « peine de leurs chers amants », elle renchérit sur la première objection de sa sœur. Despina, bien sûr, a réponse à tout : « Je répandrai le bruit que c'est pour moi qu'ils viennent... » Dorabella s'esclaffe : « Qui veux-tu qui le croie ? » Renvoyée sans ménagements à son âge et à sa condition, Despina se vexe. Un ange passe... Fiordiligi avance alors un autre argument en espérant peut-être qu'il sera aussi vite réfuté que le précédent : et l'épisode du baiser ? Non déci-

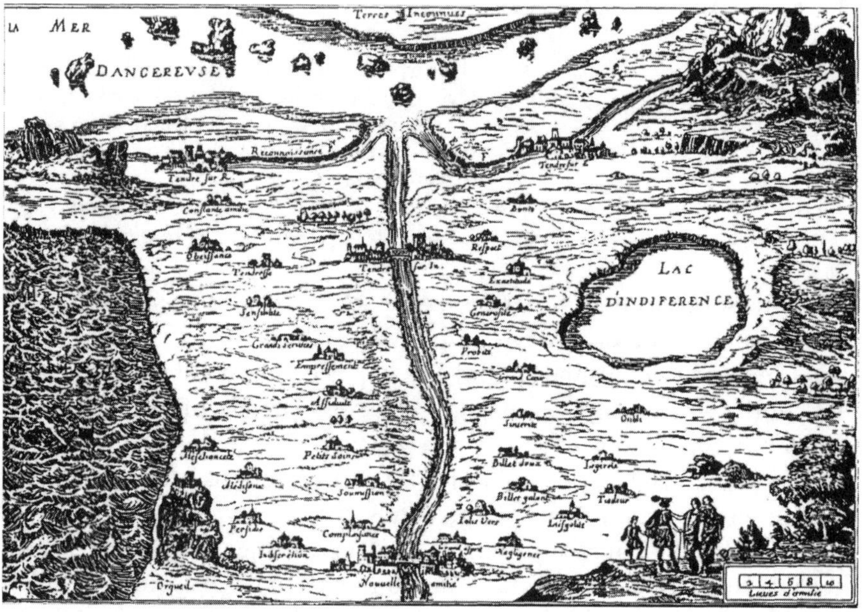

Carte du Tendre

dément, c'est impossible, ces étrangers sont par trop audacieux. Mais la servante ne se laisse pas démonter : c'était seulement l'effet du poison, maintenant ils sont « délicats, modestes et doux ! Laissez-les venir ! ». Dorabella, intéressée : *« E poi ? »* Fiordiligi, convaincue : « Que devons-nous faire ? » Despina rit sous cape ; les petites sont mûres à point, c'est le moment, il faut porter le coup fatal : *andante, puis allegretto, sol* majeur, flûtes, bassons, cors et cordes :

> Une femme à quinze ans doit savoir ce qui se fait, où le diable a la queue, ce qui est bien ce qui est mal. [...] Elle doit savoir mentir et se troubler, savoir rougir, savoir se taire [...] Se faire en reine obéir (acte II, scène 1).

L'air se termine en apothéose, sur des auto-congratulations : « Viva Despina qui sait servir ! » Servir qui ? Don Alfonso ? Ses patronnes ? Ou bien l'amour dont elle serine la doctrine à ses apprenties ?

Écrit dans la pure tradition du théâtre italien, le texte reflète parfaitement le caractère de la libertine « épine », mais Mozart nuance le personnage. La musique de l'aria le fait savoir. À la fois spirituelle et légère, elle se balance parfois en un 6/8 caressant, rythme rattaché chez Mozart au thème populaire de la *Liebelei*. La gracieuse Sicilienne ouvre, *andante*, l'aria. Une petite chanson tendre qui déroule sa mélodie toute simple : *« Una donna a quindici anni... »*, puis, changement de tempo, d'intention :

> *Dee in un momento...* Il faudrait qu'au même instant elle s'occupe de cent galants et que du coin de l'œil elle parle à mille autres, qu'elle les encourage tous, les laids comme les beaux...

Allegretto, Despina décline son enivrant catalogue : cent, mille galants, les laids, les beaux auxquels on se doit de faire l'aumône d'un regard, d'une parole, elle s'exalte, s'enivre à l'évocation de ce temps délicieux de la « bagatelle », de l'amour de mai ; « son refrain virevolte, tourbillonne et valse à vous en faire perdre la tête[18] ». Quelques inflexions câlines, quelques arpèges sensuels nous ramènent un instant dans un bois magique où une jeune fille à l'aube de ses noces chantait magnifiquement l'amour de l'amour*.

* Aria de Suzanne, « Deh vieni non tardar », air dit « des marronniers », *Les Noces de Figaro* (acte IV, scène 10).

Comment résister à ce chant grisant ? Dorabella succombe, Fiordiligi hésite encore mais sa sœur à qui, décidément, la leçon a profité, balaye toutes les objections avec une facilité déconcertante : si les « chers époux » apprennent que leurs promises s'amusent en leur absence ? « Nous dirons qu'ils venaient voir Despina. » Tiens ! Irrecevable tout à l'heure, voici que l'argument est devenu pertinent. « Mais nos cœurs... ? » La réponse fuse : « Resteront tels qu'ils sont. Ce n'est parce que l'on se distrait un peu, afin de ne pas mourir de mélancolie, que l'on est infidèle, ma sœur. » Ne croit-on pas entendre Despina ? Dorabella propose à sa sœur de choisir : à qui le brun ? À qui le blond ? Fiordiligi n'a pas d'idée : « À toi de décider ma sœur ! » C'est déjà tout décidé. « *Prenderò quel brunettino...* Je prendrai le petit brun qui me semble plus spirituel. » Il ne reste donc plus à Fiordiligi que l'autre : « Pendant ce temps, moi je veux rire et m'amuser avec le petit blond. » *Andante, si* bémol majeur, *duetto,* les oiselles retrouvent avec jubilation leurs jeux de petites filles romanesques : « Il me dira : Mon amour, je me meurs..., Il me dira : Mon cher trésor... » À l'orchestre, « cela minaude, roucoule avec des mélismes sucrés, des soupirs haletants, des coloratures roulant en tierces parallèles[19] ». Cependant, ici encore, un changement a eu lieu. Le choix du partenaire a été fait, mais est-ce vraiment un choix ? À l'acte précédent, les Albanais, se réveillant de la crise magnétique, se précipitaient vers leurs belles. Le livret à ce moment précisait la nouvelle distribution des couples. Le choix des filles ne fait qu'entériner celui des garçons, qui n'a été suscité ni par Don Alfonso, ni par Despina. Revenus à ce temps où l'appariement est laissé au hasard, les jeunes gens vont entamer – sous la conduite de Don Alfonso, puis de Despina – l'étape suivante, celle du courtisement selon les règles.

Petits Soins

Voici justement le philosophe. « Ah ! Courez au jardin, mes chères filles ! Quelle gaité ! Quelle musique ! Quel chant ! Quel brillant spectacle ! Quelle féerie ! » (acte II, scène 3). Au jardin, qui descend en pente douce vers la mer, le spectacle est en effet enchanteur. Sur les eaux calmes, une grande barque ornée de brassées de fleurs se balance mollement, amarrée au ponton. Une suave musique, portée par la brise, en émane. Stupéfaites, Fiordiligi et Dorabella s'accoudent au rebord de la terrasse pour mieux voir, mieux entendre. Debout au milieu des fleurs et des musiciens, les Albanais en tenue somptueuse viennent donner, conformément à l'usage, la sérénade à leurs belles. *Andante, mi* bémol majeur, les voix s'élèvent, retenues, presque timides, portant jusqu'aux jeunes filles le message d'amour : « *Secondate, aurette amiche...* Favorisez brises amies, favorisez mes désirs et portez mes soupirs à la déesse de mon cœur. » Seuls présents à l'orchestre, les vents murmurent, s'alanguissent. Souffles. Oscillations berceuses. Exhalaison des fleurs. L'intervention brève et grave du chœur prolonge et amplifie cette atmosphère recueillie, un peu solennelle. Une barque s'en est allée, une autre barque s'en vient. Entre ce départ et cette arrivée tant de choses se sont passées ou si peu... Dans la mélodie de la sérénade résonne en écho celle du duo des deux sœurs lorsque, dans ce même jardin, elles se désolaient du temps insouciant qui – déjà – n'était plus.

Recitativo secco. Les garçons descendent du bateau, et, gauchement, passent au cou des jeunes filles des guirlandes de fleurs dont ils sont eux-mêmes parés. Ils paraissent si mal à l'aise dans leur rôle d'amoureux transis que Despina doit les encourager à poursuivre un courtisement si bien commencé. Les filles se sont reprises et s'adressent plutôt sèchement à leurs galants : « Qu'est-ce que c'est que cette mascarade ? » Voici de quoi refroidir les ardeurs les plus empressées. Don Alfonso, toujours là à propos pour résoudre les dissonances, leur demande « d'être gentilles ». Obéissantes, Fiordiligi et Dorabella autorisent Ferrando et Guglielmo à poursuivre leur cour. Scène cocasse : les garçons, dans leurs petits souliers, ne se décident pas, se renvoient la balle : qui va parler en premier ? Le temps est révolu où l'on exigeait haut et fort un baiser. Irrité par cette valse-hésitation, Don Alfonso s'interpose : « Ah ! Par tous les diables ! Laissons là ces niaiseries du siècle passé. Despinetta, terminons cette affaire, fais toi-même avec celle-ci ce que je vais faire pour celle-là. » Et il interpelle, *allegretto grazioso, ré* majeur, les jeunes gens toujours muets : « Si vous ne parlez pas, je parlerai pour vous. » Le vieux bonhomme s'incline gracieusement devant les deux sœurs et entame un jeu, drôle et presque émouvant, dans lequel il redevient le jeune homme qu'il a dû être, il y a bien longtemps. Petit motif piquant à l'orchestre. « Votre esclave tremblant vous demande pardon ; il vous a offensé, il le sait, mais pour un moment seulement ; désormais il souffre et il se tait... » Guglielmo et Ferrando ne savent que répéter lamentablement les fins de phrase. Fiordiligi et Dorabella, dans leur coin, gloussent – l'orchestre aussi – et ne pipent mot. « Répondez enfin, au lieu de regarder et de rire ! » s'exclame Don Alfonso. Point d'orgue, silence... C'est Despina qui reprend l'initiative – retour du petit motif piquant à l'orchestre – « Je vais leur donner la réponse à votre place » : « Ce qui est fait est fait, oublions le passé. Que désormais soit rompue cette attache signe de servitude. » Les paroles sont un peu grandiloquentes mais la musique frissonne, s'émeut. Épisode troublant. Dans ce quatuor – qui devrait être un sextuor – les uns font les perroquets, les autres, les carpes. Les mots d'avant, ceux, tout prêts, des romans, n'ont plus cours. Comment trouver un autre langage ? Mieux vaut abandonner la place aux aînés, se taire ou répéter la leçon, se laisser guider docilement sur ces sentiers inconnus. Despina prend Dorabella par la main tandis que Don Alfonso s'empare de celle de Fiordiligi. Ensemble ils les conduisent devant les deux garçons. Là, s'effectue un petit rituel qu'indique la didascalie du livret : « Ils font rompre aux amants leurs guirlandes et les leur mettent sur le bras. » Rompre, oublier. « Ce qui est fait est fait, oublions le passé. Que désormais soit rompue cette attache signe de servitude », chante, sur un rythme de 6/8, la soubrette.

Avec ce geste que l'on dicte, le passé s'efface. Pas seulement les temps anciens, ceux des fiançailles, mais également le passé récent, celui du courtisement de carnaval, du faux suicide. Une étape de plus est franchie. Ayant accompli leur tâche, les maîtres s'esquivent, *presto, piano, pianissimo,* laissant leurs élèves se débrouiller tout seuls.

Empressement

« La promenade est belle… – Fort belle… – Quelle nouvelle ? – Le petit chat est mort. » Arnolphe et Agnès entament ainsi leur promenade dans *L'École des femmes. Recitativo secco.* Dans le jardin au bord de la mer, deux couples parcourent lentement les allées ombragées. Ils ne se touchent pas, pas encore. Ils se regardent, se font des mines, rient pour cacher leur embarras, échangent quelques menus propos. Elle : « Oh ! Quelle belle journée ! » Lui : « Plutôt chaude que froide ! » Elle (s'extasiant) : « Quels charmants arbrisseaux… » Lui, (s'extasiant aussi) : « Certes, certes, ils sont beaux : ils ont plus de feuilles que de fruits… ».

Situation embarrassante car inédite ; les clans se sont désolidarisés, chacun est abandonné à lui-même au sein des couples. Promenade. On se croise. Ferrando au passage glisse un mot à Guglielmo : « Nous voici au moment de la grande épreuve. » Promenade. Soupirs. Silences. Guglielmo : « Ah ! » Dorabella : « Qu'avez-vous ? » C'est le moment de l'attaque : « Je me sens tellement mal, tellement mal, mon âme, qu'il me semble mourir. » Dorabella : « C'est sans doute un effet du poison que vous avez bu. » En aparté : « Il n'obtiendra rien du tout ! » Là-bas, derrière les buis, Fiordiligi et Ferrando sont face à face.

Guglielmo repart au front avec fougue : « Ah ! Combien plus fort est le poison que je bois en ces cruels et brûlants cratères amoureux... » Malice de Da Ponte et de Mozart, le terme de cratère est particulièrement bien choisi puisque nous sommes dans la baie de Naples. Le Vésuve fume, l'amour brûle. Dorabella (froidement) : « Ce doit être un poison chaud : Faites-vous un peu d'air. » Et l'on continue sur ce ton un badinage qui n'est qu'une entrée en matière, une escarmouche pour jauger l'adversaire car voici l'instant crucial, celui de l'engagement. Guglielmo propose un présent, un pendentif en forme de cœur, « symbole de celui qui brûle, languit et palpite pour vous ». Dorabella, comme il se doit, résiste : « Cruel, n'essayez pas de séduire un cœur fidèle ! » C'est le moment de pousser l'adversaire dans ses retranchements. Guglielmo, en aparté, a une petite pensée pour Ferrando : « La montagne vacille : j'en suis navré mais mon honneur de soldat est engagé. » À Dorabella : « Je vous adore, je suis tout à vous. » La reddition est proche, l'oiselle à son tour se sent mal : « O dieux... Par pitié... Vous me faites mourir. » Guglielmo porte le coup fatal : « Nous mourrons ensemble, ô mon espérance amoureuse » puis il ôte à la jeune fille le portrait de Ferrando qu'elle portait autour du cou. Le pendentif se balance doucement. Silence... Soupir... « Je l'accepte. » Victoire ! En aparté, pensée attristée à l'ami trahi : « Malheureux Ferrando. »

Andante grazioso, fa majeur. L'un donne son cœur, l'autre l'accepte. On passe tout naturellement du « vous » au « tu », toutes les distances sont abolies. Après le don, l'échange symbolique des cœurs précède l'échange réel qui va suivre. « Vous me demandez ce cœur en vain, il n'est plus à moi » soupire Dorabella. « Si tu ne l'as plus avec toi, pourquoi bat-il ici ? » rétorque Guglielmo et il joint le geste à la parole. Réponse alanguie : « Si tu me le donnes qu'est-ce alors qui bondit là ? » Unisson. « C'est mon petit cœur qui n'est plus avec moi, qui est venu se loger chez toi et qui bat ainsi » (acte II, scène 5). « Cœur est ma couleur » écrivait Mozart sur une cible salzbourgeoise...

Sur ce texte charmant, Mozart pose une musique pleine de fraîcheur, de délicatesse, tout en nous adressant, au passage, des clins d'œil complices. Ainsi sur les premiers mots du duo : « Je vous donne mon cœur, ma belle idole », revient la fameuse quarte ascendante qui constitue, en matière de conquête amoureuse, la botte secrète de Don Giovanni, en particulier dans « *Là ci darem la mano* ». La situation n'est-elle pas identique ici ? Guglielmo comme Don Giovanni, joue la comédie. Ambiguïté toute mozartienne ; où commence la comédie ? Le langage est trompeur – peut – être – mais la musique ? Entre sincérité et artifice, elle fabrique de l'amour, l'instant d'une quarte ascendante, d'un battement de cœur à l'orchestre. « Ils partent enlacés », dit le livret.

Soudain, le bruit d'une course éperdue. *Recitativo accompagnato.* C'est Fiordiligi, hors d'elle, qui court comme si sa vie en dépendait. Ferrando, derrière, s'essouffle à la poursuivre : « Barbare, pourquoi fuis-tu ? » Fiordiligi : « Tu veux m'enlever la paix du cœur », gémit la jeune fille sans se retourner. Que s'est-il donc passé, là-bas, derrière les buis ? Mystère... Seul le tutoiement peut nous laisser supposer que Ferrando, comme son ami, s'est lancé dans une conquête qui, au dernier moment, s'est muée en défaite. Le garçon ne réclame pas grand chose... Juste un regard. « Va-t-en ! », clame Fiordiligi. Juste un petit regard et, après, c'est promis, il s'en ira. La jeune fille s'arrête, se retourne lentement, contemple celui qui vient vers elle, soupire... C'est fini, elle a perdu. Ferrando ne s'y trompe pas. « Débordant de joie » dit le livret, il se lance dans une aria qui, *lietissimo,* très très très joyeusement, *si* bémol majeur, semble proclamer la victoire : « Déjà tu réponds à mes chauds désirs, déjà tu cèdes à un plus tendre amour... » (acte II, scène 6). L'orchestre ne manque pas de s'extasier au passage sur « amour ». La belle se tait : « La cruelle me condamne à mourir. » La musique emporte tout sur son passage : le cœur de Fiordiligi, l'amour pour Dorabella, le pari avec Don Alfonso, le souvenir de l'ami – aucune allusion à Guglielmo dans cette aria*. L'aria chante le présent : Ferrando est aimé, il aime.

Grand Cœur

Fiordiligi est touchée au cœur. Comment résister à un tel amour ? *Recitativo accompagnato.* « Laissons-le partir. Que de ma vue se retire le funeste objet de ma faiblesse. » Ferrando s'en est allé, Fiordiligi, loin du regard qui envoûte, peut se pencher sur elle-même, faire son examen de conscience. Elle a fauté, elle est punie. Mais surtout elle s'interroge sur la nature de ce nouveau sentiment qui est « agitation, oppression, remords, repentir, légèreté, perfidie et trahison ». Rien de commun avec « l'amour vertueux » du temps des fiançailles qu'elle a connu, autrefois, ce matin encore. De ce retour sur soi

* Cette aria est très souvent coupée à la représentation de l'opéra, c'est une erreur, et un dommage pour le spectateur.

découle une merveilleuse aria (acte II, scène 7) ou plutôt un merveilleux *rondo* qui rappelle, par sa virtuosité extrême, celle de l'air de Ferrando.

La jeune fille s'adresse, sans jamais le nommer, au fiancé qu'elle a oublié, l'espace d'un instant. Elle implore son pardon et prend la résolution, malgré « ce désir impie », de demeurer fidèle à ses engagements. *Adagio,* puis *allegro moderato, si* majeur, la voix monte doucement : *« Per pietà, ben mio, perdona. »* Elle va ensuite s'élancer en fusées, s'affaisser, s'élancer encore, retomber comme si, chaque fois, la chute était inéluctable. Elle chantera du plus grave au plus aigu de la tessiture, la colère, l'amertume, le désespoir, mais aussi la tendresse et l'amour passionné. Elle finira, en renonçant à la lutte, par s'apaiser. L'image d'un « bien-aimé » s'efface peu à peu tandis qu'une autre s'impose avec de plus en plus de force. L'orchestre participe de cette « passion » de Fiordiligi. Il souffre, s'attendrit, caresse, se lamente, s'apaise aussi, tout en apportant son commentaire çà et là. Ainsi sur les paroles « Je perdrai le souvenir » revient le petit motif roucoulant du *duettino* où Dorabella choisissait le *brunettino,* laissant le *biondino* à sa sœur. De temps en temps, les cors prennent la parole, pas trop haut, pas trop fort…

Oscillant sans cesse du passé au présent, d'une image à une autre, le rondo accomplit son office de passeur. La jeune fille constate qu'elle n'est plus cette fiancée « à l'amour vertueux » qui rêvait dans la paix du *giardino gentile.* Si Mozart emploie ici la forme du rondo – alternance refrain-couplets – au lieu de l'aria, c'est avec une intention très précise : le passé tranquille, évoqué par le refrain *« Per pietà, mio bene, perdona… »* alterne avec les couplets qui renvoient, en miroir, à un présent tourmenté. Ce jeu sur la forme prend plus de profondeur encore avec ce motif du miroir. Le rondeau ou rondo vient du Moyen Âge. Cette forme poétique, très souvent chantée, comporte des ornements vocaux, mais l'originalité du genre réside dans sa configuration particulière qui, renvoyant sans cesse le couplet au refrain, crée un jeu subtil de reflets. Entre Moyen Âge et Lumières, une jeune fille, immobile, se tient au milieu du Temps.

Perfidie

Sans transition, *recitativo secco,* on retrouve les garçons. Ils se communiquent les résultats du loto*, et d'un loto gagnant. Ferrando :

---

* *Ambo, terno, cinquina* sont des termes spécifiques au jeu de loto.

«Ami, nous avons gagné!» Guglielmo s'informe, c'est naturel, du gain : «Un doublet ou un triplet?» Ferrando joyeux : «Une quinte, ami : Fiordiligi est la modestie incarnée». Les gais lurons font donc, en leur langage, le bilan de leurs manœuvres amoureuses. Retour sur image. Serions-nous revenus au temps du café où, entre hommes, Don Alfonso engageait le pari fatidique? Ferrando, toujours joyeusement, annonce à son ami qu'il a la chance d'avoir tiré le gros lot : sa Fiordiligi est «la pudeur faite chair... Une femme sans égale». Mais Ferrando omet de raconter à Guglielmo l'épisode du regard... Au tour de Guglielmo de raconter. Le garçon est bien embêté. Comment informer l'ami de son infortune? Il prend donc des précautions, risque quelques allusions. Peine perdue, Ferrando n'entend rien : sa fiancée, c'est certain, s'est comportée comme sa sœur et d'ailleurs, «elle n'aime, elle n'adore que moi...»

À bout de patience Guglielmo, brutalement, porte l'estocade : «Certes! Et même pour preuve de son amour, de sa foi, elle m'a donné ce beau petit portrait.» Et il met devant les yeux de son camarade atterré le pendentif de Dorabella. Petites omissions, petites entorses à la vérité, paroles dures... Envolée la belle amitié! En peu de temps les amis sont devenus les rivaux. Un autre couple se défait. «Mon portrait!... Ah! Perfide!» Ferrando va, sur-le-champ, «courir sus à l'infidèle, arracher le cœur de ce sein criminel et venger son amour trahi!» Inquiet, Guglielmo le retient et, singulière consolation : *allegretto, sol* majeur, il se lance dans une diatribe contre la gent féminine qui ferait certainement plaisir à Don Alfonso mais ne peut que décupler l'ire de son camarade : «Vous en bernez tant, mes belles dames, que, pour parler franchement, je commence à compatir quand les amants se lamentent» (acte II, scène 8). Dans cette aria, qui adopte également la forme du rondo*, Guglielmo n'apparaît-il pas ici comme le double du vieux philosophe? Un double, mais plus jeune, donc moins amer. L'orchestre ironise à loisir, caquette, parade, s'alanguit parfois – «Vous êtes exquises, attirantes, charmeuses de la tête aux pieds» – puis repart en sautillant de plus belle, reprenant inlassablement la phrase mélodique du refrain tandis que Guglielmo ressasse le mot *«tanti»*. Cette volubilité ressemble par bien des côtés à celle d'un Leporello dans l'air du Catalogue, d'un Figaro qui, dans les *Noces,* chante une aria sur le même thème, d'un Pedrillo ou d'un Osmin dans *L'Enlèvement au sérail,* elle préfigure aussi le bavardage incoercible de Papageno.

* Mais qui n'en porte pas le nom.

À quoi rime cette aria à caractère bouffe ? Le contexte dramatique à ce moment ne se prête guère à ce genre d'exercice. À y regarder de près, l'aria, surtout du côté de la musique, fait émerger sans ambiguïté une figure que nous connaissons bien, celle du bouffon. Depuis le début de l'opéra, par petites touches Mozart prépare l'apparition de ce personnage : léger et insouciant, Guglielmo a de l'appétit pour l'amour et la bonne chère. L'aria est l'aboutissement de l'esquisse, elle achève le portrait en exposant le trait principal du fol garçon : un langage textuel et musical qui tourne à vide, qui ressasse, se nourrissant seulement de sa propre dynamique, de sa propre énergie. Nous présentant Guglielmo dans le rôle du fol, Mozart nous informe-t-il déjà du devenir de son personnage ? Pour Guglielmo, le parcours d'apprentissage pourrait bien tourner court...

Tendre-sur-Inclination

Comme tout à l'heure Fiordiligi, Ferrando reste seul et désemparé. Guglielmo l'a laissé là, à sa peine, sans un conseil, sans même un mot d'amitié. *Recitativo accompagnato* :

> Dans quel discord, dans quel cruel désordre de sens et de pensées je me retrouve ?... Mais je vais me venger ; je saurai de mon cœur effacer l'infidèle... L'effacer ? C'est que ce cœur, ô Dieu ! me parle trop pour elle...

Commencé *allegro,* sur les traits véhéments des violons, le ton s'alanguit *andante,* pour évoquer nostalgiquement la volonté d'oublier l'infidèle. L'ambiguïté toute musicale de ce passage peut nous faire supposer que, peut-être, derrière les traits de Dorabella, une autre image se profile... Cette ambiguïté va ne faire que croître et embellir dans la cavatine qui suit immédiatement (acte II, scène 9). Il s'agit, dans ce bref et superbe morceau, d'approfondir, de creuser des sentiments mêlés. « *Tradito...* » Point d'orgue. « *Schernito...* ». Point d'orgue. « Trahi... Bafoué... » Indignation, colère, l'orchestre monte au créneau. Point d'orgue. Les clarinettes rentrent sur la pointe des pieds et chantent, tout en nostalgie, en tendresse, l'amour qui perdure malgré la trahison... À moins qu'elles ne trahissent, *piano,* le secret d'un autre amour... : « *Io sento che ancora quest'alma l'adora, io sento per essa le voci d'amor...* ». Si l'on prend garde au texte, on s'aperçoit qu'une même idée est exprimée sous deux formes différentes. Une phrase composée de deux parties jumelles en quelque sorte. Une différence : la deuxième seule prononce le mot « amour ». La musique traite de la même manière les deux parties excepté que la fin de la deuxième partie, *« Le voci d'amor »* justement, est répétée par trois fois et aboutit à une longue tenue vocale dans l'aigu. Les voix de l'amour résonnent bien haut en Ferrando, bien plus haut que celles de la colère. Demi-teintes et lyrisme : la cavatine de Ferrando ne fait-elle pas écho au rondo de Fiordiligi ? Bien avant que le couple se reconnaisse en tant que tel, la musique les unit déjà.

Indiscrétion

Mais deux personnages écoutaient, cachés. Don Alfonso et Guglielmo. Ces deux-là font la paire maintenant. Ironiquement, le vieil homme félicite Ferrando de sa constance. Pour la première fois, le jeune homme se rebiffe : « Allez ! Barbare ! Vous êtes cause de mon malheur* ! » Don Alfonso se fait rassurant : « Allons, si vous êtes sage je vous rendrai votre ancienne paix... » Guglielmo, quant à lui, est odieux. Auprès de son ami, il se vante bien haut ; une fiancée – *sposa*, dit le livret – ne saurait trahir un Guglielmo : « Sans me flatter, si nous faisons entre nous un rapide calcul... Tu vois bien, l'ami, qu'un peu plus de mérites... » Ferrando ne répond rien. Cependant le mot « calcul » a rappelé au prosaïque garçon que, son pari perdu, son mentor lui devait « cinquante jolis sequins ». C'est entendu, Don Alfonso paiera sa dette mais auparavant il exige de procéder à une dernière expérience. Guglielmo proteste. Le vieux bonhomme s'adresse avec autorité aux deux garçons dont l'un est toujours muet :

> Prenez patience ; jusqu'à demain vous êtes mes esclaves tous les deux : vous m'avez donné votre parole de soldat que vous feriez ce que je dis. Venez ; je compte vous montrer que folle est cette tête qui vend l'oiseau quand encore elle le guette. (Ils partent.)

Les apprentis obéiront au Maître. L'initiation n'est pas accomplie.

---

* Si l'on y prête attention, le texte est perpétuellement ambigu. De quel malheur s'agit-il ? Le malheur d'avoir été trahi ou celui d'être tombé amoureux de Fiordiligi ?

Tendresse

Dans le clan des filles, également, le temps vire à l'orage. Fiordiligi la douce claque les portes et passe sa colère sur Dorabella et Despina dont l'entente semble parfaite. « Misérables ! Voilà dans quel état je me trouve par votre faute ! » Aucun écho. L'une daigne poser une question du bout des lèvres :

« Que s'est-il passé chère Mademoiselle ? » L'autre, tout aussi placidement, renchérit : « As-tu quelque indisposition ma sœur ? » Fiordiligi éclate : « J'ai le diable et qu'il nous emporte, moi, toi, eux, Despina, Don Alfonso et les étrangers et tous les fous qui sont au monde ! » Pour le coup, Dorabella s'inquiète : « As-tu perdu la raison ? » C'est pis, bien pis : « Tremble d'horreur : j'aime ! Et mon amour n'est plus seulement pour Guglielmo. » Ouf ! Dorabella respire, ce n'était que ça... « Alors toi aussi tu es amoureuse ? Du joli blond ? » Gros soupir : « Hélas pour nous... » Despina : « Bravo. » Dorabella saute au cou de sa sœur : enfin ! Les voici redevenues semblables ! « Soixante dix mille baisers ! Toi le joli blond, moi le petit brun : nous voilà mariées ! »

> Adieu, ma chère, mon unique. Attrape-toi aussi en l'air 2999 de mes baisers et 1/2 volent vers toi et attendent d'être saisis... Maintenant je te dis quelque chose à l'oreille et toi à la mienne... [...] Adieu, 1000 tendres baisers, à jamais ton Mozart[20].

Fin de parcours

> Heureux par-dessus tout s'exclama-t-il, celui qui, pour se mettre à l'unisson du destin, n'a pas besoin de rejeter toute sa vie passée.
>
> Goethe
>
> *Les années d'apprentissage de Wilhelm Meister*

Dorabella exulte. Gaiement, elle entonne, *allegretto*, 6/8, une gracieuse et pétillante aria à la gloire de l'amour, ce *ladroncello*, ce « petit voleur » : « Si dans ta poitrine il s'est installé, s'il t'y becquette, fais tout ce qu'il te demande » (acte II, scène 10). Un air que ne désavouerait pas Despina... Un rondo encore, effets miroir. Au début de l'opéra, trois couples étaient formés : Fiordiligi/Guglielmo, Dorabella/Ferrando, Don Alfonso/Despina. Ces couples se défont, d'autres se reforment : Dorabella/Guglielmo, Don Alfonso/Guglielmo, Despina/Dorabella. Restent Fiordiligi et Ferrando. Il ne reste plus à ces deux-là qu'à se rejoindre, ils s'aiment déjà. Mais Fiordiligi résiste encore, il faut se sauver, rejoindre dare-dare les fiancés sur le champ de bataille ; Dorabella l'accompagnera : épées, chapeaux et vêtements de leurs promis fourniront le déguisement nécessaire : « L'habit de Ferrando m'ira, Dorabella prendra celui de Guglielmo. Sous cet accoutrement nous rejoindrons nos fiancés, à leur côté nous pourrons combattre et mourir s'il le faut » (acte II, scène 12). Ainsi, même le déguisement destiné à rompre le maléfice ne fait qu'entériner la nouvelle configuration des couples. Ferrando paraît ; après une rapide passe d'armes, Fiordiligi, en quatre mesures de musique magnifique, se rend sans condition : *« Hai vinto... fa di me quel che ti par...* Fais de moi ce que tu veux. » « Dans un andante, s'épanche en toute intimité le sentiment de bonheur de tous deux, d'abord en tierces et en sixtes de type populaire, comme s'il s'agissait, dans un conte, d'une princesse délivrée ; ensuite de nouveau en petits canons qui s'amplifient toujours plus haut, comme si le bonheur ne pouvait jamais avoir de fin[21]... » Bien avant l'heure, Pamina a rejoint son Tamino mais nous sommes pas encore dans *La Flûte enchantée* et cette fin n'est qu'un prélude...

Dans l'ombre, deux personnages, une fois encore, ont assisté à la scène, Guglielmo et Don Alfonso. Guglielmo explose : *« Assassina, furfante, ladra, cagna »* ; il faut se venger de ces fiancées parjures ! Mais comment ? Don Alfonso, lui, sait : il faut les épouser, c'est-à-dire les choisir à nouveau, en toute lucidité, définitivement : « Je veux que ce soir même un double mariage se fasse. » *Andante,* cordes seules, ultime leçon du philosophe :

> *Tutti accusan le donne,*
> Tous accusent les femmes et moi je les excuse
> Si, mille fois par jour, elles changent d'amour ;
> Certains appellent cela un vice, d'autres une habitude
> Et cela me paraît à moi être une nécessité du cœur
> Que l'amant qui se trouve finalement déçu
> Ne condamne pas l'erreur d'autrui mais la sienne propre
> Puisque, jeunes ou vieilles, jolies ou laides
> Répétez-le avec moi : *Così fan tutte* ! (acte II, scène 13).

En style *parlando,* au plus près de la parole, voici la règle énoncée en quelques mots-clés : changement, nécessité du cœur, erreur. Ne sont-ce pas là les termes qui définissent et résument le temps coutumier de l'apprentissage ? Dans l'ouverture de l'opéra, un motif musical résonnait d'une manière particulière ; ici, presque à la fin, il résonne à nouveau, ayant, cette fois, trouvé ses paroles : *Così fan tutte.* Cette devise qui s'inscrit au frontispice de l'œuvre – *Così fan tutte ou l'École des amants* – proclamée, chantée par Don Alfonso puis répétée docilement par Guglielmo et Ferrando, opère la jonction avec le Basile des *Noces de Figaro.* N'est-ce pas réaffirmer solennellement, bien au-delà du sens des mots, la fonction première de ces deux personnages dans chacun des opéras, celle d'être les maîtres du rite ? Le finale peut commencer.

Les événements se précipitent. Dernier moment du parcours, un mariage s'apprête, *allegro assai* : « Une salle richement illuminée, un orchestre dans le fond. Une table pour quatre personnes avec des candélabres en argent, etc. » (acte II, scène 15). Don Alfonso en maître de cérémonie : « À présent les deux couples s'avancent, applaudissez à leur arrivée. » Le moment est crucial, n'en doutons pas, car la musique a refait sa réapparition sur scène, et, sur l'arrivée solennelle des « fiancés » entame une marche. Le chœur des serviteurs entonne, *andante,* un hymne nuptial :

> *Benedetti i doppi conjugi*
> Et les aimables épousées !
> Que resplendisse pour eux un ciel bénéfique
> Et qu'à la manière des poules
> Elles soient prolifiques d'enfants
> Qui les égalent en beauté (acte II, scène 16).

Sur ces cocasses paroles*, Mozart pose cependant une musique recueillie. La sonorité solennelle du *mi* bémol majeur, la prédominance des vents à l'orchestre, donnent fugitivement à cet épisode une tonalité initiatique… Les fiancés se mettent à table, échangeant des propos tendres : « Comme tu es belle », « Comme tu es charmant », « Quels beaux yeux », « Quelle jolie bouche ». Fait remarquable, les garçons chantent ensemble à la tierce, les filles leur répondent de même. Les individualités s'effacent, le temps, bientôt, ne sera plus « hors de ses gonds ». On se regarde pour la dernière fois, intensément… Seule la musique le sait. Chacun lève son verre : « *Tocca e bevi ! Bevi e tocca !* » Choc léger du cristal : voix en canon : « *E*

* On ne peut s'empêcher de penser à un duo de l'opéra que Mozart écrira ensuite, ce duo délicieux de *La Flûte enchantée,* où Papageno et Papagena réunis chantent tous les petits Papageno et Papagena qui naîtront de leur union.

nel tuo, nel mio bicchiere... Et dans ton verre et dans le mien, que toute pensée soit noyée. Et qu'il ne reste plus souvenir du passé en nos cœurs. » Une fin. Ou plutôt un retour au début, au temps où deux jeunes filles en larmes suivaient du regard, en compagnie d'un vieux philosophe, une barque qui s'en allait loin sur la mer. La tonalité du « Toast », *la* bémol majeur, possède quatre bémols à la clé, celle du trio de l'acte I, *« Soave sia il vento »*, écrit en *mi* majeur, avait quatre dièses à la clé. La musique s'inverse, le temps aussi.

Mais quelqu'un est exclu de cet instant du passage. Guglielmo ne joint pas sa voix à celle des trois autres, il grommelle, en double croches non mélodiques, dans son coin : « Ah, puissent-elles boire du poison ces renardes sans honneur ! » Le léger, le fol Guglielmo... Un futur Don Alfonso peut-être ?

Tout est joué, le reste n'est plus que simple formalité. Despina – le notaire Beccavivi, « Croque-vivant », Croque-jeunesse – n'a plus qu'à faire signer le *contratto.* Sur ce mot, Mozart pose une dissonance étrange, si étrange qu'elle a été corrigée dans plusieurs partitions du XIXe siècle[22] : « *Per contratto da me fatto,* sont unis par les liens du mariage Fiordiligi avec Sempronio et avec Tizio, Dorabella. » Tizio, Caio e Sempronio : équivalent italien de « X, Y, Z ». Entamé par la musique tout à l'heure, l'effacement des éphémères identités masculines s'accomplit ; place nette. X, Y, Z, dernières lettres de l'alphabet : de A à Z, tout a été épelé, lettre après lettre, étape après étape. Le parcours est achevé, Guglielmo et Ferrando peuvent resurgir. Roulement de tambour : résonnent, *maestoso,* les accents martiaux de la marche *« Bella vita militar »*, celle qui accompagnait, au premier acte, l'arrivée puis le départ des fiancés. Affolement général, « ils » reviennent. Tout se désorganise, se défait : « Les serviteurs enlèvent la table et les musiciens partent, furieux*. » Les Albanais s'éclipsent, les filles *quasi frenetiche,* ne savent plus à quel saint se vouer. À l'orchestre, un motif musical rappelle nettement le moment où, dans *Don Giovanni,* Elvire et Leporello entrevoient la statue du Commandeur...

Tout s'apaise sur l'intervention de Don Alfonso : « Fiez-vous à moi, tout ira bien. » Les officiers font leur entrée : « Sains et saufs, aux étreintes amoureuses de nos très fidèles amantes, nous revenons, exultants de joie, pour donner récompense à leur fidélité » (acte II, scène 18). Les voix – unies à la tierce – loin de chanter l'exubérance des retrouvailles, semblent contraintes, guindées ; la phrase

* Acte II, scène 17, didascalie du livret.

musicale elle-même a, note Jean-Victor Hocquard, quelque chose de mécanique, surtout dans sa reprise : « Imperturbablement, comme s'ils remettaient leur disque, les deux automates reprennent *in extenso* leur chant précédent, et cette insistance leur donne l'aspect comiquement menaçant de deux spectres qui reviennent sur terre[23]... » Deux garçons reviennent d'un voyage, deux statues qui parlent et marchent...

Découverte de Despina sous son habit de notaire, puis du contrat de mariage ; les fiancés crient à la trahison, les fiancées plaident coupables tout en accusant Despina et Don Alfonso : « Que parle pour nous cet homme cruel, cette séductrice. » *Ré* mineur. Nouvelle entrée de Ferrando et Guglielmo, à moitié déguisés en Albanais. Dernière confusion, stupéfaction, cris et réconciliation. Pendant ce temps la musique récapitule – en raccourci – le parcours effectué : des phrases, textuellement, rappellent certains épisodes antérieurs : marche militaire, thème du duo entre Guglielmo et Dorabella, reviennent aussi les trilles espiègles qui préludaient à la cure mesmérique. Le temps du rite se referme.

Les filles désignent Don Alfonso : *Ecco là il barbaro che c'ingannò :*

Oui, je vous ai trompées, mais la tromperie fut
Une « détromperie » pour vos amants,
Qui seront désormais plus sages
Et feront ce que je voudrai.
(Il les unit et les invite à s'embrasser)
Donnez-moi vos mains, vous êtes maris et femmes.
Embrassez-vous et taisez-vous.
Tous quatre riez à présent,
Car j'en ai déjà ri et j'en rirai encore.

Pardon général. Serments de fidélité, émotion, tendresse, la musique porte sur ces ailes lumineuses le plain-chant de l'apaisement ; Despina passe, en pointes de croches : « Je ne sais si c'est un songe, je m'embrouille, j'ai honte ; heureusement, s'ils m'ont grugée, moi aussi j'en grugerai bien d'autres. » Malgré la leçon, l'épine se promet bien de piquer encore. Sextuor, *allegro molto, ut* majeur, morale de l'histoire :

Heureux celui qui prend
Toute chose du bon côté
Et dans les revers de fortune et les mésaventures
Se laisse guider par la raison.

Sagesse auparavant, raison maintenant. Maîtres-mots des Lumières, maîtres-mots aussi de l'initiation, telle que Mozart la mettra en scène dans son prochain opéra. *Sotto voce, piano, crescendo, forte,* une fois encore s'allume le bûcher joyeux où se consume la saison printanière. Les choix ont été faits. Sont-ils judicieux ? Qu'importe, la coutume est accomplie. Surgit soudain à l'orchestre un motif musical déjà connu : une courte phrase du deuxième air de Guglielmo à l'acte II. Ainsi Mozart laisse la dernière note à son bouffon. *Così fan tutte* s'achève, Tamino et Pamina attendent déjà à la porte du Temple, Papageno aussi.

CHAPITRE X

Papageno ou *le gai savoir de l'Oiseleur*

Ha ! petits frères, courez vous rouler dans l'herbe !
Cela nous est encore permis, cela nous sied encore
Hélas ! Quand nous serons plus âgés, cela ne sera plus de mise
Nous aurons une allure plus guindée et compassée.

W.A. Mozart
Lied *Das Kinderspiel**

Tout commence comme dans un conte. Une contrée sauvage, mystérieuse, des montagnes, un temple rond. Un jeune homme vêtu d'un somptueux habit de chasse – japonais ainsi que le précise le livret – court à perdre haleine. Étrange chasseur : il possède un arc mais pas de flèches. Il a peur. Un serpent monstrueux le poursuit, le talonne. Déjà la gueule s'ouvre, prête à avaler sa proie « *Zu hilfe !* À l'aide ! » Le prince Tamino, à bout de souffle, à bout de terreur, s'évanouit, la bête est sur lui… Trois Dames voilées surgissent, brandissent leur javelot d'argent. Trois mesures de musique… Victoire ! La bête git, proprement découpée en trois morceaux. Les mystérieuses Dames trouvent, ma foi, ce jeune prince tout à fait charmant. Laquelle restera seule avec lui tandis que les deux autres préviendront leur souveraine ? On se dispute légèrement, *allegro*, en notes piquées, trilles et triolets. Point d'orgue. Sans avoir réussi à se mettre d'accord, elles se retirent sur la pointe des pieds. Tamino revient à lui, découvre le serpent mort à ses pieds : « Où suis-je ? N'est-ce qu'un rêve ou suis-je encore en vie ? » (acte I, scène 1). Mais quelques notes en arpèges, au loin, s'échappent d'une syrinx. Entre deux glissandos s'élève une gaie ritournelle qui s'enroule autour du jeune prince, le ramène du royaume des ombres, l'éveille à une nou-

* K. 598. Composition, Vienne, 14 janvier 1791.

velle vie : « Qu'entends-je ? Où suis-je ? Quel est ce lieu inconnu ? » Tamino aperçoit alors le joueur de flûte :

> Papageno descend par un sentier, il est vêtu d'un manteau de plumes, il porte sur le dos une grande cage qui dépasse largement le haut de sa tête et où se trouvent des oiseaux divers ; de plus, il tient des deux mains une flûte de Pan, il en joue et chante (acte I, scène 2).

Quel est cet être si bizarrement accoutré ? Il vaut mieux se cacher… Selon l'usage du théâtre, Papageno, *andante, sol* majeur, se présente : « *Der Vogelfänger bin ich ja…* Moi je suis l'oiseleur, toujours joyeux, heissa, hopsassa. » La mélodie qui, tout à l'heure, résonnait *sotto voce,* prend corps maintenant. Portée par la voix sonore du personnage, ponctuée par les interventions malicieuses de la syrinx, elle égrène, sur un thème de chanson populaire, le gai savoir de l'oiseleur : « Je sais poser les pièges, je connais tous les sifflets. Aussi je puis être gai et joyeux car tous les oiseaux sont à moi… » La présentation achevée, l'oiseleur s'apprête à reprendre son chemin et sa chasse quand Tamino surgit ; il apostrophe le nouveau venu : « Hola ! » et même, toute crainte oubliée, il l'attrape au vol : « Il saisit Papageno par la main », dit le livret. « Dis-moi ; joyeux ami, qui es-tu ? »

Une rencontre, un geste de capture, une question. Voici face à face nos deux personnages. L'un est revêtu d'un habit de chasse splendide, l'autre, recouvert de plumes multicolores, ressemble à s'y méprendre à un perroquet. Deux garçons, deux chasseurs, deux costumes bariolés et exotiques. Deux « drôles d'oiseaux » dont l'apparence révèle à la fois ce qui les rassemble mais aussi ce qui les sépare. Le tissu somptueux qui habille Tamino le place du côté de la culture, de ce monde des hommes d'où il vient et dans lequel il est prince, fils de prince. Par contre, le plumage multicolore de Papageno* – emblème de son humble état de serviteur – en fait un être issu de la nature elle-même. Garçon sans origine, né de père et de mère inconnus, l'oiseleur est élevé par « un homme vieux mais très joyeux** ». Papageno, le garçon sans généalogie, Tamino, le prince.

* Que l'on pourrait aussi rapprocher du costume bariolé d'Arlequin.

** Acte I, scène 2. Un autre personnage d'opéra présente beaucoup de similitude avec celui de Papageno : Siegfried, le héros de Wagner, ignore ses origines ; il est élevé dans la forêt par le Nibelung Mime. On pourrait évoquer aussi Parsifal. Ces deux héros entretiennent une relation de proximité avec les oiseaux qui est déterminante dans leur destin. Siegfried, après avoir abattu le dragon gardien du trésor et plongé les mains dans son sang, comprend le langage de l'oiseau qui le mène à Brunhilde ; Parsifal abat un cygne, cet acte l'engage dans la quête du Graal.

Cette différence est posée dès le départ même si une égale « confusion » réunit les personnages. Troublé par l'aspect de Papageno, Tamino le prend pour un oiseau. Dérouté par l'apparence de Tamino, Papageno menace : « Aussi vrai que je m'appelle Papageno, je te flanque dans ma cage, comme un grand serin que tu es, et je te vends avec tous mes autres oiseaux à la Reine de la nuit et à ses Dames... » (acte I, scène 2). Un garçon « grand serin » et aristocrate, un autre, perroquet et serviteur. Ce jeu de la proximité et de la distance, tout comme dans *Don Giovanni*, structure le couple, inscrit déjà chaque personnage dans la destinée qui sera la sienne au dénouement de l'opéra. Entraînés dans la même aventure, les deux garçons seront compagnons de route, mais jamais amis. L'écart reconnu d'entrée de jeu se maintiendra tout au long de l'action.

Papageno/Tamino. Dans ce couple, le personnage principal semble être le maître, l'aristocrate ; c'est à lui qu'est confiée la flûte enchantée, l'instrument noble et magique qui doit l'aider dans sa quête. Papageno n'a droit qu'à un modeste talisman, le *glockenspiel*, un presque joujou avec ses clochettes qui tintent gaiement. À Tamino est destinée la belle et tendre princesse Pamina et le triomphe final dans le Royaume de Sarastro. L'Oiseleur, qui suit en contrepoint comique la grave initiation de son compagnon, ne trouve, après avoir franchi vaille que vaille les épreuves, qu'une oiselle toute pareille à lui, une Colombine en habit de plumes. Au dénouement de l'opéra – qui marque l'apothéose du couple Tamino/Pamina – rien, ni dans le livret, ni dans la musique, ne mentionne la présence de l'Oiseleur et de sa compagne. À quoi sert donc Papageno ? Quel est le rôle que lui attribue Mozart ?

Reprenons la question initiale de Tamino à Papageno : « Qui es-tu ? » Une gravure de l'époque nous montre Schikaneder* en costume de Papageno. Sur une esquisse de paysage, on distingue, à gauche, un rocher entouré d'une végétation rare. À droite, sur une petite butte, un pavillon semblable à ceux qui se trouvaient dans les parcs et les jardins. Le garçon-oiseau se tient campé, la main sur la hanche ; le visage aux traits juvéniles, un peu flous, est tourné. Le corps entier est couvert d'un plumage qui s'achève en une longue queue d'oiseau ; la tête est coiffée d'une somptueuse parure de plumes. Attachée aux épaules du personnage, une immense cage – vide – qui ne semble guère peser et qui ressemble étonnamment au

* L'ami de Mozart, auteur du livret de *La Flûte enchantée*, directeur de théâtre et comédien, créateur du rôle de Papageno.

Papageno, dessin de Salomon Richter (Mozart Archiv Salzbourg).

pavillon dessiné à l'arrière-plan. Autre représentation de Papageno, un dessin de 1793. Mêmes traits juvéniles du visage, même parure de plumes bigarées recouvrant le corps et la tête, mais le personnage ici est représenté avec son attribut, la syrinx. La cage, toujours imposante, contient un occupant : un perroquet insinue son bec et son aile entre les barreaux de sa prison. Ces gravures – indices de la popularité du personnage – dès son apparition*, évoquent à s'y méprendre les gravures qui circulaient depuis le XVe siècle dans toute l'Europe, représentant les Amérindiens tels que les avaient perçus les conquérants espagnols et tels que les imaginaient les Européens. Comme les récits de voyage, ces images connaissaient une grande vogue dans les cours du XVIIIe siècle. À Vienne, on pouvait déjà admirer les magnifiques parures, des vêtements complets – plumes minutieusement cousues une à une sur le tissu – que Montecuhzoma**, dernier empereur aztèque, avait offerts à Hernán Cortéz, qui lui-même en avait fait cadeau à Charles Quint – un Habsbourg. Dans ce contexte, il n'est guère étonnant que le graveur ait représenté un Papageno tout semblable à ces « sauvages emplumés » qui faisaient rêver et frissonner délicieusement la bonne société de l'époque. Avec ces hommes-oiseaux apparaissent aussi, dans les cabinets d'histoire naturelle, dans les palais, les autres, les véritables : oiseaux exotiques aux couleurs merveilleuses offerts aux rois, aux princes : colibris, canaris, perroquets, dont – suprême raffinement – on rehausse le plumage en y ajoutant de délicates touches de peinture dorée. Papageno prend donc sa place dans cette « folie d'oiseaux » qui baigne l'Europe des Lumières ; mais, libre ou encagé l'oiseau accompagne aussi le chemin de Mozart ; petit compagnon fidèle et discret, il volette entre les lignes de la vie, entre les pages de ses partitions.

---

* Papageno figure sur un moule à pain d'épices, daté de 1791, l'année même de la création de l'opéra. Cet objet se trouve au musée des Arts et Traditions populaires de Vienne ; il figure p. 28.

** Étymologiquement « celui qui se fâche comme un seigneur ». Cette précision m'a été donnée par M. Georges Baudot, professeur à l'Université de Toulouse-le-Mirail.

« L'ŒUF DE LA FÉE GIRIGARIKANARIMARISCHARIWARI »

Par une belle journée de mai 1784, un jeune homme flâne dans les rues de Vienne. Soudain, il tombe en arrêt devant la boutique d'un oiseleur. Dans une cage suspendue au dessus de la porte un étourneau s'égosille joyeusement. Wolfgang Mozart – car il s'agit de lui – est stupéfait : le petit oiseau siffle les premières notes de l'allegretto du concerto qu'il vient de composer quelques semaines auparavant*. Wolfgang achète le sansonnet et, de retour à la maison, note l'achat sur son cahier de dépenses : « 34 kreutzers pour un étourneau ». Sous le prix, il transcrit les roulades de l'oiseau ainsi que les cinq premières mesures de son allegretto et ajoute : « *Das war schön*... C'était beau... » Coincidence ? Ce thème ornithologique et musical revient, en 1791, dans l'allegretto de l'ouverture de *La Flûte enchantée* mais aussi dans le premier air de Papageno, « C'est moi qui suis l'oiseleur... » Cette incroyable mais pourtant véridique anecdote [1] illustre bien la relation affectueuse que Mozart a entretenue toute sa vie avec le monde des oiseaux. Partout, dans la correspondance mozartienne, dans la musique même, les biographies et les exégèses revient l'image de l'oiseau.

Enfance

Salzbourg le 9 février 1756

Monsieur mon très cher amy,

[...] Par ailleurs, je vous annonce que le 27 janvier à 8 h du soir, ma femme a heureusement accouché d'un garçon. Mais il a fallu lui retirer le placenta. Elle a ensuite été étonnamment affaiblie. Aujourd'hui (Dieu soit loué), la mère et l'enfant se portent bien. Elle vous adresse à tous deux son bon souvenir. Notre fils s'appelle *Joannes Chrisostomus, Wolfgang, Gottlieb*[2]...

Un petit garçon vient donc de naître au foyer des Mozart, en ce 27 janvier 1756 froid et enneigé. Il est le septième enfant de la famille, dont, jusqu'à présent, seule une fille, « Nannerl** », a survécu. La naissance se passe difficilement et l'on craint quelques jours pour la vie d'Anna Maria, la mère. Comme un oisillon capturé au nid, le fragile bébé est isolé dans une pièce sombre du logis, nourri

* *Concerto pour piano en sol majeur*, K. 453, 12 avril 1784.

** Diminutif de Maria Anna.

au « lait d'orge » – du lait de vache coupé avec une infusion de cette céréale. Les années passent... Apte maintenant à être « élevé » par son oiseleur qui a découvert son talent exceptionnel pour la musique, Wolfgang picore avec appétit ses premières notes. Cette plaisante analogie entre l'enfant et l'oiseau, entre l'apprentissage musical et la pratique coutumière de l'oiseleur trouve un écho dans l'ancienne manière d'écrire la musique qui perdure à l'époque de Mozart : les notes ont la forme du grain d'orge et en portent le nom*.

1756-1762. Années d'apprentissage. Wolfgang apprend les rudiments de son art sous l'autorité exclusive de Léopold. La plume, le clavecin, le clavecin, la plume, plus tard le violon. Les petits doigts, incessamment, passent d'un instrument à l'autre. Si l'oiseau chante dans la plume, il pépie aussi discrètement dans la voix du clavecin : de petits morceaux de plume nommés « sautereaux » sont introduits dans le mécanisme afin d'arrondir le son aigrelet de l'instrument en laissant vibrer les cordes[3]. Cette étude intensive et passionnée de la musique a son revers ; hormis la compagnie de sa sœur – à la même école paternelle – et du chien de la famille, Pimperl, Wolfgang semble un enfant assez solitaire et sensible même si la famille Mozart a une vie sociale active, visites reçues et données, spectacles, jeux de société, cartes, et surtout séances de tir à carreaux.

> Monsieur !
> Wolfgangerl a pleuré lorsque j'ai lu la lettre, et lorsque je lui en demandai la raison, il répondit qu'il avait de la peine parce qu'il pensait ne plus jamais le revoir**. Nous l'avons détrompé, et il s'est rappelé que votre fils et lui avaient souvent attrapé des mouches et qu'il avait coutume d'activer pour lui la soufflerie de l'orgue ou de lui apporter sa carabine à air comprimé pour le tir à carreaux. Dès qu'il sera de retour à Salzbourg, il veut aller à Saint-Pierre et se faire attraper une mouche par M. Kajetan, et il devra aussi tirer à carreaux avec lui[4].

Autre compagnonnage : un canari, dont il sera souvent question, plus tard, dans les lettres, lorsque Wolfgang aura quitté le nid familial. Cette présence de l'oiseau constitue un invariant de la « légende dorée » mozartienne ; une silhouette de Carmontelle évoquant l'enfance du génie n'oublie pas, à côté du garçonnet et de son petit vio-

* « On appelle grains d'orge des notes de plain-chant rondes ou en losange qui doivent être brèves », *Dictionnaire de Trévoux*, Paris, 1771, article « orge ».

** Le fils de Lorenz Hagenauer, Kajetan, venait de rentrer comme novice dans une abbaye bénédictine.

lon, de placer un oiseau dans sa cage. À Saint-Gilgen, le village natal de la mère de Mozart, une fontaine figure en son centre l'enfant au violon ; autour de lui de petits oiseaux en bronze lancent vers le ciel des roulades d'eau fraîche. De même, un tableau daté de 1764* représente un Mozart un peu plus âgé tenant entre ses mains un nid qui contient des œufs de rossignol. Enfin, un dessin du XIXe siècle reconstitue le dernier appartement de Mozart à Vienne, celui où il est mort. Le piano, le billard sont à leur place, la cage à l'oiseau se balance dans un coin, même si l'inventaire des meubles, dressé après la disparition du musicien en 1791, ne fait pas apparaître ce détail minuscule[5]...

Voyages

1763 marque le commencement des périples européens. Léopold, Anna-Maria, Nannerl et Wolfgang vont d'un pays à l'autre, d'une cour à l'autre ; trois ans et demi de pérégrinations. Le garçonnet découvre le monde, les musiques, il apprend comment se comporter dans la bonne société : remercier humblement les princes de leurs présents : tabatières, montres, habits ou, plus rarement, quelques ducats ; tourner joliment des compliments aux nobles dames qui donnent baisers et sucreries... L'enfant est docile, charmant, toujours joyeux – heissa hopsassa :

Francfort, le 20 août 1763

> Notre concert a eu lieu le 18. Il a *été bien.* Le 22, il y en aura un autre, ainsi que le 25 ou le 26. L'envoyé de l'empereur, le Comte von Pergen et sa femme, etc., étaient également présents. Tout le monde a été émerveillé. Dieu, dans sa miséricorde, nous conserve la santé, Dieu merci, et nous accorde de susciter partout l'admiration. Wolfgang est extraordinairement gai mais un peu polisson. [...] Nannerl met pour se promener un chapeau anglais, car c'est la mode pour les femmes dans cette région. Si nous nous promenions ainsi dans les rues de Salzbourg, il y aurait un rassemblement comme pour voir passer un rhinocéros. Elle l'a reçu en cadeau à Mayence, ainsi qu'un porte-parfums. Le chapeau coûte un ducat, les flacons d'*eau sens pareille,* 3 ducats. [...] Wolfgang a aussi reçu en cadeau une tabatière de porcelaine. Nannerl une en *Lac Martin* et une garniture de palatins, etc[6].

En novembre 1766, on rentre à la maison, puis, en septembre 1767, on repart pour Vienne ; le séjour durera quinze mois. Nouveau

* Conservé au Mozarteum de Salzbourg.

retour au bercail et le 13 décembre 1769, Wolfgang et Léopold quittent Salzbourg, direction l'Italie ! Anna-Maria et Nannerl ne sont pas, cette fois, du voyage. D'un pays à l'autre, les lettres circulent sans arrêt, retissent le lien familial ; à la fin des missives paternelles, Wolfgang griffonne quelques mots : baisers envoyés à maman, à la sœurette, facéties, questions et recommandations :

> Naples, il 19 maggio 1770
>
> Cara sorella mia,
>
> [...] *Excuse-moi d'écrire si mal, mais la raison est que j'ai un peu mal à la tête.* Le douzième menuet de Haydn que tu m'as envoyé me plaît beaucoup, et tu as magnifiquement composé la partie de basse, sans la moindre faute ; je te prie d'essayer souvent ce genre de choses. Que Maman n'oublie pas de faire nettoyer les deux fusils. Écris-moi, comment va M. le canari ; chante-t-il encore ? Siffle-t-il encore ? Sais-tu pourquoi je pense au canari ? Parce qu'il y en a un dans notre antichambre, qui fait le même raffut que le nôtre[7].

Au même moment, le père note que « Wolfgang a visiblement grandi à Naples », puis, le 25 août, de Bologne, il écrit à sa femme :

> Tout lui devient trop petit et on a retiré les fils de soie enroulés autour de sa bague de diamant. Il n'y reste plus qu'une fine couche de cire. Tu ne dois néanmoins pas t'imaginer qu'il est très grand, mais ses membres ont grandi et forci. Sa voix ne lui permet absolument plus de chanter, elle a complètement disparu et n'a plus ni aigus ni basses ; il ne peut plus chanter cinq notes pures. Il en est attristé car il ne peut plus chanter ses propres compositions, ce qu'il aimerait faire parfois[8].

L'oiseau, toujours bagué, a entamé sa mue. Adolescence italienne. Un jeune garçon provisoirement condamné au silence perd sa voix et la retrouve, sublimée, merveilleuse, dans la musique qu'il compose au même moment pour les castrats, pour les *soprani*. Voix ailées, envol des vocalises, aux confins du royaume des oiseaux : « Composer de la musique – écrit Pascal Quignard – c'est composer un territoire sonore qui ne mue pas, c'est faire des canaris, tire-bouchonner entre ses doigts des bouts de couverture sonore qui sont jaunes[9]. »

1773. Après le dernier séjour italien, Salzbourg récupère Mozart : trois longues années s'écoulent... « Il n'a qu'un objectif, briser les barreaux de sa cage », écrit un biographe[10]. En septembre 1777, accompagné de sa mère, chaperon affectueux et indulgent, Wolfgang prend la route de Paris. Il a vingt et un ans. Séparé pour la première fois de Léopold, loin de la ville natale, il se sent pousser des ailes :

Wasserbourg le 23 septembre 1777

[...] j'espère que papa se porte bien et est aussi gai que moi. Je m'habitue bien à ma situation et suis un autre papa. Je fais attention à tout et ai proposé de payer les postillons car je suis plus à même de parler à ces gaillards que maman. [...] Nous demandons tous deux à papa de veiller à sa santé, de ne pas sortir trop tôt, de ne pas se faire de soucis, de bien rire, d'être gai et de toujours songer avec joie, tout comme nous, que le Mufti H.C.* est un corniaud, mais que Dieu est compatissant, généreux et charitable. Je baise 1 000 fois les mains de papa et embrasse ma sœur *Canaglie* aussi souvent — – que j'ai pris du tabac aujourd'hui.

P.-S. : ma plume est mal taillée et je ne suis pas poli.
Wasserbourg le 23 sept. 1777
undecima hora nocte tempore[11].

Anna-Maria et Wolfgang font étape à Munich. Visites, concerts. Entre autres distractions, le jeune homme assiste à une pantomime qui l'enchante : *L'œuf de la fée Girigarikanarimarischariwari*; le titre de ce spectacle résonne longtemps dans les mots de l'épistolier espiègle :

Prague 15 janvier 1787

Portez-vous bien très cher ami, excellent Kinkiti Honky ! C'est votre nom, sachez-le. Nous en avons énoncé pour chacun d'entre nous pendant le voyage, les voici. Moi : Pùnki tititi – Ma femme Schabla Pumfa. Hofer : Rozka-Pumpa. Stadler : Nàtschibibitschibi [...] mon chien Shamanuzky[12].

À l'époque de cette lettre, Mozart a trente et un ans.

Commencé dans l'euphorie, le voyage s'achève à Paris, en catastrophe.

Wolfgang, pour la première fois, regarde la mort en face : sa mère s'éteint – « comme une lumière » – dit-il – bien loin de Salzbourg, de son univers familier et rassurant. Pauvre Anna Maria, si dévouée, si aimante... Malgré sa peine, Wolfgang doit faire face aux difficultés professionnelles qui s'accumulent car le séjour parisien vire au fiasco. Seize mois après son départ, Wolfgang rentre au logis, bien à contrecœur ; la cage se referme, les oiseleurs veillent. Léopold n'a pas pardonné l'échec parisien, le prince-archevêque Colloredo rappelle durement son serviteur à ses devoirs. La tension monte puis le

* L'archevêque Colloredo.

conflit éclate un peu plus tard, à Vienne. Mozart laisse définitivement Salzbourg derrière lui, il commence une nouvelle vie, celle de musicien indépendant et bientôt celle de jeune marié. Sans mécène, il faut se démener pour vivre, d'autant que, rapidement, un petit s'annonce... D'année en année la situation se détériore ; les Viennois se détournent de Mozart et de sa musique, les échecs, les difficultés financières s'accumulent. La santé de Wolfgang s'en ressent, celle de Constanze est fragile – six enfants en dix ans de mariage – ; mari tendre et attentionné, Wolfgang se débrouille toujours pour trouver l'argent des cures que sa femme fait régulièrement à Baden. Seul à Vienne, il écrit à l'absente des lettres amoureuses, coquines, des lettres façon « oiseau » :

> [...] En écrivant ce qui précède, bien des larmes sont tombées sur le papier. Mais à présent, soyons gai !... Attrape !... Un nombre incroyable de baisers volent... Diable !... J'en vois aussi un bon nombre ! Ah ! Ah ! J'en ai attrapé trois... Ils sont délicieux[13] !
>
> [...] Adieu, ma chérie – mon unique ! Attrape toi aussi en l'air — 2 999 de mes baisers et un et demi volent vers toi et attendent d'être saisis. – Maintenant je te dis quelque chose à l'oreille – – et toi à la mienne – – Maintenant nous ouvrons et fermons le bec – – de plus en plus et finalement, nous disons : – c'est à cause de Plumpi Strumpi... Tu peux interpréter cela comme tu veux. – C'est justement la commodité. Adieu, 1 000 tendres baisers[14].
>
> [...] Et vendredi tschiri tschitschi – le mieux sera de prendre immédiatement la fuite. [...] Si seulement tu pouvais voir dans mon cœur, il s'y déroule un combat entre le souhait, le désir de te revoir et de t'embrasser, et l'envie de ramener beaucoup d'argent à la maison[15].
>
> [...] Demain matin à 5 heures, nous partons à trois voitures pleines. – J'espère donc être entre 9 h et 10 h entre tes bras et jouir de tout le plaisir que peut ressentir un homme qui aime sa femme comme moi ! Dommage que je ne puisse emporter ni le piano, ni l'oiseau[16].

1791. Ultime année[17]. Un travail incessant, des problèmes matériels de plus en plus graves ; Wolfgang, seul à Vienne, compose *La Flûte enchantée*. Il semble aller si mal que son ami Schikaneder le décide à venir dans les faubourgs de Vienne où se situe le Freihaustheater dont il est le directeur. Là, parmi les amis, dans la chaude ambiance du théâtre, Mozart termine son opéra. La première a lieu le 30 septembre, Mozart dirige depuis le piano : triomphe immédiat auprès du public populaire qui fréquente le Freihaus. Les représentations se poursuivent avec le même succès. Le 13 octobre, l'illustre Salieri, directeur de l'Opéra à la cour, et Catarina Cavalieri, la cantatrice qui avait créé le rôle de Constanze dans *L'Enlèvement au sérail,* viennent au spectacle :

> Tu ne peux imaginer combien tous deux ont été aimables, – comme non seulement la musique, mais également le livret et tout l'ensemble leur ont plu. – Ils disent tous deux que c'est un *opéra* – digne d'être interprété pour les plus grandes festivités devant le plus grand des monarques, – qu'ils le reverront certainement très souvent car ils n'ont encore jamais assisté à plus beau et plus agréable spectacle. – Lui écouta et regarda avec la plus grande attention, et de la *Sinfonie* jusqu'au dernier chœur, il n'est pas un morceau qui lui ait tiré un *bravo* ou un *bello*; quant à elle, elle n'en finissait pas de me remercier pour cette amabilité et dit qu'ils avaient bien eu l'idée de venir hier à l'opéra [...] Après le spectacle, je les ai fait reconduire puis ai soupé avec Carl* chez Hofer. Puis je suis rentré à la maison avec lui et nous avons tous deux merveilleusement dormi. Ce n'est pas un petit plaisir que j'ai fait à Carl en l'emmenant à l'opéra. Il a une mine magnifique – pour ce qui est de la santé, on ne pourrait trouver un meilleur endroit, mais le reste est malheureusement misérable. Ils peuvent certes proposer au monde une éducation de bon paysan[18]!

Cette lettre est la dernière de Mozart qui nous soit parvenue. Après? Il y aura le dernier opéra, *La Clémence de Titus*, le *Requiem*... La plume tombe à la huitième mesure du *Lacrymosa,* le dénouement est proche :

> Sa maladie mortelle dura quinze jours, pendant lesquels il resta alité. Elle commença par un gonflement des mains et des pieds et une impossibilité quasi complète de mouvement, suivie ensuite de soudains vomissements – maladie qu'on appelle fièvre miliaire aiguë. Il demeura parfaitement conscient jusqu'à deux heures avant de s'éteindre ; le sentiment de sa mort prochaine et son affliction à laisser femme et enfants dépourvus ne firent certainement que redoubler le martyre de sa maladie[19]...

> Même dans sa grave maladie, il ne fut jamais impatient et à la fin son ouïe fine et sa sensibilité n'étaient agacées que par le chant d'un canari qu'il aimait et qu'il fallut éloigner de la chambre voisine parce qu'il criait trop fort[20].

---

* Le fils de Mozart et de Constanze. Le garçonnet de onze ans était, selon l'usage du temps, en pension à la campagne, non loin de Vienne.

Ainsi à la dernière heure l'oiseau est présent; mais, réduit à ce cri, le chant s'est égaré; comment retrouver la musique?

> La veille de sa mort il disait encore à sa femme : je voudrais bien entendre encore ma *Flûte enchantée* et il fredonna d'une voix imperceptible «*Der Vogelfänger bin ich ja**» – Feu M. le Kappelmeister Roser, qui était à son chevet, se leva, se mit au piano et chanta le lied; et Mozart en manifesta une joie visible[21].

Entre vie et mort, l'Oiseleur se tient sur le seuil; son chant est le fil ténu qui, en lieu et place de l'oiseau, relie encore le mourant à son œuvre, à la vie.

L'Oiseleur amoureux

Au début de l'opéra, on s'en souvient, Tamino interpelle Papageno : « Qui es-tu? » L'oiseleur répond évasivement mais nous savons qu'il vit dans une contrée mystérieuse, qu'il est l'humble serviteur de la « Reine flamboyante d'étoiles* ». Il habite une hutte de paille, se nourrit de fruits, de pâtisseries et de vin obtenus en échange de ses bons services. Nourriture pour nourriture, les volatiles attirés au sifflet, pris ensuite au piège ou au filet feront – rôtis ou bouillis – des mets délicieux destinés à la table de la Souveraine. Mais de la chasse aux oiseaux on glisse rapidement vers le désir d'une autre capture, celle des demoiselles. L'équivalence entre chasse aux oiseaux et chasse amoureuse est formulée clairement dès la première aria du personnage :

> *Der Vogelfänger bin ich ja...*
> Je suis l'oiseleur, me voilà,
> toujours joyeux, heissa, hopsassa
> [...] Je sais m'y prendre pour attirer
> et m'y entends aussi pour siffler.

---

* « C'est moi qui suis l'Oiseleur », acte I, scène 2, n° 2.

** « Sternflammenden Königin ». On oppose très souvent – pour ne pas dire toujours – le royaume ténébreux de la Reine de la nuit au royaume solaire de Sarastro; c'est peut-être oublier un peu vite que la nuit, ici, est pour le moins lumineuse. En se fondant uniquement sur la division ténèbres/lumières, mal/bien, on évacue ainsi la question troublante de la proximité entre les deux royaumes; ces deux aspects, d'ailleurs, communiquent par l'intermédiaire du bouffon, ils ne seront dissociés qu'à la la fin de l'opéra, le rite accompli.

Aussi je puis être gai et joyeux,
car tous les oiseaux sont à moi.

Je suis l'oiseleur, me voilà
toujours joyeux, heissa, hopsassa
[...] je voudrais un filet pour demoiselles
j'en attraperais à la douzaine ;
puis je les enfermerais chez moi,
et toutes les filles seraient à moi.

Si toutes les filles étaient à moi,
j'achèterais bien gentiment du sucre,
et celle que je préfèrerais,
je lui donnerais tout de suite le sucre.
Et si elle me donnait de doux baisers
elle serait ma femme et moi son mari.
Elle s'endormirait à mes côtés,
je la bercerais comme un enfant*.

Wolfgang à sa femme :

> [...] Adieu. Attrape – attrape — bi – bi –bi
> 3 baisers tout sucrés, prennent leur envol –
>
> Mercredi. Vienne le 6 juillet 1791[22].

Oiseaux, filles, amour léger, amour sucré. Cette association gourmande qui englobe chasse érotique, sucre et sentiment amoureux dans la même saveur, la même suavité, est déjà présente, huit ans auparavant, dans un lied intitulé : *Les hommes cherchent toujours à manger des friandises*** :

> Les hommes cherchent toujours à manger des friandises
> Dès qu'on les laisse seuls,
> Les demoiselles sont faciles à attraper,
> Si on sait les surprendre !
>
> Faut-il s'en étonner ?
> Les jeunes demoiselles ont le sang frais,
> Quelle délicieuse friandise.

Exquisément vampirique, ce lied s'achève d'une manière non moins exquise : « Pères, que cela vous soit un avertissement, mettez les bonbons sous clef ! Mettez les jeunes demoiselles sous clef ! »

---

* Acte I, scène 2, aria n° 2.

** *Männer suchen stets zu naschen*, 1783, K 433.

La même inspiration est à l'œuvre dans *La Flûte enchantée.* Dès le début de son opéra, Mozart place son personnage du côté de la légèreté, d'un amour juvénile au goût de praline et de baiser. Dans son royaume de nature et d'oiseaux, Papageno est « gai et joyeux » mais esseulé. Le cœur, vaguement insatisfait, s'agite, espère et chante bien haut, bien gai, pour donner le change. Et puis surgit l'imprévu : Tamino.

Un peu plus tard dans l'acte I, les Dames refont leur apparition ; punition de Papageno à qui elles clouent le bec pour cause de gros mensonge – il s'est vanté auprès de Tamino d'avoir occis le serpent. La Troisième Dame tend au prince un portrait sur lequel sourit une belle jeune fille. Un regard suffit... Tamino s'enflamme : « *Dies Bildnis...* » ; une merveilleuse aria d'amour (acte I, scène 4).

Mais voici qu'apparaît, en majesté, la Reine flamboyante. L'infâme Sarastro lui a ravi sa chère fille Pamina ; Tamino doit aller la délivrer, vaincre le tyran. Alors Pamina sera sienne pour l'éternité (acte I, scène 6, n° 4). Soudain plein de courage, Tamino se déclare prêt à partir sur l'heure affronter Sarastro ; Papageno – ordonne la Reine – ira avec lui. Le compagnonnage ébauché à la première scène de l'opéra est ici entériné. Mais l'oiseleur regimbe devant les dangers de l'aventure : « Sarastro est pareil au tigre sauvage ; sûrement, sans la moindre pitié, il me fera plumer et rôtir et jeter au chien en pitance... »

Rébellion bien compréhensible... Tamino va risquer sa vie pour la quête de sa princesse, Papageno, lui, n'a rien à se mettre sous le bec... Cependant il faut obéir. Les risques que l'un assume d'avance par amour, l'autre les accepte parce qu'il ne peut faire autrement. Nantis de leurs talismans – pour le prince, la flûte magique qui a « le pouvoir de changer les passions humaines, de rendre le mélancolique joyeux et le vieux garçon amoureux », pour l'oiseleur des clochettes d'argent, instrument dont le charme n'est pas précisé – Tamino et Papageno se mettent en route sous la conduite de leurs guides : « Trois jeunes garçons beaux, gracieux et sages » (acte I, scène 7). Instant des adieux. *Andante, si* bémol. Quintette. Les voix, celles des deux garçons et des Trois Dames, en homophonie parfaite, recueillies, chantent doucement – *pizzicati* ailés des violons – le moment décisif de la séparation. Revient en mémoire une autre séparation, un autre adieu, *« Soave sia il vento* »*; les barques emportent les fiancés, un temps finit, un autre commence, la musique marque le franchissement d'un seuil.

---

* *Così fan tutte,* acte I, scène 6.

Le deuxième acte inaugure l'itinéraire initiatique. Il se déroule, jusqu'au dénouement, dans le royaume de Sarastro. Si le décor de la première partie de l'opéra évoquait une terre sauvage – forêts et montagnes – le deuxième nous présente un espace construit : les temples aux inscriptions gravées attestent de la mise en ordre du monde, de la présence de l'Homme, de son pouvoir et de sa loi. Du royaume de la Reine de la nuit à celui de Sarastro, voisin mais ennemi, l'architecture du nouveau décor suggère que l'on passe de l'ordre de la nature à celui de la culture. Voici Tamino et Papageno plongés dans un autre monde. Pas question d'enlever la demoiselle élue, Pamina, il faut la mériter et pour cela il faut parcourir d'abord le chemin qui mène à la Sagesse ; l'amour ? Oui ; mais après. Tamino devra passer par les épreuves qui feront de lui un initié d'abord, un mari ensuite. Cette interprétation – qui est celle de la plupart des commentateurs – s'appuie sur le rituel maçonnique que Mozart, franc-maçon lui-même*, déploie sans ambiguïté dans cette seconde partie de l'œuvre.

Mais alors que vient faire le turbulent Papageno dans cette histoire sérieuse, dans cette quête, amoureuse, certes, mais d'abord spirituelle ? Admis – pourquoi ? – à partager l'initiation de Tamino, il échoue à toutes les épreuves, bavarde quand il faut faire silence, désobéit sans cesse et se permet même d'être insolent envers les prêtres d'Isis. Cependant, au terme du voyage, il trouve l'amour. Faut-il, avec la plupart des exégètes[23], considérer que l'oiseleur n'est qu'un personnage secondaire destiné à mettre en valeur l'excellent comédien qu'était Schikaneder ? Les bouffonneries de Papageno sont semblables, il est vrai, à celles de l'*Hanswurst* : étaient-elles destinées à satisfaire le public populaire du Theater auf der Wieden ? Ou bien le truculent Papageno ne serait-il que le faire-valoir de Tamino l'aristocrate ou même – ainsi que l'écrit Jacques Chailley – figure-t-il « l'humanité "ordinaire" pleine de bonne volonté, certes, mais sans courage ni intelligence et donc indigne d'être initiée[24] ? » Laissons de côté tous ces couplets, chantons, plus légèrement, un autre refrain, une autre partition. Papageno, le garçon-oiseau, l'amoureux Papageno, ne serait-il pas le personnage-clé de l'opéra ?

Très vite, Tamino se conforme à la loi des prêtres du Temple, accepte tout, la séparation d'avec celle qu'il aime, les épreuves, la patience, le silence. Mais à ce prince charmant passif qui, devant le désespoir de sa princesse, se contente de soupirer sans rien dire au

* Mozart avait été reçu au sein de la franc-maçonnerie en 1784.

point que la jeune fille court se suicider, ne fallait-il pas, en opposition, celui qui fait passer l'amour avant le devoir, Papageno, le sot, le niais ? :

Vienne, 8 et 9 octobre 1791

[...] Je viens d'ingurgiter un délicieux morceau d'esturgeon que D. Primus m'a apporté (il est vraiment mon fidèle valet de chambre) – et comme j'ai aujourd'hui un solide appétit, je l'en envoyé m'en chercher encore un peu, si c'est possible. – Entre-temps je continue donc ma lettre [...] [......]* avaient aujourd'hui une loge. [... ...] ont manifesté très fort leur approbation sur tout, mais Lui, qui sait tout s'est révélé Bavarois au point que je n'ai pu rester, sinon j'aurais dû le traiter d'âne ; – j'étais là malheureusement au moment où commençait le 2e acte, donc lors de la scène solennelle. – Il riait de tout ; au début, j'ai gardé patience et ai voulu attirer son attention sur certains dialogues, mais – il riait de tout ; – c'en fut trop – je le traitai de Papageno et partis – mais je ne crois pas que l'imbécile ait compris[25].

Papageno peureux comme un lièvre, s'évanouissant à un coup de tonnerre, mais aussi l'impertinent, l'insoumis qui n'accepte pas qu'on le sépare de sa Papagena à peine entrevue et aussitôt dérobée à ses regards. Bien plus que Tamino, l'amoureux absolu, n'est-ce pas l'oiseleur ? Pour lui, aimer et vivre c'est tout un ; si l'amour disparaît, alors lui aussi peut disparaître. Lorsque Tamino l'aura abandonné, lorsque le silence se fera trop pesant, Papageno prendra un bout de corde pour dire adieu à la vie.

Vienne le 7 juillet 1791

[...] Tu ne peux imaginer combien tout ce temps m'a paru long loin de toi. Je ne peux t'expliquer mes sentiments, c'est un certain vide – qui me fait bien mal – une certaine langueur jamais satisfaite et qui, par suite, ne s'apaise jamais – qui perdure sans cesse et croît même de jour en jour – quand je pense que nous étions gais et puérils ensemble à Baden – et quelles tristes et ennuyeuses heures je vis ici – même mon travail ne me charme plus car j'étais habitué à m'arrêter de temps en temps pour échanger quelques mots avec toi et ce plaisir maintenant est impossible – si je me mets au piano, si je chante quelque chose de l'opéra**, je dois tout de suite m'arrêter, cela m'émeut trop[26]...

---

* Le nom a été rendu illisible par Nissen, le second mari de Constanze.

** Rappelons qu'au moment où Mozart écrit ces lignes à Constanze, il compose *La Flûte enchantée.*

Un volatile volubile

> Parbleu, pensa le géographe, si bizarres que soient les oiseaux et quand ce seraient les perroquets les plus musiciens du monde, ils ne peuvent pas chanter du Mozart.
>
> Jules Verne
> *Les enfants du Capitaine Grant*[27]

L'équivalence entre l'oiseleur et l'amoureux place Papageno et avec lui le monde des oiseaux au cœur du parcours d'apprentissage que Mozart, sous couvert d'initiation maçonnique, déploie dans *La Flûte enchantée* comme dans tous ses opéras. Si Tamino est un « grand serin », amoureux certes, mais déjà assagi, énoiselé par les prêtres du Temple, avec Papageno – plus encore qu'avec le Pedrillo* de *L'Enlèvement au sérail* – la métaphore prend corps véritablement. Le costume de plumes chatoyantes dont il est paré, le son aigu de l'instrument inséparable du personnage, tous ces éléments composent un être hybride à mi-chemin entre l'humain et l'animal.

Du perroquet, Papageno emprunte non seulement l'apparence mais aussi le caractère qu'on lui prête communément. D'humeur joyeuse et accommodante mais parfois mélancolique, le perroquet est turbulent, très bavard, un peu froussard un peu paillard, gourmand jusqu'à l'excès de vin et de sucreries. De même que Leporello nous avait conduits sur la piste du lièvre, engageons-nous sur celle du perroquet.

Situé au plus haut de la hiérarchie des oiseaux, le perroquet ou « papegai » ainsi qu'on le nommait anciennement**, rappelle par ses couleurs merveilleuses les contrées lointaines dont il est originaire. S'il peut reproduire le cri d'autres oiseaux, sa faculté singulière d'émettre du langage articulé[28], d'imiter la voix humaine

---

* Diminutif espagnol de Pierre. Le diminutif de Pierre : *perrot* est aussi le nom donné au perroquet au XVIIIe siècle : « Nous avons donné des noms d'hommes aux animaux. C'est ainsi que nous avons appelé un merle, Sansonnet, une pie Margot, un corbeau Colas, un geay, Richard » dans Ménage, *Dictionnaire étymologique de la langue française,* 1750, article « perroquet ».

** Terme que traduit exactement le « Papageno » de l'opéra. « Perroquet : s'appelait anciennement Papegay, et Aldrovendus dit que ce nom lui vient de ce qu'il est comme le Pape ou le Roi des oiseaux ou parce qu'il est digne d'être offert au Pape à cause de sa beauté ». Se reporter au *Dictionnaire de Trévoux,* 1771, article « perroquet ».

lorsqu'on l'instruit pose l'animal comme un être ambigu. Le lexique reflète cette identité incertaine : le perroquet a des doigts, des mains, des jambes ; tout comme l'homme dont il est le compagnon, il éprouve des sentiments : « Il aime, il hait, il a des attachements, des jalousies, des préférences, des caprices ; il s'admire, s'applaudit, s'encourage ; il se réjouit et s'attriste, il semble s'émouvoir et s'attendrir aux caresses, il donne des baisers affectueux[29]... » La faculté de langage qui l'éloigne de l'animalité en le rapprochant de l'humain le rend plus troublant encore ; empruntant la voix de l'homme, l'oiseau apparaît le plus apte à se substituer à celui dont il n'est que l'imitateur. Dans nombre de contes le perroquet se métamorphose en homme et réciproquement. Cette position de proximité le destine à jouer un rôle particulier : mythes, tradition orale et littérature mettent en évidence la fonction médiatrice attribuée à l'oiseau, le plus souvent dans le cadre d'une quête amoureuse ; le perroquet à la langue déliée se fait l'intermédiaire entre le héros de l'aventure et sa belle. Une nouvelle provençale – *Le Dit du Papegai* – met en scène un perroquet débrouillard qui réussit par son bavardage amoureux à séduire une Dame pour le compte de son noble maître ; après bien des épreuves, il trouvera le moyen de réunir, à la fin, les amants. Compagnon du héros dans sa quête amoureuse ou spirituelle – souvent les deux à la fois –, le perroquet apparaît comme le messager de l'amour, celui qui guide vers la femme aimée, qui donne d'utiles conseils, qui aide même à traverser l'ultime épreuve, celle de la mort, car cet oiseau singulier possède le pouvoir de joindre des espaces inconciliables : la terre, le ciel, le monde souterrain, la vie, la mort. Dans les contes indiens, cette fonction de psychopompe apparaît très souvent. Plus près de nous, dans le beau conte de Flaubert, *Un cœur simple,* c'est à un perroquet dénommé Loulou, héros magnifique et dérisoire de l'histoire, qu'incombe ce rôle*.

Autour du perroquet se tisse donc un riche réseau de significations. On pourrait énoncer que le plumage chatoyant et bariolé du volatile s'harmonise parfaitement avec la pluralité de sens qui le caractérise. Cette polysémie appartient aussi en propre au person-

* Dans le cœur de Félicie, la vieille fille, Loulou a pris la place du jeune neveu mort en mer. Quand l'animal meurt à son tour, Félicie, inconsolable, le fait empailler. Lorsque c'est au tour de la vieille fille de quitter cette terre, l'image de Loulou accompagne le passage : « Et quand elle exhala son dernier souffle, elle crut voir, dans les cieux entrouverts, un gigantesque perroquet planant au-dessus de sa tête. »

nage de Mozart. Papageno assume auprès de Tamino la fonction dévolue au papegai ; il précède le prince dans le royaume de Sarastro, parvient le premier auprès de Pamina. Rencontre interdite : la jeune fille est sous clef et son gardien maure, le terrible Monostatos veille. Cette situation n'en rappelle-t-elle pas une autre ? Revenons dix ans en arrière : deux jeunes captives d'un prince oriental cruel, Constanze et Blonde sa servante, sont confiées à la garde vigilante d'Osmin, le gardien du sérail. Entre Constanze et Belmonte, son fiancé, le joyeux serviteur de celui-ci, Pedrillo, joue les intermédiaires et s'affaire à préparer l'enlèvement des demoiselles.

« L'enlèvement au Temple » aura-t-il lieu ? Un oiseau bizarre apparaît soudain à la fenêtre de Pamina. Il porte autour du cou, attaché par un ruban, le portrait de la jeune fille, celui-là même qui a ensorcelé Tamino. Pamina n'est pas effrayée le moins du monde par cette apparition inattendue : entre elle et Papageno l'entente est spontanée, immédiate. Du portrait au modèle, l'Oiseleur compare :

> Les yeux noirs... Ils sont bien noirs. Les lèvres rouges... Elles sont bien rouges. Les cheveux blonds... Ils sont blonds. Tout concorde à part les mains et les pieds. D'après le portrait tu ne devrais joindre ni tes mains ni tes pieds car on n'en voit pas dessus (acte I scène 14).

Pamina s'enquiert de la provenance de ce portrait ; l'oiseleur prononce alors le nom de Tamino et le mot magique « amour ». La jeune fille est ravie : « Amour ? Il m'aime donc ? Oh, redis-le-moi encore une fois, ce mot si délicieux à entendre. » Et le papegai joue à merveille son rôle, se substituant même au prince dont il est le porte-parole :

> Ce grand amour pour toi fut le coup de cravache qui nous fit partir aussitôt. Et nous voici arrivés ici pour te dire des tas de mots doux, pour te prendre dans nos bras si la chose est possible, t'emporter au palais de ta mère aussi vite que nous sommes venus...

Les mots sucrés, suaves, que Papageno adresse, par procuration, à Pamina font doucement vibrer son cœur. L'image du prince inconnu, à travers celle de son intermédiaire, s'impose à elle. C'en est fait. Pamina est amoureuse, totalement, définitivement. Alors elle chante ce sentiment qu'elle vient de découvrir ; mais contre toute attente*, elle ne chante pas seule ; l'humble Oiseleur la rejoint

* C'est la première intervention musicale de Pamina dans l'opéra.

andantino, 6/8, pour l'unique duo d'amour de l'opéra, un tendre hymne qui réunit, pour la première et dernière fois, un couple que tout semble séparer :

> *Bei Männern, welche Liebe fühlen...* Tout homme capable d'amour possède aussi un cœur bienveillant... Partager aussi ces doux élans est le premier devoir des femmes... Célébrons l'amour avec joie, c'est lui seul qui donne la vie... L'amour adoucit toute peine, tout être se consacre à lui... Il est le piment de nos jours, il règne aussi sur la nature... Son but sublime le montre avec clarté, rien n'est plus noble que la femme et l'homme. Homme et femme, femme et homme accèdent à la divinité (acte I, scène 14).

> Francfort-sur-le-Main, 30 septembre 1790
>
> [...] Je me réjouis comme un enfant de te retrouver – si les gens pouvaient voir dans mon cœur, je devrais presque avoir honte. Tout me semble froid – glacé – oui, si seulement tu étais près de moi je trouverais peut-être plus de plaisir à l'attitude des gens à mon égard – mais ainsi tout est si vide – adieu – Chérie[30].

Duetto. Un garçon-oiseau, une jeune fille en fleurs célèbrent, recueillis, l'amour, donc la vie. Texte et musique ici résonnent ensemble magnifiquement; ici résonne le son fondamental de l'opéra. Papageno et Pamina ne sont pas destinés l'un à l'autre, mais, l'espace d'un instant, Mozart les réunit dans le même chant; n'est-ce pas suggérer ce qui, profondément, unit les deux personnages ? La soumission à l'amour, principe de vie; un sentiment si précieux que pour lui on peut tout entreprendre, tout supporter, hormis la séparation. Au nom de l'amour, Pamina et Papageno iront jusqu'à la tentative de suicide; à quoi bon vivre, s'il manque l'autre, la moitié de soi-même ? La véritable initiation, bien plus que celle des prêtres du Temple, n'est-elle pas celle qu'accomplit l'amour ? Balancement berceur du 6/8, les voix dialoguent avec une infinie tendresse, puis se rejoignent en un unisson plein de ferveur; soudain, battement d'ailes, la voix de soprano s'est envolée, légère, déroulant le ruban soyeux, sensuel, d'une vocalise. À Pamina seule est accordé l'envol lyrique, l'initiative musicale. Papageno s'efface; bientôt leurs routes se sépareront, bientôt ils oublieront le chant partagé. Plus tard, lorsque Tamino franchit l'épreuve ultime de l'initiation, celle de la mort, Papageno n'est plus à ses côtés; l'amour s'est absenté et l'amour prend la relève : Pamina se substitue à l'Oiseleur. Devant les prêtres d'Isis médusés, mais avec la bénédiction de Sarastro, elle prend son prince par la main et, contre tous les usages, le guide à travers le royaume des ténèbres :

> En tous lieux je resterai à tes côtés. C'est moi qui te conduit, l'amour me guidera ; il parsèmera notre chemin de roses, car les roses sont toujours près des épines [...] viens à présent, joue de la flûte, qu'elle nous guide sur la voie terrifiante (acte II, scène 28).

La voix amoureuse de la flûte magique prend le relais, elle protège les jeunes gens dans l'effrayant voyage, les tire vers la lumière, vers leur nouvelle vie. Au début de l'opéra, on s'en souvient, la syrinx de Papageno jouait un rôle semblable. À l'appel de l'instrument, Tamino évanoui, émergeait de cette petite mort, s'éveillait à une autre existence. Marqueur du passage, la flûte de Pan, avant même que l'oiseleur n'apparaisse sur scène, annonçait déjà le rôle qui lui était dévolu. Mais la syrinx, inséparable de Papageno et de sa pratique d'oiseleur, pose les termes d'un autre rapport qui s'articule autour du perroquet et de son langage.

L'oiseau et sa voix

La première aria de Papageno affirmait l'équivalence entre chasse aux oiseaux et chasse érotique. Siffler, attirer les oiseaux, les prendre au piège, au filet, tous ces gestes qui définissent le gai savoir de l'oiseleur appartiennent aussi, comme l'a montré Daniel Fabre, à cette « invisible initiation » des jeunes garçons dans les sociétés traditionnelles. L'oiseau est ce modèle qui permet de penser le printemps de l'âge où la voix et le corps des garçons se transforment, se virilisent, puis l'accès au langage amoureux du courtisement. L'appeau de Papageno, sa syrinx, le place du côté de ces expériences juvéniles ; l'instrument, par sa forme, sa matière et l'usage qu'en fait l'oiseleur nous offre alors de quoi repenser l'association entre l'objet et le personnage.

> Francfort-sur-le-Main, le 3 octobre 1790
>
> Très chère, excellente petite femme de mon cœur !
> Je suis maintenant consolé et heureux. D'abord parce que j'ai reçu de tes nouvelles, ma chérie, ce que j'attendais avec tant d'impatience ; deuxièmement, à cause des nouvelles rassurantes concernant mes affaires – j'ai fermement décidé d'écrire tout de suite l'*Adagio* pour l'horloger – et de faire jouer quelques ducats dans les mains de ma

> chère petite femme ; c'est donc ce que j'ai fait – mais comme c'est un travail que je déteste, j'ai été assez malheureux de ne pouvoir le terminer – j'y travaille chaque jour – mais je dois constamment m'interrompre car cela m'*ennuie*. [...] Si c'était pour un grand automate et si la chose résonnait comme un orgue, oui, cela me plairait ; mais ici le mécanisme est constitué uniquement de petits tuyaux qui ont un son aigu qui me semble enfantin[34]...

La flûte de Pan commune est composée de tuyaux assemblés en forme d'aile d'oiseau ; ces tubes de longueurs inégales sont reliés entre eux par une cordelette, la structure de l'objet est donc flottante, non fixée. Le roseau utilisé pour fabriquer l'instrument présente une singularité : il fait partie de cette catégorie de plantes possédant des caractéristiques à la fois mâles et femelles : « La syrinx détient donc toutes les propriétés du roseau ; elle figure même, comme lui, l'un et l'autre sexe, [...] Elle est mâle et femelle, à la fois et tour à tour[32]. » Mais cet instrument au sexe indéterminé qui suggère par sa forme d'aile l'oiseau lui-même, évoque aussi sa voix : le larynx inférieur de l'animal est appelé syrinx. À l'opposé de l'oiseau chanteur, le perroquet ne peut émettre que des cris ; sa voix est rauque, discordante. À travers Papageno, pourquoi Mozart met-il en scène dans son opéra cet oiseau, haut en couleurs certes, mais totalement incapable de produire un son harmonieux ? Il convient de rappeler que Schikaneder, créateur du rôle, n'était pas chanteur, mais comédien. Soucieux comme d'habitude d'écrire une musique adaptée aux possibilités de ses interprètes, Mozart compose pour son ami des airs de style populaire, sans grande difficulté d'interprétation.

> Je ne suis allé à l'orchestre qu'au moment de l'air de Papageno, avec le glockenspiel, car j'avais envie de le jouer moi-même aujourd'hui. – Par plaisanterie, j'ai fait un *arpeggio,* à un moment où Schikaneder marque une pause – il sursauta – regarda vers l'orchestre et me vit – lorsque cela revint une 2ᵉ fois – je ne le fis pas – il s'arrêta alors et ne voulait pas continuer – je devinai ses pensées et fis à nouveau un accord – alors il frappa son glockenspiel et dit « ferme-la » – tout le monde se mit à rire – je crois que nombreux sont ceux qui ont découvert, par cette plaisanterie, que ce n'est pas lui qui joue cet instrument[33].

Superbe anecdote. L'*arpeggio* impromptu de Mozart installe le théâtre dans le théâtre ; la facétie dissipe l'illusion théâtrale mais, intégrée à la représentation, recrée du spectacle tout en révélant son arcane : Schikaneder n'est qu'un imitateur; le maître du *glockenspiel*, de sa musique, le « vrai » Papageno, c'est Mozart...

Papageno ne se situe pas du côté du chant, c'est-à-dire de la grande aria à vocalises toujours réservée, dans la tradition lyrique, aux héros nobles. L'oiseleur est un serviteur, il s'exprime – selon la convention – en tant que tel ; mais il s'exprime aussi, à mi-chemin entre le texte et la note, dans cet entre-deux, cet « entre-chant » de la mélodie, apanage de tous les bouffons de l'opéra mozartien, ceux qui ne quitteront jamais cet entre-deux de l'âge où résonnent joyeusement syrinx et *glockenspiel*.

Si la syrinx apparaît comme un instrument singulier, son usage, dans l'opéra, ne l'est pas moins. Papageno utilise la flûte de Pan, non pour jouer une mélodie, mais pour faire, du grave à l'aigu, des glissandos incessants. Cette indécision entre les deux registres de l'instrument n'est-elle pas analogue à l'hésitation entre les tessitures qui caractérise la voix du garçon au moment de la puberté ? La cage démesurée que porte l'oiseleur dans l'iconographie redouble ainsi de sens ; elle évoque cette grande cage appelée « mue » où l'on place provisoirement les oiseaux qui changent de plumage. Son seul occupant, un papegai, tente de se glisser à travers les barreaux... accédera-t-il à la liberté ? Papageno trouvera-t-il sa voix, c'est-à-dire l'amour ? Il faudra pour cela que le babil rudimentaire de la syrinx, qui ne peut attirer que les oiseaux, se transforme...

Plongé dans l'obscurité et le silence du Temple des épreuves, mis en apprentissage, le garçon-oiseau s'avère inapte au dressage. Les Initiés ne parviennent pas, malgré leurs efforts, à éduquer le papegai rétif. L'Art royal – nom donné au rituel maçonnique – déploie en vain son appareil. En contrepoint, comment ne pas évoquer cet autre Art royal de la fauconnerie ? Entre perroquet et faucon la distance n'est pas si grande... De l'oiseau de proie, le perroquet a le bec et les griffes ; le faucon, comme le perroquet, possède des mains, des bras, des jambes. Au moment où il rentre dans l'âge adulte son plumage change de couleur. Cette mue est si spectaculaire que nombre de récits d'origine donnent une explication « miraculeuse » à ce phénomène :

> Le faucon diligent chassait les oiseaux les plus délicats et les plus délicieux et les portait aimablement à Marie pour qu'elle en fît un bouillon pour elle et l'enfant. La Mère de Dieu lui concéda la grâce d'avoir un plumage qui change de couleur, don qu'aucun oiseau ne

possède : il est brun quand il est jeune et, quand il devient adulte, il change de couleur[34].

Le dressage du faucon à la chasse diffère peu de celui du perroquet auquel on apprend à parler ; il est seulement plus poussé, plus codifié. Le langage spécifique de la fauconnerie développe toute une métaphore de l'initiation : du « faucon niais », pris tout petit au nid au faucon adulte « mis hors de sauvagine », le cheminement de l'oiseau vers la maîtrise de son art est jalonné « d'épreuves » imposées par son oiseleur : il doit connaître l'obscurité, le silence, la privation de sommeil et de nourriture avant de s'élancer vers la lumière, vers le ciel libre[35]. Dans le parcours dont Papageno franchit, à sa manière, les étapes, un moment marque symboliquement une avancée dans l'apprentissage – non pas de la sagesse, comme le voudraient les prêtres d'Isis – mais de l'acquisition d'un langage plus élaboré, celui de l'amour. Après avoir bu un verre de bon vin, obligeamment fourni par un officiant du Temple, Papageno se sent subitement l'âme légère :

> Ah ! Et maintenant j'aimerais m'envoler jusqu'au soleil, si j'avais des ailes. Ah ! Je sens dans mon cœur un sentiment étrange ! Je voudrais... Je désirerais... Oui, quoi donc ? (acte II, scène 23).

Andante, fa majeur, l'oiseleur entame alors sa deuxième aria en s'accompagnant, cette fois, de son *glockenspiel* :

> *Ein Mädchen oder Weibchen...*
> C'est une jeune fille ou une femme gentille
> que Papageno désire !
> Oh, une telle tourterelle
> serait pour moi le bonheur !
> alors j'aurais plaisir à boire et à manger,
> alors je serais l'égal des princes,
> en sage je goûterais la vie
> et serais comme au Paradis
>
> C'est une jeune fille ou une femme gentille
> que Papageno désire !
> Oh ! une telle tourterelle
> serait pour moi le bonheur
> Ah ! ne puis-je donc plaire
> à aucune de ces filles charmantes ?
> Que l'une d'elles me tire de ma misère,
> ou je vais mourir de chagrin (acte II, scène 23).

Vienne, les 7 et 8 octobre 1791

Vendredi à 10 heures et demie du soir

Je reviens à l'instant de l'opéra ; – il était plein comme toujours. Le duo *Mann und Weib*, etc., et le glockenspiel du premier acte ont été bissés comme d'habitude. – De même que le trio des jeunes garçons au 2e acte – mais ce qui me fait le plus plaisir, c'est le succès silencieux ! – On sent bien que la cote de cet opéra ne cesse de monter. Voici maintenant mon emploi du temps ; – tout de suite après ton départ, j'ai fait 2 parties de billard avec M. Mozart (celui qui a écrit l'opéra chez Schikaneder). – Puis j'ai vendu mon canasson pour 14 ducats. – Ensuite, j'ai demandé à Joseph d'appeler Primus pour qu'il aille me chercher du café et j'ai bu en fumant une merveilleuse pipe de tabac ; puis j'ai instrumenté le *Rondo* de Stadler [...] À 5 heures et demie, je suis sorti par la Stubentor – et ai fait ma promenade favorite jusqu'au théâtre en passant par le Glacis. – Et que vis-je ? – qu'humai-je ? — Don Primus avec ses carbonades ! – *che gusto !* – maintenant, je mange à ta santé – il sonne tout juste 11 heures ; – peut-être dors-tu déjà ? chut ! chut ! chut ! – je ne veux pas te réveiller[36]...

Plus de syrinx, plus de chasse à l'oiseau. Le glockenspiel rythme gaiement le rêve amoureux, en dessine – *che gusto !* – les contours délicieux. La place que, dans cette aria, Mozart accorde au carillon magique est prépondérante : « Dans la partie du glockenspiel, c'est la débauche ! À chaque strophe de la mélodie, ce sont des variations nouvelles, de plus en plus frémissantes et adorablement frétillantes qui créent un halo d'ailes lumineuses autour de l'oiseleur[37]. » Si la flûte de Pan évoquait, au début de l'opéra, la voix rudimentaire du garçon-oiseau, le *glockenspiel* babillard marque l'évolution qu'énoncent les paroles de l'aria. La syrinx pouvait attirer tous les oiseaux, voulait attirer toutes les filles ; le *glockenspiel* s'adresse à une en particulier dans la langue légère, amoureuse des oiseaux et voici que le tintement léger du carillon, comme par magie, fait surgir une vieille femme – « dansant et s'appuyant sur une canne » dit le livret : « Me voici mon ange ! » (acte II, scène 24). Papageno ne s'en étonne pas outre mesure : elle s'était déjà manifestée au cours d'une épreuve précédente pour lui apprendre qu'il avait une fiancée et que cette fiancée, c'était elle* ! Il écoute à nouveau placidement ses propositions de mariage assorties cette fois d'un chantage : ou bien Papageno l'épouse ou bien il reste à jamais en prison au pain sec et à l'eau. Au pain sec et à l'eau ? Quelle horreur ! Mieux vaut épouser

* Acte II, scène 15.

la vieille ! L'oiseleur donne sa parole et, en douce, se réserve le droit de la reprendre à la première occasion... Miracle ! Les haillons tombent, la vieille se transforme en une merveilleuse jeune fille habillée de plumes**, double féminin de Papageno, c'est Papagena ! Il se précipite, fou de joie, s'apprête à enlacer l'oiselle... Las ! Un prêtre d'Isis s'interpose, Papagena disparaît. Placé dans une situation identique – Sarastro le sépare de Pamina à peine retrouvée – Tamino se soumet, accepte la séparation ; Papageno, lui, se révolte : « Je ne m'en irai pas, que la terre m'engloutisse plutôt... » Et la terre s'entrouvre, avalant momentanément le rétif personnage. Trop tôt encore. Le rite n'est pas accompli, l'heure n'est pas venue des retrouvailles définitives. Il faudra que l'oiseleur subisse l'ultime épreuve, celle de la mort, pour que l'amour lui soit rendu pour toujours.

> Ah ! Malheureux que je suis [...] Ah, Arlequin extrêmement misérable ! Courons à la mort. On écrira dans l'histoire ancienne et moderne : « Arlequin est mort pour Colombine. » Je m'en iray dans ma chambre ; j'attacheray une corde au plancher ; je monterai sur une chaise ; je me mettrai la corde au col, je donneray un coup de pied à la chaise et me voilà pendu (monologue d'Arlequin)**.

Abandonné par son prince, errant dans le silence et l'obscurité à la recherche de sa Papagena, Papageno ne trouve pas d'issue. Sans amour, mieux vaut en finir puisque Arlequin a perdu sa Colombine. Un arbre, une corde, l'oiseau va se pendre et appelle, une dernière fois : « Papagena, Papagena, Papagena, petite femme ! Ma colombe ! Ma jolie ! » Rien. La flûte de Pan prend le relais : une fois, deux fois, trois fois... Silence... La voix de l'appeau est impuissante à faire venir la bien-aimée. « Allons-y, restons-en là, puisque rien ne me retient, adieu monde trompeur ! » (acte II, scène 29). C'en est fait de l'oiseleur ! « *Halt !* Arrête Papageno, sois raisonnable... » Descendus d'une machine volante, les trois petits garçons suspendent le geste du désespéré ; ils désignent le *glockenspiel* oublié au pied de l'arbre, rendant ainsi sa voix à l'oiseau ; non celle de l'incertaine

* Nous reconnaissons là, au plus près de la tradition populaire – la vieille de carnaval – un personnage que nous avons déjà rencontré, sous une forme différente, dans *Les Noces de Figaro* : Marceline, la duègne, celle qui, ignorant que Figaro est son fils, lui fait un chantage au mariage. Le processus de rajeunissement du personnage, déjà à l'œuvre dans *Les Noces,* est ici fulgurant.

** Cette scène, comme beaucoup d'autres, vient directement de la *commedia dell' arte.* Cité par Pierre Louis Duchartre, *La Commedia dell' arte,* p. 137.

syrinx mais la cristalline, l'amoureuse voix des clochettes : « Fais donc sonner tes clochettes, elles feront venir ton amie. » Le carillon magique, *allegro,* tintinnabule gaiement; l'arbre se couvre de fleurs, les oiseaux se mettent à chanter*, la voilà, la colombe, la jolie ! Papagena ! Merveilleux moment des retrouvailles; on se touche d'abord du bout des plumes, du bout des doigts, on s'apprivoise puis on s'enlace, on se bécote, on chante aussi, en langage oiseau, bien sûr. Lui : « Pa, pa, pa, pa, pa, pa », Elle : « Pa, pa, pa, pa, pa, pa ». Répétée de plus en plus vite, ressassée avec allégresse, la syllabe « pa » finit, non sans peine, par trouver son aboutissement : « Papageno ! », « Papagena ! ». Défilent alors en ribambelle, tous les enfants de l'amour, tous les petits Papageno et Papagena qui ne manqueront pas, bientôt, d'éclore. Sur cette scène de comédie, Mozart pose une musique alerte et amusée, jubilatoire. Enivrés de leur caquet, les amoureux s'étourdissent de sons, les plumes volent en croches légères, les voix se mêlent, fusent en gerbes de rires et de tendresse.

Ici s'arrête l'histoire de Papageno. Tamino et Pamina arriveront seuls au bout du chemin. Après avoir franchi ensemble la dernière épreuve, celle de l'eau et du feu, revêtus des habits sacerdotaux, symboles de leur nouvel état, ils rentreront gravement dans la lumière d'Isis et d'Osiris, dans sagesse des initiés du Temple (acte II, scène 30). Leur jeunesse reste, loin derrière, dans un bois printanier où, sur la même branche, deux oiseaux bariolés chantent l'amour.

La voie de l'oiseau

Si l'on considère le dénouement de l'opéra, une constatation s'impose : seul Tamino est initié ; Pamina est la récompense que Sarastro et les prêtres du Temple octroient à celui qui a désormais mérité de prendre place parmi eux. Devenu Sage parmi les Sages, Tamino entre dans sa vie d'adulte en même temps que dans le mariage. Le « grand serin », le chasseur sans flèches du début de l'opéra, éduqué, a rejoint le royaume qui, dès le départ, lui était destiné. Papageno, en revanche, peut apparaître comme la figure d'une initiation inaboutie. Admis aux épreuves en même temps que Tamino, il n'est pas initié aux mystères du Temple et ceci par sa faute ; l'ordre culturel des prêtres d'Isis lui reste à jamais interdit. Être de nature, il reste dans son espace ; si sa voix de perroquet mue,

* Dans le film de Bergman, *La Flûte enchantée.*

se transforme en langage, ce langage n'arrive pas à s'articuler ; il demeure un babillage amoureux qui s'adresse à quelqu'un d'exactement semblable à lui. La métamorphose qui fait des garçons des hommes, celle qui transforme la langue flûtée des oiseaux d'abord en mots d'amour ensuite en mots d'adulte, en mots de pouvoir et de loi, ne s'accomplit pas. Mais le gai, le bavard Papageno, voletant dans cet entre-deux de l'âge, l'amoureux niais, Papageno, roi des oiseaux, donne à l'opéra son sens et sa cohérence profonde. Fou et garde-fou de Tamino, il le guide vers Pamina en rappelant sans cesse par ses pitreries que l'amour, avant la sagesse, est un principe de vie. Sa mission accomplie, il s'efface et retourne dans le monde qui est le sien mais où désormais il n'est plus seul. Mozart écrit ce qu'il nomme lui-même un « Grand Opéra* ». Un opéra « maçonnique[38] » ? Certes, le rituel du Temple qu'il met en scène de manière ostentatoire renvoie à la franc-maçonnerie – mais ce « Grand Opéra », n'est-ce pas d'abord celui de l'initiation, c'est-à-dire l'aboutissement d'un parcours entamé depuis fort longtemps ? L'initiation dont l'amour est le maître véritable ? Papageno, le fol amoureux, l'*Hanswurst,* est à ce titre l'élément dynamique de l'opéra. Bien plus que Tamino, il représente – en opposition à l'ordre hiératique des Initiés – le bouillonnement, le désordre de la jeunesse. Dans l'univers peut-être désenchanté de l'âge adulte, l'amour n'est-il pas ce tintement léger qui rappelle à tout être son printemps ? Aimer, n'est-ce pas, parfois, faire le chemin à rebours, vers la saison des oiseaux ?

« C'est moi qui suis l'oiseleur, toujours joyeux, heissa, hopsassa... » À l'heure de sa mort, c'est le refrain de Papageno que Mozart s'essaie à fredonner. Le papegai remplit son rôle une dernière fois ; il accompagne le passage de celui qui lui a donné vie par la grâce de sa musique et s'envole à son tour vers d'autres contrées. Le silence retombe ; ne demeurent que quelques signes sur le papier, tracés à la plume, en pattes d'oiseaux...

« Moi : Pùnki tititi »

Au cœur de l'opéra, Papageno. Au cœur de la correspondance, Mozart l'éternel jeune homme, l'éternel oiseau. Mais cette affinité

* Cette appellation inhabituelle figure sur le cahier qu'il utilisait pour tenir à jour la liste de ses nouvelles compositions.

de Wolfgang avec le monde des oiseaux, nous l'avons vu, accompagne toute sa vie, toute son œuvre.

1787, l'année de *Don Giovanni.* Année noire pour Mozart qui perd successivement un enfant en bas âge, deux amis chers et son père. La mort danse autour de lui. Quelques mots seulement dans la correspondance évoquent ces deuils. Le sansonnet acheté quelques années auparavant, celui-là même qui sifflait l'allegretto de son concerto – rend aussi sa petite âme ; Wolfgang, si avare de mots pour ses disparus, enterre en cérémonie l'oiseau au fond du jardin et écrit pour lui une touchante petite ode :

> Ici repose mon cher fou, mon sansonnet
> Dès ses plus belles années il dut éprouver la saveur amère de la mort
> Mon cœur saigne quand j'y pense
> O lecteur, donne-lui toi aussi une petite larme
> Il n'était pas méchant, seulement un peu trop vif
> Et même parfois un cher méchant espiègle,
> Mais pourtant jamais un gredin
> Je pense qu'il est déjà là-haut
> Pour me remercier de ce service d'ami,
> Ignorant encore que la mort l'a touché
> Et sans pensée pour celui qui sait si bien rimer
>
> Mozart, 4 juin 1787[39].

Requiem pour un oiseau ou autoportrait de l'artiste en oiseau, Mozart a trente-trois ans.

La vivacité, l'espièglerie, tous ces traits dont il pare l'oiseau renvoient aussi au Mozart de la correspondance, à l'*Hanswurst,* l'amoureux fol au cœur brodé sur la poitrine comme un emblème... Le style épistolaire reflète la vie vécue ; sur cette réalité s'est forgé le « mythe » de Mozart ange-enfant-oiseau ; mais ce mythe qui s'élabore à partir de l'enfant-prodige puis se construit sur l'ingénuité de l'homme, sa « folie », n'a-t-il pas pour fonction de résoudre la dissonance, de réduire l'écart entre une œuvre pleinement accomplie et son créateur dont tous les biographes soulignent le comportement social singulier ? Si ce mythe privilégie avec autant de force et de constance la figure – allégorique ou réelle – de l'oiseau, c'est peut-être qu'il sert à penser non seulement l'immuable jeunesse de l'homme Mozart mais aussi l'accomplissement du musicien dans son œuvre. Cette apparente opposition est prise en charge par Mozart lui-même. Instrument de deux écritures qui semblent antagonistes, la plume – condensé métaphorique de l'oiseau – accomplit œuvre de médiation. Célébrant la musique, elle met, sur les lignes rectilignes de la portée, le monde en ordre. Elle proclame encore, dans les lettres, à travers le langage arlequiné, instrumenté, la toute-puissance du son sur l'empire du sens, elle revendique, *allegretto vivace,* le droit de rester dans le monde des oiseaux.

Scena ultima

Vienne, dimanche 8 octobre 1791

J'aurais voulu que tu me voies dîner hier soir ! – Je n'ai pas trouvé notre vieille vaisselle, j'ai donc pris la blanche avec les perce-neige – et ai posé le chandelier à deux branches avec des bougies devant moi[1].

Dans *Les Années d'apprentissage de Wilhelm Meister*, tout commence par le théâtre. Dans le grenier familier et mystérieux, dans le clair-obscur où danse la poussière, un garçonnet, solitaire, s'amuse. Wilhelm, sur son petit théâtre de marionnettes, se joue des pièces, des opéras, apprenant toutes les voix, tous les rôles. Le castelet, château fragile des rêves enfantins, préfigure le théâtre grandeur nature qui attire le jeune homme sur les chemins de son apprentissage. Wilhelm devra cependant renoncer à sa carrière d'acteur, oublier les tréteaux bohêmes de sa jeunesse. La saison du théâtre est semblable à celle des oiseaux, elle ne dure qu'un temps et Mignon, ce charmant personnage – si proche du Cherubino des *Noces de Figaro* –, compagnon de route, petit oiseau de passage dans la vie de Wilhelm, s'envole d'un coup d'aile, après un dernier chant d'amour, à l'orée de la nouvelle saison de celui qui, son initiation achevée, est devenu *Meister*.

Depuis son enfance, sur la scène de son théâtre lyrique, Wolfgang Mozart joue tous les rôles à la fois.

Du côté du « beau chant », du lyrisme, il est Tamino, Pamina, Belmonte, Constanze, Fiordiligi et Ferrando, et même la petite, la pastourelle, Bastienne. Il est du côté de tous de ces amoureux juvéniles qui parviennent au bout de leur quête et trouvent à la fois l'amour et leur chemin dans la société. Ou bien, souvent – c'est le rôle qu'il préfère –, le voici du côté des fols, des garçons-oiseaux bigarrés dont la mélodie amoureuse et gaie chante l'éternelle jeunesse. Apprentissage accompli ou inachevé ? Qui peut le dire ? Certes il y aura toujours la voix sentencieuse d'un père, voire d'un Dieu pour rappeler à l'ordre les récalcitrants ; mais le Commandeur est assassiné par le fils rebelle ; le Jeune tue le Vieux, le Vieil Hiver achève de se consumer dans la dernière flamme du bûcher, ainsi tournent les saisons et va le monde. Le Commandeur revient mais il n'est plus que l'Ombre de lui-même, une âme errante qui cherche celui qui le fera passer une seconde fois, qui lui rendra sa mort lumineuse, la paix de son éternité. Le fils accomplit cet ultime devoir, cette œuvre sacrée. Au bout de ce chemin difficile, il se retrouve lui-même. Un petit garçon, très loin, griffonne sur un bout de papier :

> Mon papa aura déjà décrit le chemin à maman et la raison pour laquelle j'écris à maman, c'est de lui montrer que je connais mes devoirs et suis, avec le plus profond respect, son fils fidèle[2].

Papa, Maman. La vérité de la loi, la vérité de l'amour.

Si l'amour s'absente, la vie s'arrête. Hauts cris ; la révolte du désespoir ; le vide et les flammes, Electra, Don Giovanni, la Reine flamboyante d'étoiles. Wolfgang chuchote à Constanze :

> Je me réjouis comme un enfant de te retrouver. Si les gens pouvaient voir dans mon cœur, je devrais presque avoir honte. Tout me semble froid – glacé – oui, si seulement tu étais près de moi je trouverais peut-être plus de plaisir à l'attitude des gens à mon égard – mais tout est si vide – adieu – Chérie[3].

Un oiseau musical, un brin de muguet – « 2 kreutzers » dit le cahier –, quelques notes d'amour ; la mélodie renoue le fil de la vie qui toujours bat de l'aile, elle annonce le printemps.

Et encore cet obscur et profond désir de ne plus être le bouffon de sa vie, de laisser tomber le masque ; de se dépouiller du costume arlequiné – Giovanni le Fol, Jean le Sot, Jean la Saucisse/Hanswurst, Kasperl – l'écriture galope, s'emballe. Bredouillis, gazouillis, gribouillis – « Vous savez que je n'ai jamais appris à écrire » ; tintement joyeux des mots ; nostalgique aussi car les mots qui classent, qui organisent le monde, toujours s'échappent. Ccomment remettre de l'ordre ? Comment les récupérer ? Imiter peut-être ? Masquer la lettre, faire comme si. « Alors je serais... », le grand jeu des enfants. Chuchotis de Wolfgang :

> Il ne nous manque que papa, mais c'est la volonté de Dieu. Tout ira bien malgré tout. J'espère que papa se porte bien et est aussi gai que moi. Je m'habitue bien à ma nouvelle situation et suis un autre papa. Je fais attention à tout et ai proposé de payer les postillons, car je suis plus à même de parler à ces gaillards que maman. [...] Nous demandons tous deux à papa de veiller à sa santé, de ne pas sortir trop tôt, de ne pas se faire de soucis, de bien rire, d'être gai et de toujours songer, comme nous, que le Mufti est un corniaud mais que Dieu est compatissant, généreux et charitable. PS. Ma plume est mal taillée et je ne suis pas poli[4].

Le pacha, le roi, le père ; Selim, Sarastro, Léopold... La copie n'est qu'un leurre – la plume est mal taillée, pas à la mesure des petits doigts – mais un leurre nécessaire ; elle permet, tout en restant dans les pages, dans l'ordre du cahier, d'aller batifoler dans sa marge. Le jeu est sérieux, efficace ; la plume se change en or.

Posément, patiemment, fermement, sur sa scène privée, sur la scène publique, pour elle-même et pour nous tous, dans l'intervalle du Temps, la plume magique, inlassablement, mélodieusement, réenchante le monde.

C'est à ce titre que Mozart nous appartient.

Toulouse, 25 mars 1999.

Ce livre est dédié à la mémoire de ma grand-mère, Marguerite, Thérize, Dame de beauté.

Notes

PRÉFACE

1. Alma Mahler Werfel, *Diaries 1898-1902*, Londres, 1998.

CHAPITRE PREMIER

1. Cité par Andrew Streptoe, *Dictionnaire Mozart,* dirigé par H.C. Robbins Landon.

2. L'article de Jean-François Labie, « Il était un p'tit homme » (*Mozart,* Éd. du Chêne, 1985, p. 7-38) propose en quelques excellentes pages une « mini-biographie » de Mozart.

3. Lire sur ce sujet l'ouvrage de N. Elias, *Mozart, sociologie d'un génie* et *La Société de cour.*

4. M. Foucault, *Histoire de la folie à l'âge classique.*

5. Gérard Stieg, « Le principe Papageno », *Vienne,* revue *Autrement,* p. 176-184.

6. Lettre aux éditeurs de musique Breitkopf & Härtel, 4 janvier 1804, W. A. Mozart, *Correspondance,* t. VI, p. 252.

7. Voir Bernard Mérigaud, « Tempête sur un crâne », *Mozart, Télérama* hors série décembre 1990, n° 2096, p. 63.

8. Cité par Maurice Barthélemy, *De Léopold à Constanze, Wolfgang Amadeus,* p. 99-100.

9. Lettre de Wolfgang à son père, Paris, 11 septembre 1778, W. A. Mozart, *Correspondance,* t. III, p.78-79.

10. Lettre de Wolfgang à son père, 8 janvier 1779, W. A. Mozart, *Correspondance,* t. III, p. 129.

11. Lettre de Wolfgang à son père, 1er mai 1778, W. A. Mozart, *Correspondance,* t. II, p. 301.

12. Lettre de Wolfgang à son père, Mannheim, 12 novembre 1778, W. A. Mozart, *Correspondance,* t. III, p. 105.

13. Lettre de Wolfgang à son père, 17 mars 1781, W. A. Mozart, *Correspondance,* t. III, p. 204.

14. Lettre de Wolfgang à son père, 9 mai 1781, W. A. Mozart, *Correspondance,* t. III, p. 217-219.

15. Cité par B. et J. Massin, W. *A. Mozart,* p. 443.

16. W. A. Mozart, *Correspondance,* t. IV, p. 66.

17. Lettre du 13 juin 1781, W. A. Mozart, *Correspondance,* t. III, p. 233.

18. Dans *Mozart et ses opéras,* Rémy Stricker consacre huit belles pages (p. 178 à 185) à Constanze ; le fait est assez rare pour être remarqué.

19. Lettre du 13 avril 1789, W. A. Mozart, *Correspondance,* t. V, p. 204-205.

20. Lettre du 30 septembre 1790, W. A. Mozart, *Correspondance,* t. V, p. 225.

CHAPITRE II

1. Lettre de Mannheim, 17 janvier 1778, W. A. Mozart, *Correspondance,* t. II, p. 208.

2. Souvenirs de Nannerl, la sœur de Mozart, lettre d'avril 1792 à Friedrich Schlichtegroll à Gotha, W. A. Mozart, *Correspondance,* t. VI, p. 29.

3. *Idem.*

4. *Idem.*

5. F. Niemtschek, *Vie du Maître de Chapelle de sa majesté Royale et Impériale, Wolfgang Gottlieb Mozart d'après des sources originales,* Prague, 1798.

6. F. Von Schlichtegroll, *Nécrologue pour l'année 1791.*

7. Souvenirs de Nannerl, lettre du 24 novembre 1799 à Breitkopf & Härtel, éditeurs de musique à Leipzig, W. A. Mozart, *Correspondance,* t. VI, p. 129-130.

8. Philippe A. Autexier, *Les Œuvres témoins de Mozart.*

9. *Cf.* en particulier sur ce sujet Roland Krebbs, *L'Idée de théâtre national dans l'Allemagne des Lumières.*

10. Il est impossible d'énumérer ici tous les ouvrages consacrés à ce sujet. On peut se reporter, entre autres, à Hegel, *Propédeutique philosophique,* à Louis Dumont, *L'idéologie allemande – France Allemagne et retour,* à Georges Lukàcs, *Théorie du roman,* François Jost, « La tradition du *Bildungsroman* », *Comparative Literature* n° 2, Denis Pernot, « Du *Bildungsroman* au roman d'éducation : un malentendu créateur », *Romantisme* n° 76, Antoine Berman, « *Bildung* et *Bildungsroman* », *Le temps de la réflexion,* n° 4, ainsi qu'à la série d'émissions consacrées par France Culture à ce thème : « Le roman de formation depuis Goethe », Les chemins de la connaissance, 25-28 mars 1996.

11. Lettre de Léopold à son fils, 12 février 1778, W. A. Mozart, *Correspondance,* t. II, p. 243.

12. Lettre de Wolfgang à son père, 7 mars 1778, W. A. Mozart, *Correspondance,* t. II, p. 279.

13. Lettre de Wolfgang à son père, 4 février 1778, W. A. Mozart, *Correspondance,* t. II, p. 228.

14. Les circonstances de cette compétition entre deux opéras sont rapportées par Claire Gibault in *Guide des opéras de Mozart*, pp. 509-510.

15. Pour une étude plus approfondie et plus nuancée de ce « grand et beau problème », il faut lire les très stimulants ouvrages de Michel Poizat, *L'Opéra ou le Cri de l'ange* et *La Voix du diable*.

16. Lettre de Wolfgang à son père, Munich, 8 novembre 1780, W. A. Mozart, *Correspondance*, t. III, p. 139.

17. Lettre de Léopold à son fils, Salzbourg, 18 novembre 1780, W. A. Mozart, *Correspondance*, t. III, p. 146.

18. Lettre de Wolfgang à son père, Munich, 29 novembre 1780, W. A. Mozart, *Correspondance*, t. III, p. 155.

19. Lettre de Wolfgang à son père, Munich, 19 décembre 1780, W. A. Mozart, *Correspondance*, t. III, p. 179.

20. Lettre de Léopold à son fils, Salzbourg, 4 janvier 1781, W. A. Mozart, *Correspondance*, t. III, p. 193.

21. Qui comprend, outre toutes les lettres écrites par Mozart, la majeure partie de celles qu'il a reçues et celles de sa famille, en particulier de son père Léopold. Se reporter à *Mozart. Briefe und Aufzeichnungen. Gesamtausgabe*, Internationalen Stiftung Mozarteum Salzburg, rassemblé par Wilhelm A. Bauer et Otto Erich Deutsch. Auf Grund deren Vorarbeiten erlaütert von Joseph Heinz Eibl, Cassel, Bâle, Tours, Londres, 1962-1975. Toutes les lettres citées dans ce travail sont extraites de la traduction française de cette édition allemande : W. A. Mozart, *Correspondance*, effectuée par Geneviève Geffray, directrice du Mozarteum de Salzbourg.

22. La biographie de Brigitte et Jean Massin, *W. A. Mozart*, alliant avec bonheur analyse musicologique fine et histoire de vie est devenue à juste titre un ouvrage de référence, un outil de travail précieux. Il en va de même pour le livre de H.C. Robbins Landon, *1791, la dernière année de Mozart*, où la correspondance prend tout naturellement sa place dans une recherche historique pointue et scrupuleuse ; le livre de Rémy Stricker, *Mozart et ses opéras, fiction et vérité*, apporte également une contribution importante à la compréhension de l'œuvre lyrique traitée dans son rapport avec la biographie. La correspondance mozartienne, pour sa part, a suscité deux ouvrages stimulants : celui de Hanns-Josef Ortheil, *Mozart im innern seiner Sprachen* et celui du Catalan Pere-Albert Balcells, *Autoretrat de Mozart a través de la seva correspondència*. D'autre part, le livre de Wolfgang Hildesheimer, *Mozart*, contient des pages souvent très éclairantes sur l'écriture épistolaire. Enfin, en ce qui concerne les lettres burlesques, quelques travaux ont nourri ma réflexion : Hanns-Josef Ortheil, P.A. Balcells, Emmanuel Winternitz, « Gnaflow Trazom : an essay on Mozart's script, pastimes, and nonsense letters », *The Journal of the American Musicological Society*, n° 2-3 1958, Philippe A. Autexier, *Les Œuvres témoins de Mozart*, chapitre « Grammaire de l'homme », p. 77-80. Enfin, sur un plan général, on ne peut, bien sûr, omettre les ouvrages, mais il est plus juste de dire l'Œuvre, de cet admirable et sensible mozartien que fut Jean-Victor Hocquard.

23. Lettre de Wolfgang à son père, Munich, 29 décembre 1778, W. A. Mozart, *Correspondance*, t. III, p. 123.

24. Lettre de Wolfgang à sa cousine, Maria Anna Thekla Mozart, Mannheim, 3 décembre 1777, W. A. Mozart, *Correspondance*, t. II, p. 154.

25. Lettre de Wolfgang à sa cousine, Mannheim, 3 décembre 1777, W. A. Mozart, *Correspondance,* t. II, p. 156.

26. P.-S. de Wolfgang, lettre de Léopold à sa femme, Milan, 10 février 1770, W. A. Mozart, *Correspondance,* t. I, p. 209.

27. Lettre de Wolfgang à Gottfried Emilian von Jacquin à Vienne, Prague, 15 janvier 1787, W. A. Mozart, *Correspondance,* t. V, p. 156.

28. P.-S. de Wolfgang à sa sœur sur une lettre de Léopold à sa femme, Rome, 14 avril 1770, W. A. Mozart, *Correspondance,* t. I, p. 225.

29. W. A. Mozart, *Correspondance,* t. IV, p. 41.

30. Sur ces procédés compositionnels, hormis les témoignages des biographes, lire en particulier Brigitte et Jean Massin, W. *A. Mozart,* et Philippe A. Autexier, *Les Œuvres témoins de Mozart.*

31. Lettre de Wolfgang à sa femme, 6 juin 1791, W. A. Mozart, *Correspondance,* t. V, p. 237.

32. Daniel Fabre, « La voie des oiseaux. Sur quelques récits d'apprentissage », *L'Homme,* juillet-septembre 1986 ; « L'interprète et les oiseaux », *Réception et identification du conte* – Actes du colloque de Toulouse, janvier 1986 ; « Une enfance de roi », *Ethnologie française* n° 4, 1991.

33. Lettre de Wolfgang à Gottfried Emilian von Jacquin, Prague, 15 janvier 1787, W. A. Mozart, *Correspondance,* t. V, p. 157-158.

34. F. von Schlichtegroll, *op. cit.,* p. 159.

35. Souvenirs de Karoline Pichler, écrivain viennois (1769-1843), cité par W. Hildesheimer, *Mozart,* p. 252.

36. Lettre de Léopold à son fils, Salzbourg, 16 février 1778, W. A. Mozart, *Correspondance,* t. II, p. 251-252.

37. Lettre du 30 juillet 1778, Mannheim, W. A. Mozart, *Correspondance,* t. III, p. 36-37. Nous sommes bien loin des lettres à la cousinette...

38. Relevé par E. Winternitz, p. 212.

39. Lettre de Wolfgang à sa femme, Vienne 6 juillet 1791, W. A. Mozart, *Correspondance,* t. IV, p. 247-248.

40. Lettre de Wolfgang à son ami Stoll, Vienne, 12 juillet 1791, W. A. Mozart, *Correspondance,* t. V, p. 250.

41. Cité par la traductrice de la correspondance, W. A. Mozart, *Correspondance,* t. V, p. 368, lettre n° 777, note 1.

42. *Id.* p. 250-251.

43. Notes de Mozart dans le journal de sa sœur. Relevé et traduit par P. A. Autexier dans *Les Œuvres témoins de Mozart,* p. 78.

44. Lettre de Mozart à sa cousine « la Bäsle », Mannheim, 13 novembre 1777, W. A. Mozart, *Correspondance,* t. II, p. 120-121. La « cousinette » avait promis à Wolfgang de lui envoyer son portrait. La lettre arrive... pas de portrait.

45. Compliment de Wolfgang pour la fête de son père, lettre de Mannheim, 8 novembre 1777, W. A. Mozart, *Correspondance,* t. II, p. 112.

46. Lettre de Léopold à son fils et à sa femme, Salzbourg, 18 décembre 1777, W. A. Mozart, *Correspondance,* t. II, p. 180.

47. Lettre de Wolfgang à son père, Vienne, 18 juin 1783, W. A. Mozart, *Correspondance,* t. IV, p. 96.

48. P.-S. de Wolfgang à sa sœur, lettre de Léopold à sa femme, Milan, 5 décembre 1772, W. A. Mozart, *Correspondance,* t. I, p. 326.

49. Lettre de Wolfgang à sa femme, Vienne, 11 juin 1791, W. A. Mozart, *Correspondance,* t. V, p. 238.

50. Lettre de Wolfgang à son père, Vienne, 20 juin 1781, W. A. Mozart, *Correspondance,* t. III, p. 237. Mozart fait allusion ici à ses démêlés avec le comte Arco.

51. Lettre à Johann Michaël Puchberg, Vienne, 14 juillet 1789, W. A. Mozart, *Correspondance,* t. V, p. 213.

52. Cité par Marcel Beaufils, *Comment l'Allemagne devint musicienne,* p. 239.

53. Lettre de Mannheim, 28 février 1778, W. A. Mozart, *Correspondance,* t. II, p. 272-273.

54. Lire la remarquable introduction de B. Massin, « Mozart dramaturge » dans le *Guide des opéras de Mozart,* p. 1-18.

55. Lire les articles fondateurs de Daniel Fabre sur ce sujet, « Passeuse aux grés du destin », *Critique,* n° 402, p. 1075-1099, et « La voie des oiseaux, sur quelques récits d'apprentissage », *L'Homme,* XXVI (3), p. 7-40. Lire également le très beau livre d'Yvonne Verdier, *Façons de dire, façons de faire, la laveuse, la couturière, la cuisinière.*

56. Yvonne Verdier, *Coutume et destin, Thomas Hardy et autres essais,* précédé de *Du rite au roman* par Claudine Fabre-Vassas et Daniel Fabre. Voir aussi Tina Jolas, « Une séquence printanière », *Ethnologie française,* numéro spécial, *Apprentissages, hommage à Yvonne Verdier,* p. 379-385.

57. Lire les excellentes pages que Rémy Stricker consacre à ce sujet au début de son ouvrage : *Mozart et ses opéras, fiction et vérité,* p. 13-30.

58. Lettre de Wolfgang à son père, Vienne, 21 juin 1783, W. A. Mozart, *Correspondance,* t. IV, p. 97.

59. Lettre de Wolfgang à son père, Vienne, 7 mai 1783, W. A. Mozart, *Correspondance,* t. IV, p. 92.

60. Lettre de Wolfgang à son père, Vienne, 26 septembre 1781, W. A. Mozart, *Correspondance,* t. III, p. 262.

61. P.-S. de Wolfgang à sa sœur sur une lettre de Léopold à sa femme, Milan, 3 mars 1770, W. A. Mozart, *Correspondance,* t. I, p. 214. *Wanstenderwischtsohastenschon* est une phrase en patois salzbourgeois qui signifie « Si tu l'attrapes – oh – tu l'as déjà » (note de la traductrice de la correspondance).

62. W. A. Mozart, *Correspondance,* t. IV, p. 63.

63. Article « mélodie », *Histoire de la mélodie occidentale.* Voir aussi J.-J. Rousseau, *Dictionnaire de musique,* article « mélodie », t. I.

64. Lettre de Léopold à sa femme et à son fils, Salzbourg, 28 mai 1778, W. A. Mozart, *Correspondance,* t. II, p. 318.

CHAPITRE III

1. Jean-Jacques Rousseau, *Le Devin du village.*
2. J.-J. Rousseau, *Confessions.*
3. J.-J. Rousseau, *Le Devin du village.*

4. Lettre de Léopold Mozart à Lorenz Hagenauer, 10 novembre 1767, W. A. Mozart, *Correspondance,* t. I, p. 158-159.

5. Daniel Fabre, Séminaires de l'EHESS, *La Figure de l'illettré savant,* Toulouse, 1991-1993.

6. Lettre de Léopold Mozart à sa femme à Salzbourg de Milan, 21 septembre 1771, W. A. Mozart, *Correspondance,* t. I, p. 304.

7. P.-S. de Wolfgang à sa sœur, Milan, 21 septembre 1771, W. A. Mozart, *Correspondance,* t. I, p. 305.

8. Lettre de Léopold à sa femme, Milan, 28 septembre 1771, W. A. Mozart, *Correspondance,* t. I, p. 306.

9. Lettre de Léopold à sa femme, Milan, 19 octobre 1771, W. A. Mozart, *Correspondance,* t. I, p. 309.

10. P.-S. de Wolfgang à sa sœur, Milan, 26 octobre 1771, W. A. Mozart, *Correspondance,* t. I, p. 311.

11. P.-S. de Wolfgang à sa sœur, Milan, 24 août 1771, W. A. Mozart, *Correspondance,* t. I, p. 299-300.

12. P.-S. de Wolfgang à sa sœur, Milan, 31 août 1771, W. A. Mozart, *Correspondance,* t. I, p. 301-302.

13. B. et J. Massin, *W. A. Mozart,* p. 696.

14. Lettre de Léopold à sa femme, Bologne, 25 août 1770, W. A. Mozart, *Correspondance,* t. I, p. 260-261. Sur la mue de Mozart, lire le très beau livre de Pascal Quignard, *La Leçon de musique.*

15. Lettre de Wolfgang à sa sœur, Milan, 18 décembre 1772, W. A. Mozart, *Correspondance,* t. I, p. 329.

16. Théodore de Wyzewa et Georges de Saint-Foix, *W. A. Mozart,* t. I, p. 489.

17. W. A. Mozart, *Correspondance,* t. I, p. 377-378.

18. J.-V. Hocquard, *La Pensée de Mozart,* p. 34.

19. Hermann Abert, *W. A. Mozart,* t. II, p. 17.

20. J.-V. Hocquard, *Mozart l'Unique,* p. 41.

21. Selon la jolie expression de J.-V. Hocquard dans *La Pensée de Mozart,* p. 41.

CHAPITRE IV

1. Lettre de Léopold à son fils, W. A. Mozart, *Correspondance,* t. II, p. 348-349.

2. Sur ce sujet, se reporter à Alfred Förg, *Schiess-scheibenvolkskunst in Jahrhunderten Österreisches Museum für Volkskunde,* et Franz J. Grieshopfer « Das Schützenwesen », *Salzkammergut, Oberösterreichischer Landersverlag,* 1977.

3. P.-S. de Nannerl dans une lettre de Léopold à sa femme et à son fils à Paris, 6 octobre 1777, W. A. Mozart, *Correspondance,* t. II, p. 52.

4. Lettre de Léopold à son fils, Munich, 31 décembre 1778, W. A. Mozart, *Correspondance,* t. III, p. 125.

5. Lettre de Wolfgang à sa sœur, Vienne, 4 juillet 1781, W. A. Mozart, *Correspondance,* t. III, p. 241-242.

6. Lettre de Léopold à son fils, Vienne, 15 décembre 1780, W. A. Mozart, *Correspondance,* t. III, p. 173.

7. Lettre de Wolfgang à son père, 16 décembre 1780, W. A. Mozart, *Correspondance,* t. III, p. 175.

8. Lettre de Léopold à son fils, Munich du 11 novembre 1780, W. A. Mozart, *Correspondance,* t. III, p. 141.

9. Lettre de Wolfgang à son père, 16 octobre 1777, W. A. Mozart, *Correspondance,* t. II, p. 75-76.

10. Lettre de Wolfgang à son père, Mannheim, 4 novembre 1777, W. A. Mozart, *Correspondance,* t. II, p. 106.

11. Lettre de Wolfgang à sa cousine, 5 novembre 1777, W. A. Mozart, *Correspondance,* t. II, p. 107.

12. Note de la traductrice française de la correspondance, Geneviève Geffray, dans W. A. Mozart, *Correspondance,* t. II, p. 382, note 16.

13. P.-S. de Nannerl sur une lettre de Léopold à sa femme et à son fils, 18 octobre 1777, W. A. Mozart, *Correspondance,* t. II, p. 83.

14. Lettre de Léopold à sa femme et à son fils, 17 novembre 1777, W. A. Mozart, *Correspondance,* t. II, p. 125.

15. Lettre de Léopold à son fils, 5 janvier 1778, W. A. Mozart, *Correspondance,* t. II, p. 200.

16. Lettre de Wolfgang à son père, 21 juin 1783, W. A. Mozart, *Correspondance,* t. IV, p. 97.

17. Lettre de Wolfgang à son père, 12 juillet 1783, W. A. Mozart, *Correspondance,* t. IV, p. 101.

18. W. A. Mozart, *Correspondance,* t. IV, p. 103.

CHAPITRE V

1. W. A. Mozart, *Correspondance,* t. III, p. 138-140.

2. W. A. Mozart, *Correspondance,* t. III, p. 140-141.

3. W. A. Mozart, *Correspondance,* t. III, p. 142-143.

4. W. A. Mozart, *Correspondance,* t. III, p. 143-145.

5. « Musique étrangement statique » note Harry Halbreich, Commentaire littéraire et musical, *Idoménée, Avant-Scène Opéra* n° 89, p. 43.

6. Voir Jean-Pierre Vernant *Mythe et société en Grèce ancienne.*

7. W. A. Mozart, *Correspondance,* t. III, p. 178-180.

8. W. A Mozart, *Correspondance,* t. III, p. 180-182.

9. W. A. Mozart, *Correspondance,* t. III, p. 151-154.

10. Sur ce sujet on peut se reporter à l'ouvrage de Mircéa Éliade : *De Zanobsis à Gengis Khan,* ou encore au beau roman d'Ismael Kadaré : *Le Pont aux trois arches.*

11. Françoise Paul-Lévy, « Arcane d'*Idoménée* » (*L'Homme* n° 111-112, 1989, p. 106-130), analyse finement dans son article le livret de l'opéra à l'aide des catégories de la filiation, de l'alliance, du don et du contre-don. Mais l'opéra est à la fois texte et musique ; n'est-ce pas la relation entre les deux termes qui construit l'œuvre et l'explicite ?

12. W. A. Mozart, *Correspondance*, t. III, p. 150.
13. J.-V. Hocquard, *Idoménée*, p. 85.
14. W. A. Mozart, *Correspondance*, t. III, p. 158-160.
15. W. A. Mozart, *Correspondance*, t. III, p. 160-162.
16. Lettre de Wolfgang à son père, 27 décembre 1780, W. A. Mozart, *Correspondance*, t. III, p. 184.
17. Lettre du 5 décembre 1780, W. A. Mozart, *Correspondance*, t. III, p. 165.
18. Lettre du 8 novembre 1780, W. A. Mozart, *Correspondance*, t. III, p. 139.
19. Lettre du 1er décembre 1780, W. A. Mozart, *Correspondance*, t. III, p. 159.
20. W. A. Mozart, *Correspondance*, t. III, p. 184-185.
21. W. A. Mozart, *Correspondance*, t. III, p. 185-187.
22. Isabelle Moindrot, *L'Opéra seria ou le règne des castrats*, p. 249.
23. Il existe une très abondante littérature sur le carnaval ; citons simplement, parmi de nombreuses études anthropologiques, les travaux de Daniel Fabre : *Carnaval ou la fête à l'envers* et *La Fête en Languedoc*.
24. Harry Halbreich, *op. cit.*, p. 73.
25. Lettre du 27 décembre 1780, W. A. Mozart, *Correspondance*, t. III, p. 185.
26. Cette anecdote est rapportée par H.C. Robbins Landon dans son ouvrage *Mozart connu et inconnu*, p. 36-37. Les passages cités du journal des Novello sont extraits de ces pages.
27. W. A. Mozart, *Correspondance*, t. III, p. 191-192.
28. H. Halbreich, *op. cit.*, p. 75.
29. Lettre du 3 janvier 1781, W. A. Mozart, *Correspondance*, t. III, p. 192.
30. J.-V. Hocquard, p. 169.
31. *Ibid.*
32. Lettre de Wolfgang à son père, W. A. Mozart, *Correspondance*, t. III, p. 155.
33. W. A. Mozart, *Correspondance*, t. III, p. 158.
34. *Op. cit.*, p. 81.
35. W. A. Mozart, *Correspondance*, t. III, p. 200-201.
36. W. A. Mozart, *Correspondance*, t. III, p. 192.
37. W. A. Mozart, *Correspondance*, t. III, p. 175-176.
38. H. Halbreich, *op. cit.*, p. 92.
39. W. A. Mozart, *Correspondance*, t. III, p. 162-164.
40. Lettre du 3 janvier 1781, W. A. Mozart, *Correspondance*, t. III, p. 191.
41. Lettre du 24 novembre 1780, W. A. Mozart, *Correspondance*, t. III, p. 151.
42. Lettre du 27 décembre 1780, W. A. Mozart, *Correspondance*, t. III, p. 184.
43. Lettre du 16 décembre 1780, W. A. Mozart, *Correspondance*, t. III, p. 175.
44. *Op. cit.*, p. 86.

CHAPITRE VI

1. Lettre de Wolfgang à son père, W. A. Mozart, *Correspondance*, t. III, p. 245.
2. Lettre de Wolfgang à son père, Vienne, 26 septembre 1781, W. A. Mozart, *Correspondance*, t. III, p. 260-262.

3. Lettre de Wolfgang à son père, Vienne, 26 septembre 1781, W. A. Mozart, *Correspondance,* t. III, p. 260.

4. Lire sur ce sujet Gilbert Rouget, *La Musique et la Transe,* et André Schaeffner, *Origine des instruments de musique.*

5. Jean-Baptiste Tavernier, *Nouvelle relation de l'intérieur du sérail du Grand Seigneur.*

6. Pierre Bourdieu, *Le Sens pratique,* p. 387-388.

7. *Dictionnaire de Trévoux,* article « figue », t. IV, p. 146.

8. *Idem.*

9. Lettre de Wolfgang à sa cousine « la Bäsle », Mannheim, 13 novembre 1777, W. A. Mozart, *Correspondance,* t. II, p. 120-121.

10. Lettre de Wolfgang à son père, Vienne, 26 septembre 1781, W. A. Mozart, *Correspondance,* t. III, p. 260.

11. Lettre de Wolfgang à son père, Vienne, 26 septembre 1781, W. A. Mozart, *Correspondance,* t. III, p. 260-261.

12. Gilbert Rouget, *La Musique et la Transe,* p. 159-161.

13. Hermann Abert, cité par J.-V. Hocquard dans *L'Enlèvement au sérail,* p. 130.

14. Lettre de Wolfgang à sa femme, Vienne, 2 juillet 1791, W. A. Mozart, *Correspondance,* t. V, p. 244.

15. Jean-Baptiste Tavernier, *Nouvelle relation de l'intérieur du Grand Seigneur,* p. 28.

16. *Dictionnaire de Furetière,* article « grossier », t. II.

17. Lettre de Wolfgang à sa sœur, Vienne, 15 décembre 1781, W. A. Mozart, *Correspondance,* t. III, p. 277.

18. D. Bartha, « Mozart et le folklore musical de l'Europe centrale », *Influences étrangères dans l'œuvre de Mozart.*

19. Lettre de Léopold à son fils, 15 décembre 1780, W. A. Mozart, *Correspondance,* t. III, p. 173.

20. W. A. Mozart, *Correspondance,* t. III, p. 232, note 25.

21. Lettre de Wolfgang à son père, Vienne, 26 septembre 1781, W.A. Mozart, *Correspondance,* t. III, p. 261.

22. Lettre de Wolfgang à son père, Vienne, 26 septembre 1781, W. A. Mozart, *Correspondance,* t. III, p. 260.

23. *Idem,* p. 261.

24. Lettre de Wolfgang à son père, Vienne, 26 septembre 1781, W. A. Mozart, *Correspondance,* t. III, p. 261.

25. J.-B. Tavernier, p. 89.

26. Lettre de Wolfgang à sa femme, Dresde, 13 avril 1789 – 7 heures du matin – précise Mozart. W. A. Mozart, *Correspondance,* t. IV, p. 204-205.

27. Lettre de Wolfgang à sa femme, Vienne, 29 avril 1782, W.A. Mozart, *Correspondance,* t. IV, p. 44-45.

28. Lady Montagu, p. 210.

29. Lettre de Wolfgang à son père, Vienne, 19 septembre 1781, W. A. Mozart, *Correspondance,* t. II, p. 259-260.

30. Jean-Victor Hocquard, *L'Enlèvement au sérail.*

31. Lettre de Wolfgang à son père, Vienne, 22 décembre 1781, W. A. Mozart, *Correspondance,* t. III, p. 279.

32. Rémy Stricker, *Mozart et ses opéras,* p. 192. R. Stricker fait d'ailleurs une très belle analyse de cette aria.

33. Lady Mary Montagu, *L'Islam au péril des femmes, une Anglaise en Turquie au XVIIIe siècle.*

34. Arnold Van Gennep, *Les Rites de passage.*

35. Sur ce sujet, lire notamment Guy Maneveau, *Musique et éducation,* p. 30-37.

36. Philippe A. Autexier, « Das Liebelei – und Amour de Mai Motiv bei Mozart », *Mittelungen der Internazional Salzbourg Mozarteum,* 1986, p. 81-84.

37. Lettre de Wolfgang à son père, Vienne, 26 septembre 1781, W. A. Mozart, *Correspondance,* t. III, p. 262.

38. J.-V. Hocquard, p. 138.

39. *Idem,* p. 139.

CHAPITRE VII

1. Jean de Solliers, *Les Noces de Figaro, Avant-Scène Opéra* n° 21, commentaire littéraire et musical, p. 109.

2. Ainsi que le fait remarquer Jean-Victor Hocquard, *Les Noces de Figaro,* p. 136.

3. Cité par Wolfgang Hildesheimer, *Mozart,* p. 181.

4. Jean-Victor Hocquard, *Les Noces de Figaro,* p. 62.

5. Lettre de Wolfgang à sa femme, Vienne, avant la mi-août 1789, W. A. Mozart, *Correspondance,* t. V, p. 214-215.

6. Jean-Victor Hocquard, *Les Noces de Figaro,* p. 44.

7. Acte I, scène 1, *duettino* n° 2.

8. J.-V. Hocquard, *Les Noces de Figaro,* p. 45.

9. *Idem,* p. 47.

10. *Ibidem,* p. 47.

11. Lettre de Wolfgang à son père à Salzbourg, Vienne, 20 juin 1781, W. A. Mozart, *Correspondance,* t. III, p. 237.

12. Lettre de Wolfgang à son père, Vienne, 4 juillet 1781, W. A. Mozart, *Correspondance,* t. III, p. 239.

13. Wolfgang à son père, Vienne, après le 19 février 1786, annexe à une lettre perdue. W. A. Mozart, *Correspondance,* t. V, p. 53-54 et note de la traductrice p. 269.

14. Lettre de Wolfgang à son père,Vienne, 26 septembre 1781, W. A. Mozart, *Correspondance,* t. III, p. 261.

15. Daniel Fabre, « Le Privé contre la coutume », dans Ph. Ariès, R. Chartier, Éd. *Histoires de la vie privée,* t. III, p. 543.

16. J.-V. Hocquard, *Les Noces de Figaro,* p. 129.

17. Jean de Solliers, *op. cit.,* p. 100.

18. *Histoire de la musique occidentale,* sous la direction de Jean et Brigitte Massin, p. 91.

19. J.-V. Hocquard, *Les Noces de Figaro,* p. 129.

20. *Idem,* p. 130.

21. *Nouveau Larousse illustré,* t. 6, article « menuet ».

22. *Grand Dictionnaire universel du* XIX*e siècle,* t. VIII.

23. Jacques-Gabriel Prod'homme, *Mozart raconté par ceux qui l'ont vu,* p. 215-216.

24. J.-V. Hocquard, *Les Noces de Figaro,* p. 68.

25. Yvonne Verdier, *Façons de dire, façons de faire.*

26. *Idem,* p. 240.

27. J.-V. Hocquard, *Les Noces de Figaro,* p. 133.

28. *Idem,* p. 133-134.

29. Hermann Abert, cité par J.-V. Hocquard, *idem,* p. 134.

30. W. A. Mozart, *Correspondance,* t. III, p. 165.

31. Jean de Solliers, *op. cit.,* p. 109.

32. *Guide des opéras de Mozart,* p. 612.

33. Lettre de Wolfgang à sa sœur, Vienne 15 décembre 1781, W. A. Mozart, *Correspondance,* t. III, p. 277.

34. Lettre de Wolfgang à son père, Vienne, 22 janvier 1783, W. A. Mozart, *Correspondance,* t. IV, p. 82.

35. Lettre de Wolfgang à son père, Vienne, 12 mars 1783, W. A. Mozart, *Correspondance,* t. IV, p. 87.

36. Cité par Brigitte et Jean Massin, *Wolfgang Amadeus Mozart,* p. 935.

37. Claude Lévi-Strauss, *L'Homme nu, Finale,* p. 558-621.

38. En ce qui concerne le temps et la musique, on consultera avec profit l'excellent ouvrage de Guy Manneveau, *Musique et éducation.*

39. Cité par Isabelle Moindrot dans *L'Opéra seria ou le règne des castrats,* p. 248.

40. W. A. Mozart, *Correspondance,* t. V, p. 241.

41. W. A. Mozart, *Correspondance,* t. V, p. 242.

42. Cité par Jean et Brigitte Massin dans W. *A. Mozart,* p. 406.

43. *Idem,* p. 407.

44. *Idem,* p. 406

45. Sur saint Blaise, lire notamment Daniel Fabre, « Le monde du carnaval », *Annales ESC.* et Claude Gaignebet, *À plus hault sens. L'ésotérisme spirituel et charnel de Rabelais,* t. I et II.

46. Lire Tina Jolas, « Une séquence printanière, le Songe d'une nuit d'été », *Ethnologie française, Hommage à Yvonne Verdier,* 1991, n° 4, p. 378-385.

47. Yvonne Verdier, *Coutume et destin, Thomas Hardy et autres essais,* précédé de *Du rite au roman* par Claudine Fabre-Vassas et Daniel Fabre.

48. Arnold Van Gennep, *Les Rites de passage* et *Manuel du folklore contemporain.*

49. Antoine Furetière, *Dictionnaire universel,* article « page ».

50. Herman Abert cité par J.-V. Hocquard, *Les Noces de Figaro,* p. 53.

51. Beaumarchais, préface du *Mariage de Figaro.*

52. P.-S. de Wolfgang à sa sœur, Milan, 21 septembre 1771, W. A. Mozart, *Correspondance,* t. I, p. 305.

53. Lettre de Léopold à son fils, Salzbourg, 9 décembre 1780, W. A. Mozart, *Correspondance,* t. III, p. 167-168.

54. Daniel Fabre, préface à *Antonin Perbosc, le langage des bêtes,* p. 36.

55. *Idem,* p. 39.

56. Annie Paradis, « *Les Noces de Figaro* ou le chant des fleurs », dans *L'Homme, le végétal et la musique,* p. 120-131.

57. *Encyclopédie du XX*[e] *siècle,* t. V, article « sibylle ».

58. Daniel Fabre, note critique, *Annales ESC,* n° 2, p. 389.

59. Lors de sa vigile, les cloches sonnent à toute volée. Daniel Fabre, note critique, *Annales ESC,* n° 2, p. 389.

60. T. de Wyzewa et G. de Saint-Foix, *W. A. Mozart,* t. II, p. 423.

61. Jean de Solliers, *op. cit.*, p. 88.

62. *Idem,* p. 106.

63. *Idem,* p. 107.

64. J.-V. Hocquard, *Les Noces de Figaro,* p. 162.

65. Pour reprendre cette belle expression de J.-V. Hocquard.

66. *Histoire de la musique occidentale,* sous la direction de Jean et Brigitte Massin, *La musique luthérienne au XVI*[e] *siècle* : « Dans la conscience allemande, la musique d'inspiration luthérienne devait toujours avoir une dimension religieuse, bien sûr, mais aussi, à des degrés divers, politico-nationale ». (p. 324).

67. *Idem,* p. 325.

68. *Idem,* p. 326.

69. J.-V. Hocquard, *Les Noces de Figaro,* p. 166.

70. *Ibid.*

CHAPITRE VIII

1. Lettre de Wolfgang à son père, W. A. Mozart, *Correspondance,* t. V, p. 182.

2. Lettre de Wolfgang à Emilian Gottfried von Jacquin à Vienne, W. A. Mozart, *Correspondance,* t. V, p. 186.

3. Lettre de Wolfgang à Emilian Gottfried von Jacquin à Vienne, W. A. Mozart, *Correspondance,* t. V, p. 191.

4. Tous les éléments de ce petit récit sont tirés des souvenirs de Constanze, rédigés par son second mari, Nissen. Le texte de Nissen concernant les circonstances de la composition de l'ouverture du *Don Giovanni* sont cités par Jean et Brigitte Massin, *W. A. Mozart,* p. 472.

5. Claude Lévi-Strauss, *Le regard éloigné,* p. 277-290.

6. *Ibidem.*

7. Marie-Aude Roux, Commentaire littéraire et musical de *Don Giovanni, Guide des opéras de Mozart,* p. 702.

8. Marie-Aude Roux, Commentaire littéraire et musical de *Don Giovanni,* p 702.

9. Lettre de Wolfgang à sa sœur, W. A. Mozart, *Correspondance,* t. I, p. 200-201.

10. Lire sur ce sujet, Daniel Fabre, « Juvéniles revenant ». Et aussi « Le jeune homme et la mort, », *La fête en Languedoc,* et *Carnaval, la fête à l'envers.* Enfin *Le Retour des morts,* études dirigées par D. Fabre.

11. Je remercie les professeurs Jean Andreu et Michel Bertrand pour ces précisions. On peut se reporter aussi sur ce sujet à l'ouvrage de Maurice Molho, *Mitologias, Don Juan, Segismundo.*

12. J.-V. Hocquard, *Le Don Giovanni de Mozart,* p. 162.

13. Marie-Aude Roux, *op. cit.*, p. 715.

14. J.-V. Hocquard, *Le Don Giovanni de Mozart,* p. 192.

15. Lettre de Wolfgang à son père, W. A. Mozart, *Correspondance,* t. III, p. 244.

16. Pierre Jean-Jouve, *Le Don Juan de Mozart,* p. 89.

17. *Dictionnaire de la musique en France au XVII*e *et XVIII*e *siècle,* sous la direction de Marcelle Benoît, p. 178-179. Sur la contredanse, voir également Marc Honegger, *Science de la musique,* article « contredanse », t. I, p. 285, et Jean-Jacques Rousseau, *Dictionnaire de musique,* article « contredanse », t. I, p. 162.

18. Antoine Arbeau cité par Paul Bourcier, *Naissance du ballet,* p. 144.

19. J.-V. Hocquard, *Le Don Giovanni de Mozart,* p. 118.

20. *Idem,* p. 131-132.

21. Lire en particulier sur ce sujet l'ouvrage de Pierre Jean-Jouve *Le Don Juan de Mozart.* On peut se reporter également à une scène du *Don Giovanni* de Losey où les invités, à la fête finale, sont tous masculins et quelques-uns travestis.

22. K.G. Dover, *Homosexualité grecque.*

23. J.-V. Hocquard, *Le Don Giovanni de Mozart,* p. 151.

24. Jean & Brigitte Massin, *W. A. Mozart,* p. 1064.

25. Marie-Aude Roux, *op. cit.*, p. 717.

26. Eugène Rolland, *La faune populaire,* p. 85.

27. Rémy Stricker, *Mozart et ses opéras, fiction et vérité,* p. 251.

28. *Histoire de la Musique occidentale,* p. 75.

29. Daniel Fabre, « Juvéniles revenants », dans *Études rurales,* 1987, n° 105-106, p. 154.

30. L'ouvrage de Georges Marañon, *Don Juan et le don juanisme,* fait le tour de la question.

31. On peut se reporter à la biographie de Aleramo Lanapoppi, *Un certain Da Ponte.*

32. J.-V. Hocquard, *Le Don Giovanni de Mozart,* p. 137.

33. Traduction de Philippe Autexier, « Horizons mozartiens », p. 62.

34. Lettre de Wolfgang à sa cousine Maria Anna Thekla, Mannheim, 13 novembre 1777, W. A. Mozart, *Correspondance,* t. II, p. 255-256.

35. Lettre de Léopold à son fils, 25 et 26 février 1778, W. A. Mozart, *Correspondance,* t. II, p. 266.

36. Lettre de Wolfgang à son père, Vienne, 26 mai 1781, W. A. Mozart, *Correspondance,* t. III, p. 227.

37. Sören Kierkegaard, *Ou bien, ou bien,* p. 105.

38. Dans son bel et stimulant article : « Le cri, la voix la parole et la loi », *Musical,* n° 1, février 1987, p. 117-129.

39. Claude Lévi-Strauss n'analyse cependant que la relation compositeur/auditeur. *L'Homme nu. Mythologiques ****,* p. 585.

40. *Ibid.*

41. *Ibid.*

42. *Ibid.*

CHAPITRE IX

1. Lettre de Wolfgang à Johann Michael Puchberg à Vienne, W. A. Mozart, *Correspondance,* t. V, p. 216.
2. Voir Jean-François Labie, « Le déguisement chez Da Ponte », *Lorenzo Da Ponte, Mémoires et livrets,* p. 635-645 et Marc Vignal, « Sources, composition et créateurs », *L'Avant-Scène Opéra,* n° 131-132, p. 1-15.
3. Franz Niemtschek, *Vie du maître de Chapelle de sa Majesté Royale et Impériale,* p. 223.
4. E. J. Dent, *Les Opéras de Mozart,* p. 259-260.
5. J.-V. Hocquard, *Così fan tutte,* p. 41.
6. Selon l'heureuse expression de J.-V. Hocquard, *ibid.*
7. J.-V. Hocquard n'hésite pas à évoquer l'atmosphère transparente de l'*Ave verum.*
8. Vienne, avant le 8 avril 1789, W. A. Mozart, *Correspondance,* t. V, p. 202.
9. Ainsi que le dit J.-V. Hocquard, *Così fan tutte,* p. 58.
10. Se reporter à l'analyse de *Don Juan* dans *L'Avant-Scène Opéra,* n° 24.
11. Voir Yvonne Verdier, *Façons de dire, façons de faire.*
12. Cité par Pierre Louis Duchartre, *La Commedia dell' arte,* p. 135.
13. Lettre de Wolfgang à sa femme, W. A. Mozart, *Correspondance,* t. V, p. 209.
14. *Rivolgete a lui lo sguardo* (K. 584). Pour l'analyse de ce morceau, se reporter à. J.-V. Hocquard, *Mozart dans ses airs de concert,* p. 241-245.
15. K. 598. Voir R. Stricker, *Mozart et ses opéras,* p. 286.
16. J.-V. Hocquard, *Così fan tutte,* p. 91.
17. Commentaire de Stéphane Goldet in *Guide des opéras de Mozart,* p. 816.
18. Maurice Barthélemy, *De Léopold à Constance, Wolfgang Amadeus,* p. 145.
19. Ainsi qu'écrit joliment J.-V. Hocquard, *Così fan tutte,* p. 103.
20. Lettre de Wolfgang à sa femme, Vienne, 6 juin 1791, W. A. Mozart, *Correspondance,* t. V, p. 237.
21. Herman Abert cité par J-V. Hocquard, *Così fan tutte,* p. 143.
22. Cité par Michel Noiray, *L'Avant-Scène Opéra, Così fan tutte,* commentaire littéraire et musical, p. 135.
23. J.-V. Hocquard, *Così fan tutte,* p. 164.

CHAPITRE X

1. Citée par Jean et Brigitte Massin, *Wolfgang Amadeus Mozart,* p. 966.
2. Lettre de Léopold Mozart à Johann Jacob Lotter à Augsbourg, W.A. Mozart, *Correspondance,* t. I, p. 29-30.
3. Se reporter à Diderot et d'Alembert, *Encyclopédie,* section « musique ».

4. Lettre de Léopold Mozart à Lorenz Hagenauer à Salzbourg, Londres, 27 novembre 1764, W. A. Mozart, *Correspondance,* t. I, p. 114.

5. Lire H.C. Robbins Landon, *1791, la dernière année de Mozart.*

6. Lettre de Léopold Mozart à Lorenz Hagenauer à Salzbourg, W.A. Mozart, *Correspondance,* t. I, p. 59.

7. Lettre de Wolfgang à sa sœur, W.A. Mozart, *Correspondance,* t. I., p. 234.

8. W.A. Mozart, *Correspondance,* t. I, p. 260-261.

9. Pascal Quignard, *La Leçon de musique,* p. 37.

10. Alain Gueulette, *Mozart retrouvé,* p. 97.

11. Lettre de Wolfgang à son père à Salzbourg, W.A. Mozart, *Correspondance,* t. II, p. 28.

12. Lettre de Wolfgang à Gottfried Emilian von Jacquin à Vienne, W. A. Mozart, *Correspondance,* t. V, p. 157-158.

13. Lettre de Wolfgang à sa femme, Vienne, 17 octobre 1790, W. A. Mozart, *Correspondance,* t. V, p. 229.

14. Lettre de Wolfgang à sa femme, Vienne, 6 juin 1791, W. A. Mozart, *Correspondance,* t. V, p. 237.

15. Lettre de Wolfgang à sa femme, Vienne, 8 octobre 1790, W. A. Mozart, *Correspondance,* t. V, p. 227.

16. Lettre de Wolfgang à sa femme, Vienne, 7 juin 1791, W. A. Mozart, *Correspondance,* t. V, p. 237.

17. Sur ce sujet, lire H.C. Robbins Landon, *1791, la dernière année de Mozart.*

18. Lettre de Wolfgang à sa femme à Baden, Vienne, 14 octobre 1791, W. A. Mozart, *Correspondance,* t. V, p. 255.

19. Nissen cité par H.C. Robbins Landon dans *1791, la dernière année de Mozart,* p. 152.

20. Nissen, cité par Jean et Brigitte Massin dans *Wolfgang Amadeus Mozart,* p. 571.

21. Souvenirs de Constanze recueillis dans *Monatsschrift für Theater und Musik,* 1857, cité par Jean et Brigitte Massin dans *Wolfgang Amadeus Mozart,* p. 573.

22. W.A. Mozart, *Correspondance,* t. V, p. 248.

23. Gérald Stieg donne cependant une interprétation inhabituelle et stimulante du personnage dans son article : « Le principe Papageno », dans *Autrement,* numéro consacré à Vienne, p. 176-184.

24. Jacques Chailley, *La Flûte enchantée, opéra maçonnique,* p. 110.

25.Lettre de Wolfgang à sa femme, W. A. Mozart, *Correspondance,* t. V, p. 253.

26. Lettre de Wolfgang à sa femme, W. A. Mozart, *Correspondance,* t. V, p. 248.

27. Jules Verne, *Les Enfants du capitaine Grant,* p. 210.

28. Grâce à sa langue, volumineuse, cylindrique qui a un volume important dans une cavité buccale large. Buffon – *Œuvres complètes,* t. V, p. 90.

29. *Ibid.*

30. Lettre de Wolfgang à sa femme, W. A. Mozart, *Correspondance,* t. V, p. 225.

31. Lettre de Wolfgang à sa femme, W. A. Mozart, *Correspondance,* t. V, p. 226.

32. Claudine Fabre-Vassas, « Le charme de la syrinx », *L'Homme*, juillet-septembre 1983, p. 5-41.

33. Lettre de Wolfgang à sa femme, Vienne, 8 et 9 octobre 1791, W. A. Mozart, *Correspondance*, t. V, p. 253-254.

34. « Pourquoi le plumage du faucon peut changer de couleur », Joan Amadès, *L'Origine des bêtes, petite cosmogonie catalane*, traduction et présentation de Marlène Albert-Llorca, p. 205-206. Notons que, dans ce récit catalan, le faucon joue auprès de la Vierge un rôle tout semblable à celui de Papageno auprès de la Reine de la nuit !

35. Se reporter notamment au *Livre de chasse du Roy de Momus* et à Paul Lacroix, *Mœurs, usages et costumes au Moyen Âge et à l'époque de la Renaissance*, chapitre « mœurs et usages », p. 230 *sq*.

36. Lettre de Wolfgang à sa femme, W. A. Mozart, *Correspondance*, t. V, p. 251-252.

37. J.-V. Hocquard, *La Flûte enchantée*, p. 168.

38. Tout a été écrit sur le sujet ainsi que sur les rapports de Mozart avec la franc-maçonnerie, ce qui nous libère de l'obligation d'en parler...

39. Cité par Jean et Brigitte Massin, *Wolfgang Amadeus Mozart*, p. 467.

ÉPILOGUE

1. W. A. Mozart, *Correspondance*, t. IV, p. 252. Mozart est mort le lundi 5 décembre 1791 à 0 h 55.

2. W. A. Mozart, *Correspondance*, t. I, p. 194.

3. Lettre de Wolfgang à sa femme, Francfort-sur-le-Main, 30 septembre 1790, W. A. Mozart, *Correspondance*, t. IV, p. 225.

4. Le « mufti », *i.e.* l'archevêque Colloredo qui n'avait pas autorisé le père à suivre son fils à Paris. Lettre du 23 septembre 1777, W. A. Mozart, *Correspondance*, t. II, p. 28.

Bibliographie

ABERT, Hermann : W. *A. Mozart.* Leipzig, Breitkopf und Härtel, 1919-1921.

ALBERT, Jean-Pierre : « Du roman au mythe. Lecture de John Irving », *L'Homme.* 111-112, juillet-décembre 1989, XXIX (3-4), p. 87-105.

ALGAROTTI : *Essai sur l'opéra,* traduit de l'italien par Monsieur Le Chevalier de Chastellux, Paris, 1773.

AMADES, Joan : *L'origine des bêtes, petite cosmogonie catalane,* traduit et présenté par Marlène Albert-Llorca, Carcassonne, Garae, Hésiode, 1988.

ARBEAU, Thoinot : *Orchesographie.*, 1588 ; rééd. Paris, F. Viewez libraire éditeur, 1888.

ARCHIVES DU FUTUR/OPÉRA : *La Flûte enchantée.* Bruxelles, Labor, 1993.

AUTEXIER, Philippe A. : *Mozart,* Paris, Champion, 1987.

— : *Les œuvres témoins de Mozart,* Paris, A. Leduc, 1982.

— : « Das liebelei -und Amour de Mai- Motiv bei Mozart », *Mittelunger der Internazional Salzbourg Mozarteum,* 1986, p. 81-84.

— : La musique maçonnique, *XVIIIe siècle,* 1987, n° 19, p. 57-102.

AUTREMENT : Opéra. La Diva et le souffleur, n° 71, juin 1985.

AUTREMENT : Vienne. Théâtre de l'oubli et de l'éternité, n° 53, mai 1991.

AVANT-SCÈNE OPÉRA : *Le Nozze di Figaro,* n° 21, 1979. *Don Juan,* n° 24, 1979. *Così fan tutte,* n° 131-132, 1978. *L'Enlèvement au Sérail,* n° 59, 1984. *Idoménée,* n° 89, 1986. *La Flûte enchantée,* n° 101, 1987.

BALCELLS, Pesc Albert : *Autoretrat de Mozart a travès de la seva correspondència,* Barcelone, La Campana, 1997.

BARBIER, Patrick : *Histoire des castrats,* Paris, Grasset, 1989.

BAROJA, Julio Caro : *Le Carnaval,* Paris, Gallimard, 1965.

BAROQUE, revue internationale : La fête théâtrale et les sources de l'opéra, Montauban, 1972, n° 5.

BARTHA, D. : « Mozart et le folklore musical de l'Europe centrale », *Influences étrangères dans l'oeuvre de Mozart,* Éd. du CNRS, s.d.

BARTHÉLEMY, Maurice : *De Léopold à Constance. Wolfgang Amadeus,* Actes Sud, 1987.

— « L'opéra comique des origines à la querelle des Bouffons », *L'Opéra Comique en France au XVIIIe siècle,* Liège, Mardaga, 1992.

BARTHES, Roland : *Fragments d'un discours amoureux,* Paris, Éd. du Seuil, 1977.

BEAUFILS, Marcel : *Comment l'Allemagne est devenue musicienne,* Paris, Diapason Robert Laffont, 1983.

BELOUING : *De Gottsched à Lessing, étude sur les commencements du théâtre en Allemagne (1724-1760),* Paris, Hachette, 1909 (thèse de doctorat d'État).

BLACKING, John : *Le Sens musical,* Paris, Éd. de Minuit, 1980.

BOURCIER, Paul : *Naissance du ballet,* Librairie de la Danse, s.d.

BOURDIEU, Pierre : *Le Sens pratique,* Paris, Éd. de Minuit, 1980.

BOURGEOIS, Jacques : *L'opéra des origines à demain,* Paris, Julliard, 1983.

BRAUNBEHRENS, Volkmar : *Mozart in Vienna 1781-1791,* traduit de l'allemand par Timothy Bell, New York, Grove Press, 1989.

BREYDERT, Frédéric : *Le génie créateur de Wolfgang Amadeus Mozart,* Paris, Alsatia, s. d.

BRION, Marcel : *La vie quotidienne à Vienne au temps de Mozart et de Schubert,* Paris, Hachette, 1959.

BROPHY, Brigid : *Mozart the dramatist. The value of his operas to him, to his age and to us,* London, Libris, 1988.

BROSSES, Charles de : *Lettres d'Italie,* éd. Frédéric d'Agay, Paris, Mercure de France, 1986.

BUCI-GLUCKSMAN, Christine : « Don Juan ou l'érotisme musical », *Cahiers du Sorano,* oct-nov 1990, n° 1.

BUFFON : *Œuvres complètes,* tomes I à V, Paris, Boulanger et Legrand, s.d.

BUKKOFZER, Manfred F. : *La Musique baroque,* Paris, J.-C. Lattès, 1982.

BURGONDE, Julien : *Icare et La Flûte enchantée,* Paris, Actes Sud, 1991.

BURNEY, Charles : *Voyage musical dans l'Europe des Lumières.* Traduit, présenté et annoté par Michel Noiray, Paris, Flammarion, 1992.

CALAME-GRIAULE, Geneviève : *La parole chez les Dogon. Ethnologie et langage,* Paris, Institut d'Ethnologie, 1987.

CANNONE, Belinda : *La réception des opéras de Mozart dans la presse parisienne (1793-1829),* Paris, Klincksieck, 1991.

CASTAREDE, Marie-France : *La voix et ses sortilèges,* Paris, Les Belles-Lettres, 1988.

CAZENEUVE, Jean : « Jeux de vertige et de peur », in CAILLOIS, René (dir.). *Jeux et Sports,* Paris, Gallimard (Encyclopédie de la Pléiade), 1967.

CHAILLEY, Jacques : *La Musique et le signe,* Lausanne, Rencontre, 1967.

— : *La Flûte enchantée, opéra maçonnique,* Paris, Robert Laffont, 1968.

CHANTAVOINE, Jean : *Mozart dans Mozart,* Paris, Desclée de Brouwer, 1948.

CHAPPAZ-WIRTHNER, Suzanne : *Le Turc, le Fol et le Dragon. Imaginaire et identité dans le carnaval de Brigue, de Glis et de Naters en Velais* (thèse de doctorat, faculté de lettres, Université de Neuchâtel, Institut d'Ethnologie), septembre 1993.

CHARTIER Roger : *Culture écrite et société. L'ordre des livres (XIVe-XVIIIe siècles),* Paris, Albin Michel, 1996.

— (dir.) : *La correspondance. Les usages de la lettre au XIXe siècle,* Paris, Fayard, 1991.

— (dir.) : *Pratiques de la lecture,* Paris, Payot, 1993.

CHARUTY, Giordana : « Le fil de la parole », *Ethnologie française,* XV, 1985, n° 2.

CHENET, Françoise : « Mozart et ses doubles : le Don Giovanni de Losey, mise en abîme de l'adaptation », *Mozart, origines et transformations d'un mythe,* Actes du colloque international, Université Clermont II, décembre 1991, Éd. Peter Lang, 1994.

CIAMBELLI, Patrizia : « La boucle et la marque », *Terrains*, 27 septembre 1996.
CIORANESCU, Alexandre : *Le masque et le visage*, Genève, Droz, 1983.
CITOYEN, Olivier : *L'Esprit d'Orphée ou de l'influence respective de la musique, de la morale et de la législation*, Paris, an VI, Bulletin officiel, 1798.
CLÉMENT, Catherine : *La syncope, philosophie du ravissement*, Paris, Grasset, 1990.
CLÉMENT, Félix : *Mozart, livre de lecture à l'usage des écoles*, Paris, Hachette, 1882.
COTTE, Roger : *La musique maçonnique et ses musiciens*, Paris, Éd. du Borrego, 1987.
CORPS ÉCRIT n° 35, septembre 1990, Paris, PUF, 1990.
COSTÈRE, E. : *Lois et styles des harmonies musicales*, Paris, PUF, 1954.
DA PONTE, Lorenzo : *Mémoires et livrets*, Paris, Livre de poche Pluriel, 1980.
— : *Il Don Giovanni*, a cura di Giovanna Gronda, Torino, Einaudi, 1995.
DARNTON, Robert : *La fin des lumières. Le mesmérisme et la Révolution*, Paris, Perrin, 1984.
DEGUY, Michel : *La machine matrimoniale ou Marivaux*, Paris, Gallimard, 1982.
DELISLE, Mar-Yse : « Le tabou du lapin dans une communauté des pêcheurs de la région de Saint-Malo », *Anthropologie maritime*, décembre 1988, n° 3.
DENT, E. J. : *Les opéras de Mozart*, traduit de l'anglais par René Duchoc, Paris, Gallimard, 1958.
DE MARTINO, Ernesto : *La terre du remords*, Paris, Gallimard, 1966.
DE SIKE, Yvonne : *Fêtes et croyances populaires en Europe*, Paris, Bordas, 1994.
Dictionnaire Mozart, sous la direction de H. C. Robbins Landon, Paris, J.-C. Lattès, 1990, rééd. Fayard, 1997.
Dictionnaire de la Musique en France au XVIIe et XVIIIe siècles, sous la direction de Marcelle Benoit, Paris, Fayard, 1992.
DIDEROT : *Le neveu de Rameau*, Paris, Garnier Flammarion, 1983.
DIDIER, Béatrice : *La musique des lumières*, Paris, PUF, 1985.
DIX HUITIÈME SIÈCLE, n° 22, PUF, 1990.
DON JUAN, catalogue d'exposition, Paris, Bibliothèque nationale, 1991.
DOVER, K. G. : *Homosexualité grecque*, Grenoble, La Pensée sauvage, 1982.
DUCHARTRE, Pierre-Louis : *La Commedia dell'Arte*, Paris, Éd. d'Art et d'Industrie, 1955.
DUMONT, Louis : *L'idéologie allemande. France, Allemagne et retour*, Paris, Gallimard, 1991.
DURAND, Gilbert : *Beaux-Arts et archétypes*, Paris, PUF, 1989.
EINSTEIN, Alfred : *Mozart*, traduit de l'allemand par J. Delalande, Paris, Gallimard, 1991.
ELIAS, Norbert : *La société de cour*, Paris, Calmann-Lévy, 1974.
— *Mozart, sociologie d'un génie*, Paris, Éd. du Seuil, 1991.
— *La civilisation des mœurs*, Paris, Calmann-Lévy, 1991.
Encyclopédie de la Musique, Paris, Fasquelle, 1959.
FABRE, Daniel : Note critique sur le monde du Carnaval, *Annales* ESC, mars-avril 1975, n° 2. p. 389-406.
— Carnaval ou la fête à l'envers, Paris, Gallimard, 1992.
CAMBEROQUE, Charles : *La Fête en Languedoc. Regard sur le carnaval aujourd'hui*, Toulouse, Privat, 1977.
— « Passeuses aux grés du destin », *Critique*, novembre 1980, n° 402.

— « L'interprète et les oiseaux », *Réception et identification du conte,* Actes du colloque de Toulouse, janvier 1986, Toulouse, Presses universitaires du Mirail, 1987.

— *Carnaval ou la fête à l'envers,* Paris, Gallimard, 1992.

— « Une enfance de Roi », *Ethnologie française Apprentissages. Hommage à Y. Verdier,* 1991, n° 4.

— « Juvéniles revenants », *Études rurales,* janvier-juin 1987, n° 105-106.

— « Le Jeune homme et la mort », in POURRAT, Henri (éd.) *Le Trésor des contes,* Actes du colloque organisé par la faculté de lettres et sciences humaines de Clermont-Ferrand, 1-2-3 juin 1987.

— et TRAIMOND, Bernard : « Le charivari gascon contemporain : un enjeu politique », *Le Charivari,* Paris, EHESS/Mouton, 1981.

— et CAMBEROQUE, Charles : *La Fête en Languedoc. Regard sur le carnaval aujourd'hui,* Toulouse, Privat, 1977.

FABRE-VASSAS, Claudine, et AMIEL, Christiane : « Carnaval. Classes d'âge et identité d'un quartier : le tour de l'âne dans la cité de Carcassonne », *Un demi-siècle d'ethnologie occitane. Autour de la Revue Folklore,* Carcassonne, mai-juin 1982.

FABRE-VASSAS, Claudine : « Le charme de la syrinx », *L'Homme,* juillet-septembre 1983.

— *La Bête singulière, juifs et chrétiens autour du cochon,* Paris, Gallimard, 1994.

FAIVRE, Antoine : « Les contes de Grimm, mythe et initiation », *Circé,* n° 10-11, Paris, Lettres modernes, 1978.

FERNANDEZ, Dominique : *Le banquet des anges,* Paris, Plon, 1984.

Les Fêtes de la Renaissance, 3 tomes, Paris, Éd. du CNRS, 1975.

Figures théâtrales du peuple, études réunies par Elie Koenigson, Paris, Éd. du CNRS, 1985.

FILLON, Anne : *Les 3 bagues aux doigts. Amours villageoises au XVIIIe siècle,* Paris, Robert Laffont, 1989.

FINE, Agnès : *Parrains, marraines. La parenté spirituelle en Europe,* Paris, Fayard, 1994.

FLAUBERT, Gustave : *Trois Contes.* Préface de Michel Tournier, Paris, Gallimard, Folio Classique, 1973.

FOUCAULT, Michel : *Histoire de la folie à l'âge classique,* Paris, Gallimard, 1972.

FRYE, Northop : *Shakespeare et son théâtre,* Paris, Boréal, 1988.

FURETIÈRE, Antoine : *Dictionnaire universel,* 1690, rééd. Paris, Le Robert, 1978.

GAIGNEBET, Claude : *A plus hault sens, l'Ésotérisme spirituel et charnel de Rabelais,* Paris, Maisonneuve et Larose, 1986.

GAYOT, E. 1865. *Lapins, lièvres et léporidés,* Paris, Librairie agricole de la Maison rustique, 1865.

Le Genre pastoral en Europe du XVe au XVIIe siècles, actes du colloque international, 28 septembre au 1er octobre 1978, Saint-Étienne, Publication de l'Université de Saint-Étienne, 1980.

GHEERBRANT, Alain : *Orénoque, Amazone,* Paris, Éd. du Temps, 1958.

GHEON, Henri : *Promenades avec Mozart,* Paris, Desclée de Brouwer, 1957.

GOBIN, A. : *Précis pratique de l'élevage des lapins, lièvres, léporidés en garenne et clapier,* Paris, Librairie Audot, 1884.

GOETHE : *Les affinités électives,* Paris, Éd. Gallimard, 1954.

GOETHE : *Les années d'apprentissage de Wilhelm Meister*, Paris, Aubier Montaigne, 1983.

Goethe in Sicilia. Disegni e Acquarelli di Weimar, a cura de Paolo Chiarini. Università di Palermo, Facoltà di lettere e Filosofia, Museo civico de Gibellina. Rome, Artemide Edizioni, 1992.

GOLDONI, Carlo : *Mémoires*, Paris, Mercure de France, 1965.

GOODY, Jack : *La culture des fleurs*, Paris, Éd. du Seuil, 1994.

GOUNOD, Charles : *Le Don Juan de Mozart*, Librairie Seguier, 1984.

GOZZI, Carlo : *Mémoires irréels*, Paris, Phébus, 1987.

GRAPPIN, Pierre : *La théorie du génie dans le préclassicisme allemand*, Paris, PUF, 1952.

GRIMM F. Melchior : *Correspondance littéraire, philosophe et critique*, Paris, Garnier, 1878.

GUEULETTE, Alain : *Mozart retrouvé*, Messidor, 1982.

GUICHARNAUD, Jacques : *Molière, une aventure théâtrale*, Paris, Gallimard, 1963.

Guide des opéras de Mozart, sous la direction de Brigitte Massin, Paris, Fayard, 1991.

HARPMAN, Jacqueline : « Le personnage féminin dans les opéras de Mozart », *Archives du Futur/opéra. La flûte enchantée*, Bruxelles, Labar, 1993.

HARNONCOURT, Nikolaus : *Le discours musical*, Paris, Gallimard, 1984.

HAZARD, Paul : *La pensée européenne au XVIIIe siècle de Montesquieu à Lessing*, 3 vol., Paris, Éd. Boivin et Cie, 1946.

HEERS, Jacques : *Fête des Fous et Carnaval*, Paris, Fayard, 1983.

HEGEL, Georg Wilhelm Friedrich : *Esthétique, la peinture et la musique*, Paris, Aubier, 1965.

HESSE, Hermann : *Le jeu des perles de verre*, Paris, Calmann-Lévy, 1955.

HEARTZ, Daniel : *Mozart's operas*, Berkeley, University of California Press, 1990.

HILDESHEIMER, Wolfgang : *Wolfgang Mozart*, Paris, J. C. Lattès, 1979.

HINRICHS, Ernst, « Le charivari et les usages de réprimande en Allemagne », *Le Charivari*, sous la direction de Jacques LE GOFF et Jean-Claude SCHMITT.

Histoire de la musique occidentale, sous la direction de Jean et Brigitte Massin, Paris, Fayard, 1985.

HOCQUARD, J. Victor : *Le Don Giovanni de Mozart*, Paris, Aubier, 1978.

— *Les Noces de Figaro*, Paris, Aubier, 1979.

— *L'Enlèvement au Sérail*, Paris, Aubier, 1980.

— *La Clémence de Titus et opéras de jeunesse*, Paris, Aubier, 1986.

— *Mozart l'Unique*, Paris, Librairie Séguier, 1989.

— *Mozart dans ses airs de concert*, Paris, Librairie Séguier, 1989.

— *Mozart, l'amour, la mort*, Paris, J.-C. Lattès, Archimbaud, 1992.

— *Écrits et propos sur Mozart*, Paris, Librairie Séguier, 1992.

— *Mozart, musique de vérité*, Paris, Archimbaud, 1996.

L'HOMME. Revue française d'anthropologie, juillet-décembre 1989.

HONEGGER, Marc : *Science de la Musique*, Paris, Bordas, 1976.

HOUSEMEN, Michaël : « Le tabou du lapin chez les marins », *Ethnologie française*, avril-juin 1990, tome 20, n° 2, p. 125-143.

HUTCHING, Arthur : *Mozart, l'homme*, Tours, Van de Velde, 1976.

IMPE, Jean-Luc : *Opéra baroque et marionnettes*, Charleville, Institut international de la Marionnette, s. d.

L'Instrument de musique populaire, usages et symboles, Paris, Éd. de la Réunion des Musées nationaux, 1980.

IRMEN, Hans-José : *Mozart Mitgliedgeheimer Gesellschaften*, Éd. Prisca, Verlag, 1988.

IZARD, Michel, et SMITH, Pierre : *La fonction symbolique. Essais d'anthropologie*, Gallimard, 1979.

JANKÉLÉVITCH, Vladimir : *La musique et l'ineffable*, Paris, Éd. du Seuil, 1983.

Le Jeu au XVIIIe siècle, Actes du colloque d'Aix-en-Provence (30 avril, 1er et 2 mai 1971), Centre aixois d'Études et de Recherches sur le XVIIIe siècle, Aix-en-Provence, Edisud, 1976.

JOLAS, Tina : « Une séquence printanière : le songe d'une nuit d'été », *Ethnologie française, Hommage à Y. Verdier*, 1991, n° 4.

JOLY, Jacques : *Les fêtes théâtrales de Métastase à la cour de Vienne (1731-1767)*, faculté de lettres et sciences humaines de l'Université de Clermont-Ferrand II, 1978.

JOST, F. : « La tradition du Bildungroman », *Comparative Littérature*, printemps, 1969.

JOUVE, Pierre-Jean : *Le Don Juan de Mozart*, Fribourg, Éd. de la Librairie de l'Université, 1942.

KERCHNOVE, Arnold de : Méditations sur le Don Juan de Mozart *Cahiers du Sud*. s. d., n° 336, p. 223-236.

KIERKEGAARD, Sören : *Ou bien... Ou bien*, Paris, Gallimard, 1943.

KOBBE : *Tout l'opéra des origines à nos jours*, Paris, Robert Laffont, 1982.

KOCHEL Ludwig von : W. *A. Mozart. Chronologisch Thematisches Verzeichnis sämtlicher Tonwerke*, éd. établie par A. Einstein, Leipzig, Breitkopf und Härtel, 1937.

KREBS, Roland : *Wolfenbütteler Forschungen. L'idée de « Théâtre national » dans l'Allemagne des Lumières*, Wiesbaden, Harrassowitz, 1985.

LABIE, Jean-François : « Il était un p'tit homme », *Mozart*, Paris, Hachette, 1964 ; rééd. Éd. du Chêne, 1985.

LANAPOPPI, Aleiamo : *Un certain Da Ponte*, Liana Levi, 1991.

LANDON H. C., Robbins : *Mozart, l'âge d'or de la musique à Vienne, 1781-1791*, traduit par Dennis Collins, Paris, J. C. Lattès, 1989.

— *1791 : la dernière année de Mozart*, traduit par Dennis Collins, Paris, J. C. Lattès, 1990.

— *Mozart, une journée particulière : 12 novembre 1791*, traduit par Dennis Collins, Paris, J. C. Lattès, 1993.

— *Mozart connu et inconnu*, traduit par Dennis Collins, Paris, Gallimard, 1996.

— *Mozart en son âge d'or 1781-1791*, traduit par Dennis Collins, Paris, Fayard, 1996.

LASSALLE, Jacques, RIVIÈRE J. Loup : *Conversation sur Don Juan*, Paris, P. O. L., 1994.

LASSUS, Roland (de) : *Con bien fou tu serais Orlando, Correspondance de Roland de Lassus avec le Prince de Bavière*, commentaires et traduction de Franck Langlois, S. l., Bernard Coutaz, 1988.

LAVELLI, Jorge et SATGÉ, Alain : *Opéra et mise à mort*, Paris, Fayard, 1979.

LECLERC, Hélène : *Venise baroque et l'opéra*, Paris, Armand Colin, 1987.

LEFEBVRE, Joël : *Les Fols et la folie. Étude sur le genre du comique et la création littéraire en Allemagne pendant la Renaissance*, Paris, Klincksieck, 1968.

LE GOFF, Jacques et SCHMITT, Jean-Claude : *Le Charivari.* Actes du Colloque organisé à Paris par l'EHESS, Paris, Mouton, 1981.

LEIBOWITZ, René : *Histoire de l'opéra,* Paris, Buchet-Chastel, 1957.

— *Le compositeur et son double,* Paris, Gallimard, 1971.

LEIRIS, Michel : *Langage, Tangage,* Paris, Gallimard, 1985.

— *Operratiques,* Paris, P. O. L., 1992.

LESURE, François : *Musica e società,* Milan, Instituto Editoriale Italiano, 1966.

LÉVI-STRAUSS, Claude : *Mythologiques : La Pensée sauvage,* Paris, Plon, 1962.

— *Mythologiques* : Le Cru et le cuit,* Paris, Plon, 1964.

— *Mythologiques**** : L'Homme nu,* Paris, Plon, 1971.

— *Le regard éloigné,* Paris, Plon, 1983.

— *Regarder, écouter, lire,* Paris, Plon, 1993.

— *La Potière jalouse,* Paris, Plon, 1985.

LUKÀCS, Georges : *Théorie du roman,* Gonthier, 1963.

MACCHIA, Giovanni : *Vies, aventures et mort de Don Juan,* Paris, Desjonquères, 1990.

MÂCHE, François-Bernard : *Musique, mythe, nature ou les dauphins d'Arion,* Paris, Klincksieck, 1991.

MAKARIUS, L. : Le mythe du trickster, *Revue d'Histoire des religions,* 1969, n° 175.

MAMCZARZ, Irène : *Les intermèdes comiques italiens au XVIIIe siècle en France et en Italie,* thèse de doctorat d'État en lettres et sciences humaines, Université Paris Sorbonne, CNRS, 1972.

MANFREDINI, Anna : *Mozart Massone,* Torino, Lo Scarabeo s. a. s., 1991.

MANEVEAU, Guy : *Musique et éducation,* Aix-en-Provence, Edisud, 1977.

MANN, Thomas : *Le Docteur Faustus,* Paris, Albin Michel, 1950.

MARAÑON, Gregorio : *Don Juan et le donjuanisme,* Paris, Gallimard, 1965.

MARCEAU, Félicien : *Le voyage de noces de Figaro,* Paris, Les Belles-Lettres, 1994.

MARIVAUX : *Romans suivis de récits, contes et nouvelles,* texte présenté et préfacé par Marcel Arland, Paris, Gallimard, 1949.

MARIVAUX : *Théâtre complet,* Paris, Éd. du Seuil, 1964.

MASSIN, Jean : *Don Juan, mythe littéraire et musical,* Paris, Stock, 1990.

MASSIN, Brigitte et Jean : *Wolfgang Amadeus Mozart,* Paris, Fayard, 1990.

MAUZI, Robert : *L'idée de bonheur au XVIIIe siècle,* Paris, Armand Colin, 1960.

Mémoire de M. Goldoni pour servir à l'histoire de sa vie et à celle de son théâtre, Paris, Mercure de France, 1988.

MERRIAM, Alan : *The Anthropology of music,* Évasion, I-II, Northwestern University Press, 1964.

La Mesure des Irréguliers, symptôme et création, sous la direction de Fabienne Hulak, Éd. Nice, s.d.

MOLIÈRE : *Œuvres complètes,* tome II, Paris, Gallimard, 1990.

MOINDROT, Isabelle : *La représentation d'opéra,* Paris, PUF, 1993.

— *L'opéra seria ou le règne des castrats,* Paris, Fayard, 1993.

MORE, Marcel : *Le Dieu Mozart et le monde des oiseaux,* Paris, Gallimard, 1971.

MÖRIKE, Eduard : *Le voyage de Mozart à Prague,* Toulouse, Ombres, 1989.

Mozart en France : catalogue d'exposition, Paris, Bibliothèque nationale, 1956.

Mozart in Wien 1781-1791 : Ausstellung des Historischen, Wien, Museums der Stadt Wien in Künstleshauss, 1991.

MOZART, Wolfgang Amadeus : *Correspondance.* Edition de la Fondation internationale Mozarteum Salzbourg réunie et annotée par Wilhelm A. Bauer, Otto Erich Deutsch et Joseph Heinz Eibl. Edition française (t. I à VII) établie par Geneviève Geffray. Paris, Flammarion.

MUCHEMBLED, Robert : *Société et mentalité dans la France moderne. XVI-XVIIIe siècles*, Paris, Armand Colin, 1990.

La Musique, sous la direction de Norbert Dufourcq, Paris, Larousse, 1965.

« *La Musique légère et la musique à danser du Moyen Âge au XXe siècle* », *La Revue musicale* n° 255.

NAGEL, Ivan : *Autonomie et grâce dans les opéras de Mozart*, La Tour d'Aigues, Aube, 1990.

NAGEL, Willibald : *Goethe und Mozart*, Langelsalza, Hermann Beyer, 1908.

NAGY, Peter : *Libertinage et révolution*, Paris, Gallimard, 1975.

NELLI, René : *L'Amour et le mythe du cœur*, Paris, Hachette, 1975.

NIEMETSCHEK, Franz Xaver : *Vie de Wolfgang Amadeus Mozart* précédée du *Nécrologue* de Schlichtegroll, préface de Carl de Nys, présentation, traduction et notes de Georges Favier, Université de Saint-Étienne, 1976.

NICOLL, Allardyce : *The world of Harlequin*. Cambridge, Cambridge University Press, 1963.

NISSEN, G. N. von : *W. A. Mozart's Biography nach original Briefe*, Leipzig, 1828.

NOIRAY, Michel : Commentaire des *Noces de Figaro*, *Guide des opéras de Mozart*, Paris, Fayard, 1991.

ORREY, Leslie, MILNES, Rodney : *Histoire de l'opéra*, Paris, Thames et Hudson, 1991.

ORSINO, Margherita : *Pierre-François Biancolelli dit Dominique-Le-Fils, 1680-1734* (tesi di dottorato in Francesistica), Rome, 1993.

ORTHEIL, Hanns-Josef : *Mozart in innern seiner Sprachen*, Frankfurt, Fischer Verlag, 1982.

PARADIS, Annie : *Mozart, l'Opéra réenchanté, voyage anthropologique en pays mozartien* (thèse de doctorat de troisième cycle, École des hautes études en sciences sociales de Toulouse), Toulouse, 1998.

— « *Les Noces de Figaro* ou le chant des fleurs », in *L'homme, Le végétal et la musique*, Parthenay, FAMDT éditions, 1996.

— « *Don Giovanni* ou la trajectoire du lièvre », *L'Homme*, avril-juin 1996, n° 138.

— « *L'Enlèvement au sérail*, un opéra d'apprentissage », *Die Entführung aus dem Serail*, Théâtre de Caen, Arles, Actes Sud, 1996.

— Texte de présentation de *La Flûte enchantée* in *Saint-Céré, Festival de Musique*, 1995.

— « *Can vei la lauzeta mover*..., l'Amour courtois, miroir aux alouettes ? », *Les Troubadours, Via Domitia*, n° 2, 1981.

— « Papageno, le gai savoir de l'Oiseleur », Actes du colloque *Langages sifflés*, GEMP/La Talvera, Albi.

— « Les Sortilèges de la cornemuse », *Pastel*, n° 21, juillet-septembre 1994.

PAUL-LÉVY, Françoise : « Arcane d'*Idoménée* », *L'Homme*, 111-112, juillet-décembre 1989, XXIX (3-4).

PAULME, Denise : *La Statue du commandeur*, Paris, Le Sycomore, 1984.

PAUMGARTNER, Bernherd : *Mozart*, traduit de l'allemand par Paul Pascali, Paris, Gallimard, 1951.

PETZOLDT, L. : *Der Tote als Gast. Volkssage und Exemple*, Helsinski, 1968.

PINIES, Jean-Pierre : *Figures de la sorcellerie languedocienne : breish, endevinaire, armier*, Toulouse, Éd. du CNRS, 1983.

POIZAT, Michel : *L'opéra ou le cri de l'Ange*, Paris, A. M. Métailié, 1986.

— *La voix du diable*, Paris, A. M. Métailié, 1991.

Pour une anthropologie des voix, textes réunis par Nicole Revel et Diana Rey Hulman, Paris, L'Harmattan, 1993.

Le Printemps des génies. Les enfants prodiges, catalogue d'exposition édité et présenté par Michelle Sacqoin, Paris, Bibliothèque nationale/Robert Laffont, 1993.

PROD'HOMME, Jacques Gabriel : *Mozart raconté par ceux qui l'ont vu*, Paris, Stock, 1928.

PRUNIÈRES, Henry : *L'Opéra Italien en France avant Lully*, Paris, Champion, 1975.

QUADERNI DEL CIRCOLO SEMIOLOGICO SICILIANO, 28-29, s.d. *Amore e culture. Ritualizzazione e socializzazione dell'Eros.*

QUERO, Dominique : *Momus philosophe. Recherches sur une figure littéraire du XVIIIe siècle*, Paris, Champion, 1995.

QUIGNARD, Pascal : *La leçon de musique*, Paris, Hachette, 1987.

RANK, Otto : *Don Juan, étude sur le double*, Paris, Denoël, 1932.

RAYMOND, Didier : *Mozart, une folie de l'allégresse*, Paris, Mercure de France, 1990.

RÉAU, Louis : *Iconographie de l'art chrétien* (t. I), Paris, PUF, 1955.

REINATER, Helmut : « La maçonnerie en Autriche », *XVIIIe siècle*, 1987, n° 19.

« Le retour des morts », *Études rurales*, n° 105-106, janvier-juin 1987.

REVAUGER, Marie-Cécile : « Maçonnerie et orientalisme au XVIIIe siècle », *XVIIIe siècle*, Paris, 1987, n° 19.

REVUE EUROPE, 1964 : *Shakespeare*, n° 417-418, janvier-février 1964.

REVUE EUROPE, 1956 : *Mozart*, n° 124, avril 1956.

REVUE MUSICALE, avril 1932 : *Goethe et la musique.*

REVUE MUSICALE, n° 313 : *Autour de Mozart.*

REVUE OBLIQUES, n° 4-5 : *Don Juan*, Paris, Borderie, s.d.

REVUE THÉÂTRE EN EUROPE, *Don Juan, Don Giovanni*, n° 16, 1988.

REY-FLAUD, Henri : *Le charivari*, Paris, Payot, 1985.

ROCHE, Daniel : *La culture des apparences, une histoire du vêtement XVII-XVIIIe siècles*, Paris, Fayard, 1989.

ROLLAND, Eugène : *Flore populaire ou histoire naturelle des plantes dans leur rapport avec la linguistique et le folklore* (t. III), Paris, Maisonneuve, 1967.

— *La faune populaire*, Paris, Maisonneuve et Larose, 1967.

ROLLAND, Romain : *Les origines du théâtre lyrique moderne. Histoire de l'opéra en Europe avant Lully et Scarlatti*, 1895, rééd. Genève, Slatkine reprints, 1971.

ROSEN, Charles : *Le Style classique : Haydn, Mozart, Beethoven*, traduit par Marc Vignal, Paris, Gallimard, 1978.

ROUGEMONT, Denis de : *L'Amour et les mythes du cœur*, Paris, Gallimard, 1961.

ROUGET, Gilbert : *La musique et la transe*, Paris, Gallimard, 1990.

ROUSSEAU, Jean-Jacques : *Œuvres complètes* (t. I et II), Paris, Gallimard, 1964.

— : *Écrits sur la musique*, Paris, Stock 1979.

— : *Œuvres complètes. Dictionnaire de musique.* (t. I et II), Paris, Éd. Armand Aubrée, 1833.

ROUSSET, Jean : *Le mythe de Don Juan*, Paris, Armand Colin, 1978.

ROUX, Marie-Aude : Commentaire de *Don Giovanni, Guide des opéras de Mozart,* Paris, Fayard, 1991.

SACHS, Curt : *Histoire de la Danse,* Paris, Gallimard, 1938.

SALAZAR, P. Joseph : *Idéologies de l'Opéra,* Paris, PUF, 1980.

SATGÉ, Alain et LAVELLI, Jorge : *Opéra et mise à mort,* Paris, Fayard, 1979.

SAUVAGE, Micheline : *Le cas Don Juan,* Paris, Éd. du Seuil, 1983.

SCHAEFFNER, André : *Origine des instruments de musique,* Paris, Payot, 1936 ; rééd. Paris, EHESS, 1994.

— *Essais de musicologie et autres fantaisies,* Paris, Le Sycomore, 1980 ; rééd. *Variations sur la musique,* Fayard, 1998.

SCHLEE, Ernst : *L'art populaire en Allemagne.* Fribourg, Office du Livre, 1980.

SCHMITT, Jean-Claude : *Les revenants, les vivants et les morts dans la société médiévale,* Paris Gallimard, 1994.

SCHNEPP, A. : « Les jeux du lièvre et du lapin : réflexion sur l'imaginaire des Grecs et des naturalistes », *Anthropozoologica,* 1986, n° 5.

SÉBILLOT, Paul : *Le Folklore de France. La flore,* Paris, Imago, 1985.

— *Le Folklore de France,* Paris, Maisonneuve et Larose, 1968 (t. I à IV).

SEGALEN, Martine : *Amours et mariages dans l'Ancienne France,* Paris, Berger Levrault, 1981.

SERRES, Michel : *L'Hermaphrodite, Sarrazine sculpteur,* Paris, Flammarion, 1987.

SHAKESPEARE : *Œuvres complètes,* Paris, Gallimard, 1959.

— *Hamlet,* traduit par Yves Bonnefoy, Paris, Mercure de France, 1962.

SIOHAN, R. : « Le fantastique musical », *Revue d'Esthétique,* avril-juin 1955, 8, n° 2.

SOLÉ, Jacques : *L'Amour en Occident à l'époque moderne,* Bruxelles, Complexe, 1984.

SPERBER, Dan : *Le Savoir des anthropologues,* Paris, Hermann, 1982.

STAROBINSKI, Jean : 1789, *Les Emblèmes de la raison,* Paris, Flammarion, 1979.

— *L'Invention de la Liberté,* Paris, Skira, 1987.

— « *Lire le libretto* », in *Da Ponte, Wolfgang Amadeus Mozart : « les Noces de Figaro ».* Traduit de l'italien par M. Orcel, Paris, Garnier-Flammarion, 1994.

STEINER, George : *Réelles présences Les Arts du sens,* Paris, Gallimard, 1989.

STENDHAL : *Vies de Haydn, de Mozart et de Métastase,* Paris, P. Didot l'aîné, 1814.

STEPTOE, Andrew : *Mozart, Da Ponte Operas.* Oxford, Clarendon Press, 1988.

STIEG, Gérald : « Le principe Papageno », *Autrement,* mai 1991, n° 53.

STRICKER, Rémy : *Mozart et ses opéras, fiction et vérité,* Paris, Gallimard, 1980.

— « Don Giovanni, songe ou mensonge », *Don Juan,* catalogue d'exposition, Paris, Bibliothèque nationale, 1991.

SULEIMAN, Susan : « La structure d'apprentissage », *Poétique. Revue de théorie et d'analyse littéraires,* février 1979. n° 37.

SUMMA, Matteo : *Reminisanze del Don Giovanni, sensualità musice e dramma.* Fasano, Schena Editore, 1991.

— *L'enigma del Buffo. Paisiello, Mozart e Rossini nel dibattito sull'opera.* Fasano, Schena Editore, 1992.

Théâtre du XVIIIe siècle, Paris, Gallimard, 1972.

Le Théâtre populaire européen, édité par Léopold Schmidt, Paris, Maisonneuve & Larose, Col. Folklore européen, vol. 3, 1965.

Le Théâtre et l'Opéra sous le signe de l'Histoire, études réunies et présentées par

Irène Mamczarz. Société internationale d'histoire comparée du théâtre, de l'opéra et du ballet, Paris, Klincksieck, 1994.
THÉVOZ, Michel : *Le Langage et la rupture*, Paris, PUF, 1978.
— *Détournement d'écriture*, Paris, Éd. de Minuit, 1989.
TIBAL, André : *L'Autrichien, essai sur la formation d'une identité nationale XVI-XVIIIe siècles*, Paris, Berger-Levrault, 1936.
UBERSFELD, Annie : *Le Roi et le Bouffon*, Paris, Librairie José Corti, 1974.
— *Lire le théâtre*, Paris, Éd. Sociales Messidor, 1982.
VAN GENNEP, Arnold : *Manuel du Folklore français*, Paris, Picard, 1979.
— *Les Rites de passage*, Paris, Picard, 1981.
VERDIER Yvonne : *Façons de dire, façons de faire, la laveuse, la couturière, la cuisinière*, Paris, Gallimard, 1979.
— *Coutume et destin. Thomas Hardy et autres essais*, précédé de : *Du rite au roman* par FABRE-VASSAS, Claudine et FABRE, Daniel, Paris, Gallimard, 1995.
WILDER, Victor : *Mozart, l'homme et l'artiste*, Paris, Heugel et Fils, 1880.
WILLARD, Nedd : *Le génie et la folie au XVIIIe siècle*, Paris, PUF, 1963.
WINCKLER : Notice biographique sur Jean Chrysostome Wolfgang Théophile Mozart, in *L'Esprit d'Orphée*, Paris, Bulletin officiel, 1801.
WINTERNITZ, Emmanuel : « Gnaflow Trazom : an essay on Mozart's script, pastimes and nonsense letters » reprinted from *The Journal of the American musicological Society*, 1958, n° 2-3,
WITOLD, Jean : *Mozart méconnu*, Paris, Plon, 1954.
WIZEWA, Théodore de et SAINT-FOIX, Gustave de : *Wolfgang Amadeus Mozart*, Paris, Robert Laffont, 1986.
YACOUB, Gabriel : *Les Instruments de musique populaire et leurs anecdotes*, Paris, M. A Éditions, 1986.

REMERCIEMENTS

Comment dire merci à tous ceux et celles qui m'ont accompagnée sur le chemin ? Je leur dois tant. Mozart aurait sans doute dressé une liste farceuse et tendre des guides sûrs et des compagnons fidèles...

Merci donc à M. H.C. Robbins Landon, mon « parrain » généreux, mon bienveillant Sarastro. Merci à Mme Brigitte Massin, qui, il y a huit ans de cela, a mis ma recherche sur la bonne route, à Mme Jacqueline Bellas et M. Bédat ces professeurs uniques et à M. Georges Baudot qui a suivi et facilité, avec affection, mon parcours. Merci aussi à Jacques Gilard, à Mme Geneviève Geffray, à MM. Klaus Beitl, Olivier Desbordes, Nicolas Joël, Jacques Pési et Gérald Stieg.

Je dois aussi m'acquitter ici d'une dette envers celui qui avait, en mettant Mozart au centre de sa vie, créé une œuvre. Jean-Victor Hocquard a été le guide de la première heure ; j'ai découvert Mozart à travers ses ouvrages, à travers son écriture rigoureuse et sensible. Un peu plus tard, j'ai osé lui écrire, lui raconter ma recherche ; il m'a répondu, une conversation amicale s'est poursuivie un moment. Il discutait mon travail, me conseillait, n'hésitant pas à m'envoyer des extraits de son propre livre en cours d'élaboration. Il a rejoint maintenant celui à qui il avait consacré son existence. Puisse ce livre, à sa manière, lui rendre, modestement, hommage.

La musique encore, le chant partagé. Merci de tout chœur à mes amis dans la musique, Joël Suhubiette et tous ses « Éléments », merci aussi à Patrick et Yvonne Calsou, à Martine Gonzales, à Sylvie Mouysset, Sylvie Vauclair, à Michel Galard, Florence Launay, Mathieu Lécroart, Isabelle Poulenard, Jean-Claude Saragosse.

Merci à Jean-Claude, mon tendre compagnon de route qui a supporté avec abnégation la présence continuelle du cher Mozart et assuré, avec amour, la continuité mélodique de ce travail au long cours.

Merci aussi à Pascal et Brice, mes garçons, à Céline et Christine leurs compagnes qui, pendant dix ans, ont accepté avec bonne humeur que j'oublie régulièrement leur anniversaire... Merci aussi à Jean-Paul, cet ami fidèle et à Yette, ma mère, qui - *così fan tutte* - a suivi avec une sollicitude inquiète toutes les étapes du chemin, à Françoise, ma sœurette; puisse ce livre lui rappeler qu'après le triste hiver vient toujours le printemps.

Merci enfin, du fond du cœur, à mes guides, à mes amis du Centre d'Anthropologie sans qui ce livre n'aurait jamais vu le jour. Merci en particulier à Claudine Fabre-Vassas, ma chère « marraine » qui, *allegro con spirito,* a dirigé ma thèse d'une main affectueuse et ferme. Merci, infiniment, à Daniel Fabre, le *Meister,* à Marlène et Jean-Pierre Albert, Alain Ballabriga, Dominique Blanc, Patrizia Ciambelli, Marine Carin et Harald, Giordana Charuty, Lucie Désidéri, Agnès Fine, l'amie de ma jeunesse, Florence Galli-Dupis, Carole Rivenc et Anne Souche. Merci aussi à mes compagnons et surtout compagnes de fortune qui, sur le parcours accidenté, sinueux, de l'itinéraire d'apprentissage ont permis, *allegretto,* entre fous rires et angoisses, les passages nécessaires : ma belle Christine, son Pierre, sa Cerdagne et ses moutons, Maryse la courageuse et son maïs, Marion, sa musique et son carnaval, Frédéric, Anne, Katerina et Alexis, Noria, Pascale, Agnès, Chantal, Deborah, Rafaëlle, Véronique, Valérie, Laure et Marie-Laure, Marie-Christine et Marie-Rose, Margherita, Josiane et Chris, les compagnes de toujours et Béa la douce, l'artiste, la sœur d'élection.

à Jean, à Sophie, à Dominique, merci.

Ce livre est tissé aussi des instants partagés avec les uns et les autres.

À tous, à toutes, pour votre petite musique, merci.

Table

Ouvrage réalisé en Baskerville
par Dominique Guillaumin, Paris

Aubin Imprimeur
LIGUGÉ, POITIERS

Achevé d'imprimer en mars 2000
N° d'impression L 59829
Dépôt légal mars 2000
Imprimé en France
35-56-0601-02/1
ISBN : 2-213-60401-0